Frank Fabian

DIE GRÖSSTEN LÜGEN DER GESCHICHTE

AF178999

Frank Fabian

DIE GRÖSSTEN LÜGEN DER GESCHICHTE

Wie »historische Wahrheiten« gefälscht wurden

Bassermann

COPYRIGHT-ANMERKUNGEN

Der erste Teil der Kolumbus-Biographie erschien im Jahre 1995 in Idstein in dem Buch "Abenteuerliche Leben" (Möwe-Verlag, Idstein).
Die Cäsar-Biographie erschien in dem Buch "Spitzenleistungen der Regierungskunst" (Pi-Verlag, Malters, Schweiz).
Beiden Verlagen sei für die Erlaubnis gedankt, die beiden Abhandlungen in diesem Buch erneut vorzustellen.

Penguin Random House Verlagsgruppe FSC® N001967

ISBN: 978-3-8094-4899-0

2. Auflage 2025
© 2024 by Bassermann Verlag,
einem Unternehmen der Penguin Random House Verlagsgruppe GmbH,
Neumarkter Straße 28, 81673 München
produktsicherheit@penguinrandomhouse.de
(Vorstehende Angaben sind zugleich Pflichtinformationen nach GPSR)

Projektleitung dieser Ausgabe: Martha Sprenger
Gestaltung & Satz: XPresentation, Boppard
Umschlaggestaltung: Atelier Versen, Bad Aibling
Herstellung: Franziska Polenz
Druck und Bindung: GGP Media GmbH, Pößneck

Printed in Germany

674125131219

INHALT

SCHLUSSWORT

Die Tatsachen der Geschichte in ihren einzelnen verknüpfenden Umständen (sind) nicht wenig mehr als die Resultate der Überlieferung und Forschung, die man übereingekommen ist, für wahr anzunehmen.

Wilhelm von Humboldt,
dt. Staatsmann, Philosoph und Sprachforscher, 1767 - 1835

Heute muss man Geschichte mit dem Bleistift schreiben; es lässt sich leichter radieren.

Pierre Gaxotte,
frz. Historiker und Publizist, 1895 - 1982

Die Geschichte lehrt, wie man sie fälscht.

Stanislaw Jerzy Lec,
poln. Lyriker und Aphoristiker, 1909 - 1966

Nicht selten wird die Geschichte von denen gefälscht, die sie machen.

Wieslaw Brudziñski
poln. Schriftsteller, geb. 1920

Viele Denkmäler sind Stein gewordene Geschichtsfälschungen.

Werner Mitsch,
dt. Aphoristiker, geb. 1936

EINFÜHRUNG

Unvorstellbare Anstrengungen werden heute unternommen, um der "Wahrheit" auf die Spur zu kommen, sei es im Gerichtssaal, wo Zeugen auf ihre Glaubwürdigkeit hin abgeklopft werden oder in der Kriminalistik, um einen Täter zu überführen. Nicht minder intensiv und mit dem modernsten wissenschaftlichen Handwerkszeug ausgerüstet bemühen sich auch Historiker darum, "Wahrheit" zu etablieren, was manchmal zur Folge hat, dass Geschichte im Nachhinein vollständig umgeschrieben werden muss.

Tatsächlich befinden wir uns momentan geradezu inmitten einer Explosion, was Wissen angeht. Das gilt auch für die Geschichtswissenschaft. Bei dem Fach "Geschichte" handelt es sich inzwischen um ein stark ausdifferenziertes Fachgebiet, das einen weitaus höheren Anspruch auf "Wahrheit" besitzt als dies noch vor zwei Jahrhunderten etwa der Fall war, ganz einfach weil uns inzwischen gänzlich andere Mittel zur Verfügung stehen.

Die Dokumente, auf die wir uns stützen können, sind umfangreicher geworden, die Methoden genauer und die Fragen bohrender. Die Physik und die Chemie sind zu Hilfswissenschaften der Historie aufgestiegen. Weiter wissen wir mehr über die Methoden der Fälscher, die so raffiniert und so ausgekocht waren, dass man noch heute staunen muss.

Tatsächlich gab es schon im Altertum wenigstens 13 Fälschertechniken, die man benutzte, um etwa nachträglich eine Rede Cäsars zu fälschen, sprich ihm eine Rede unterzuschieben, oder die man einsetzte, um dem Neuen Testament später klammheimlich einige Schriften hinzuzufügen. Gefälscht wurden im Altertum Platon und Aristoteles, gefälscht wurden Teile der Bibel und Teile der islamischen Religion. Ein einziger Fälscher, so ist überliefert, fälschte allein 4000 Aussprüche Mohammeds!

Es gibt die plumpe Fälschung, aber es existiert auch die unendlich raffinierte, hochgelehrte Fälschung. Es gab ganze Fälschungsindustrien, die sich mit nichts anderem beschäftigten, als nachträglich Schriften, Texte und Dokumente großen Philosophen, Religionsführern oder Herrschern unterzuschieben, damit das eigene Wort mehr Gewicht erhielt, damit ein juristischer Anspruch zementiert werden konnte oder eine Lehre.

Auch deshalb werden heute im Nachhinein Meinungen und Ansichten über die Vergangenheit ständig korrigiert.

Dieses vorliegende Buch will einen kleinen, bescheidenen Beitrag zu diesen Korrekturen leisten. Grundsätzlich sind bei unserer Unternehmung einige neue Sichtweisen eingeflossen, neue "Historische Hilfswissenschaften" wurden bemüht, ohne die man der Wahrheit schlussendlich nie auf die Spur kommen kann. In diesem Zusammenhang sind vor allem die subtilen Methoden der *Public Relations* zu nennen, ein Begriff der miniaturisierend allgemein mit "Öffentlichkeitsarbeit" übersetzt wird. Aber die Erkenntnis beginnt sich durchzusetzen, dass schon im Altertum und im Mittelalter gelogen wurde, dass sich die Balken bogen. Mittels Public Relations wurden neue "Wahrheiten" in einem Ausmaß in Szene gesetzt, dass man nur staunen kann. Heute ist es nichts Ungewöhnliches, sagen wir nach 50 oder 100 Jahren, Methoden der Manipulation aufzudecken und Ereignisse, die in der jüngeren Vergangenheit liegen, gänzlich anders zu bewerten. Wir wissen um die Tatsache, dass ganze Völker noch im 20. Jahrhundert manipuliert, an der Nase herumgeführt und mit falschen Informationen gefüttert wurden. Das war während der Herrschaft Stalins der Fall, der über ein ausgefeiltes Repertoire an Manipulationstechniken verfügte, wobei (ähnlich wie bei Hitler) erstmalig das Radio eine entscheidende Rolle spielte. Schwarze Propaganda und "PR" wurde aber auch im Jahre 2003, im Irak, eingesetzt, als der ehemalige Diktator Saddam Hussein 20 Millionen Iraker systematisch unaufgeklärt hielt. Es war im Jahre 2006 der Fall – in Syrien und in Nordkorea etwa. Manipulation ist aber durchaus auch in den Demokratien möglich, beispielsweise wenn bestimmte Fakten manchmal spät, zu spät das Licht der Welt erblicken, Fakten, die im Nachhinein ein gänzlich anderes Licht auf die Ereignisse werfen. Das ist alles nicht neu. Neu aber ist, dass die hohe Kunst der Public Relations auch schon in der Vergangenheit eingesetzt wurde. PR, Öffentlichkeitsarbeit und die Kunst der Propaganda besitzen Tradition.

Theoretisch könnte man die gewaltigen Bauten der Ägypter, die Pyramiden, unter dem Aspekt der Öffentlichkeitsarbeit betrachten, wie riesige, prächtige Bauwerke überhaupt, die zunächst einmal namenlos beeindrucken sollen, die das Individuum sich *klein* fühlen lassen, den Herrscher aber erhöhen oder den Bischof und den Papst im Falle der Kirchen und Dome. Öffentlichkeitsarbeit aber wurde auch schon im alten Rom betrieben. Schon zu Cäsars Zeiten erblickten so etwas wie Zeitungen das Licht der Welt. Öffentliche Anschläge, die jeder lesen konnte und die beileibe nicht immer die Wahrheit enthielten, existierten. Jeder Pomp, jedes Getöse, vom Herold bis zum Triumphzug, von Berichten über angebliche "Wunder" bis hin zu Geschichtsschreibern, die heroisierend und idealisierend berichteten, wie wir das von Alexander dem Großen kennen, stellen ein lupenreines Stückchen Öffentlichkeitsarbeit dar. Eben diesem Public-Relations-Aspekt wird in dem vorliegenden Buch besondere Aufmerksamkeit gezollt.

Tatsächlich hat sich die Public Relations zu einer Disziplin gemausert, deren Bedeutung man heute vollständig neu bewerten muss. Wenn man sie, ein wenig überzogen, als die Kunst der öffentlichen Lüge in großem und größtem Stil bezeichnet, kann man ihre Wichtigkeit erahnen. Die Public Relations, die aus 100 einzelnen Techniken besteht, entjungfert selbst manchmal den modernen Historiker. Er wird nach der Kenntnis ihrer Techniken noch viel weniger als zuvor der Geschichte, wie sie uns überliefert ist, Glauben schenken. Er wird selbst allen "gesicherten Quellen" mit noch sehr viel mehr Misstrauen begegnen, ja er wird geradezu ein Detektiv werden, der alle Methoden der PR zunächst in Rechnung stellt, bevor er zu einem Urteil gelangt. Diese Disziplin der Public Relations wird die Geschichtswissenschaft dramatischer verändern, als dies bisher jede andere Hilfswissenschaft vermochte, wodurch vollständig neue Urteile über historische Ereignisse möglich werden.

Eine zweite Komponente, die bislang weitgehend außer Acht gelassen wurde, aber zunehmend an Bedeutung gewinnt, ist die Beurteilung der Quelle aus sich selbst heraus. Das heißt, wie steht es um das "Wahrheitsniveau" der Person, die als Quelle für eine Information dient? Tatsächlich ist es bislang weitgehend versäumt worden, die innere Glaubwürdigkeit der verschiedenen Quellen systematischen Prüfungen zu unterziehen. Wenn man heute vor Gericht die Glaubwürdigkeit eines Zeugen erschüttern will, so fördert ein geschickter Anwalt zunächst Ereignisse aus seiner Vergangenheit zu Tage, die mit der Sache oft nicht das Geringste zu tun haben, um den Zeugen im Scheinwerferlicht eben dieser vergangenen Taten zu bewerten.

Man wird einem professionellen Dieb, Einbrecher, Räuber, notorischen Lügner und Menschen, der Mörder bezahlt, kaum zuhören, einem gut beleumdeten Zeitgenossen hingegen in ganz anderem Maße. – Aber wie viele der "großen" historischen Zeitgenossen waren genau das: Diebe, Räuber, notorische Lügner und Mörder, denen ein Menschenleben nichts galt. Warum sollte man solchen Quellen auch nur zuhören?

Diese Frage wird zunehmend relevant, auch weil man in der Kriminalistik etwa inzwischen gelernt hat, Charakterprofile zu erstellen und zwischen Täterprofilen zu unterscheiden.

Die Beurteilung einer Quelle aus sich selbst heraus ist nicht völlig neu, aber zu selten wurden bislang Quellen *systematisch* auf ihr "Integritätsniveau" hin abgeklopft. Darüber hinaus wurde "Geschichte" in dem vorliegenden Buch von verschiedenen, gänzlich unterschiedlichen

Gesichtspunkten, Blickwinkeln und Standpunkten aus betrachtet. Noch immer leidet die Geschichtswissenschaft teilweise darunter, dass nur aus einem nationalen Blickwinkel etwa berichtet wird. Das gilt leider auch für die Demokratien, die von Eigendünkel und sogar Überlegenheitswahn durchaus nicht frei sind und deshalb manchmal zu abenteuerlichen Fehlurteilen über eine Person gelangen. Aber auch die christliche Geschichtsschreibung, immerhin fast 1800 Jahre lang (!) dominierend in unseren Breiten, war beileibe nicht frei von diesem Makel. Zur höheren Ehre Gottes wurde gelogen, Wahrheit verdreht, verändert und geschönt, wurden Daten ausgelassen und Informationen hinzugefügt, dass man nur staunen kann!

Gleiches lässt sich von der religiös motivierten Geschichtsschreibung in anderen Ländern sagen. Der Rolle der Religionen wurde jedenfalls bislang ebenfalls zu wenig Aufmerksamkeit geschenkt, gleichgültig, ob es sich um die ägyptische oder griechische Religion handelt oder um den christlichen oder islamischen Glauben. All dies sind nur einige Aspekte, die ein vollständig neues Licht auf die Ereignisse von gestern werfen können. Und dies ist wirklich notwendig, denn zu viel wurde verdreht und unter den Teppich gekehrt. Zu oft wurde die Wahrheit zu einer Hure degradiert, mit der jeder schlafen konnte, wenn er nur über genügend gut bezahlte, professionelle Lügner verfügte.

Geschichte ist das Fundament, auf dem wir alle ruhen. Ohne Geschichte ist Selbstverständnis nicht denkbar. Ohne Geschichte bleibt man auf immer ein Kind, das nie erwachsen wird, wie es der große Cicero einmal formulierte. Geschichte ist der Boden, auf dem wir alle stehen. Wenn dieser Boden gedüngt ist mit Lügen, Halbwahrheiten und Unwahrheiten, ruht unsere gesamte Zivilisation auf tönernen Füßen. Deshalb ist es geradezu eine Pflicht, uns mit dem neuen Handwerkszeug, das uns heute zur Verfügung steht, an die Wahrheit heranzupirschen.

Genau dieser Versuch wurde in dem vorliegenden Buch unternommen. Geschichtliche Ereignisse und Persönlichkeiten wurden vollständig neu untersucht, beleuchtet und abgetastet. Es erwartet den Leser in diesem Sinn eine radikale Neuformulierung geschichtlicher Ereignisse, wobei einige Biographien der "Größten der Großen" untersucht wurden. Die berühmtesten, heiligsten und unantastbarsten Figuren wurden aufs Korn genommen, ohne den scheinheiligen, falschen Respekt, den man ihnen normalerweise entgegenbringt und all die verlogene Propaganda, die manchmal zweitausend Jahre lang (!) Bestand hatte.

Nähern wir uns also der Geschichte mit unserem neuen Handwerkszeug. Fördern wir die wahren Taten ans Tageslicht. Entkleiden wir die Kaiser ihrer Kleider. Das Ergebnis ist eine vollständig neue Sichtweise, die unsere Ansichten über viele "historische Tatsachen" vollständig erschüttern wird.

1. KAPITEL

MOSES,
DIE LEGENDE

Die Geschichte der Hebräer, der Söhne Israels, der Juden, ist möglicherweise die interessanteste Geschichte der Welt.

Kein anderes Volk kann von sich behaupten, einen solchen Einfluss auf das Geistesleben genommen zu haben, und das in beinahe allen Ländern der Erde. Einstein, Freud, Spinoza, Jesus, Marx, sie alle waren Juden. Ganze Wissenschaften entstanden, die die Söhne Israels als erste angedacht hatten. Bis heute halten Juden Spitzenpositionen in allen Teilen der Welt inne. Die Juden sind ein Volk, das international denken und agieren kann, und ihre Fähigkeit, in den unterschiedlichsten Kulturen überleben zu können, ist einzigartig. Die wahren Erfolgsgeheimnisse dieses erstaunlichen Volkes sind nie systematisch untersucht worden, aber schon eine oberflächliche Betrachtung lehrt uns, dass Juden eine überragende Kommunikationsfähigkeit besitzen und in den verschiedensten Methoden des Denkens bewandert sind. Sie können kulturelle Errungenschaften anderer Zivilisationen annehmen, aufsaugen und assimilieren und sind lernfähig wie kein anderes Volk, sowie oft einzigartig begabt in Sachen Geschäften. All diese besonderen Fähigkeiten und Talente wurden sicherlich auch geschult durch die Überlieferungen, die Religion. Selbst wenn man kein gläubiger Jude ist, muss man zugeben, dass die Denkschulen der Rabbiner, ihre bewegliche, auslegende und interpretierende Intelligenz, einen Gutteil zu diesem intellektuellen Niveau beigetragen haben.

Es gab (und gibt) innerhalb dieser Religion hundert Strömungen, Gegenströmungen, Ansichten, Lehren und Geheimlehren, die alle ausdiskutiert werden mussten. Die heiligen Schriften der Juden enthalten die tiefsten Weisheiten, die man sich vorstellen kann, freilich auch Meinungen, über die wir heute lächeln. Aber erstaunlich ist doch, dass schon vor 3000 Jahren solche Weisheiten zusammengetragen werden konnten, und das in beinahe allen Bereichen des menschlichen Lebens. Einer der größten Weisheitslehrer dieses Volkes, der die Kultur der Juden entscheidend prägte, war ein gewisser *Moses*. Seine Lehren, die Zehn Gebote, beeinflussten praktisch das gesamte Abendland. Das Christentum sog seine Lehren in sich auf und proklamierte sie später als seine eigenen Erfindungen.

Kein Philosoph kam in der Folge daran vorbei, über Moses und seine Zehn Gebote, die höchste ethische Maßstäbe setzten, nachzudenken. Buchstäblich Tausende von Büchern, Kommentaren, Traktaten und Interpretationen sind deshalb bis heute über diesen legendären Moses erschienen, und wenn man Geschichte wirklich verstehen will, kommt man nicht daran vorbei, sich intensiver mit ihm auseinander zu setzen. Wenn "große Männer" zitiert werden, kommt Moses noch vor Alexander, Cäsar, Paulus, Jesus, Mohammed, Luther oder Napoleon. Die bildlichen Darstellungen über ihn können kaum seriös beziffert werden. Zahlreiche Filme wurden über den wirklichen oder angeblichen Moses gedreht. Er ist unser Urvater, ob wir dies wollen oder nicht. Konstantin der Große pries seine unendliche Weisheit, Augustinus kniete vor ihm und Martin Luther überschlug sich förmlich:

> *"Denn es ist nicht ein solcher trefflicher, hoher Mann je gewesen, der da Gottes Wort hatte gepredigt, als eben Moses. Die anderen Propheten sind alle seine Discipuli: Moses ist der Meister aller Meister, er ist die Quelle und der Brunn, daraus die anderen Propheten geflossen sind!"*

Herder lobte den "edlen Moses" und machte darauf aufmerksam, dass es schwieriger sei, ein Staatsgründer (wie Moses) zu sein, als ein Gedicht zu schreiben. Friedrich Schiller verneigte sich vor ihm, Goethe erwies ihm Reverenz und Heinrich Heine ohnehin.

"(Er) baute Menschenpyramiden, er meißelte Menschen-Obelisken, er nahm einen armen Hirtenstamm und schuf daraus ein Volk, das ... den Jahrhunderten trotzen sollte, ein großes, ewiges, heiliges Volk, ein Volk Gottes, das allen anderen Völkern als Muster, ja der ganzen Menschheit als Prototyp dienen konnte. Er schuf Israel!", jubelte Heine.

Die Bücher, die seiner Existenz ihr Fundament verdanken, lassen sich kaum zählen: Hundertfach erscheint bis heute Erbauungsliteratur, auf Moses fußend. Anwendungsmöglichkeiten für die Jugend sind im Schwange[1], und das ist nur die Sekundär- oder Tertiärliteratur!

Das Originalwerk, die FÜNF BÜCHER MOSES, die Moses zugeschrieben werden, sind mittlerweile, man muss es sich vorstellen, in unzählige Sprachen übersetzt. Kein anderes Buch erreichte je diesen Rekord. Den Einfluss kann man also nur erahnen, die Anzahl der Editionen lässt sich längst nicht mehr zählen. Milliardenfach wurden diese Bücher gelesen. Die Bibel insgesamt wird heute jedes Jahr rund 100 Millionen Mal verkauft!

Der Einfluss ist mithin unermesslich, aber nicht nur im orthodoxen jüdischen Raum, sondern auch in all den hundert christlichen Sekten und Gruppierungen, die alle eigene Neuformulierungen, Überarbeitungen und Interpretationen vorlegten. Darüber hinaus wird Moses im nichtjüdischen und nichtchristlichen Territorium diskutiert. Denn noch einmal: Wie kann man Gebote wie

DU SOLLST NICHT MORDEN,

DU SOLLST NICHT EHEBRECHEN,

DU SOLLST NICHT STEHLEN

besser formulieren?

17

Sind hier nicht das erste Mal ewige Gesetze entdeckt worden? Gesetze, die über Jahrtausende Bestand hatten? Gesetze, an denen sich zahllose juristische Codices orientieren sollten – in über 100 Ländern?

Welch ein Einfluss! Welch eine Leistung! Welch ein Zivilisationsschock!

Umso wichtiger ist es, sich mit diesem *Moses* näher zu beschäftigen!

Fragen wir uns also als Erstes, wer dieser Moses wirklich war. Die (theologische) Überlieferung, der wir zunächst folgen wollen, erzählt das berauschende, einmalige und pralle Leben dieses Moses wie folgt.

DER BIBLISCHE MOSES

In Ägypten herrscht der allmächtige Pharao. Ägypten ist die unangefochtene Weltmacht, die bereits Tausende von Jahren Bestand hat. Der Pharao ist der Sohn des Amun-Re, des höchsten Gottes, er ist mithin der Sohn Gottes! Die Pyramiden sind weithin sichtbare Zeichen der Macht der Ägypter, es sind gigantische Grabkammern der Pharaonen, mit denen sie mit dem Jenseits in Verbindung stehen.

Ein fleißiges, unterjochtes Volk dient diesem gottgleichen Pharao, die *Hebräer,* auch beim Bau dieser seiner Pyramiden. Aber sie sind ein aufrührerisches Völkchen, sie besitzen ihre eigene religiöse Überlieferung und glauben, dass aus ihren Reihen eine Führergestalt hervorgehen wird, die sie eines Tages von dem unerträglichen ägyptischen Joch befreien wird. Der Pharao befiehlt deshalb, alle neugeborenen hebräischen Knaben im Nil zu ertränken, um den Widerstand dieses widerspenstigen Völkchens zu brechen. Unvorstellbare Grausamkeit! Ein Kindlein, Moses, gerade geboren, entkommt diesem infamen Anschlag. Er wird, gerade drei Monate alt, in einem Weidenkörbchen auf dem Nil ausgesetzt. Angeblich entdeckt eine Tochter des Pharao das Kind und empfindet unendliches Mitleid mit dem Neugeborenen. Sie fischt das

Baby aus dem Nil und vertraut es einem gewissen *Jokebed* an, der es später adoptiert. Alles geschieht unter größter Geheimhaltung! Moses kann heranwachsen, der Gott der Hebräer hat schützend seine Hand über ihn gehalten!

Moses (der Name bedeutet wörtlich: "Ich habe ihn aus dem Wasser gezogen!" auf hebräisch, auf ägyptisch bedeutet *Moses* "Mein Sohn") wächst am Königshofe heran, am Hofe des Pharao. Hier erhält er Einblick in die Geheimnisse der Ägypter und schnuppert die gefährliche Luft der hohen Politik. Noch immer weiß niemand, wer er wirklich ist. Er dient sogar dem Pharao in einem erfolgreichen Feldzug (gegen die Nubier), die den Süden Ägyptens bedrohen.

Aber eines Tages schlägt das Schicksal zu: Moses tötet einen Ägypter, weil dieser gegen einen Hebräer mit Gewalt vorgegangen ist. Obwohl er die Leiche hastig im Sand verscharrt, wird er beobachtet. Der Mord wird dem Pharao hinterbracht, der sofort seine Kreaturen auf ihn hetzt. Moses flieht. Er verbirgt sich vor dem allmächtigen Pharao im Süden der arabischen Halbinsel. Dort rettet er die Tochter eines Priesters aus lebensgefährlichen Umständen. Der Priester gibt ihm aus Dankbarkeit eine seiner Töchter zur Frau (Zippora, "das Vögelchen"). Zwei Knaben werden ihm geboren.

Aber erst jetzt beginnt die wirkliche Geschichte, denn eines Tages offenbart sich ihm der HERR persönlich in einem brennenden Dornbusch! Er befiehlt ihm, das hebräische Volk aus der ägyptischen Unterdrückung zu befreien! Moses kehrt stehenden Fußes zurück, um dem Befehl des HERRN zu gehorchen. Den Hebräern berichtet er aufgeregt von seiner Erscheinung. Der Funke springt über, das Volk wacht auf. Die uralte, religiöse Überlieferung scheint endlich wahr zu werden und ein Traum in Erfüllung zu gehen! Das Ziel ist klar: Auszug aus Ägypten, Einzug in das Gelobte Land! Die Botschaft wandert von Mund zu Mund, der HERR, ihr Gott, von dem schon Urvater Abraham gesprochen hat, erbarmt sich seines Volkes!

Aber noch gilt es, himmelhohe Hindernisse aus dem Weg zu räumen. Noch immer befinden sich die Hebräer in schmählicher Abhängigkeit von diesen Ägyptern. Der Pharao ist stark und mächtig, auch seine Priester verfügen über geheimnisvolle Kräfte.

Dem Pharao wird das Begehren der Hebräer mitgeteilt. Der Gottkönig antwortet mit brutaler Unterdrückung und knechtet die Hebräer noch stärker. Also begibt sich Moses persönlich zum Pharao. Vor seinen Augen verwandelt er einen Stab in eine Schlange und beweist seine Zauberkräfte, indem er verschiedene Plagen über Ägypten kommen lässt. Ungeziefer, Heuschrecken, Insekten, Krankheiten und Hagel suchen das Land heim. Moses Zauberkraft ist stärker als die Magie der ägyptischen Priester, sein Gott ist größer und mächtiger als der Pharao und selbst Amun-Re. Zähneknirschend erlaubt der Pharao schließlich den Auszug. Die Hebräer kehren Ägypten unter unvorstellbarem Jubel den Rücken. Sie ziehen begeistert durch die Wüste, während ihr Gott Wunder über Wunder wirkt. So teilt sich das Meer, das sie trockenen Fußes durchschreiten, während die Ägypter, die sie schließlich doch verfolgen, in den Fluten ertrinken. Nichts, nichts kann sie mehr aufhalten! Die Stimmung ist unbeschreiblich, der HERR ist mit ihnen. Selbst als das Volk fast am Verdursten ist und nur bitteres, ungenießbares Wasser gefunden wird, hilft der HERR. Moses wirft ein Stück Holz in das Wasser und das Wasser wird süß und genießbar. Als eine Hungersnot die Hebräer heimsucht, lässt Gott Manna vom Himmel regnen. Manna bedeutet "Wundernahrung", "Himmelsbrot", im Hebräischen bedeutet der Begriff wörtlich "Geschenk".

Ihr Gott ist mit ihnen! Das Volk tanzt und speist fürstlich. Jeden Tag lässt der HERR nun Manna regnen, am Tag vor dem Sabbat sogar die doppelte Menge, nur am Sabbat fällt kein Manna herab, denn es ist Ruhetag. Wer hätte je davon gehört, dass ein Gott so gut zu seinem Volk ist? Vierzig Jahre lang wird das Manna zum wichtigsten Nahrungsmittel für die Hebräer. Es fällt jeden Tag aufs Neue vom Himmel. Auch um den quälenden Durst, der sie je und je heimsucht, brauchen sich die Hebräer keine Gedanken mehr zu machen. Als Moses mit einem Stab an einen Felsen schlägt, quillt Wasser daraus hervor.

Sie sind das auserwählte Volk, der HERR ist mit ihnen! Niemand kann es mit ihnen, den Hebräern, aufnehmen, die den stärksten Gott besitzen!

Sie ziehen weiter, werden ab und an angegriffen, aber sie siegen und siegen, bis sie eines Tages in der Nähe des Berges Sinai anlangen. Und hier geschieht es!

Moses verschwindet auf dem Berg Sinai und bleibt dort vierzig Tage lang ohne Speise und Trank. Als er zurückkommt, ist er ein anderer Mensch. Der HERR hat erneut mit ihm gesprochen und ihm die ZEHN GEBOTE anvertraut, die auf einer steinernen Tafel eingemeißelt sind. Moses berichtet:

"Es ward am dritten Tag, wie's Morgen wurde, da war Donner-schallen und Blitze, ein schweres Gewölk auf dem Berg und sehr starker Schall der Posaunen ... Der Berg Sinai rauchte all, darob dass Er im Feuer auf ihn herabfuhr, sein Rauch stieg wie des Schmelzofens Rauch, all der Berg bebte sehr ..." [2]

Der Jubel ist unvorstellbar! Der HERR persönlich hat ihnen ein Ge-setz gegeben, hat sie, ein winziges, unbedeutendes Volk, dazu ausersehen, die wichtigste Rolle in der Geschichte zu spielen.

Weitere Offenbarungen folgen, ein ganzer Gesetzeskanon entsteht, ein Straf- und Religionsrecht, ausgefeilt und ausgeschmirgelt, wie es nie ein Volk vorher besessen hat. Aber noch immer gibt es einige wenige Ungläubige. Ein paar Hebräer beten das Goldene Kalb an und tanzen also um einen Götzen herum! Moses bestraft sofort die Götzendiener und bestellt erstmalig Priester. Außerdem begibt er sich erneut auf den Sinai und bittet um Verzeihung für die törichten Hebräer. Gott ver-gibt. Das Fasten (Kippur) wird eingeführt, neue Gesetze werden offen-bart, vor allem Speisegesetze und Reinheitsvorschriften. Die Hebräer sind begeistert und danken ihrem Führer Moses. Eine Religion, wie sie kein zweites Volk kennt, ist geboren. Nur ein einziger Gott herrscht, aber dieser ist mächtiger als alle anderen Götter.

Immer noch leitet er sie persönlich und immer noch brennt die Flamme der Hoffnung. Das Gelobte Land wartet auf sie! Und so wandern die Hebräer weiter.

Sie verlassen den Sinai, aber ihr Gott ist mit ihnen. Dennoch scheinen die Schwierigkeiten unüberwindlich. Zu viele Feinde existieren in den Küstenregionen, die wir in den Gebieten des heutigen Israel, Teilen Syriens und im Libanon zu suchen haben. Einige Hebräer proben den Aufstand, sie sind mit der Führung des Moses nicht mehr einverstanden, einige wollen sogar wieder zurück nach Ägypten. Da erscheint Gott, der HERR, dem Moses aufs Neue: Die Schuldigen müssen sterben! Der Rest wird dazu verurteilt, weitere *vierzig* Jahre die Wüste zu durchirren.

Das Volk durchleidet eine unvorstellbar harte Prüfungszeit, aber die Vision des GELOBTEN LANDES steht ihm immer vor Augen.

Die Vision lässt es weitermachen, durchhalten und allen Gefahren trotzen, lässt es Schlachten verlieren und Schlachten gewinnen. Aber jetzt ist der HERR wieder mit den Hebräern, ihr einzigartiger GOTT, der sie nie im Stich lässt, wenn er sie auch je und je für ihren Kleinmut bestraft.

Offenbarungen helfen. Immer mehr Gesetze und Rechtsvorschriften erblicken das Licht der Welt. Gelegentlich prüft Gott die Seinen. Er prüft ihre Moral und straft sie, wenn sie etwa der Sittenlosigkeit anheim fallen. Schließlich, Moses ist 120 Jahre alt, hält er seine letzte Rede. Er übergibt dem Volk weitere heilige Schriften und bestimmt Josua zu seinem Nachfolger. Moses stirbt, aber die Vision wird aufrechterhalten. Moses erlebt es nicht mehr, doch seine Nachfolger erreichen tatsächlich eines Tages das GELOBTE LAND. Unter den Königen David und Salomon wird ein mächtiges Reich errichtet, wie es die Welt zuvor noch nie gesehen hat.

RELIGIONSWISSENSCHAFT

So und nicht anders könnte man das berauschende, begeisternde und ereignisreiche Leben dieses Moses nacherzählen, und genau so und nicht anders wird es heutzutage nacherzählt, wie gesagt 100 Millionen Mal jedes Jahr neu, denn, wiederholen wir es, so viele Bibeln werden alljährlich verkauft.

Dabei hat die vergleichende Religionswissenschaft längst Fakten und Tatsachen zu Tage gefördert, die Teile dieser Geschichten in einem ganz anderen Licht erscheinen lassen; denn Wissenschaft fragt, hinterfragt, erkundigt sich nach dem Verfasser, der Zeit und der Entstehung einer Geschichte. Unternimmt man aber eben dies, gerät man schon nach kurzer Zeit ins Grübeln. Picken wir einige Beispiele mit spitzer Pinzette heraus:

- Angeblich ließ der Pharao alle neugeborenen Knaben im Nil ertränken, um den Widerstand der Hebräer zu brechen. Der Religionswissenschaftler wird hier jedoch aufhorchen. Diese Geschichte ist *nicht neu* und wurde auch später wieder und wieder benutzt, um unendliche Grausamkeit zu demonstrieren und um auf diese Weise Gefühle und Sympathien zu wecken. Erinnern wir uns: Später wird man im *Neuen Testament* lesen können, dass alle *jüdischen* neugeborenen Knaben getötet wurden, um Jesus zu verhindern!

- Misstrauisch macht weiter die Rettung des Moses ausgerechnet durch die Tochter des Pharao. Eine Nummer kleiner ging es nicht? So könnte man ironisch fragen. Allein die Tatsache, dass es sich um eine *Königstochter* handelt, erinnert uns in fataler Weise an allzu viele Märchen, in denen der Prinz oder die Prinzessin dazu herhalten müssen, Ereignisse voranzutreiben. Warum? Nun, hochgestellte Persönlichkeiten sind interessanter, sie geben schriftstellerisch etwas her.

23

Schlimmer ist: Die Legende ist nicht einmal originell! Aus einem neuassyrischen Text kennen wir bereits die Geschichte, dass eine Frau eine außerordentliche Person gebar, sie in ein Schilfkörbchen legte und am Ufer eines Flusses aussetzte![3]

- Gleichzeitig wird unterschwellig sehr geschickt an das *Mitleid* appelliert. Wer kann sich der Aufwallung seiner Gefühle entziehen, wenn er vor seinem geistigen Auge ein Schilfkörbchen mit einem Neugeborenen auf dem Wasser des Nils schwimmen sieht? Gefühle, Gefühle, Gefühle aber waren schon immer der Leim, der eine Zuhörerschaft an eine Geschichte fesselte, Schriftsteller wissen das heute, und Priester wussten es gestern.

- Misstrauisch machen schließlich auch die entsetzlichen Plagen, die angeblich Moses (oder der HERR) über das Land Ägypten verhängte (Heuschrecken, Ungeziefer, Krankheiten, Hagel usw. suchten das Land heim).
Naturereignisse auf Götter oder einen Gott zurückzuführen war schon immer fester Bestandteil jeder abergläubischen Gesellschaft. Unglück, Unbill und Krankheit wurden stets einem Gott oder bösen Geistern in die Schuhe geschoben, bei den Griechen, bei den Römern und bei den Chinesen etwa. Weiter tobte der irdische Kampf zwischen zwei Völkern des Altertums immer auch zwischen ihren *Göttern*. Die Seite, die den Krieg schlussendlich gewann, glaubte, dass ihr GOTT natürlich der stärkere sei. Diesem Glauben hing man noch bis in die Zeiten des frühen Christentums an: Könige bekannten sich rasch zu dem Christengott, wenn sie glaubten, dadurch das Schlachtenglück wenden zu können.
Um nun die Macht des eigenen Gottes zu illustrieren, wurden alle möglichen und unmöglichen Geschichten erfunden. Die Priester überschlugen sich in ihren Prahlereien, nur um herauszustreichen, dass ihr GOTT die größeren Zaubereien (Wunder) bewirken konnte. All das ist Methode, hatte Methode und war

Methode der Priester eines Stammes oder Volkes. Und so ist der Streit der ägyptischen Priester mit Moses (und also den hebräischen Priestern) wahrscheinlich nichts als die übliche hübsche Erfindung, wobei der Ausgang feststeht: Natürlich wird der Gott der Hebräer die ägyptischen Priester besiegen.

• Die Wunder, bei Licht betrachtet, sind ebenfalls so neu nicht. Dass das Meer sich teilt, so dass die Hebräer trockenen Fußes durch das Meer schreiten können, während die Fluten die verfolgenden Ägypter verschlingen, die *Macht über das Wasser* mithin, besitzt durchgängig religiös-literarische Tradition. Dass das *Meer* einem Menschen gehorcht, den man als Gott oder Halbgott betrachtet, finden wir später auch bei Alexander dem Großen. Macht über das *Wasser* demonstrierte auch Jesus, der angeblich auf dem Wasser wandeln konnte, ja sogar einen seiner Jünger auf dem Wasser zu sich kommen ließ. Selbst der Pharao gebot über den Nil, die Nilüberschwemmungen konkret und also das *Wasser,* schon lange *vor* den Hebräern!

• Auch die Tatsache, dass Gott für *Nahrung* (Manna) sorgt, ist uralt. Speis' und Trank zählen zu den Grundbedürfnissen des Menschen. Werden diese garantiert, und sei es nur im Rahmen religiöser Märchen, "gewinnt" ein religiöser Führer!
Später wird Jesus Christus für die "wunderbare Brotvermehrung" sorgen. Die "Wunder", die der Pharao in diesem Sinne in Ägypten wirkte, waren ebenfalls zahlreich. Über die Nilüberschwemmungen gebot nur der Pharao, nur er konnte dieses "Wunder" wirken. Dafür brachte er zahlreiche Opfer, betete zu den Göttern und hielt Zeremonien ab. Die prallgefüllten Kornspeicher des Pharao, die nur durch die Nilüberschwemmungen garantiert wurden, waren Beweis seiner Göttlichkeit. Auch er sorgte also für *Nahrung.*

Vielleicht von den Ägyptern gestohlen, zumindest inspiriert von ihnen, sind deshalb diese Geschichten über das *Manna*, das vom Himmel regnet. Aber man kann sich ein Lächeln nicht verkneifen, wenn man liest, dass es am Samstag die doppelte Menge regnet, am Sonntag (dem Ruhetag) aber nichts. Dieser hebräische Gott ist offenbar ein penibler, ein haushälterischer Gott.

• Und weiter: Das ERSTE BUCH MOSE handelt unter anderem von der Schöpfungsgeschichte. Nun muss man leider kommentieren, dass es Schöpfungsgeschichten in fast allen Religionen gab (und gibt). Sie sind ähnlich strukturiert und ähnlich unlogisch, religiöse Märchen eben, an die heute niemand mehr ernsthaft glaubt. Sie stellten Erklärungsversuche für die Entstehung der Welt dar, wie sie ein Volk in dieser Entwicklungsstufe vielleicht zufrieden stellen konnten. Zitieren wir:

"Am Anfang schuf Gott Himmel und Erde. Und die Erde war wüst und leer, und es war finster in der Tiefe."

"... und Gott machte zwei große Lichter: ein großes Licht, das den Tag regiere und ein kleines Licht, dass die Nacht regiere, dazu auch die Sterne." [4]

Wir wissen heute mit unumstößlicher Gewissheit, dass sich die Sonne nicht um die Erde dreht und dass die Lichter des Himmels nicht für die Erde gemacht wurden. Das Wissen eines Kopernikus und Galileo Galilei ist inzwischen intellektuelles Allgemeingut, das nicht mehr in Frage gestellt wird. Aber wichtiger ist: "Schöpfungsgeschichten" gab und gibt es zuhauf, bei den Japanern, Chinesen, Griechen und Germanen etwa.
Die Japaner sehen sich ebenfalls als Kinder Gottes. Izanagi und Izanami, Bruder und Schwester, zwei Götter, erschufen angeblich Japan.

"So stellten sie sich denn auf die schwebende Himmelsbrücke, tauchten einen juwelengeschmückten Speer in den Ozean und hielten ihn hoch in die Himmelshöhe. Aus den herabfallenden Tropfen entstanden die Heiligen Inseln.
Izanagi und Izanami paarten sich und zeugten das japanische Volk. Aus dem linken Auge Izanagis entsprang die Sonnengöttin, von dem die kaiserliche Dynastie in Japan abstammt. 4223 Tropfen fielen von dem juwelengeschmückten Speer, denn so viel Inseln gibt es heute in Japan." [5]

Auch an diese Schöpfungsgeschichte glaubt heute niemand mehr in Japan, denn die Geschichte der Vulkane und Erdbeben wurden zu genau untersucht.

Und so könnte man fortfahren und zwanzig andere Schöpfungsgeschichten zitieren, aber man würde immer nur zu dem gleichen Schluss kommen, nämlich dass sie nicht wahr sind.

- Das Gleiche ist vom Paradies zu sagen. Paradiesvorstellung gab es schon vor dem Judentum in zahlreichen Ausformungen. Paradiese sind weder eine jüdische noch eine christliche Erfindung. Paradiese wurden unterschiedlich gezeichnet, gewöhnlich in Abhängigkeit von dem jeweiligen Land und seinen Knappheiten. In einem Land mit zu viel Sonne und Sand und zu wenig Wasser handelte es sich bei dem Paradies immer um einen *Garten*, in dem es im Überfluss zu trinken gab. In einem Urwaldgebiet sieht das Paradies anders aus. Paradiese gibt es bei den Indern (Nirvana), Ägyptern, Chinesen und Etruskern etwa, nichts Neues also. Paradiese sind Erinnerungen an eine großartige Vergangenheit und Hoffnung auf eine goldene Zukunft.

- Das ZWEITE BUCH MOSE erzählt unter anderem von den Zehn Geboten, die angeblich von Gott auf einem Berg übergeben wurden. Auch hier ist vieles entlehnt. Dass göttliche Gesetze auf

einem Berg von einem Gott übergeben wurden, kennen wir etwa
aus der persischen Religion. Warum auf einem Berg? Da der Himmel oft mit Gott gleichgesetzt wurde, war man auf einem Berg
Gott einfach sehr viel näher. Der Berg war schon immer Wohnsitz der Götter, der Fujijama ebenso wie der Himalaja. Die Übergabe der Gebote durch einen Gott auf einem Berg ist also ein
beliebtes religiöses Motiv, sehr plastisch und anschaulich, wahr
ist es bestimmt nicht!

- In dem DRITTEN, VIERTEN UND FÜNFTEN BUCH MOSE
  schließlich wimmelt es von Regeln, Gesetzen und Anleitungen.
  Wir begegnen unglaublich ausdifferenzierten Regeln, die nahezu
  jeden Bereich des menschlichen Lebens umfassen. Die Zehn Gebote sind lediglich die Grundlage für all diese Gesetze, mehr nicht.
  Nun werden die Gebote sehr viel genauer ausgeführt. Die Strafen werden festgelegt (wer dem Vieh beiwohnt, soll des Todes
  sterben!), Verhaltensregeln definiert, Reinigungsgesetze aufgestellt
  und sogar medizinische Regeln propagiert sowie Gesetze über das
  Erbrecht. Wir haben es hier weitgehend mit einem *juristischen*
  Machwerk zu tun, das die Regeln für ein geordnetes Zusammenleben definiert. Es sind dies teilweise außerordentlich intelligente
  Gesetze, teilweise sind sie völlig veraltet. Aller Wahrscheinlichkeit
  nach handelt es sich um eine im Laufe der Jahrhunderte systematisch gewachsene Gesetzgebung.
  Aber der springende Punkt ist: Um diesen Gesetzen, Verordnungen und Verhaltensregelungen Würde und Wucht zu verleihen,
  Durchschlags- und Stoßkraft, musste natürlich ein *Gott* her, und
  zwar der stärkste Gott, den man sich vorstellen konnte! Nur durch
  einen Gott konnte man den Gesetzen die nötige Weihe geben!
  Aber auch dies finden wir in anderen Religionen.

- Um die Legitimation der Geschichten weiter zu untermauern,
  wurden zahlreiche *Wunder* hinzugefügt. Meere teilten sich, Dorn-

büsche brannten, Holzstäbe verwandelten sich in sich windende Schlangen (ein alter ägyptischer Priestertrick!). Verzweifelt wurde später von "Wissenschaftlern" versucht, für all diese Wunder natürliche Erklärungen zu finden. Aber selbst wenn diese existieren, selbst wenn ein Komet die Erdanziehungskraft zeitweise so veränderte, dass sich das Wasser teilte, so sind diese natürlichen Erklärungen vergebene Liebesmüh. *Wunder* dienten seit alters her nur dazu, *Legitimation* einzufordern und die Menschen namenlos zu *beeindrucken*. Das Volk musste staunen! In den indischen Religionen finden wir buchstäblich Hunderte von "Wundern", die denen der Bibel in nichts nachstehen. Wunder, meist im Nachhinein erdichtet, erfunden und um eine Figur gerankt, verleihen eine übernatürliche Aura, die notwendig ist, um die Menschen in Ehrfurcht erstarren zu lassen.

Moses verwandelte deshalb Wasser in Blut und gebot angeblich über Frösche, Stechmücken, Viehpest, Hagel, Blattern und Heuschrecken. Solche Märchen begegnen uns auf Schritt und Tritt in den religiösen Legenden anderer Länder. Mohammed, der öffentlich bekannte, nie Wunder gewirkt zu haben, musste es ein paar hundert Jahre nach seinem Tod über sich ergehen lassen, dass ihm ebenfalls zahlreiche Wunder angedichtet wurden, *obwohl er ausdrücklich gesagt hatte, keine Wunder wirken zu können!* Aber das Volk liebte diese Geschichten. Und suchte nach Erklärungen für Heuschrecken, Blattern und Hagel. Mehr noch liebten die Priester diese Wunder. Also wurden rasch die Götter herbeizitiert oder böse Geister.

POLITISCHE KONTROLLE

Man könnte an dieser Stelle zahlreiche weitere Querverweise zu anderen Religionen geben, könnte ganze Bücher über Ähnlichkeiten,

Parallelen und seltsame Übereinstimmungen verfassen und käme doch nur immer wieder zu dem gleichen Schluss: nämlich dass es sich bei den FÜNF BÜCHERN MOSE um religiöse Legenden handelt, die indes mit Bedacht erfunden und erzählt wurden, mit einer *Absicht!*

Indem wir uns aber der wahren *Absicht* der FÜNF BÜCHER MOSE nähern, wird es auf einmal wirklich spannend, es wird geradezu aufregend.

Wenn wir anfangen, an der Wahrheit der Geschichten zu zweifeln (und das Beweismaterial ist erdrückend), beginnt man sich zu fragen, was die *Absicht* hinter diesen Geschichten ist. Kennt man jedoch die *Absicht*, löst sich das gesamte Buch, genannt die Bibel, buchstäblich in Nichts auf. Nun, die *Absicht* bestand natürlich darin, die Menschen zu kontrollieren, politisch zu kontrollieren. Nichts eignete sich dafür besser als religiöse Märchen. Die Priester konnten mit diesen Geschichten auf das Prächtigste die Menschen manipulieren. All diese zahlreichen Wunder, aber auch die vielen Flüche, dienten zur *Kontrolle.*

Schöpfungsgeschichten wurden schon immer zur *politischen Kontrolle* benutzt, um einen Führungsanspruch zu zementieren. Gewöhnlich stammte der Führer von Gott selbst ab (wie bei den Griechen, Römern, Ägyptern und Persern etwa der Fall) oder eine besondere Verbindung zu dem Gott *legitimierte* den Führer (wie im Falle Moses).

Schöpfungsgeschichten sind irreal, surreal und unhaltbar heute, verfolgten aber wie gesagt eine politische *Absicht.* Konnte eine Verbindung zu dem Erschaffer der Welt selbst hergestellt werden, bedeutet das *Legitimation von Macht.*

Die Methode, ganze Genealogien und Geschlechterfolgen aufzuzählen, unterstützte die Glaubwürdigkeit. Schon die alten griechischen Könige führten ihren Ursprung gern auf Zeus persönlich zurück!

Mit der Paradiesvorstellung konnte man ebenfalls wunderbar *Kontrolle* ausüben. Wer nicht gehorchte, verspielte seine Zukunft.

Kontrollfunktion hatten weiter die fürchterlichen Strafen, mit denen die Hebräer belegt wurden, wenn sie aufmuckten. Der Kampf um das Goldene Kalb (ein Konkurrenzgott, der eiligst ausgerottet werden musste!) wurde ebenso unbarmherzig geführt wie der Kampf gegen Hebräer, die ungläubig waren. Sie wurden mit Aussatz geschlagen oder auf andere Art hart bestraft.

Tatsächlich waren die Strafen drakonisch. 40 Jahre lang mussten die Hebräer angeblich durch die Wüste wandern, weil das auserwählte Volk zeitweilig zurück nach Ägypten wollte. All dies sind lupenreine, religiöse Kontrolltechniken, darauf gezielt, durch *Angst* Macht über das Denken der Menschen zu erringen. 4000 Jahre Religionsgeschichte lehren uns, dass diese Art von Kontrolle immer wieder angewendet wurde.

Auch die zahlreichen *Erscheinungen* Moses sind in diesem Zusammenhang zu sehen. Ständig sprach Moses mit Gott! Erscheinungen aber, muss man wissen, sind ein probates Mittel, die niemand widerlegen kann: Erscheinungen waren schon immer eine prächtige Methode, Regeln einzuführen und *Kontrolle* auszuüben. Erscheinungen bewiesen alles und nichts. Und so lesen wir ständig: "Und es sprach der Herr zu Moses ..."

Aufstände gegen Moses - wurden mit Erscheinungen aus dem Weg geräumt. Kriege, die geführt werden sollten - wurden mit Erscheinungen legitimiert. Selbst wenn es um die Verteilung der Beute ging (hübsch!), gab es - Erscheinungen! Die Abgabe des Zehnten - war göttliches Gebot! Falsche Propheten (und also Führer, die die politische Macht gefährdeten) - wurden mittels Erscheinungen aus dem Weg geräumt.

Erscheinungen waren, kurz gesagt, seit alters her höchst praktisch, um Gesetze aufzustellen, Besitzansprüche geltend zu machen und politische *Macht* abzusegnen. Kontrolle, Kontrolle, Kontrolle!

Das Wort "Gott" besaß einen magischen Klang. "Gott" aber wurde in allen möglichen Kulturen und Zivilisationen dazu benutzt, um Gesetze abzusegnen und Menschen zu lenken.

Mit "Gott" und der Religion wurde allerorten alles Mögliche bewiesen, wurden Besitzansprüche legitimiert und Regeln aufgestellt, die ansonsten vielleicht nicht akzeptiert worden wären.

Es ging - mit einem Wort - um die brutale *Macht*.

Und damit sind wir dem Geheimnis der Bibel ein wenig auf die Schliche gekommen!

Wenn man aber die grundlegende *Absicht* einer Sache erkennt, verliert sie ihre Kraft. Trotzdem könnte man an dieser Stelle in aller Naivität fragen, wie es denn nun *"wirklich gewesen"* ist?

Was ist an dieser Geschichte der Hebräer wahr? Was weiß der Historiker mit unumstößlicher Gewissheit? Was geschah damals tatsächlich?

Die Wahrheit und nichts als die Wahrheit

Die Hebräer waren anfangs aller Wahrscheinlichkeit nach fahrende Kaufleute. Lange Züge mit Eseln, mit allen möglichen Lasten beladen, zogen mit ihren Herren von einem Handelsort zum nächsten. Da die Hufe ihrer Esel den Staub hoch aufwirbelten, Staub, der sich wieder auf den Händlern selbst niedersetzte, erhielten sie den Namen *Abiru*, was wörtlich übersetzt *die Staubigen* bedeutete. Später bildete sich hieraus der Begriff *Hebräer*.

Die "Staubigen" kauften und verkauften Gold, Silber, Kupfer, Elfenbein und andere Waren. Ursprünglich waren sie aller Wahrscheinlichkeit nach am Euphrat und Tigris zu Hause, im heutigen Irak also, aber auch in der heutigen Türkei. Möglicherweise zogen die Hebräer schließlich etwa 1900 vor Christus nach Kanaan (grob gesprochen im Land des heutigen Israel, Syrien, Libanon gelegen).

Als jedoch eine Dürre und eine Hungersnot das Land heimsuchten, wanderten die Hebräer (vielleicht) nach Ägypten aus. Hier wurden sie versklavt, wie jedenfalls die Legende weiß, bis ein legendärer Führer die Hebräer aus dieser Sklaverei befreite und sie möglicherweise erneut in das "Gelobte Land", wo "Milch und Honig fließen", zurückführte, nach Kanaan also. Sicher ist dies jedoch *nicht*.

Nur so viel scheint gewiss: Die Hebräer, bestehend aus 12 Stämmen, besetzten im 13. oder 14. Jahrhundert vor Christus Teile Kanaans. Die zwölf Stämme schlossen sich nach einiger Zeit zusammen und erkannten nur einen Gott an, *Jahwe,* einen strengen, eifersüchtigen, streitbaren Gott. Die Vielgötterei hörte auf. *Jahwe* wurde, wie der Religionswissenschaftler weiß, aus früheren Göttern zusammengesetzt. Einer davon war ein semitischer Gott, eine Gottheit mit einem riesigen Glied, andere waren Tier- und Naturgottheiten (Deschner). Jahwe wandelte sich vom Wetter-, Vulkan- und Stammesgott der Hebräer zu einem allmächtigen Schöpfergott, er machte sozusagen Karriere. Jetzt galt nur noch ein einziger Gott. Die Israeliten bekämpften in der Folge viele Stadtstaaten und errichteten ein Königreich, immer inspiriert durch ihren allmächtigen, streitbaren Gott. Sie vernichteten bedeutende Reiche, brannten Städte nieder, töteten Männer, Frauen und Kinder, verwüsteten und mordeten, alles im Namen des HERRN, im Namen *Jahwes,* mit einer unvorstellbaren Brutalität, wenn wir ihrer eigenen "Heiligen Schrift" Glauben schenken.

So viel scheint also festzustehen, mehr aber auch nicht. Die wahre Geschichte der Hebräer liest sich also etwas bescheidener und weniger spektakulär, wenn man sie all der legendenhaften Züge entkleidet.

Kommen wir nun jedoch zu der mit Abstand spannendsten Frage, und fragen wir uns, wie es eigentlich um die *Quelle* bestellt ist. Die Beurteilung der Quelle, der Wahrheitsgehalt einer Quelle und die Echtheit einer Quelle ist immer das letzte Kriterium, wenn man über Geschichte und Geschichten urteilt. Fragen wir uns also: Wer war dieser Moses? Existierte er überhaupt? Wenn aber nicht: Wer verfasste dann diese FÜNF BÜCHER MOSE, die am Anfang der Bibel stehen?

DIE QUELLENLAGE

Die Quellenlage ist kurz gesagt dürftig, um das Mindeste zu sagen. Unter streng wissenschaftlichen Gesichtspunkten existiert Moses gewissermaßen nicht.[6]

Er ist eine Figur der Legende, von Priestern geschaffen und unhistorisch.

Vergessen wir nicht, dass die "Heilige Schrift" der Juden erst 90 bis 100 nach Christus *endgültig* festgeschrieben wurde! Rund 1200 Jahre brauchte also diese "Heilige Schrift", um überhaupt zu entstehen!

Wer würde es angesichts eines solchen Zeitraumes wagen, von "historischer Wahrheit" zu sprechen?

Die "Heilige Schrift" der Juden umfasste zunächst 24 Bücher, spätere jüdische "Bibeln" des 15. Jahrhunderts waren in 39 Bücher aufgeteilt.

Auch ein objektives, allgemein anerkanntes "Altes Testament" existiert nicht wirklich: Die Katholiken halten andere Geschichten für heilig und von Gott inspiriert als die Protestanten, die griechische Kirche oder das hellenistische Judentum. Nahezu alle christlichen Sekten und Kirchen und selbstverständlich die Juden selbst anerkannten indes fast ausnahmslos die FÜNF BÜCHER MOSE, griechisch auch *pentateuchos* genannt, wörtlich das Fünfbehältrige, weil die Schrift früher aus fünf Rollen bestand.

Heute weiß die Forschung, dass die FÜNF BÜCHER MOSE beileibe nicht die ältesten Bücher der "Heiligen Schrift" sind, wie ursprünglich angenommen. Aber wichtiger ist: Teilweise bis ins 19. Jahrhundert hinein galt Moses als der Verfasser dieser FÜNF BÜCHER MOSE, wenn es dem aufmerksamen Leser auch zu denken gab, dass Moses seinen eigenen Tod beschrieben haben soll. Aber Moses hatte ja auch die Entstehung der Welt beschrieben, chronologisch gesehen ein noch kühneres Unterfangen.

Aber wie entstanden diese Bücher? Zunächst gab es nur *mündliche* Überlieferungen und demzufolge zahlreiche verschiedene Versionen. Einige dieser Versionen waren länger, andere kürzer, bestimmte Texte existierten hier, die dort nicht existierten. Zum Teil gab es sogar widersprüchliche Textversionen! Weiter geben selbst Theologen heute unumwunden zu, dass es *mehrere* Autoren für die FÜNF BÜCHER MOSE gegeben haben muss. Schon früh fand man heraus, dass sich mindestens drei verschiedene Autoren hinter dem Namen *Moses* verbergen.

Man unterschied mit der Zeit zwischen dem "J-Autor", dem "E-Autor" und dem "P-Autor" (J, weil dieser Autor gern die Worte *Jehova* oder *Jahwe* benutzte, wenn er von "Gott" sprach; der "E-Autor" gebrauchte dagegen für Gott vornehmlich die Vokabel *Elohim*; "P" steht als Abkürzung für Priester, für einen Priester-Autor). Im 19. Jahrhundert ließen Theologen einen vierten Autor zu, den sie "D-Autor" nannten, "D" zu Deuteronomist. Das griechische Wort *deuteros* bedeutet wörtlich der *zweite, nomos* bedeutet *Gesetz* oder *Vorschrift.*

Das 5. Buch Moses wird auch *Deuteronomion* (griech.) oder *Deuteronomium* (lat.) genannt. Der Grund: es beinhaltet – so jedenfalls christliche Vermutungen – eine *zweite* Gesetzgebung, die später, nach einer *ersten* Gesetzgebung, eingeführt wurde.

Plötzlich waren also mindestens vier Autoren von offiziellen Theologen zugelassen. Wiederholen wir: Selbst nach dem Zugeständnis der "Gläubigen" schrieben mindestens vier Autoren die FÜNF BÜCHER MOSE!

Aber was ist mit all der mündlichen Tradition? Den verschiedenen Variationen? Den späteren Einschiebungen? Mit Fug und Recht müsste man unseres Erachtens noch weitere Autoren annehmen, was diese fünf Bücher angeht.

Fest steht heute immerhin unumstößlich, dass Moses *nicht* der Verfasser der FÜNF BÜCHER MOSE ist. Wahrscheinlich ist unseres Erachtens dies: *Viele* Generationen von Schriftstellern, Priestern, Rabbis, Lehrern und Propheten trugen diese Bücher zusammen, bei denen es sich um eine unzusammenhängende, nicht logische, willkürliche Materialsammlung von Mythen und Heldensagen handelt, die sich teilweise widersprechen und sich häufig wiederholen. Vieles wurde ohne Frage nachträglich hinzugefügt oder gestrichen, alles Einzelheiten und Details, die der Wissenschaftler heute anhand von Stiluntersuchungen zweifelsfrei feststellen kann. Es gab Zusätze, Änderungen, Korrekturen und Interpolationen (= nachträgliche Einschiebungen von Wörtern und Sätzen). Die Zehn Gebote stammen wahrscheinlich aus der Königszeit (Salomon, David), sie haben mit dem historischen Moses nicht das Geringste zu tun und wurden viele Jahrhunderte nach ihm niedergeschrieben, zum

Teil 600 Jahre später, man vermutet, von Gelehrten aus Jerusalem! Die letzten drei Gebote wurden lange Zeit wahrscheinlich nur mündlich weitergegeben und existierten am Anfang überhaupt nicht! Andere Teile der FÜNF BÜCHER MOSE stammen aus dem 13. und 14. Jahrhundert, "nicht weniger als 60 Kapitel" [7] aus dem 5. Jahrhundert!

Priestern oblag also die Redaktion und die Endredaktion. Noch einmal: All die Einschaltungen, Wucherungen, Veränderungen, Varianten und Parallelversionen entstanden über einen Zeitraum von 1200 Jahren, man muss es sich vorstellen! So viel hat historisch-wissenschaftliche Analyse zweifelsfrei bewiesen.

Es gibt zahlreiche Ausgaben, Versionen und Varianten. Meisterrechercheur Deschner spricht von insgesamt 250.000 Textvarianten (der gesamten Bibel), eine Viertelmillion Lesearten also! Nichts ist somit sicher. Aber wichtiger: Wir können nicht umhin anzunehmen, dass *zahlreiche* Priester die FÜNF BÜCHER MOSE verfassten!

Für den historischen Moses selbst gibt es indes keinerlei archäologische Hinweise. Keine Texte bei den Babyloniern, Ägyptern oder Griechen bezeugen seine Existenz.

Historisch gesehen ist dieser Moses nicht greifbar und nicht fassbar. Außerhalb der Bibel, ein schwerwiegender Vorwurf, gibt es keinerlei Zeugnisse über diesen Moses. Die gewöhnlich sehr sorgfältigen Aufzeichnungen der ägyptischen Pharaonen erzählen nichts von ihm. Weiter gibt es keine exakten chronologischen Anhaltspunkte in der Bibel selbst, keine Urkunden, keine Gräber und keine Dokumente.

Der Historiker kennt also Moses nicht, er weiß nur, dass Mythen und Legenden über eine solche Figur existieren und dass es eine falsch zugeschriebene Verfasserschaft von fünf Büchern gibt. Diese Figur des Moses, der nicht historisch bezeugt ist (was selbst Katholiken, Protestanten, Christen und Juden heute zugeben), wurde im Laufe der Zeit immer weiter ausgeschmückt. Neue Legenden wurden ersonnen, neue Märchen gestrickt und in unserer Zeit sogar Filme über ihn gedreht. Filmemacher klebten ihm einen gewaltigen Bart an und Tontechniker verliehen ihm eine donnernde Stimme. Moses wurde dadurch "wirklicher" und "lebendiger", als wenn er je gelebt hätte.

Die Mythengestalt, das religiöse Märchen, wurde unerschütterlich konkret, "wahrhaftig" und "wirklich", vergleichbar einer Romanfigur, die ein Schriftsteller besonders wirklichkeitsecht aus dem Nichts stampft.

Moses "existierte" nach eintausend, zweitausend, dreitausend Jahren, obwohl er so sicher nie existiert hatte.

FAZIT

Damit bleibt als Fazit folgendes: Die FÜNF BÜCHER MOSE wurden nicht von Moses geschrieben. Zahlreiche Priester sind die wahrscheinlichen Verfasser der FÜNF BÜCHER MOSE, vielleicht 50 bis 100, die in einem Zeitraum von über 1200 Jahren entstanden, zugegeben wurden immerhin vier unterschiedliche Autoren, womit man aber wahrscheinlich zu kurz greift.

Für Moses Existenz selbst gibt es keinerlei objektive Beweise. Trotzdem inspirierten die "Idee des Moses", wie man vorsichtigerweise sagen muss, Millionen, ja Milliarden von Menschen, gleich einer Romanfigur.

Sie wurde zu einer der größten Lügen der Geschichte, die inzwischen immerhin rund 3200 Jahre lang Bestand hat und von Milliarden von "Gläubigen" wortwörtlich übernommen wurde. Heerscharen von Priestern der verschiedenen Konfessionen erzählen sie bis heute. Was aber bleibt damit von Moses zu guter Letzt? Hat er nun gelebt oder nicht?

Der Historiker kann ehrlicherweise nur so darauf antworten: möglicherweise. Dass das Volk der Hebräer aus Ägypten einst auszog, wiewohl nicht in den ägyptischen Aufzeichnungen belegt, ist denkbar. Lediglich bei dem römischen Historiker Tacitus gibt es in seiner "Historiae" eine dünne Anmerkung, denn er beschreibt, dass die Ägtypter von einer Seuche heimgesucht wurden, woraufhin Pharao Bokchoris befahl, das Land von einer "fremden Rasse zu reinigen". Das liest sich jedoch bereits etwas weniger heroisch. Dass sich ein Führer anbot, um diesen *Exodus* (Auszug) oder Hinauswurf anzuführen, ist eine logische Notwendigkeit. Warum sollte er nicht Moses geheißen haben?

Es bleibt damit ein legendärer Führer übrig, mit angeblich hohem Alter (120 Jahre), dem nachträglich zahlreiche Wunder zugeschrieben wurden. Aber diesen Moses, wie wir ihn heute durch die FÜNF BÜ-CHER MOSE kennen, gab es sicherlich nicht. Der Mosescharakter, der Mosestypus, ist eine Erfindung von Priestern, eine unvorstellbar geschickte Erfindung allerdings, weil sie so raffiniert parallel zu den Ängsten, Urängsten und Hoffnungen der Menschen gelagert ist.

Wie der mögliche Moses wirklich ausgesehen haben mag, wie er wirklich agiert hat und was er wirklich in die Wege geleitet hat oder nicht, falls er existierte, weiß niemand. Die Wahrheit ist heute vom Winde verweht und im Sande der Wüsten Ägyptens und Israels auf immer vergraben.

2. KAPITEL

ALEXANDER DER GROSSE: DICHTUNG UND WAHRHEIT

Das Unternehmen, das sich Alexander der Große als Lebensaufgabe stellte, war das gewaltigste, das je ein Grieche gewagt hatte. Mit diesem Unternehmen stellte er sich in eine Reihe mit den mutigsten, stärksten und ruhmreichsten Helden der Vergangenheit, wie mit Herakles etwa, dem Sohn des Zeus, der Löwen erwürgt, die vielköpfige Hydra vernichtet, den wilden Eber gefangen, die Ställe des Königs Augias ausgemistet, mörderische Vögel getötet und fast alle Amazonen erschlagen hatte. Mit diesem Unternehmen maß sich Alexander mit Achilles, dem unvergleichlichen Helden von Troja, der den unbesiegbaren Hektor wie einen Hund ein paar Mal um die Stadtmauern gejagt hatte, bevor er ihn getötet und in den Hades befördert hatte. Mit diesem Unternehmen befand sich Alexander der Große plötzlich in Augenhöhe mit den Göttern und Halbgöttern. Ein solches Unternehmen wurde nur alle paar Jahrhunderte einmal gewagt: *die Eroberung der gesamten Welt!*

Klein kann man die Denkweise dieses Alexander also wirklich nicht nennen. Er beabsichtigte nichts weniger, als bis ans Ende der Welt zu marschieren und sich das gesamte Erdenrund untertan zu machen. Keine Schmerzen, keine Katastrophe und keine Gefahren konnten ihn von seinem verwegenen Unterfangen abbringen. Tausendmal schaute er dem Tod ins Auge und das schon in jungen Jahren ... Tatsächlich ist Alexanders Aufstieg atemnehmend. Gerade 16 Jahre jung greift er bei der ersten Gelegenheit bereits in die hohe Politik ein. Er fürchtet weder Dämonen noch Götter und vielleicht hat er allen Grund dazu. Er ist ein Prinz von Geburt, besitzt eine hervorragende körperliche Konstitution, ist bärenstark, gut gebaut, hat ein klassisch geschnittenes, griechisches Profil und Haare, die sich über der Stirn büschelartig teilen, was seinem Aussehen etwas "Löwenhaftes"[8] verleiht.

Während der Vater außerhalb des eigentlichen Herrschaftsbereiches gegen Feinde zieht, organisiert Alexander jedenfalls bereits den ersten eigenen Feldzug – gegen einen thrakischen[9] Stamm, als Halbwüchsiger! Er verdient sich die ersten Lorbeeren, denn er siegt.

Schon mit 16 Jahren schreibt Alexander also Geschichte, im Jahre 340 vor Christus konkret! Und der Sieg ist notwendig, denn die Herrschaft der Makedonen (der Stamm, dem Alexander angehört) über das übrige Griechenland ist beileibe noch nicht fest zementiert. Also muss er sich sputen.

Glücklicherweise genießt er die beste Ausbildung, die man sich vorstellen kann. Aristoteles, der berühmte Philosoph, der über 1000 Jahre lang später die Welt des Denkens beherrscht, ist sein persönlicher Lehrer. Daneben übt er sich in zahlreichen körperlichen Disziplinen. Er ist noch nicht ganz 18 Jahre alt, da kommandiert er schon die Reiterei seines Volkes. Da taucht ein neues politisches Problem auf – und wieder zieht der Jüngling in den Krieg. Erneut siegt er in einer Schlacht, nachdem er sich zuvor mit allen Finessen und Taktiken der Kriegsführung vertraut gemacht hat. Gerade 20 Jahre alt steht die Thronfolge zur Diskussion: Sein Vater Philipp ist einem Attentat zum Opfer gefallen. Obwohl es starke Konkurrenten gibt, greift Alexander mit der größten Selbstverständlichkeit nach der Krone. Der Coup gelingt. Die Gegner werden ausgeschaltet. Von einem Tag auf den anderen ist Alexander nicht nur Herr der Makedonier, sondern dominiert über ganz Griechenland.

Der sagenhafte Aufstieg hat begonnen. Aber das Ziel Alexanders ist größer, weiter gesteckt. Es geht ihm um nichts weniger als um die Welt, die bekannte Welt muss man einschränkend sagen, die er in seine Tasche stecken will.

Vom ersten Tag seiner Königsherrschaft an beginnt nun der unglaublichste Siegeszug, den man sich vorstellen kann.

Zunächst wollen einige aufmüpfige griechische Städte den Tod seines Vaters nutzen, um die Hegemonie, die Vorherrschaft der Makedonen über das freiheitsliebende Griechenland zu brechen. Aufstände flackern allenthalben auf, aber Alexander ist sofort zur Stelle. In knochenbrechenden Eilmärschen jagt er seine Truppen zu den Orten, wo die Flammen des Widerstandes züngeln. Wo er auftaucht, siegt er. Gleichzeitig gelingt es ihm, die Griechen auf den Kampf gegen die *Perser* einzuschwören. Er kann mitreißen, er kann überzeugen, Alexander ist eine charismatische Figur. Das Feuer eines Gottes scheint in ihm zu lodern, vor allem aber scheint er ständig vom Schlachtenglück begünstigt zu sein. Und so bewegt er schließlich ein *ganzes Land* in Richtung Asien!

Die hochgerüsteten Perser, weit überlegen hinsichtlich der Zahl ihrer Truppen, in Bezug auf Gelder und räumliche Ressourcen, treten ihm mit einem riesigen Heer entgegen. Im Jahre 334 prallen die Heere aufeinander. Alexander greift sofort den stärksten Punkt des Feindes an, was allen bisherigen strategischen und taktischen Gebräuchen zuwiderläuft. Persönlich reitet er die Attacke auf das Zentrum des Feindes, er riskiert Kopf und Hals, er reitet hoch zu Pferde wie ein unbesiegbarer griechischer Gott in die Schlacht, und während die Pfeile an seinem Kopf vorbeischwirren, die Lanzen an ihm vorbeistechen und die Schwerter rund um ihn einen wilden Tanz aufführen und ins Leere treffen, drängt er den Feind zurück. Wiederum siegt er.

Der Nimbus der Unbesiegbarkeit der Perser ist gebrochen, während der Stern Alexanders aufgeht. Legenden bilden sich. Von Wundern wird berichtet. Alexander erscheint vielen als ein übernatürliches Wesen. Man erzählt sich, dass einmal sogar das Meer vor ihm zurückgewichen sei. Und man erzählt sich immer wieder die Geschichte vom Gordischen Knoten. - Erinnern wir uns: Ein uralter Streitwagen, ein mythisches Überbleibsel aus der Zeit der Phryger (die einst einige heutige türkische Landstriche beherrschten), besitzt zwischen dem Joch und der Deichsel einen Knoten, der sich nicht lösen lässt. Die Seher und Propheten, die Priester und Gottesdiener munkeln, wer diesen Knoten löse, werde Herr Asiens! Alexander löst das Problem des Gordischen Knotens (so genannt nach der Stadt Gordion) auf seine Weise: Er zerschlägt den Gordischen Knoten mit einem einzigen Hieb seines Schwertes! Die Priester, die Religion und die Götter stehen damit auf seiner Seite!

Aber noch ist nur eine einzige Schlacht gewonnen, in die Großkönig Dareios lediglich einen seiner Heerführer geschickt hatte. Jetzt rüsten die Perser erst richtig auf. Dareios, der gesalbte, heilige Perserkönig, setzt sich persönlich an die Spitze des größten Heeres, das die Antike je gesehen hat. Er sammelt seine Armee in Babylon. Das Jahr 333, so viel steht fest, wird die gewaltigste Schlacht sehen, die es je gab. Der Ausgang wird entscheiden, wer über "Asien" regieren wird, wie die Griechen alles östlich von Griechenland nennen. En unglaubliches Aufgebot wälzt sich nun von diesem Asien auf Griechenland zu, um den Widerstand dieses griechischen Provinzkönigs zu brechen. Man wird ihm tüchtig einheizen!

Dareios scheint unbesiegbar, zu gewaltig ist sein Herrschaftsgebiet, zu kampferfahren sind seine Truppen. Sein Heer rollt wie eine gigantische Woge über das Land. Der Großkönig führt seinen gesamten Hofstaat im Schlepptau. Der Haushalt, sogar der Harem, seine persönlichen Sklaven, alle sind mit ihm, der Pomp ist ohnegleichen. Und er ist siegesgewiss: Er ist den Griechen rund um das Dreifache überlegen. Der Großkönig setzt sein gesamtes Schicksal aufs Spiel, indem er persönlich in die Schlacht zieht. Seine Kavallerie beträgt 20.000 Mann, die Infanteristen sind 30.000 Mann stark. Der Großkönig selbst ist durch eine Art Elitetruppe geschützt, eine persönliche Garde von mindestens 2000 Mann. Doch auf der anderen Seite wartet ein griechischer Halbgott. Seine Kämpfer sind nicht so zahlreich, aber sie sind hochmotiviert. Und so prallen die ungleichen Heere schließlich aufeinander. In Issos, einer Stadt im Süden der heutigen Türkei gelegen, kommt es zur Schlacht.

Dareios verfügt über einen genau ausgeklügelten Schlachtplan. Aber Alexander erfasst mit dem Instinkt des geborenen Heerführers mit einem Blick die gegnerische Strategie und reagiert blitzschnell. Er schlägt den ersten Angriff ab und attackiert sofort das Zentrum, in dem sich der Großkönig selbst, Dareios, inmitten seiner Elitetruppe, so sicher glaubt. Alexanders Taktik besteht darin, in das Herz des Trosses zu stechen. Er reitet persönlich die Attacke, an der Spitze seiner Soldaten.

Der Großkönig, der mit seinem funkelnden Streitwagen und all den goldenen und silbernen Insignien herausgeputzt ist wie eine Mätresse, reagiert zu spät. Alexander gelingt es, sich ihm von der Flanke zu nähern. Er umzingelt die Elitetruppe des Großkönigs und bringt Dareios in ärgste Bedrängnis. Dareios gerät in Panik. Es gibt das Zeichen zum Rückzug, obwohl an anderen Fronten seine Truppen bereits zu siegen beginnen! Aber Dareios fürchtet um sein Leben, während Alexander sein Leben in vollem Bewusstsein riskiert.

Und so wirft sich der Großkönig rückwärts in die schmähliche Flucht. Die persische Reiterei und die Infanterie beginnen zu wanken, die Reihen lösen sich auf. Der Großkönig flieht, um sein nacktes, erbärmliches Leben zu retten. Alexander und seine Horden setzen ihm nach. Und jetzt ist der Sieg der Griechen, der fast schon in der Tasche der Perser war, nicht mehr aufzuhalten. Alexander wütet wie ein Berserker zwischen den Feinden. Sein Schwert mäht einen Perserkopf nach dem anderen vom Rumpf, er ist die leuchtende Lichtgestalt. Selbst die Frauen des Großkönigs fallen in seine Hände, die Niederlage für Dareios könnte nicht vollkommener sein. Aber wichtiger ist die prall gefüllte Kriegskasse. Seine Mannen grölen, johlen und singen, so viel Schlachtenglück hat man noch nie erlebt! Eine Weltmacht ist dabei, sich wie ein Hase zu verdrücken.

Das Jahr 333 prägt sich in den Köpfen ein, bis heute bezeichnet es die Wende. Der Sieg ist so überraschend, dass viele frühere Bundesgenossen des Dareios eiligst das Lager wechseln. Man will sich mit dem Sieger arrangieren. Ganze Flotten schließen sich Alexander an, der unbesiegbar zu sein scheint. Die Götter halten offenbar schützend ihre Hand über ihn, immer öfter wird er mit Achill und Herakles verglichen.

Doch Dareios ist zwar gedemütigt, aber noch nicht endgültig geschlagen. Da er jedoch seine Felle davonschwimmen sieht, bietet er Alexander die Teilung seines Riesenreiches an. Er bietet ihm den ebenbürtigen Rang *und* die Hand seiner Tochter.

Einer der engsten Freunde Alexanders, Parmenion, ein tapferer Kämpfer, ruft aus: "Ich würde das Angebot annehmen, wenn ich Alexander wäre!"

Alexander antwortet: "Ich auch, wenn ich Parmenion wäre!"

Aber er ist Alexander. Und so lehnt er ab – und bedeutet damit dem Großkönig, dass er das ganze Reich unter seine Herrschaft zu bringen gedenkt.

Doch zunächst wendet er sich dem geheimnisvollen Ägypten zu. Einige Städte, die auf dem Weg in Richtung Ägypten liegen, laufen mit wehenden Fahnen zu Alexander über. Andere, die Widerstand leisten, werden dem Erdboden gleichgemacht.

Ägypten ist persische Provinz, aber die Perser begingen ehemals einen kapitalen Fehler: Sie ehrten die Religion, die Götter, die heiligen Überlieferungen der Ägypter nicht. Alexander ist jedoch nicht nur mutig, er ist darüber hinaus auch noch klug. In Ägypten angelangt, opfert er als Erstes den fremden Göttern. Und so nimmt er Ägypten im Handstreich. Später stellt er die altehrwürdigen Heiligtümer wieder her, woraufhin ihn die ägyptische Oberschicht sogar als Pharao akzeptiert! Er belässt die Priester in ihren Ämtern und arrangiert sich mit der spirituellen Aristokratie. Nur die Finanzbeamten und die Soldateska, darauf besteht er, müssen griechischer Herkunft sein. Daraufhin gründet er Alexandria, eine Stadt, die er an der Mündung des Nils platziert. Später wird er über 80 (achtzig!) Städte mit seinem Namen gründen! Daraufhin setzt er einen zweiten Coup ins Szene, der politisch so raffiniert ist, dass er uns noch heute Respekt abnötigt. Alexander marschiert zu der Oase Siwa, wo das alte, hoch angesehene lybische Orakel seinen Sitz hat. Dort lässt er sich von den Hohepriestern des

Amun-Re, dem höchsten Gott der Ägypter, als Sohn des Amun-Re bestätigen! Er ist jetzt der Sohn eines Gottes. Das Spektakel geht im Rahmen einer gigantischen Showkulisse über die Bühne. Wie? Die ägyptischen Priester lassen ihren Gott nicken, auf eine entsprechende Frage hin, indem sie eine geheim gehaltene Mechanik künstlich auslösen.[10]

Das lybische Orakel gilt zusammen mit dem delphischen als das wichtigste Orakel der Welt. Es genießt sogar in Griechenland hohes Ansehen. Dort wird Amun-Re mit Zeus identifiziert. Noch einmal: Unter riesigem Pomp und Aufwand spricht sich also das Orakel für Alexander aus. Er ist jetzt der Sohn des Amun-Re *und* der Sohn des Zeus. – Welch ein gerissener Strippenzieher in Sachen Public Relations! Welch ein Coup, welch ein religiöser Hokuspokus, der jedoch seine Zeitgenossen unnennbar beeindruckt und politische Folgen hat.

Wir haben es jetzt mit Alexander endgültig mit einem Gott zu tun, nicht mehr mit einem Menschen. Das Phantastische, das Mirakulöse und das Übernormale wird spätestens jetzt Teil des Alexander-Mythos.

Im Übrigen begleitet ihn auf allen seinen Feldzügen ein gewisser Kallisthenes, ein Historiker seines Zeichens, der die Taten des Alexander genauestens aufzeichnet. Auf diese Weise erblicken immer mehr abenteuerliche Geschichten über Alexander das Licht der Welt. Wurde er nicht von einem Gott gezeugt? Ist er nicht über alle irdischen Gesetze erhaben? Bezieht dieser Alexander seine Kraft nicht aus dem Jenseits? Die Eroberung Ägyptens, das ihm wie eine reife Frucht in den Schoß fällt, ist doch der Beweis dafür!

Aber noch immer gibt es diesen verdammten Dareios, diesen anmaßenden Perser, diesen aufgeblasenen Großkönig, der zwar 333 in Issos eine entsetzliche Niederlage einstecken musste, aber dessen Reich nach wie vor existiert. Und also bricht Alexander im Jahre 331 wieder nach "Asien" auf, zumal Dareios seine Mannen ebenfalls wieder neu formiert hat. Der Großkönig verfügt jetzt sogar über indische Kriegselefanten und Streitwagen mit scharfen Sicheln an den Deichseln. Er gebietet über gefährliche Bogenkämpfer, über säbelschwingende, berittene Krieger und über Fußsoldaten, die so zahlreich sind wie Ameisen.

Tatsächlich hat er rund 200.000 Mann auf die Beine gestellt. Mit einem unendlich viel kleineren Heer stellt sich Alexander erneut Dareios – und besiegt ihn mit der gleichen Taktik: Er stößt direkt in das Zentrum vor. Und wieder ergreift Dareios die Flucht. Welch Schande! Alexander triumphiert. Die Leiber tropfen noch vom Blut, als sich Alexander endgültig zum "König von Asien" ausrufen lässt.

Spätestens jetzt gibt es kein Halten mehr. Seine Mannen marschieren. Sie erobern und siegen, wo auch immer sie erscheinen. Babylon, das einen legendären Ruf genießt mit seinen massiven Tempeln, kolossalen Mauern und dem erstaunlichen Straßensystem, fällt in Alexanders Hände. Es öffnet dem neuen Gott freiwillig seine Tore.

Und wieder ist Alexander klug, listig und raffiniert genug, als Erstes den babylonischen Göttern zu opfern. Wieder bestätigt er die Priester in ihren Ämtern, er legt seine Kralle nur auf die Finanzen und das Militär.

Sua, die eigentliche Hauptstadt des persischen Großreiches, fällt wenig später. Auch dort ergibt man sich kampflos. Unvorstellbare Schätze, Gold und Geld, fallen in Alexanders Hände, der es sofort als Zahlungsmittel einsetzt und seine weiteren Kriege damit finanziert. Und so geht es Schlag auf Schlag. Auf dem Zug nach Persepolis muss er zwar mit den umliegenden Bergvölkern kämpfen, aber auch hier siegt Alexander schlussendlich, die dritte wichtige Stadt des Perserreiches ergibt sich. Die Götter sind mit ihm!

Aber noch immer lebt dieser Dareios. Doch der Großkönig hat längst jeden Respekt bei seinen eigenen Leuten verloren. Und so verwundert es nicht, dass ihn persische Adlige schließlich gefangen setzen. Ein gewisser Bessos erhebt sich zum neuen König. Da Bessos fürchtet, Dareios könne Alexander erneut einen Teil des Reiches anbieten, lässt er Dareios töten. Alexander aber ist seltsamerweise enttäuscht; denn der endgültige Triumph, den persischen Großkönig persönlich besiegt zu haben, bleibt ihm damit versagt. Als er vor der Leiche Dareios' steht, bestattet er ihn zunächst in allen Ehren und beschließt dann, den Tod seines ehemaligen Widersachers auf grausamste Weise zu rächen. Bessos heißt das neue Ziel! Alexander operiert nun zunehmend mit persischen Militärs, das in Scharen zu ihm überläuft. Er nimmt orientalische Gebräuche an. Alexander sieht sich jetzt als König Griechenlands und Asiens. Und also trägt er je und je das Ornat des besiegten persischen Großkönigs und benutzt seinen Siegelring. Er versucht, auch den (persischen) Kniefall einzuführen, der am persischen Hof gang und gäbe ist, aber sein eigener Historiker, Kallistenes, der gewöhnlich lauter als jeder andere seine Taten besingt, sträubt sich.

Doch das sind alles Bagatellen. Längst stellt sich eine neue Aufgabe: Die Nachfolger des Dareios, die mit der neuen Fremdherrschaft nicht einverstanden sind, formieren sich. Alexander jagt, hetzt und verfolgt sie. Bessos, der neue persische König, wird schließlich gefangen genommen, gefoltert und getötet. Weiter werden aufrührerische persische Aristokraten getötet, Städte niedergemacht und ganze Bevölkerungen ausgerottet. Der griechische Gott duldet keinen zweiten Gott neben sich. Er räumt auf. Bis zum Jahre 327 ist er damit beschäftigt, eine neue Ordnung zu schaffen. Und schließlich ist Alexander unangefochten der König Griechenlands, Ägyptens und Persiens. Dabei ist es ihm gleichgültig, ob er Pharao heißt, Sohn des Zeus oder Bruder eines persischen Gottes, solange ihn nur alle als den unumschränkten Herrscher anerkennen.

Städte, die sich ihm nicht entgegenstellen, verzeiht er gewöhnlich schnell. Immer ist er intelligent genug, die alte Herrschaftsclique in ihren Posten zu bestätigen, sofern sie mit ihm paktieren. Und immer zieht er die Priester auf seine Seite.

Aber noch hat Alexander sein eigentliches Ziel nicht erreicht. Noch ist Indien nicht erobert, das für ihn die Weltherrschaft symbolisiert. Und so überschreitet Alexander im Frühjahr des Jahres 326 den Indus. Zahlreiche Schlachten werden geschlagen, unzählige Gefahren überwunden. Stets bleibt Alexander siegreich, er ist zweifellos der intelligenteste Stratege seiner Zeit.

Er ist gleichzeitig ungeheuer mutig und von einer schier endlosen Kraft beseelt. Er gelangt bis zum Indischen Ozean und vollbringt unwillentlich eine wissenschaftliche Großtat: Er erweitert den geographischen Horizont der gesamten zivilisierten Welt. Daraufhin marschiert er zurück, nachdem er alle, alle geschlagen hat.

Alexander hat sein Ziel *erreicht*. Er ist Beherrscher der Welt. Er triumphiert. Der Rest ist nur noch Lappalie.

Trotzdem bereitet er noch einen letzten Feldzug vor, der ihn nach Arabien führen soll. Aber als die Zeichen schon auf Sturm stehen, als die Heere abmarschbereit sind und als die Fanfaren schon erklingen, muss er erfahren, dass selbst Götter sterblich sind. Alexander erkrankt, wahrscheinlich an Malaria, und stirbt im Jahre 323, gerade 32 Jahre jung.

DER GANZ ANDERE ALEXANDER

So und nicht anders könnte man das bewegende, das rauschhafte, das vor Kraft überschäumende Leben Alexanders beschreiben. Man könnte mit allen seinen Mitstreitern und mit allen tapferen Griechen in den Lobgesang über ihn einstimmen. Man könnte Napoleon zitieren, der auf sein "wohlgeordnetes, ungeheures Reich" verwies und der von einer "politischen Großtat" sprach.

Jacob Burckhardt, der bedeutende deutsche Historiker, nannte ihn den "großen Weltbezwinger" und wies darauf hin, dass es "immer ein Glück ist, wenn eine höhere Kultur über eine geringere, ein begabtes Volk über ein unbegabteres" siegt. Johann Gottfried von Herder, der Zeitgenosse Goethes, staunte über die Kraft, von Babylon aus die Welt zu regieren. Legenden woben sich um seine Person und Mythen entstanden. Speziell in der römischen Zeit überschlugen sich die Kommentatoren. Kaiser beugten ihr Knie vor dem Genie Alexanders, namentlich Cäsar.

Und waren seine Resultate nicht wirklich atemnehmend? Griechisch wurde Weltsprache. Der Hellenismus breitete sich aus. Der Handel wurde international. Eine Weltwirtschaft entstand. Alexander, wiewohl tot, wurde unsterblich.

Pompeius, Crassus, Nero und viele mehr liebten, verehrten und vergötterten ihn. Noch heute verfallen Menschen in ungläubige Verwunderung, wenn nur der Name Alexanders fällt, dem nebenbei erst die Römer den Beinamen "der Große" verliehen. Die französische, die deutsche, die englische Geschichtsschreibung sind jedenfalls voll von Bewunderung für diesen stärksten, mutigsten und intelligentesten Vertreter der griechischen Kriegerkaste.

Und so könnte man, wie auch wir es zunächst getan haben, ein hohes Lied und eine Hymne auf Alexander den Großen anstimmen, der nahezu 2 1/2 Jahrtausende nun schon die Gemüter beschäftigt.

Aber Tatsache ist, dass wir nicht einmal die halbe Wahrheit berichtet haben. Denn wir haben auf viele hässliche Details verzichtet, damit man verstehen kann, warum die Menschen so hingerissen sind von diesem Alexander. Der erste Schritt zur Beurteilung einer Person besteht darin, *alle* Fakten auf den Tisch zu legen. Man öffnet der Manipulation Tür und Tor, wenn man nur geschickt genug Fakten auslässt, streicht und "vergisst", wenn man schönt, glättet und sorgfältig ausbügelt.

Aber es handelt sich bei den bislang vorgestellten Zeilen wie gesagt nicht einmal um die Hälfte der viel gepriesenen historischen Wahrheit.

Und also gilt es, einige unappetitliche Einzelheiten zum Leben Alexanders, des so genannten Großen, nachzutragen.

Beginnen wir mit seinem Aussehen:

Viele Münzen, Statuen, Fresken, die sein Gesicht darstellen, zeigen eine knubbelige Nase, eine niedrige Stirn und starke, harte Wangenknochen, kurz das brutale Aussehen eines Schlägers, den verrohten Ausdruck eines Kriegers. Es handelt sich um ein grausames Gesicht. Man darf sich von den idealisierten Darstellungen einiger gekaufter Bildhauer und Maler nicht blenden lassen. Weiter wünscht sich niemand eine solche Ahnengalerie, wie Alexander sie besaß: Philipp, der Vater, war ein Säufer, Olympias, die Mutter, war berüchtigt für ihre ausschweifenden Feste. Niemand geringerer als der römische Philosoph

Seneca verrät, dass Philipp die Stadtstaaten Griechenlands mit brutalster Gewalt vereinnahmte oder sie einfach kaufte, sprich durch Bestechung siegte. Wichtiger aber ist, dass Alexander wahrscheinlich seinen eigenen Vater umbrachte, als es um die Thronfolge ging. Wir wissen jedenfalls mit Sicherheit, dass Philipp seine Gemahlin Olympias (die Mutter Alexanders) eines Tages verstieß – zu Gunsten einer anderen Gattin, wodurch Alexanders Zukunft auf dem Spiel stand. Fest steht, dass Alexander damit ein Motiv hatte. Sein skrupelloser Charakter macht den Vatermord wahrscheinlich. Er nutzte den Tod Philipps jedenfalls, um mögliche Konkurrenten und Thronanwärter auszuschalten. Angebliche Komplizen des Mordes ließ er hinrichten, einer seiner gefährlichsten Gegner starb durch die Hand eines Meuchelmörders. Kaum saß Alexander halbwegs sicher im Sattel, flackerten in Griechenland allenthalben Aufstände auf, wie wir bereits berichtet haben.

Ja, Alexander schlug sie alle nieder, aber um welchen Preis! In dem ruhmreichen Theben, das sich Alexander widersetzte, löste er ein Blutbad aus. 6000 Menschen ließ er umbringen, selbst Frauen und Kinder wurden nicht geschont. 50.000 Menschen verkaufte er in die Sklaverei, die Stadt selbst wurde dem Erdboden gleichgemacht.

Das liest sich also bereits ein wenig anders, ebenso wie sich die ach so siegreiche Schlacht gegen die Perser im Jahre 334 anders liest, wenn man die Details in Augenschein nimmt.

Erinnern wir uns kurz: Dareios hatte auch griechische Söldner angeworben, die in seinen Reihen kämpften. Nach seinem Sieg ließ Alexander sie kurzerhand umbringen, brutal und unbarmherzig. Und auch die Entscheidungsschlacht im Jahre 333 kann man anders lesen: Als Alexander längst gesiegt hatte und das riesige persische Heer das Weite suchte, ließ er den fliehenden Soldaten nachsetzen und richtete unnötigerweise ein entsetzliches Blutbad unter ihnen an.

Alexander steigerte sich in einen Blutrausch hinein, wenn es um Schlachten ging und wurde zu einem reißenden Tier. Seine konkreten "Eroberungszüge" belegen das immer wieder, auch sein ägyptisches Abenteuer. Die meisten Städte ergaben sich ihm kampflos, aber die stolze Stadt Tyros (im heutigen Libanon gelegen), die nie erobert worden war, widersetzte sich. Acht Monate lang belagerte Alexander Tyros. Da die Stadt auf einer Insel lag und vom Meer geschützt war, verhängte er eine Blockade. Nach der Eroberung ließ er 8.000 Einwohner niedermetzeln, 30.000 in die Sklaverei führen und 2.000 Männer ans Kreuz schlagen.

Alexander, ein Held?

Ähnlich verfuhr er mit anderen Städten, immer wieder.

Seine wunderbaren, ach so heroischen Siege, die ihn als glänzenden Kriegsgott erscheinen ließen, als hochintelligenten Strategen, muss man bei näherer Betrachtung mit Abstrichen betrachten. Man denke nur an das herrliche Persepolis, die dritte wichtige Stadt im Perserreich, die er erst plündern und im Jahre 330 anzünden ließ. Die Wahrheit und nichts als die Wahrheit ist, dass Alexander persönlich mit einem Helfershelfer die Stadt in Brand steckte, im Suff, "angeregt von der Mätresse eines der jungen Generäle". (Gehrke)

Alexander ein intelligenter Heerführer?

Dabei hatte er den Stadtvätern Frieden versprochen. Aber immer wieder hören wir von den barbarischen Grausamkeiten dieses Alexander, die uns noch heute die Haare zu Berge stehen lassen. In Griechenland, in Persien, in Indien, begegnen wir nicht nur Alexander, dem siegreichen Feldherrn, sondern immer wieder Alexander, dem Schlächter, dem Massenmörder, der Bestie, die ständig in dem Wahn befangen ist, "die Welt zu erobern", wobei sein Reich buchstäblich Stunden nach seinem frühen Tod wieder auseinander fiel.

Es ist fast unappetitlich, all die Gemetzel, Schlachten und Blutbäder nachzuvollziehen, die dieser Bluttrinker, Blutsauger und Sklavenhändler Alexander anrichtete. Wenn man kein Dummkopf ist und weiß, wie Krieg *wirklich* aussieht, muss man nicht weiter ausholen. Verkrüppelung, Verelendung und Tod befanden sich in seinem Schlepptau. Aber Alexander bekam nie genug vom Krieg. Hatte er eine Schlacht gewonnen, stürzte er sich bereits in die Vorbereitungen für die nächste. Wenn er 10.000 Feinde niedergemetzelt hatte, mussten es das nächste Mal

20.000 sein. Als er bereits alles, alles erobert hatte, machte er weiter und weiter, wie eine aufgezogene Spielpuppe, die nichts anderes kennt, die immer wieder die gleiche Melodie abspielt, wie ein mechanischer Hampelmann. Er konnte nur töten, töten, töten und sah überall nur Feinde, Feinde, Feinde. Der Krieg war sein Metier, das war sein Geschäft, das war das Element, in dem er sich badete, wohlfühlte und suhlte.

Selbst seine engste Umgebung war vor ihm nicht sicher. Erinnern wir uns nur an den Zwischenfall mit Philotas und Parmenios im Jahre 330, als er in Persien "aufräumte": Philotas, einer seiner engsten Freunde, ein Reiterführer, meldete angeblich eine Verschwörung nicht rechtzeitig; Alexander ließ ihn kurzerhand foltern und hinrichten, desgleichen wie er Parmenion, den Vater des Philotas, hinmeucheln ließ, obwohl er zum innersten Kreis um Alexander zählte und ihm familiär verbunden war.

Bessos, der Dareios als persischen Großkönig ersetzen wollte, wurde, als man ihn auslieferte, zunächst ausgepeitscht, dann wurden ihm Nase und Ohren abgeschnitten, bevor Alexander ihn zum Tode verurteilte.

Alexander, ein Hellene, der die griechische Zivilisation in andere Länder brachte?

Und weiter im Sündenregister: Kleitos, einer seiner engsten Freunde, der ihm, Alexander, einst das Leben gerettet hatte, wurde im Suff von Alexander persönlich getötet, aufgrund einer kleinen Meinungsverschiedenheit.

Kallisthenes, sein Haus- und Hofschreiber, der all diese Legenden über ihn in die Welt gesetzt und seinen Namen groß gemacht hatte, ließ er kurzerhand beseitigen, als er ein kritisches Wort wagte.

In Indien schlug er mit Terror und Brutalität nicht nur die fremde Bevölkerung nieder, sondern ging auch gegen seine eigenen Soldaten mit äußerster Härte vor. Sein Heer, völlig ausgepumpt, verweigerte nach monatelangen, kräftezehrenden Kämpfen den Weitermarsch. Alexander ging zum Schein auf die Wünsche seiner Soldaten ein und kehrte um!

Aber dafür nahm er furchtbare Rache. Im Jahre 325 hetzte er jedenfalls die gleichen Soldaten durch eine Wüste, die noch nie von einem Heer durchquert worden war. Treibsand, Hunger und Durst töteten in der Folge seine eigenen Kampfgenossen! Von 60.000 Mann überlebten nur 15.000.

Weiter ließ er seine Soldaten kurzerhand hinrichten, wenn sie protestierten. Und so sehen wir, dass er seine engsten Leute einfach dem Tod überantwortete, wenn sie es wagten, eine eigene Meinung zu äußern und seinen Größenwahn in Frage stellten.

Man könnte weitere Beispiele anführen, aber mit der Zeit wird es lästig, all die Schlächtereien dieses Bluttrinkers aufzulisten, der die eigenen Freunde umbrachte, nur weil sie mit ihm nicht einer Ansicht waren, oder der Städte niederbrannte, nur weil es eine kleine Hure während eines Gelages für eine glänzende Idee hielt. Das Bild über diesen Vertreter der Gewalt wird indes schärfer und schärfer. Und auch die vernichtenden Urteile, die über Alexander (zumindest je und je) ausgesprochen wurden, werden verständlich.

K. W. R. von Rotteck wies auf seine Egomanie sowie auf seinen anmaßenden Stolz hin. Seneca stellte offen die Frage nach seiner geistigen Gesundheit. Andere nannten ihn einen zerstörerischen Psychopathen.

Damit aber sehen wir uns einer der interessantesten Aufgaben gegenüber, die man sich vorstellen kann. Denn was, so darf man fragen, ja muss man fragen, ist nun eigentlich die geschichtliche Wahrheit? Wie haben wir Alexander tatsächlich zu bewerten? Handelt es sich bei seiner Vita um eine der größten Lügen der Geschichte? Und wenn ja, wie kam sie überhaupt zustande? Wie konnte es diesem Mann gelingen, von wenigen Ausnahmen abgesehen, über zwei Jahrtausende die gesamte Menschheit zum Narren zu halten? Auf welche Weise gelang es diesem ausgewiesenen Trunkenbold, Metzger, Schlächter, wahrscheinlichen Vatermörder, Freundesmörder, Soldatenschinder und Soldatentöter bis heute (!), seine Reputation zu wahren? Mit dieser Frage haben wir die Frage gestellt, die *wirklich* von Bedeutung ist.

MACHT UND MAGIE DER PUBLIC RELATIONS

Bis heute ist zu selten der Wahrheitsgehalt der *Quellen* in Rechnung gestellt worden, was Alexander, den angeblich Großen angeht. Vergessen wir nicht: Ein gewisser Kallisthenes, ein Neffe des Aristoteles und vorgeblich "Historiker", spielte willig, allzu willig den Propagandisten für Alexander. Er begleitete ihn auf fast allen seinen Feldzügen, bis er von Alexander selbst beseitigt wurde. Aber vorher diente er ihm, diente ihm so untertänig, wie man nur einem Herrn dienen kann. *Er* ist dafür verantwortlich, dass alle möglichen Märchen über Alexander in die Welt gesetzt wurden. Die Legendenbildung regte *er* an. All die Lügen verbreitete *er*. Und so sehen wir, wie viel Schaden ein gekaufter Griffel anrichten kann. Die ganzen Mätzchen, das ganze Getöse, die hübschen Lügen sind auf einen einzigen "Historiker" zurückzuführen, der nichts als ein erbärmlicher Hofberichterstatter war, der im Solde Alexanders stand und also gefälligst gut über ihn zu berichten hatte. Diese nach Wundern geile Zeit kaufte natürlich schnell alle möglichen Märchen: vom Wasser, das zurückweicht, wenn ein Alexander erscheint, bis hin zu dem anderen Hokuspokus. Man liegt nicht falsch, wenn man schätzt, dass etwa 20 Prozent Wahrheit, 50 Prozent geschönt und 30 Prozent erlogen sind, was die Berichterstattung dieses Kallisthenes angeht, denn Alexander zahlte gut. Und wer die Musik bezahlt, bestimmt die Melodie. Bis heute wurde zu wenig auf die verheerende Rolle dieses gekauften Griffels aufmerksam gemacht, der sehr einfach einen Kopf kürzer gemacht worden wäre, hätte er tatsächlich die Wahrheit geschrieben.

Von der ersten Stunde an ist also Alexander sein eigener, sein bester Agent in Sachen Public Relations. Aber er lügt nicht selbst, oh nein! Er lässt lügen, lässt professionell lügen, hochprofessionell! Wenn man den Charakter Alexanders in Rechnung stellt, der durch seine barbarischen Taten nicht zu verkennen ist, kann man sich an fünf Fingern abzählen, dass in einem *ungeheuerlichen Ausmaße* gelogen wurde. In der Folge bezogen sich nun die Spurensammler, Vergangenheitsforscher und Historiographen auf genau eben diese Lügen. Und so konnte ein Bild entstehen, das Alexander als eine alles überragende Lichtgestalt zeichnete.

Die Propagandatechniken des Altertums sind bis heute von Historikern nicht hinreichend aufgearbeitet worden, und zwar aus dem ganz einfachen Grund, weil ganze Heerscharen von Geschichtswissenschaftlern sich in der Folge *immer wieder* auf die ursprünglichen Lügen bezogen, und den alten Lügen neue hinzufügten. Auf diese Weise entstand mit der Zeit ein Alexanderbild, kitschig, süßlich und schwärmerisch, das die Tatsachen völlig verzeichnete.

Aber Alexander, der angeblich Große, besaß eine zweite unschlagbare Methode, sich die Lüge zum Verbündeten zu machen. Er kaufte die professionellsten Lügner seiner Zeit ein, die sich seit Tausenden von Jahren darauf spezialisiert hatten, die Wahrheit zu verdrehen: *die Priester.*

Tragen wir einige Fakten nach:

Als er von Griechenland nach Kleinasien übersetzte und den Boden der (heutigen) Türkei betrat, hatte er nichts Wichtigeres zu tun, als zunächst den griechischen Göttern Altäre zu errichten. Zeus, Athena und natürlich Herakles (den er als seinen Vorfahren bezeichnete) wurde eifrig geopfert, wie er auch später nie eine Gelegenheit ausließ, seine Verbundenheit zu den griechischen Göttern und Halbgöttern zu betonen. Nach dem ersten Sieg in Kleinasien sandte er den Athenern 300 erbeutete Rüstungen – für ihren Tempel! Stets demonstrierte er seine Verbundenheit zu den Olympiern – und zog damit geschickt die Kaste der Priester auf seine Seite! Die Tempel waren jedoch durchdrungen von diesen frommen Märchenerzählern, die sich Seher nannten oder Orakeldeuter, und die Vorhersagen machten und mithin große Politik!

Bei den Ägyptern ging Alexander nicht anders vor: Wir haben bereits beschrieben, wie er sich mit den ägyptischen Priestern arrangierte, ja sich als Sohn des Zeus-Amun titulieren ließ, als Pharao mithin! Die ägyptischen Priester mit ihren Taschenspielertricks machten ihm ebenfalls alle möglichen Zugeständnisse, indem sie in den heiligen

Tempeln auf "magische Weise" Dinge sich bewegen und Barken schaukeln (und nicken) ließen! Da er ihnen fette Pfründe zuschanzte, revanchierten sie sich, indem sie alle möglichen und unmöglichen Legenden über ihn verbreiteten, die Alexander verklärten.

In Persien, in Babylon, ging Alexander, der listige Fuchs, der erste ausgekochte Experte in Sachen Public Relations, nicht anders vor. Er ließ sogar die Tempel der einheimischen Götter wieder errichten, die zerstört worden waren, huldigte dort dem Gott Marduk und trat in enge Kumpanei mit den dortigen *Priestern*!

Er nahm sich später sogar eine persische Gattin, um dem dynastischen Denken Genüge zu tun. Als neuer Großkönig der Perser geriet er automatisch in den Geruch der *Göttlichkeit* und damit wieder in die Nähe der Priester. Alle, alle diese Schwindelbrüder bestätigten, dass sein Stammbaum auf ein paar Götter zurückzuführen war, mochten sie nun griechischer, ägyptischer oder persischer Herkunft sein. In der Folge verbreiteten genau diese Priester diese Märchen überall weiter.

Dieser Fuchs Alexander *benutzte also die Priester*! Allenthalben ließ er sich als Sohn des Zeus oder jedenfalls irgendeines Göttervaters feiern.

Nun muss man sich nur die orientalische Leichtgläubigkeit, die Geschwätzigkeit, den Hang zu Märchen, die Gerüchteküche und die Wundergläubigkeit dieser Zeit vor Augen führen, die allerorten von den Priestern genährt und am Leben gehalten wurden – und wird mit einem Schlag verstehen, warum Alexander so hochgejubelt wurde. Noch einmal: Die gesamte Clique der professionellen Lügner, die Priester, waren seine Trompeter! Plötzlich verfügte er über Tausende von Propagandisten, die seinen Ruhm in die Welt hinausposaunten! Die logen, das sich die Balken bogen! Die all die hübschen Märchen erfanden! Eine Begebenheit, halbwahr, viertelwahr oder gar nicht wahr, wurde ausgeschmückt, aufgebauscht und fett und groß gemacht.

Unversehens versteht man, wie all diese Geschichten um Alexander herum entstehen konnten! Und so erblickten in den folgenden Jahrzehnten und Jahrhunderten alle möglichen Geschichten und Geschichtchen das Licht der Welt. Viele rankten sich um bestimmte Themenkreise.

Eine kleine Auswahl:

Alexander und Olympias (die Mutter). *Alexander und Antipatros* (ein Paladin seines Vaters Philipp II). *Alexander und seine Freunde. Alexanders Zeugung. Alexanders Geburt* (erste Zeichen übermenschlicher Fähigkeiten). *Alexander und Bukephalos* (der Name seines Lieblingspferdes). *Alexander und Phythia* (die Hohepriesterin des Delphischen Orakels). *Alexander und der Gordische Knoten. Alexander in Indien. Alexander und die persischen Königinnen. Alexander und die Amazonenkönigin. Alexander und Dareios. Alexander und die indischen Philosophen. Alexander, der Edle* (der in der Wüste angeblich angebotenes Wasser verweigert, weil es nur für ihn allein reichen würde). *Alexanders Tod.* (Vgl. Wirth)

All diese Sagen, Märchen, Legenden, erstunken und erlogen, erblickten das Licht der Welt. Jeder halbwegs geschulte Griffel versuchte sich an dem Thema und fügte den alten Lügen neuen Lügen hinzu. In der Folge wurden diese Märchen und Legenden *erneut* ausgeschlachtet, weiter erzählt, weiter getragen und ausgeschmückt. Und so etablierte sich schließlich die Legende von diesem Alexander, der "mit normalen menschlichen Maßstäben nicht zu messen ist!" Völlig vergessen wurden darüber hinaus die nackten Tatsachen. Denn was sind die nackten Fakten?
Nun, listen wir sie noch einmal spaßeshalber auf:

1. Alexander zeichnet für den Tod von Hunderttausenden von Menschen verantwortlich.

2. Alexander ließ ganze Städte mit Stumpf und Stiel ausrotten und die Einwohner in die Sklaverei verkaufen.

3. In den letzten Jahren seines Lebens plagte ihn eine panische Angst vor Meuchelmördern. Selbst Griechen ließ er foltern, um zu

57

erfahren, ob sie nicht insgeheim gegen ihn intrigierten. Jeder zitterte vor ihm. Die Angst ging bei einigen so weit, dass sie bereits zu beben anfingen, wenn sie nur seine *Statuen* sahen. Alexander tötete einige seiner engsten Freunde.

Das sind die Fakten, nicht mehr und nicht weniger! Man kann also getrost den Stab über ihn brechen und Alexander eine antisoziale Persönlichkeit heißen.

ALEXANDER, DER GOTT

Und damit haben wir das Rätsel um "Alexander den Großen" auch schon gelöst! Welch ein erbärmlicher Wicht! Er war ein elender Massenmörder, der seine Freunde über die Klinge springen ließ, seine Soldaten verheizte und hinter sich nichts als eine breite Spur von Blut zurückließ. Er war ein Bluttrinker, vor dem sie alle, alle knieten, weil jeder hoffte, ein Bröckchen abschnappen zu können.

Aber Alexander brachte sich auf unendliche subtile Weise selbst um! Denn eines Tages begann dieser Größenwahnsinnige *an seine eigene Propaganda zu glauben*!

Ein unendlich interessantes Phänomen! Alexander hielt sich zuletzt tatsächlich für einen *Gott*! Die Propaganda, die er so lange angeheizt hatte, schlug in gewissem Sinne auf ihn zurück.

Erinnern wir uns kurz, es ist zu interessant:

Wir haben bereits gehört, dass er sich als Sohn des Zeus feiern ließ und mit Achill und Herakles auf eine Stufe stellte, deren Taten er zu übertrumpfen suchte. In Ägypten war er der Sohn des Zeus Amun, war er Pharao und ohnehin göttlich. In Persien und Indien suchte er ebenfalls seine göttliche Abkunft zu untermauern. Außerdem war er der *Großkönig*! Und Könige stammten ohnehin von Göttern ab. Er war zudem der König der Makedonier, der Archont (Herrscher) der Thessalier (ein griech. Stamm) und der Hegemon (Führer) des korinthischen Bundes.

Und noch einmal: Alexander ließ insgesamt wenigstens 80 Städte gründen, die seinen Namen trugen: Alexandria. Eine Stadt (in Indien) nannte Alexander Bukephala, nach seinem Reitpferd.

Er ließ Grabdenkmäler gigantomanischen Ausmaßes errichten, aber vor allem ließ er sich selbst abbilden, auf Münzen, Büsten, Altären und Bildern. Die meisten griechischen Stadtstaaten verehrten Alexander bereits zu Lebzeiten als Gott. Vor Altären brachte man ihm Opfer, und man betete zu ihm. Alexander übernahm weiter den gesamten Zinnober der persischen Großkönige, den Kniefall, den die freiheitsliebenden Griechen so sehr hassten, und nutzte das höfische Zeremoniell, um sich zu erhöhen. Indische Kriegselefanten standen vor seinem Zelt, persische Gardetruppen und griechische Elitesoldaten.

Und so geschah es! Wir können den Zeitpunkt nicht wirklich festmachen, aber es steht außer Frage, dass Alexander schließlich das *Opfer seiner eigenen Propaganda* wurde! Er glaubte endlich selbst daran, ein Gott zu sein. Er verfiel dem Größenwahn. Der Ruhm war die Droge, die er einwarf und die ihm schließlich den Blick für die Wirklichkeit verstellte. Die Verehrung, die ihm entgegengebracht wurde, vernebelte ihm das Gehirn.

Denn ein Gott hat immer Recht. Er kann Leben geben und nehmen, nach Belieben. Er kann erschaffen und zerstören. Die menschlichen Gesetze sind nicht für einen Gott geschaffen, er steht über ihnen, ja er definiert die Gesetze erst eigentlich. Und damit befand sich Alexander in einem Reich des Irrealen, wohin ihm seine treuen Kampfgefährten, die ihn von der ersten Stunde an begleitet hatten, nicht mehr folgen konnten, ein Grund, warum er sie tötete. Denn ein Gott duldet keine Zweifler neben sich. Sein Größenwahn wiederum verursachte, dass sich Alexander körperlich und geistig übernahm. Die Hinmordung der Gefährten, der steigende Alkoholgenuss und die rauschenden Feste taten ein Übriges. Und so glaubte dieser arme Teufel schließlich selbst daran, ein Gott zu sein, verführt durch die frommen Sprüche der Priester und die verlogenen Orakel der Seher, die er selbst bezahlt hatte.

Es nimmt nicht Wunder, warum er so früh starb. Sofort waren die Speckschnapper, die Bröckchenjäger, zur Stelle und suchten abzugreifen, was eben möglich war: Sein Reich zerfiel in der Sekunde, da er seinen Geist aufgab. Und von dem großen Alexander blieb nichts übrig als lügenhafte Legenden, unwahrscheinliche Geschichten und fabulöse Märchen, es blieb eine verdrehte Historie, während er selbst in eine der vielen Höllen fuhr, die seine Priester erfunden hatten.

Alles, alles zerfiel. Es handelte sich um nichts anderes als um eine gigantische Seifenblase. Napoleon hatte 100 Prozent unrecht, als er urteilte, Alexander habe ein geordnetes Weltreich hinterlassen. Nichts könnte weiter von der Wahrheit entfernt sein. Feldherren und Anhänger balgten sich schließlich um die schäbigen Überreste der Beute, das Reich wurde aufgeteilt, jeder versuchte, sich die Rosinen aus dem Kuchen herauszupicken.

Die so genannten Diadochenkämpfe (diadoche = Nachfolger) setzten ein. Ägypten riss sich Ptolemaios unter den Nagel, Griechenland (Makedonien) Antipatros und den Osten Antigonos – Namen, die wir schon kaum mehr kennen. Sein posthum geborener Sohn wurde ermordet, Olympias, die Mutter, und Rhoxane, die Gattin, wurden ebenfalls gemeuchelt.

Und so hörte seine Dynastie auf zu existieren, als hätte es sie nie gegeben. Aber was blieb waren die Priester, die professionellen Märchenerzähler und die bezahlten Lügner. Die Legenden machten sich selbstständig und wurden weiter- und weiter erzählt, wurden ausgeschmückt mit Girlanden und mit falschen Einzelheiten garniert. Und da der Mensch das Außergewöhnliche liebt und da Priester keine Gläubigen anlocken können, wenn sie nicht von Wundern erzählen, verfestigte sich das Alexanderbild im Laufe der Zeit.

Und so lernen wir bis heute in der Schule das Märchen von "Alexander dem Großen".

3. KAPITEL

HERR GAIUS JULIUS CÄSAR, PERSÖNLICH

Es steht außer Frage: Bei diesem Mann handelt es sich um ein absolutes Faszinosum. Kaum einer der Großen verabsäumte es, einen Kommentar abzugeben über diesen, den bedeutendsten und mächtigsten Mann seiner Zeit – ob es sich um den Dichterfürsten Johann Wolfgang von Goethe handelt oder um den Feldherrn Napoleon.

Und es ist richtig: Gaius Julius Cäsar beherrschte einstmals die Welt, die bekannte Welt, muss man vielleicht einschränkend hinzufügen, von Britannien bis Gallien, von Nordafrika bis Syrien, von Spanien bis zur heutigen Türkei. Es handelte sich bei ihm um ein begnadetes, strategisches Genie, das mit unerhörtem Mut und höchster Intelligenz seine Schlachten schlug, weiter um einen sondermaßen begabten Politiker, der alle Fäden, die in Rom zusammenliefen, in der Hand zu halten und zu kontrollieren wusste und schließlich um einen geschickten Rhetoriker, der mit dem gesprochenen Wort mehr Effekte erzielte als mit dem Schwert. Darüber hinaus war er ein Vollblutschriftsteller, der gleichermaßen mit dem feingeschliffenen Stilett der Ironie zustechen konnte wie mit dem scharfen Dolch des Sarkasmus und dessen Bücher bis heute die Welt bewegen.

Ein Phänomen!

Was Cäsar lockte, war die *Macht*. Er selbst erlag der Verführung der Macht so vollständig, dass er ihr sein ganzes Leben weihte. Tatsächlich war er ungleich mächtiger und einflussreicher als alle Aristokraten seiner Zeit, die über viele Millionen Sesterzen verfügten und ihn theoretisch mühelos hätten beseitigen können. Die gewaltigsten Männer seiner Zeit schob er beiseite, bis er selbst auf Platz Nummer 1 stand. Die Republikaner, die in diesem Gewirr von Intrigen und Ränkespielen im alten Rom über bedeutenden Einfluss verfügten, wusste er ebenso geschickt an die Wand zu spielen, wie er einfühlsam zwischen den alten Geld- und Adelscliquen und dem Senat jonglierte.

Ein homo politicus par excellence!

Er besaß ein Gespür, einen Instinkt, ein Gefühl für Macht, wie vielleicht kein Mensch vor oder nach ihm. Letztlich prägte er der gesamten alten Welt seinen Stempel auf, die, nachdem ein Gaius Julius Cäsar gelebt hatte, nicht mehr dieselbe war wie zuvor.

Er besiegte zahlreiche Germanenstämme, drang bis nach Britannien vor, siegte in Ägypten, siegte in Spanien, siegte in Gallien und natürlich in Rom. *Vedi, vidi, vici* – ich kam, sah und siegte, lautete das geflügelte Wort, das Cäsar vorauseilte und das er selbst geprägt hatte. Und es bewahrheitete sich beinahe täglich. Er besiegte sogar den übermächtigen, unendlich reichen, unendlich beziehungsstarken Pompeius.

Er war eine Zeit lang der Herr der Welt.

Und somit handelt es sich bei Gaius Julius Cäsar fraglos um eine einzigartig historische Figur, über die – und das ist das Bemerkenswerteste! – bis heute, zweitausend Jahre lang also, nicht die *Wahrheit* gesagt wurde. Tatsächlich ist der *wahre* Cäsar bis dato nahezu gänzlich unbekannt.

Aber untersuchen wir zunächst einmal so neutral, so objektiv und so sachlich wie möglich die außerordentlichen Begebnisse dieses seines Lebens, die in dieser Dichte, dieser Fülle, dieser Ballung von Abenteuer selten, wenn überhaupt je existierten.

DIE ATEMBERAUBENDE BIOGRAPHIE JULIUS CÄSARS

Das Leben Cäsars nachzuerzählen bereitet Freude, mehr als Freude, ist es doch gespickt mit außergewöhnlichen Begebenheiten.

Cäsar wurde exakt 100 Jahre vor Christus geboren, eine runde, leicht zu merkende Zahl, die Symbolcharakter besitzt. Früh schon engagierte er sich im politischen Leben Roms, wobei er zuerst priesterliche Funktionen wahrnahm. Konkret avancierte er zum Priester des Jupiter, wie auf gut lateinisch der griechische Gott Zeus hieß, womit bereits gewisse Privilegien und Einflussmöglichkeiten einhergingen, die er weidlich auszunützen verstand, bot es ihm doch die Möglichkeit, ein weit gespanntes Beziehungsgeflecht zu knüpfen. Später sollte er sogar zum *Pontifex maximus* aufsteigen, zum höchsten Priester mithin, ausgerechnet er, der sich um Religion und Religionen zeit seines Lebens keinen Deut scherte. Aber das Zeitalter war so abergläubisch wie jedes Zeitalter, und wir sind nicht allzu kühn, wenn wir annehmen, dass Cäsar aufgrund dieser priesterlichen Funktionen bereits tiefere Einblicke in die menschliche Seele erhielt, die es ihm später erlaubten, Menschen namenlos zu beeindrucken. Cäsar selbst kümmerte sich nicht im Geringsten um Gottheiten oder Götter, und später sollte er existierende Glaubensvorstellungen und religiöse Überzeugungen allenfalls dazu benutzen, um seine Macht zu zementieren. Wie auch immer, vergessen wir nicht: Dieser profilierte Machtpolitiker begann als *Priester*! Zunächst war ihm das Schicksal nicht hold: Sulla, damals der unumschränkte Herrscher Roms, General, Feldherr und Diktator, suchte ihn zu beseitigen, so dass Cäsar in frühesten Jahren lernte, sich zu verstecken, zu flüchten und um das eigene Leben zu fürchten. Und so sehen wir ihn ständig seinen Standort wechseln, bis wir ihm eines Tages am Hof Nikomedes IV. von Bithynien begegnen (in der heutigen Türkei gelegen), mit dem ihn nicht nur eine große Freundschaft verband, sondern auch eine homoerotische Beziehung, wie Spottgedichte seiner Soldaten später bezeugen sollten. Früh verstand es Cäsar jedenfalls, mit den Mächtigen zu paktieren, wie er auch seine Verbindungen zu Rom nie ganz abreißen ließ, denn Rom war der Nabel der Welt. Schon damals führten alle Wege nach Rom. Nach Sullas Tod im Jahre 78 v. Chr. kehrte Cäsar quietschvergnügt in die Ewige Stadt zurück. Anfänglich war er wenig mehr als eine unauffällige Figur unter Tausenden von karrierewilligen, hoffnungsfrohen Gestalten, aber er durchdrang das Gestrüpp und Geflecht der Macht mehr und mehr.

Ungewöhnlich ist im Jahre 75 bis 74 v. Chr. seine Reise nach Rhodos, wo er unversehens von Piraten gefangen genommen wird. Und diese Episode ist wirklich erzählenswert. Denn Cäsar ist frech, mutig, draufgängerisch und selbstsicher wie kaum ein anderer Gefangener. Die Piraten, von dem Wunsch beseelt, gegen ein Lösegeld Cäsar die Freiheit zu schenken, verlangen 20 Talente, ein hübsches Sümmchen, das so leicht nicht aufzubringen ist. Cäsar jedoch, nicht unter einem zu klein geratenen Ego leidend, lacht nur und teilt den Piraten mit, dass er zumindest 50 Talente wert sei. Die Seeräuber lassen sich das nicht zweimal sagen, und so werden einige Vertraute Cäsars abgesandt, um die Summe aufzutreiben. In der Folge wartet Cäsar, aber in gewissem Sinne wartet er nicht, denn unmerklich übernimmt er die Führung im Lager der Seeräuber. Will er sich des Nachts zur Ruhe begeben und ist der Lärm zu groß, den die Seeräuber veranstalten, schickt er kühn seine Sklaven zu ihnen, um sie zurechtzuweisen. Bei den Wettkämpfen, die die Piraten untereinander veranstalten, erteilt er ihnen Befehle, wie sie sich zu verhalten haben. Ja, er hält sogar große Reden vor ihnen und übt sich in Rhetorik. Wenn die Seeräuber nicht genug staunen, wenn ihre mit Zahnlücken versehenen Münder nicht sperrangelweit aufgerissen sind vor Ehrfurcht und vor Begeisterung über seine Worte, weist er sie zurecht und nennt sie Barbaren.

Kurz, er benimmt sich, als gehöre ihm die Welt, die offenbar lediglich für seine persönlichen Bedürfnisse geschaffen worden ist.

So scherzt und spaßt er mit den blutdurstigen Piraten, ja droht ihnen gar lachend an, sie aus dem Leben zu befördern, sollte er sich wieder auf freiem Fuß befinden. Die Piraten halten dies für einen köstlichen Spaß, sie klatschen sich auf die Schenkel vor Vergnügen, während sie

Cäsar einen Aufschneider und ein Großmaul nennen. Als er schließlich ausgelöst wird und die Talente in die schmutzigen, gierigen Pranken der Seeräuber gezählt werden, nimmt Cäsar Abschied. Kaum in Freiheit, rüstet er auf eigene Initiative, ohne Gelder und ohne den Befehl von dem allmächtigen Rom erhalten zu haben, eine kleine Flotte aus – offenbar verfügt er bereits über die notwendigen Verbindungen – und beginnt, die Seeräuber zu jagen. Es kommt zu einer alles entscheidenden Schlacht, in der Cäsar die Piraten, denen das Lachen im unrasierten Hals stecken bleibt, besiegt. Einige Piratenschiffe entkommen, andere werden versenkt, viele gekapert. Die Gefangenen werden kurzerhand enthauptet.

Cäsar kann sich mit seinen ersten Lorbeeren schmücken. Er hat seine erste Ruhmestat vollbracht, die in der Folge nicht wenig dazu beiträgt, dass sich bereits Legenden um ihn zu weben beginnen.

Ein Teufelskerl!

Nur einer ist nicht mit Cäsar zufrieden: Cäsar selbst. Cäsar beneidet glühend Alexander den Großen, dem es schon in jungen Jahren vergönnt war, kriegerische Heldentaten zu vollbringen. Cäsar dürstet nach Ruhm, nach Anerkennung, nach Größe. Nach einer Teilnahme an einem kleinen Krieg gegen die Feinde Roms kehrt er schließlich in die Ewige Stadt zurück, wo er endlich seine Karriere fortsetzen kann. Zunächst steigt er in der Hierarchie der Priesterschaft weiter auf. Aber schon bald sehen wir ihn die militärisch-politische Laufbahn einschlagen.

Jedenfalls ist er im Jahre 72 und 71 schon Militärtribun und wenig später *Quästor* (eine Art hoher Verwaltungsbeamter). Geschickt, sehr geschickt, heiratet er und verbündet sich auf diese Weise mit der Macht und dem Geld. Im Jahre 65 ist er bereits *Ädil* (sehr frei interpretiert eine Art hoher Polizeibeamter), im Jahre 63 wird er zum *Pontifex maximus* gewählt.

Mehr und mehr tritt er nun in die große, in die ganz große Politik ein. Er sieht, wie hinter den Kulissen die Drähte gezogen werden und avanciert zu einem mit allen Wassern gewaschenen und von allen Hunden gehetzten homo politicus.

Berechnend schlägt er sich auf die Seite des Volkes und opponiert zum Teil gegen die alteingesessene Adelsclique und die mächtigen Senatoren, obwohl er es nie verabsäumt, auch hier seine Beziehungen zu knüpfen.

In der berühmten *coniuratio Catilinae*, der Verschwörung des Catilina, ist seine Rolle zweideutig. Einige Quellen deuten darauf hin, dass er zumindest als Sympathisant bezeichnet werden könnte, wenn nicht mehr, aber wie auch immer die Wahrheit aussehen mag, fest steht, dass er zum ersten Mal riecht – mit dem unfehlbaren Instinkt des geborenen Politikers – dass dieses Staatsgebilde, genannt das Römische Weltreich, auf tönernen Füßen ruht. Er riecht, dass ein einzelner Mann, der willens ist, alles auf eine Karte zu setzen, durchaus imstande ist, sogar das ewige Rom in seine Kralle zu bekommen. Aber Catalina scheitert, die Verschwörung wider den Staat wird aufgedeckt. Als kluger Politiker steht Cäsar schlussendlich auf Seiten der Gewinner.

Der spätere Beherrscher der Welt entwickelt früh ein ganz besonderes Verhältnis zu "dem Volk", dessen Interessen er oft vertritt. Fraglos verfügt er über ein unvorstellbares Gespür für Macht, für Machtkonstellationen, für Machtverhältnisse und für untergründige Strömungen und Stimmungen in eben diesem Volk. Er erahnt Gelegenheiten nicht nur instinktsicher, sondern führt Situationen und Konstellationen darüber hinaus aktiv herbei. Dabei verliert er nie sein eigentliches Ziel aus dem Auge, sucht er doch die absolute Macht. Er will der Erste sein, der Beste, nicht nur primus inter pares. Und so bereitet er systematisch, geschäftig und beharrlich seinen nächsten Coup vor.

Es gelingt ihm, sich mit den beiden einflussreichsten Männern seiner Zeit, Crassus und Pompeius, zu verbünden, zwischen denen er geschickt vermittelt und das Zünglein an der Waage spielt. Im Jahre 60 vor Chr. jedenfalls sieht sich Rom von drei Männern regiert, dem so genannten Triumvirat. Man nennt sie das "dreiköpfige Ungeheuer". Dieser Zeitpunkt markiert ohne Zweifel den Beginn der unvergleichlichen Machtfülle Gaius Julius Cäsars.

Pompeius, der ihm an Verbindungen, Kriegsruhm und Einfluss, der bis in die entferntesten Provinzen reicht, weit überlegen ist, regiert nun mit Crassus, der unter anderem durch Immobiliengeschäfte zu sagenhaftem Reichtum gelangt ist, und mit Cäsar die Weltmacht; sie *sind* Rom.

Gleichzeitig arbeitet Cäsar intensiv daran, sich weiter beim Volke beliebt zu machen. Er lässt aufwendige Gladiatorenkämpfe ausrichten. Er gründet sogar eigene Gladiatorenschulen. Er verteidigt in öffentlichen Reden die Rechte des Volkes. Aber er schmeichelt nicht nur dem Volk, sondern er vermittelt auch äußerst geschickt zwischen Crassus und Pompeius, die sich wechselseitig hassen wie die Pest, weil einer dem anderen den Einfluss neidet.

Cäsar, der politische Meisterstratege mit dem unvergleichlichen Gespür für Gelegenheiten, Schachzüge und Winkelzüge, schafft immer wieder den Ausgleich zwischen den beiden Kontrahenten. Als Lohn dafür heimst er noch mehr Pöstchen ein. Darüber hinaus betreibt er eine fast schon geniale Heiratspolitik. Pompeius ehelicht Cäsars Tochter Julia, Cäsar selbst heiratet nach einer eiligen Scheidung Calpurnia, die Tochter des Mannes, der wenig später Konsul wird. Kurz, es wird geknuspert, gekuppelt und gekungelt, dass es eine Freude ist. Geld, Macht, Einfluss, Beziehungen – dafür sind Scheidungen, dafür sind Weiber, ehemalige Ehefrauen, momentane Ehefrauen, Töchter und abgelegte Geliebte gerade gut genug.

Im Übrigen dient ihm das Triumvirat lediglich als Sprungbrett zu noch höheren Ehren und Ämtern, zu noch größeren Einkommen und noch einflussreicheren Positionen. Cäsar ist sich zähneknirschend bewusst, dass der angebetete Held, der Heros, den man besingt, der Liebling der Götter, nur derjenige ist, der ein überragender, ein glückhafter, ein siegreicher Feldherr ist. Das Glück in der Schlacht, die Eroberung neuer Gebiete, die Unterwerfung fremder, "barbarischer" Völker – allein dies verleiht wirklich Unsterblichkeit.

Er erkennt seine Chance, als ihm schließlich unter anderem die gallischen Provinzen zugeschanzt werden. Endlich findet Cäsar Gelegenheit, auch auf anderen Feldern zu reüssieren.

Und so beginnt der hinlänglich bekannte Gallische Krieg, der *bellum gallicum*, der weitgehend auf dem Boden des heutigen Frankreichs stattfindet und den die Schüler heute noch in altsprachlichen Gymnasien bis zum Überdruss studieren müssen. Über die verschiedenen Kämpfe, Scharmützel und Kriege berichtet der tapfere, draufgängerische Cäsar selbst, und eben diese Schriften und Aufzeichnungen Cäsars tragen weiter zu seinem Ruhm bei. Vieles darin scheint der historischen Wahrheit zu entsprechen. Fest steht jedenfalls, dass er die verschiedenen Stämme, gegen die er antritt, mit unvorstellbarer List, höchster Brillanz und unvergleichlichem Mut besiegt.

Wir wissen, dass er gleichzeitig klug mit seinen eigenen Soldaten umspringt, mit denen er fraternisiert und deren schale Kost er isst, dass er höchste Entbehrungen auszuhalten vermag, dass er kaum Schlaf benötigt, dass er mit unglaublicher Geschwindigkeit operieren und dass er ganze Heerteile und Legionen in Gewaltmärschen über größte Distanzen bewegen kann.

Während der Märsche und Ritte diktierte er seine Kämpfe, seine Taktiken, seine Strategien mehreren Schreibern gleichzeitig. Kurz er entfaltete eine unvorstellbare Aktivität, eine militärische und propagandistische Aktivität, dass man auch heute nur staunen kann und ehrliche Bewunderung empfinden muss.

Geradezu legendär sind darüber hinaus seine persönlichen Einsätze. Er ist sich nicht zu schade dazu, *persönlich* die Positionen des Feindes auszuspähen. Verkleidet schleicht er durch die Reihen des Feindes, er riskiert Kopf und Kragen und ist sein eigener bester Spion. In der Folge kann er Angriffe zielgenau und punktgenau lancieren. Sogar in gallischer Kleidung narrt er seine Gegner. Er ist eine interessante, einmalige, ungewöhnliche Kombination aus Kaltblütigkeit, Frechheit, Kühnheit und Überheblichkeit. Aus einem mörderischen Eilmarsch heraus, noch während des Vorrückens, aus dem Stehgreif, reitet er die tollkühnsten, wagemutigsten, überraschendsten Attacken, die seine Feinde vollständig verblüffen.

Cäsar ist schnell. Cäsar schlägt unerwartet zu. Und Cäsar ist nicht vorauszuberechnen. Während des furchtbarsten Wetters, während der unmöglichsten Tages- und Nachtzeiten und während alle Vorzeichen ungünstig stehen, fällt er mit seinen Legionen über den Feind her und macht ihm den Garaus.

Gleichzeitig ist er unvorstellbar clever, denn er erkundet nicht nur Stellungen, Positionen und Taktiken des Feindes, sondern studiert mit höchstem Interesse auch seine Gewohnheiten und die soziologischen Strukturen, wie man heute sagen würde. Er analysiert. Er kennt sich besser aus bei den Galliern und Kelten als jeder andere. Und er nutzt *jede* Information. Mehr als einmal gelingt es ihm, germanische Stämme untereinander zu entzweien und einen internen Zwist für sich raffiniert auszunutzen. – *Divide et impera*, teile und herrsche, die uralte Machtformel beherrscht er aus dem Effeff.

Cäsar ist nicht nur klug, er ist gerissen bis zum Äußersten. Er ist nicht nur beschlagen, er ist hochinformiert. Er ist nicht nur beherzt, er ist skrupellos ohne jede Vorstellung. Und er ist mutig. Während einer Schlacht, da seine eigenen Reihen zu wanken beginnen und seine eigenen Soldaten Furcht zeigen, eilt er persönlich zu ihnen, die bereits dem Feind den Rücken gekehrt haben. Er packt sie durch sein Vorbild und zwingt sie so, dem Feind erneut ins Auge zu blicken. Mehr als eine Schlachtenreihe reißt er zurück in den Kampf und führte sie persönlich zum Sieg. Cäsar ist überall. *Persönlich* rekrutiert er viele Legionen. Er verhandelt *persönlich* mit den Feinden. Er besticht *persönlich* ihre Führer. Er macht, so nötig, kurzfristig Zugeständnisse, um eine Position nicht gänzlich aufgeben zu müssen. Er selbst nutzt den latenten Gegensatz zwischen den (germanischen) Aristokraten und dem gewöhnlichen Volk zu seinem Vorteil schamlos aus und setzt *jedes* Mittel ein. Er lockt mit Zucker – und er zückt die Peitsche. Er ködert. Er verspricht. Er kämpft. Er lügt. Er übertreibt. Er heuchelt. Und er siegt und siegt und siegt.

Es ist müßig, all seine Schlachten im Detail nachzuvollziehen, obwohl sie das Herz eines Strategen zu begeistern vermögen – wie etwa das von Napoleon, der jede einzelne Schlacht Cäsars fast 2000 Jahre später fanatisch studiert, daraus lernt und Erkenntnisse für sich ableitet.

Im Jahre 58 zieht Cäsar gegen die Helvetier und kurz darauf gegen die Germanen. Die Niederlage des tapferen germanischen Führers Ariovist ist Geschichte und bekannt.

Im Jahre 57 zieht er gegen die Belgier und unterwirft deren Stämme. Den Dreibund, das legendäre Bündnis mit Crassus und Pompeius, erneuert er im Jahre 56. Kurz darauf macht er gegen die Alpenstämme mobil. "Nebenbei" gewinnt er noch rasch einen Seekrieg an einer gänzlich anderen Front.

Im Jahre 55 besiegt er die Usipeter und Tenkterer, Stämme, die heute niemand mehr kennt. Im gleichen Jahr setzt er sogar nach Britannien über und lanciert dort seinen ersten Feldzug. Und immer wieder winkt ihm Ruhm, Ruhm und nochmals Ruhm. Im Jahre 54 besiegt er einen der wichtigsten britannischen Führer. 53 zieht er gegen Nervier, Kanuten, Senonen, Treverer und Menapier und schlägt die Eburonen vernichtend – Namen, die die Geschichte ebenfalls vergessen hat.

Den legendären Vercingetorix schlägt er in diesem Zeitraum ebenfalls. Im Jahre 52 nimmt er weitere Regionen ein. Und auch im Jahre 51 eilt Cäsar in Gallien von Sieg zu Sieg. Längst ist sein Name Legende.

Längst ist er ein strahlender Stern am Himmel der Feldherren, der in einem Atemzug mit Alexander dem Großen und Achill genannt wird. Cäsar ist ein Gott, ein Kriegsgott, vor dem man nur knien kann.

Er siegt zur See und zu Lande, seine Soldaten schwören auf ihn, denn er belohnt sie mit reicher, mit überreicher Beute, nicht ohne im Hinterkopf an Rom zu denken, denn seine größte Auseinandersetzung, seine heikelste Aufgabe, seine schwerste Prüfung steht ihm noch bevor.

Aber zunächst badet er in den Wogen des Sieges. Er greift mit vollen Händen in das Leben, das ihn verwöhnt, das ihm Geld, Schätze und Einfluss bietet und gut zu ihm ist.

Cäsar ist längst kein gewöhnlicher Mensch mehr. Seinen Soldaten erscheint er von einem Strahlenkranz aus Licht umgeben. Seine Kühnheit, sein Listenreichtum und sein Scharfsinn sind kaum mehr zu fassen.

In Rom sieht man seine Erfolge mit gemischten Gefühlen. Neue Provinzen und fette Beute sind zwar ein Segen für die Weltmacht. Das

Volk jubelt und tanzt in den Gassen, Ströme von Gütern und Waren fließen in das gelobte Rom, aber Pompeius, der einstmalig unbestrittene Erste des Triumvirats, ist längst von unnennbaren Neidgefühlen geplagt, wenn er auch vorderhand noch wähnt, alle Zügel fest in der Hand zu halten.

Aber unvermeidlicherweise kommt es eines Tages zum Zusammenstoß zwischen den beiden Giganten: Crassus zählt nicht mehr, in einer Schlacht ließ er zwischenzeitlich sein Leben. Und jetzt beginnt der spannendste, aufregendste Teil in Cäsars Leben, eine Vita, die scheinbar kaum mehr zu überbieten ist und die sich offenbar nur in sich selbst noch potenzieren kann.

Als die Auseinandersetzung mit Pompeius beginnt, markiert das den Beginn des vielleicht mörderischsten Bürgerkrieges, den Rom je gesehen hat. Die einzelnen Stationen dieses Krieges zu beschreiben ist müßig, nur so viel: Er spielt sich fast im gesamten Römischen Weltreich ab, in Spanien, in Galiläa, in den nordafrikanischen Provinzen, in Ägypten, in Griechenland, in Syrien, in Palästina, in Illyrien, kurz in einem unvorstellbar großen Raum. Und er zieht sich über eine unvorstellbar lange Zeit hin, denn Cäsar kämpft nicht nur gegen Pompeius, sondern auch gegen dessen Söhne und seine mächtige Anhängerschaft. Pompeius hat wirklich ganze Arbeit geleistet. Er verfügt über das weit gespannteste Beziehungsnetz, das man sich vorstellen kann. Es ist für ihn außerdem eine Kleinigkeit, Truppen aus dem Boden zu stampfen, Truppen zu honorieren und Truppen auf den "Feind", auf Cäsar, einzuschwören. Als Cäsar den Rubikon überschreitet, das heißt, endgültig entscheidet, sich mit Pompeius anzulegen, nachdem verschiedene Vermittlungsversuche gescheitert sind, begeht Pompeius jedoch einen eklatanten Fehler: Als Cäsar mit seinen Truppen, die ihm treu ergeben sind, die er so hoch belohnt hat und die ihn verehren wie einen Gott, vor den Toren Roms steht, verteidigt Pompeius die Stadt jedoch nicht, wie er vorher noch großspurig getönt und versprochen hat, sondern verlässt fluchtartig das Zentrum des Weltreiches, wodurch er ungemein wichtige Kommunikationsverbindungen aufgibt. Er eilt bei Nacht und Nebel über

Süditalien nach Griechenland, um dort ein "unbesiegbares Heer" aufzustellen. Aber Cäsar hetzt ihn. Er hetzt ihn von Ort zu Ort und von
Schlacht zu Schlacht.

Und so sehen wir Sieg und Niederlage zwar einander abwechseln,
aber Cäsar behält insgesamt stets die Oberhand. Zu erfahren ist der
alte Kriegsgott mittlerweile, der in den zahlreichen Schlachten in Gallien und Britannien gelernt hat, er ist zu listig, zu intelligent. Und so
muss Pompeius vor ihm ständig die Flucht ergreifen. Cäsar jagt ihn
von Land zu Land, und selbst seine erstklassigen Beziehungen nutzen
Pompeius schließlich nichts mehr. Es finden Schlachten zu Lande und
zur See statt, und man kann Schüler in der Oberschule sehr gut damit
plagen, jeden einzelnen Kriegsschauplatz namentlich auswendig zu
lernen, aber für das Verstehen springt dabei nicht viel heraus.

Im Jahr 49 wird Cäsar sogar zum Diktator ernannt, seine Vollmachten sind nun noch weitreichender: Jetzt weiß er Rom hinter sich. Erneut sucht er die Entscheidungsschlacht. Aber er ist auch gewitzt genug, sie nicht um jeden Preis zu suchen, er denkt strategisch. Also
macht er sich wieder daran, seinen Erzfeind zu jagen und zu hetzen
wie ein Stück Wild.

Flotten prallen aufeinander, Städte werden belagert, Blockaden inszeniert. Viele Landstriche werden verwüstet. Bis nach Asien reicht der
mörderische Bruderkrieg, bis nach Ägypten – als das völlig Unvorher-
gesehene passiert: Pompeius wird inmitten dieses Bürgerkrieges in Alexandria, der Hafenstadt Ägyptens, getötet. Freudestrahlend präsentiert
man Cäsar seinen Kopf. Damit scheint der Krieg vorläufig beendet,
was indes nicht richtig ist, denn die Anhänger des Pompeius, speziell
seine Söhne, kämpfen verbissen weiter.

Aber Cäsar befindet sich mit einem Mal inmitten der politischen
Wirren, Intrigen und Kabalen von Alexandria, wo nun geradezu ein
politisches Märchen seinen Anfang nimmt, konkret sein Verhältnis mit
Kleopatra. In zahlreichen Dramen, Filmen und Schaustücken wurde
dieses Verhältnis besungen, interpretiert und historisiert, selten mit dem
notwendigen geschichtlichen Wahrheitsgehalt. Denn Fakt ist einfach,

dass Kleopatra, gemeinsam mit ihrem sehr viel jüngeren Bruder Ptolemaios, nichts als eine sondermaßen intrigante und begabe Schlange ist, die sich den Thron in Ägypten sichern will und daher alles, aber auch wirklich alles unternimmt, um Cäsar, den mächtigen Römer, den Herrn der Welt, für sich einzunehmen.

Wahr ist also die Tatsache, dass sie sich geschickt dem legendären Feldherrn an den Hals wirft. Cäsar befindet sich damals in einer mehr als prekären Situation, denn der Partei des Ptolemaios, des Bruders der Kleopatra, ist durchaus *nicht* daran gelegen, mit Cäsar zu kooperieren. Kleopatra hingegen erkennt instinktsicher ihre machtpolitische Chance und sendet ihm die zuckersüße Nachricht, dass sie ihren eigenen Freunden nicht mehr traue und seine Hilfe bitter benötige. Heimlich lässt sie sich, eingerollt in einen Teppich, in den Palast bringen, den Cäsar zu dieser Zeit bewohnt. Effektvoll wird der Teppich ausgerollt. Ihm entsteigt eine blutjunge, sündhaft schöne, verführerische Königin. Eine dankbare Szene, die Schriftsteller, Dichterlinge und Film-Scriptwriter immer wieder beflügelte! Fast ist es müßig zu spekulieren, wer hier wen verführt, die ägyptische Schöne den römischen Feldherrn oder umgekehrt. Fest steht, dass eine wilde, eine leidenschaftliche Affäre ihren Anfang nimmt, trotz raffinierter, politischer, eiskalter Berechnungen auf beiden Seiten, und dass dieser Beziehung schließlich sogar ein Sohn entspringt, der später den Namen *Kaisarion* (der kleine Kaiser, der kleine Cäsar) erhält. Aber eilen wir nicht zu schnell voran, sondern gehen wir noch einen Schritt zurück, die Story ist zu spannend: Die Anhänger des Ptolemaios versuchen inzwischen alles, aber auch wirklich alles, um Cäsar eine Schlappe beizubringen, sie versuchen, ihn zumindest aus Alexandria zu verjagen und ihm das Fell über die Ohren zu ziehen.

Cäsar muss sich in einem Palast in Alexandria verschanzen. Einer der Generäle des Ptolemaios unternimmt mehr als einen Angriff auf diesen Palast; gleichzeitig sucht er sogar die Flotte Cäsars zu versenken, die vor dem Hafen Alexandrias liegt. Aber Cäsar ordnet an, brennende Fackeln auf die Schiffe des Feindes zu katapultieren. Der Gegenangriff

73

gelingt, so dass schließlich die Flotte des Gegners lichterloh brennt, wodurch nicht nur die Attacke abgewehrt ist, sondern die Belagerer zeitweilig abrücken müssen, denn das Feuer greift über auf das Hafenviertel, auf die umliegenden Häuser und Gebäude, und muss gelöscht werden. Trotzdem versuchen ihn die Anhänger des Ptolemaios erneut zu bedrängen, zu besiegen und zum Aufgeben zu zwingen; selbst Wasserleitungen werden mit salzigem Meerwasser vergiftet. Die Soldaten Cäsars wollen schon das Handtuch werfen, der Tod durch Verdursten ist eine gar zu grausame Todesart, aber Cäsar, das militärische Genie, gebietet ihnen, nach neuem Wasser, nach neuen Brunnen zu graben. Und siehe da, dem ewig erfolgreichen Eroberer gelingt ein neues Meisterstück. Wasser wird gefunden, frisches, trinkbares, sprudelndes Quellwasser. Die Listen und Tücken des Feindes sind dadurch mit einem Schlag zunichte gemacht.

Längst hat Cäsar außerdem Boten ausgeschickt, damit Verbündete ihm zu Hilfe eilen. Und so wendet sich nach einiger Zeit das Kriegsglück. Spätestens als sich mehrere lokale Führer auf Cäsars Seite schlagen, unter anderem die Juden, denen er später diese Parteinahme fürstlich honoriert, schlägt der Wind endgültig um. Der Tag dämmert, da das Heer des Ptolemaios und das Heer Cäsars, gestärkt durch seine Verbündeten, in einer letzten Entscheidungsschlacht aufeinanderprallen. In dieser Schlacht ertrinkt der Bruder Kleopatras, der eine goldene Rüstung trägt, in dem Wasser des heiligen Gottes Nil, in das er gestürzt ist: Die Rüstung ist zu schwer, zu pompös! Der Krieg ist beendet.

Cäsar lässt den Leichnam des Knaben mit der gebührenden Achtung aufbahren, regelt danach flugs endgültig die politischen Verhältnisse in Ägypten und zieht wieder einmal als Sieger von dannen.

Bestrickende Story, rührende Tragik, zu Herzen gehende Romanze, Liebe und Krieg in Perfektion – was will man mehr, alle Ingredienzien, die man als guter Unterhaltungsautor braucht, um wirkungsvolle Effekte zu erzielen, sind gegeben und werden vom Leben selbst gespielt.

Cäsar befindet sich erneut auf dem Gipfel des Ruhmes. Im Jahre 44 ist er Imperator, Konsul und inzwischen zum fünften Mal Diktator.

Wenig später verleihen ihm die Römer sogar die Diktatur auf Lebenszeit.

Cäsar ist ein Stern, der nicht mehr untergehen kann, weil er so hell leuchtet. Cäsar ist ein Name, der magischen Klang besitzt. Cäsar ist seine eigene Statue, ist eine Person, die man mit Händen, mit Gedanken nicht mehr fassen, nicht mehr greifen kann, er ist den normalen menschlichen Maßstäben längst entrückt. Unvergleichliche Triumphzüge werden für ihn inszeniert, Zeichen seines unvorstellbaren Erfolges. Cäsar ist Garant, ist Symbol, ist der Hohepriester der Weltmacht Roms.

Aber ach! Hat Cäsar vergessen, dass er sterblich ist? Dass Glück fragil ist wie Glas? Und dass auch Götter eifersüchtig sind? Er, der das Schicksal herausforderte, er der unumschränkte Herrscher, er der Gewaltigste auf dem Erdenrund, erfährt eines Tages selbst, was es bedeutet, unbegrenzte Macht zu besitzen. Längst haben sich Parteiungen gegen ihn gebildet. Längst ist der Diktator den republikanisch Gesinnten ein Dorn im Auge. Und längst wünschen ihm tausend Römer den Tod. Nie verziehen ihm die Pompejaner. Nie vergaßen die Mütter Roms den mörderischen Bürgerkrieg. Und nie konnten die Ausgepokerten, die Ausgespielten, der Senat, die Aristokraten den Verlust der Macht wirklich verwinden. Wer hinter der Verschwörung steht, ist bis heute nicht zur Gänze geklärt, aber es ist wahrscheinlich, dass nicht nur der große Cicero, der berühmteste Redner Roms, von dem Anschlag weiß, sondern auch Cäsars designierter Nachfolger, sein eigener Adoptivsohn, sowie selbstredend Brutus, von dem das Gerücht geht, er sei sein eigener leiblicher Sohn, weil er, Cäsar, einstmals Beziehungen zu dessen Mutter unterhielt.

Und so sehen wir eines Tages, in den Iden des März 44 v. Chr., wie Cäsar im Senat erscheint und sich die Verschwörer auf ihn stürzen.

Der Historiker Plutarch beschreibt den Tod Cäsars wie folgt:

"Die Verschworenen aber entblößten alle die Schwerter und umringten den Überfallenen. Wohin sich Cäsar wendete, überall

zuckten Hiebe, fuhren ihm Klingen vor Gesicht und Augen hin und her, er wurde durchbohrt wie ein wildes Tier, sich windend unter den Händen seiner Mörder. Denn es war ausgemacht, dass jeder das Opfer treffen und von seinem Blut kosten müsse. So führte auch Brutus einen Streich und verwundete ihn am Unterleib. [11]

Derart hingemeuchelt stirbt Cäsar, er stirbt eines elenden Todes, er stirbt unter den Händen von Verschwörern, die er für seine engsten Vertrauten hält. Mit seiner schneidenden Intelligenz, seiner in vielen Kriegen gewonnenen Umsicht und seinem politischen Genie hätte er den Anschlag vorausahnen können, zumal er zuvor gewarnt worden war, aber Cäsar lebt bereits nicht mehr in dieser Welt. Und so stirbt er, der Mächtigste auf dem Erdenrund, völlig überraschend. Er hört von einer Sekunde auf die andere auf zu atmen, hört auf, eine Rolle zu spielen und entschwindet aus dem politischen Alltag urplötzlich – als hätte es ihn nie gegeben.

OHNE MASKE

So und nicht anders könnte man das außergewöhnliche, das einmalige und hochemotionale Leben des großen Gaius Julius Cäsar beschreiben, aber tatsächlich wäre es erneut nicht einmal die halbe Wahrheit. Es wäre nicht einmal ein Hundertstel der Wahrheit, obwohl es genau so und nicht anders ständig und allerorten nacherzählt wurde und wird, in zahllosen Schulen und Universitäten, bis heute, wobei sich Lehrer, Professoren und Gelehrte gleichermaßen vor Demut bis zum Boden verbeugen. Aber man vermag die Vita Cäsars auch gänzlich anders zu erzählen. Und genau das ist Sinn und Zweck dieses vorliegenden Traktates, denn tatsächlich besaß Cäsar, der so genannte Große, eine rabenschwarze Seele, die bis dato nie wirklich ausgeleuchtet worden ist. Richten wir also den Scheinwerferkegel kompromisslos auf einige konkrete Tatsachen, die gern unter den Teppich gekehrt werden.

TATSACHE 1:

Zu wenig *intellektuelle* Beachtung wurde unseres Erachtens bislang dem tatsächlichen Sex-Life Cäsars geschenkt. Sprich, es wurde nicht die Frage gestellt, wie sich Cäsar Frauen gegenüber verhielt. Nun, dem Diktator hätte nichts gleichgültiger sein können, wie seine zahllosen Beziehungen, die eindeutig belegt sind, bezeugen. Hochgestellte Frauen benutzte er, um seine Macht zu zementieren, um politische Bündnisse zu schmieden und um seinen Einfluss zu mehren.

Niedriggestellte Frauen waren ihm völlig gleichgültig, und er benutzte sie wie ein orientalischer Despot. Aber selbst seine Ehefrauen wechselte er wie Unterhemden (oder Unterhosen), wenn es nur seinen politischen Zielen diente. Stand eine bessere Partie in Aussicht, warf er die Ehefrau ohne viel Federlesen aus dem Haus und ließ sich scheiden. Darüber hinaus schlief er fast zwanghaft jeder Frau bei, der er habhaft werden konnte und die seinen Weg kreuzte. Alle bedeuteten sie ihm nichts, einschließlich einer Kleopatra, die ihm sogar ein Kind gebar, wie wir gehört haben, ein Umstand, der ihm nicht hätte gleichgültiger sein können.

Wie nebenbei vernaschte Cäsar zahllose Frauen, wie Zuckerstückchen, die man in einer Dose findet, ohne jedes Gefühl, ohne jede Verantwortung und ohne einen überflüssigen Gedanken an sie zu verschwenden. Er benutzte den Sexus, um seine Machtsphäre zu vergrößern, und das war auch schon alles, was ihn wirklich am Geschlechtsakt interessierte, wenn man von einer vorübergehenden Befriedigung seiner Libido absieht.

In diesem Sinne sind auch seine zahlreichen homosexuellen Beziehungen sehr leicht zu verstehen. Er schlief Männlein wie Weiblein gleichermaßen bei, er war ein vollständig skrupelloser, bisexueller Sex-Maniac. Er entkam den Verfolgungen eines Sulla am Anfang seiner Karriere, wie wir gehört haben, nur deshalb so leicht, weil er eine homosexuelle Beziehung zu einem mächtigen König seiner Zeit unterhielt, zu König Nikomedes von Bithynien konkret, ein Umstand, auf den seine Soldaten noch 35 Jahre später in Gallien mit Spottversen anspielten. Die Anspielungen auf seine homosexuelle Natur sind in der Literatur zu zahlreich, um als billige Verleumdung abqualifiziert werden zu können.

Selbst sein Adoptivsohn und ausersehener Nachfolger, so wurde kolportiert, wurde von Cäsar persönlich entjungfert, was möglicherweise der Grund war, warum er ihn überhaupt als Nachfolger auserwählte. Er benutzte den Sexus also als politisches Mittel, eiskalt, berechnend und brutal, und wenn auch unser eigenes Zeitalter in Sachen Sex eine ungewöhnliche Freizügigkeit besitzt, so darf man dennoch festhalten, dass auch heute ein so vollständig menschenverachtender Umgang mit der "Liebe" keineswegs Zustimmung oder gar Anerkennung finden würde. Man würde Cäsar als einen ganz gewöhnlichen, karrieregeilen Schuft bezeichnen, dem kein einziges Thema heilig war, keine einzige Beziehung, wenn es nur um seinen Vorteil, seine Macht und seinen Einfluss ging.

Nein, nein, nein! Auf privater, auf persönlicher Ebene war Cäsar ganz einfach ein Lump, ein kleiner Stricher, eine kleine Hure, der über alles und jeden lachte, sich immer nur mokierte, stets eine spöttelnde Antwort parat hatte, nichts ernst nahm und keine Ehre und keinen Anstand, keine Würde und kein Gefühl besaß.

TATSACHE 2:
Überhaupt ordnete er alles, aber auch wirklich alles, seinen ehrgeizigen politischen Zielen unter. Wir haben bereits gehört, dass er Gladiatorenschulen eröffnete und Wettkämpfe veranstalte, um das Volk auf seine Seite zu ziehen. Aber wir haben nicht gehört, dass er gleichzeitig die brutalsten Tierhetzen veranstaltete, nur um sich bei der Plebs einzuschmeicheln.

Alles diente einem einzigen Zwecke: politischen Einfluss zu gewinnen.

Die Gladiatorenkämpfe waren ebenso bestialisch und menschenverachtend wie die Tierquälereien in der römischen Arena, aber das Volk musste schließlich gewonnen werden, bestochen werden genauer gesagt. Was zählten dabei ein paar Menschenleben oder gar Tiere? Weiter kaufte er Stimmen vor einer Wahl mit Geld ein, die römischen Bürger waren ihm nichts als ein wohlfeiles Sammelsurium von Wahlvieh. Ständig prostituierte er sich öffentlich, um nur ja der Gunst des Volkes nicht verlustig zu gehen. Er schüttete Geld, Geld und nochmals Geld über die Menge aus und führte selbst einen ungeheuer aufwendigen Lebensstil. Er kaufte das Volk. So sah er sich schon im frühen Stadium seiner Karriere ungeheuren Schulden gegenüber. Tatsächlich waren die Schulden Cäsars ein Grund, warum er auf dem militärischen Felde reüssieren *musste* – er hätte diesen ungeheuren Schuldenberg nie und nimmer abtragen können, jedenfalls nicht auf anständige, auf ehrenvolle Weise. Auch der Bürgerkrieg, der Hunderttausende das Leben kostete, war für ihn nichts als eine Lösung für seine unvorstellbaren Schulden. Schon in jüngsten Jahren war er nichts als ein Gernegroß. Heute würde er wegen Korruption und unlauterem Geschäftsgebaren für viele Jahre hinter Gittern landen. Er war ein Verschwender, ein Prahlhans und ein Großmaul, aber ein gefährliches Großmaul, das nicht weniger als einen Weltbrand entzündete. Als er noch zu stoppen gewesen wäre in seiner unerträglichen Großmannssucht, ergriff niemand die Initiative. Zu viele bewunderten diesen prahlerischen Gernegroß, der mit beiden Händen mit Gold und Sesterzen um sich warf, als sei er bereits der König von Rom.

Er machte Schulden in atemberaubender Höhe, so dass diesem Großkotz schlussendlich gar nichts anderes übrig blieb, als in den Krieg zu ziehen. Auch hier verhielt sich Cäsar wie ein ganz gewöhnlicher Dieb und Räuber. Er plünderte und stahl wie eine Elster. Das Eigentum anderer galt ihm nichts, er raubte heilige Tempel aus, überall mit einem zynischen, boshaften Lächeln auf den schmalen Lippen. Er besaß je und je die Sanktion, ja die Billigung durch den Staat Rom, aber beileibe nicht immer. Tatsächlich war das römische Recht so hoch entwickelt wie kein anderes Recht zu seiner Zeit. Selbst unser deutsches Recht fußt zu einem großen Teil auf den Gedanken großer römischer Juristen. Genau dieses Recht aber trat ein Cäsar mit Füßen, es hätte ihm nicht gleichgültiger sein können.

Schließlich galt es, eine ganze Welt zu plündern, und das tat er ohne die geringsten Hemmungen, ohne Unterbrechung und ohne jede Gewissensbisse. Er war der größte Dieb seines Jahrhunderts.

So ist denn auch die Eroberung Britanniens, die im Übrigen nie wirklich zur Gänze gelang, keineswegs als ein staatspolitischer Akt zu sehen, wie er es selbst später gerne hinstellte. Cäsar war lediglich begeistert von der Aussicht, bei der berühmten britannischen Perlenfischerei abzukassieren, über die märchenhafte Berichte kursierten. Ihm war an *Beute* gelegen, an *Geld*. Er plünderte als Feldherr nachweislich selbst Städte schamlos aus, die sich ihm ergeben hatten und keinen Widerstand mehr leisteten – und beglich damit einen Teil seiner astronomischen Schulden. In Gallien bestahl er die Tempel. In Rom klaute er, laut dem Historiker Sueton, 3000 Pfund Gold vom Kapitol und ließ es durch vergoldetes Kupfer ersetzen. Er bestahl Ptolemaios, den unglücklichen Bruder der Kleopatra, um 6000 Talente. Weiter raubte er mit der größten Unverfrorenheit die römische Staatskasse im Bürgerkrieg aus. Er brach Türen auf, verschaffte sich widerrechtlich Zutritt zum *aerium sanctum* und forderte frech 45.000 Goldbarren und 30 Millionen Sesterzen[12]. Kurz, er stahl und raubte, was seine gierigen, blutbesudelten Finger raffen konnten.

Ein feiner Herr!

Tatsächlich war er nichts als ein Räuber, vielleicht der skrupelloseste und dreisteste aller Einbrecher, weil er je und je mit dem Mäntelchen staatlicher Duldung operierte, aber beileibe nicht immer. Das Recht war dazu da, gebrochen und gebeugt zu werden, ein Cäsar stand über dem Recht.

Er war letztlich nichts als ein gewöhnlicher Langfinger, der alle in seinem Umkreis in großem und größtem Umfang bestahl, ja in einer Größenordnung, die vergessen lassen konnte (und viele vergessen ließ!), dass er nur ein kleiner, erbärmlicher, hinterhältiger Dieb war, der sich frivol und freizügig, keck und brutal aus den Kassen anderer bediente.

Diese kleine, bisexuelle Hure war also überdies nichts als ein gewissenloser, mieser erbärmlicher Dieb.

TATSACHE 3:

All diese Verbrechen sind hingegen nichts im Vergleich zu seinen wirklichen Gräueltaten. Was kaum je offen ausgesprochen wurde, von kaum einem Historiker, jedenfalls nicht deutlich genug, ist der Umstand, dass er Völkermord in größtem Stil beging.

Auf Cäsars Konto gehen rund eine Million Tote, man sollte sich diese Zahl einmal in einer stillen Minute vor Augen halten. Eine Million! Nicht eingerechnet all die Verkrüppelten, Heimatlosen und Flüchtlinge.

Gleichzeitig war er gerissen genug, sein Engagement in Gallien mit den süßesten, geschicktesten und raffiniertesten Worten zu umschmücken – er war ein Genie in Public Relations. Die Öffentlichkeitsarbeit war sein eigentliches Metier, die professionelle Lüge, die große Lüge, denn tatsächlich beinhalteten die zahlreichen Kriege in Gallien und auch in anderen römischen Provinzen unvorstellbare Grausamkeiten. Lügen, Verrat, Schlächterei und Sklavenhandel zählten zu dem Alltagsgeschäft des Herrn Gaius Julius Cäsar!

Und während er selbst auf der einen Seite immer wieder seine "unvergleichlichen Heldentaten" besang, die die Römer zu Hause beeindrucken sollten, metzelte er ganze Völkerschaften hin, mordete er in riesigem Stil in Gallien Sippe um Sippe, watete er knietief im Blut und ließ sich dafür auch noch feiern.

Nein, seine Triumphe waren alles andere als heldische, im ehrlichen Kampf errungene Siege. Gönnen wir uns ein paar knallharte, unappetitliche Details:

1. Wir haben bereits darauf hingewiesen, dass Cäsar kein politischer Kniff zu schäbig war, wenn es galt zu unterwerfen, zu unterjochen und niederzuknüppeln. Er spielte schamlos einzelne germanische

Stämme gegeneinander aus. Er suchte die Oberschicht mit der Unterschicht zu entzweien. Er machte Führern feindlicher Stämme verlockende Angebote. Er suchte Kollaborateure unter den germanischen Stämmen. Kurz er bediente sich völlig skrupellos jedes schmutzigen Tricks unter der Sonne.

So bestellte er etwa einmal einige Germanenfürsten angeblich zu neutralen Verhandlungen zu sich und ließ sie, kaum angekommen, aus dem Hinterhalt ermorden. Danach machte er die gesamten Stämme bis hin zum letzten Greis und Säugling nieder. Cäsar war ein primitiver, ein roher, ein gewalttätiger Mörder.

2. Zum Teil schürte er den Krieg bewusst und gezielt – und völlig unnötig.

So ließ Cäsar etwa einmal Anführer (die Führer der Sonenen und Karnuten) vor der Hinrichtung auspeitschen, um sie zu demütigen, weil er seine kleinliche, seine sadistische Freude daran hatte. Cäsar war ein gewöhnlicher, widerlicher Sadist.

3. Cäsar scheute weiter nicht davor zurück, Germanenstämme untereinander und gegeneinander aufzuwiegeln: Dazu bediente er sich einer alten, primitiven Methode. Er machte Dörfer und Siedlungen auf das barbarischste nieder, tötete, zerstörte, zerstückelte und hinterließ unvorstellbare Verwüstungen – nur damit die Stämme den eigenen "Anführern" die Schuld gaben, dass man nicht mit den Römern verhandelt hatte, dass man nicht das Knie gebeugt hatte. Cäsar war ein Kriegshetzer und Kriegstreiber erster Güte.

4. Als der mutige Vercingetorix endlich einsehen musste, dass er Cäsar unterlegen war, lieferte er sich persönlich dem Römer aus, um zu vermeiden, dass seine Anhänger niedergemacht und geschlachtet wurden.

Cäsar ließ indes den stolzen Germanenfürsten sechs Jahre lang unter schmählichen Bedingungen gefangen halten – schließlich

musste er für seinen, für Cäsars Triumphzug in Rom aufgespart
werden. Erst danach wurde er hingerichtet. Cäsar besaß keinerlei Charakter oder Größe.

5. Die schlimmste Sünde Cäsars haben wir dabei noch nicht einmal gebeichtet: Tatsache ist weiter, dass Cäsar nicht im Geringsten an Gallien gelegen war oder an der "Befreiung" Galliens, wie
es höhnischerweise in einigen Texten hieß. Alles diente letztlich
nur dazu, sein Bild in Rom besser zu zeichnen. Er war der unvergleichliche Triumphator, der siegreiche Feldherr, der einmalige, göttergleiche General, dem niemand das Wasser reichen konnte. Auch die bluttriefenden Schlachten in Britannien, urteilten
Historiker, dienten lediglich dazu, neben seiner Sucht nach Geld,
einen unnennbaren Eindruck in Rom zu hinterlassen. Propaganda war sein einziges Ziel, Ruhm der Zweck, Imagegewinn seine
geheime Kalkulation.

Mit den raffiniertesten Manipulationstechniken redete er grausamste Kriege schön: Galt es doch immer und immer wieder, den
Senat, die Aristokratie und das Volk von sich zu überzeugen. Er
beherrschte alle Kniffe der hohen Rhetorik und rückte sich schamlos in den Mittelpunkt. Tatsächlich ist es ein Versäumnis der
Herren Historiker, bis heute nicht erbarmungslos seine Schriften
abgetastet, abgesucht und durchforstet zu haben, auf die *Methoden* seiner Lügen hin, auf die *Techniken* seiner Propaganda, auf
die *Tricks* seiner schriftstellerischen Manipulationen. Man könnte
auf diese Weise moderne "Politiker" vom gleichen Schlag identifizieren und entlarven und von ihrem PR-Thron herunterstoßen.
Es fehlen Doktorarbeiten über Cäsars Lügen. Er war abgefeimt
und bewandert in allen Finten. Er log, dass sich die Balken bogen. Er verdrehte Tatsachen. Er stellte sich unauffällig-auffällig immer wieder in das Scheinwerferlicht. Er beschwor das Vaterland,
das Volk, die Religion. Welch ein gerissener, infamer, skrupelloser
Demagoge!

6. Bemühen wir noch einmal die nackten, unbestechlichen Zahlen. Plinius spricht von 1,2 Millionen Menschen, die Cäsar niedermetzelte, die Massaker während des Bürgerkrieges *nicht* eingerechnet! Veleius Paterculus (ein cäsarfreundlicher Historiker) spricht von 400.000 Toten in Gallien allein und ebenso vielen Gefangenen. Plutarch nennt eine Million Tote und eine Million Gefangene, die auf sein Konto gehen und spricht von 300.000 getöteten Germanen.

Apian nennt 400.000 Tote allein in einer einzigen Schlacht gegen die Germanen. Wie auch immer die genauen Zahlen ausgesehen haben mögen, fest steht, die Zahl von einer Million Toten insgesamt ist beileibe nicht zu hoch gegriffen, und es ist müßig, zu spekulieren, ob es "nur" eine halbe Million waren oder gar zwei Millionen. Dabei sind all die ungezählten schmerzenden Wunden, die abgehauenen Armstümpfe, die ausgestochenen Augen und die gelähmten Beine nicht einmal erwähnt.

Ab einem bestimmten Zeitpunkt führte Cäsar praktisch ununterbrochen Krieg. Er liebte den Krieg, er vergötterte ihn. Krieg war sein Lebensinhalt.

Und damit haben wir den wahren Cäsar endlich, endlich zu Gesicht bekommen. Damit haben wir den Herrn Gaius Julius Cäsar persönlich kennen gelernt. Damit haben wir ungeschminkt der Wahrheit ins Auge geschaut.

Alles, alles war darauf bedacht, Rom zu beeindrucken und seine *Macht* zu zementieren. Deshalb finanzierte er Kolossalbauten, erhöhte die Bezahlung seiner Soldaten und schenkte seinen Soldaten Sklaven, um sich bei ihnen lieb Kind zu machen.

Cäsar, den Sklavenhändler, der damit Millionen und Millionen Sesterzen scheffelte, haben wir nebenbei bemerkt kaum durchleuchtet. Und auch dem gottlosen Bürgerkrieg gegen Pompeius, der zahllose Söhne Roms einforderte, in dem die eigenen Legionen gegeneinander gehetzt wurden, haben wir nicht eigens herausgestrichen, denn die Sünden sind auch so zahlreich genug. Er schadete also auch seinem eigenen Volk bis an die Grenze des Erträglichen, wenn es um seine *Macht* ging. Dieser blutgierige Massenmörder, dieser nimmersatte Raffzahn war das größte Unglück der gesamten römischen Geschichte. Aber er tarnte sich geschickt, unendlich geschickt, bis heute! Er versteckte sich hinter ein paar Kriegen, über die er falsch, unzulänglich und jedenfalls tendenziös berichtete.

Das Urteil muss, wenn man auch nur ansatzweise an Menschenrechte glaubt, wenn man Krieg als die schlimmste Geißel der Menschheit sieht und wenn man nur einen Funken Verstand hat, vernichtend über diesen Usurpator ausfallen.

Denn die Geschichte beweist unzweideutig, dass dieser gierige, nimmersatte Räuber der größte Massenmörder seiner Zeit war, ein Bluttrinker und Schlächter und darüber hinaus ein Sadist, ein Verräter und ein Meuchelmörder.

Warum also sollte man einen Cäsar bewundern?

DIE FRAGE ALLER FRAGEN

Ähnlich wie bei Alexander dem Großen stellt sich indes die Frage, warum es einem Cäsar gelingen konnte, zweitausend Jahre lang die Menschen zu belügen? Wie gelang es ihm, die Menschen im Unklaren über seinen Charakter zu lassen und den Glorienschein aufrechtzuerhalten?

Genau dies ist die Frage aller Fragen! Wir werden sie so genau, so ausführlich und so wahrheitsgemäß wie möglich beantworten, was in sich selbst ein spannendes Unternehmen ist, denn es lehrt uns, wie in den höchsten Rängen professionell die Wahrheit verdreht wird.

Um aber diese Frage wirklich präzise zu beantworten, müssen wir zunächst das Leben Ciceros nacherzählen, des großen Gegenspielers Cäsars, denn wir brauchen seine Vita, um Cäsar noch besser zu verstehen.

4. KAPITEL

CICERO UND CÄSAR:
EIN HISTORISCHES DUELL

Durchforstet man die römische Geschichte systematisch, so erkennt man, dass im Allgemeinen zwei große Strömungen favorisiert wurden, was das politische Glaubensbekenntnis anging: Auf der einen Seite stand die Republik, synonym stehend für Freiheit, für Gesetz und Recht, auf der anderen Seite stand die Diktatur, die Herrschaft des Einzelnen, des Königs, des Militärführers. Diese beiden Strömungen verursachten die heftigsten Kämpfe in der politischen Arena Roms; die Vertreter beider Richtungen standen einander unversöhnlich gegenüber. Die Argumente für die Republik, die "res publica", wurden verfochten von den feinsinnigsten Denkern, Philosophen und Rhetorikern, die an das Gute im Menschen glaubten, an die Kraft der Überzeugung und an die Gerechtigkeit. Ihr edelster Vertreter war Cicero.

Die Diktatur auf der anderen Seite wurde ebenso überzeugend vertreten – von Kriegstreibern und Feldherren, von Schlachtengöttern und Soldatenführern. Ihr profiliertester Vertreter war Cäsar.

Diese beiden Gestalten prallten zu ihrer Zeit mit unvorstellbarer Wucht aufeinander. Der Mann mit dem Schwert stand gegen den Mann des Wortes, der Kriegstreiber gegen den Friedensprediger, der Gegner der Freiheit gegen den Verteidiger der Freiheit!

Bei Cicero handelte es sich um einen Mann, wie er alle paar Jahrhunderte nur einmal auftritt. Er war Gott sei Dank kein Elfenbeinphilosoph, obgleich er auch die bedeutendsten philosophischen Traktate seiner Zeit verfasste. Er war kein Schriftsteller, der nur schön gedrechselte Worte zum Besten gab, obwohl er auch mitreißend schreiben konnte. Und er war kein bloßer Theoretiker, der sich nur in verwinkelten Gedankengängen ergangen hätte, obwohl er auch scharfsinnig denken konnte. Er war ein *Praktiker*. Er nahm aktiv am politischen Leben teil. Er machte sich persönlich die Hände schmutzig, wenn es darum ging, seine Ideale zu verteidigen. Dabei kämpfte er mit allen ihm zu Gebote stehenden Mitteln. Er kämpfte unbeirrbar seinen Kampf für die Republik, die wie gesagt stellvertretend für die *Freiheit*, die Freiheit des Wortes, die Freiheit der Gesinnung sowie die politische Freiheit stand. Er kämpfte mutig wie ein Löwe, wie nie zuvor und nie danach in der politischen Arena gekämpft worden ist.

Aber er trat an gegen den gefährlichsten Gegner seiner Zeit: *Cäsar!*

Er hatte es mit Cäsar mit dem größten, verschlagensten und fähigsten Widersacher zu tun, den man sich vorstellen konnte. Wir werden sehen, wer von beiden schlussendlich gewann, wobei so viel vorausgeschickt sei, dass wir eine gänzlich andere Antwort geben werden, als sie in den gängigen Geschichtsbüchern zu finden ist.

Aber beschäftigen wir uns zunächst mit Ciceros Vita. Cicero war wie gesagt ein Freigeist. Er war der größte Redner Roms und in allen Philosophien bewandert. Velleius Paterculus urteilt über ihn:

"... Cicero lebt und wird leben im Gedächtnis aller Zeiten, und solange diese Welt besteht ... die er sozusagen als einziger Römer im Geiste geschaut, mit seinem Verstand erfasst und durch seine Redegabe erhellt hat, so lange wird auch der Ruhm Ciceros die Welt auf ihrem Weg in die Ewigkeit begleiten."

Erasmus von Rotterdam, der größte Humanist seiner Zeit, ließ sich in einem Jahrhundert zu positiven Äußerungen über Cicero hinreißen, da man eigentlich nur Hosianna auf die Bibel singen durfte, denn alle "heidnischen" Schriftsteller wurden ehemals scheel angesehen. Erasmus schrieb:

"Der heiligen Schrift kommt zwar der erste Platz zu, dennoch finde ich häufig bei den alten Heiden, ja, sogar bei den Dichtern Gedanken, die so rein, so heilig, so göttlich gesagt oder geschrieben sind, dass ich mir die Überzeugung nicht versagen kann, eine Art göttlicher Kraft habe sie beim Schreiben inspiriert. Und wer weiß, vielleicht hat sich der Geist Christi weiter verbreitet, als wir glauben. So gibt es viele Heilige, die nicht in unserem Kalender stehen. Ich will hier vor meinen Freunden meine Neigung nicht verhehlen: Ich kann das Buch Ciceros über das Alter, über die Freundschaft, über die Pflichten, die tuskulanischen Gespräche nicht lesen, ohne von Zeit zu Zeit das Buch zu küssen und mich zu verneigen vor seinem heiligen, ganz von göttlichem Odem erfüllten Herzen."

Wer also war dieser Mann, vor dem sich noch die größten Geister 1500 Jahre später verbeugen sollten, ja die mit ihrem Lob ihr Leben riskierten? Was war dies für eine Figur, die sich auf der politischen Bühne mit der gleichen Virtuosität bewegte wie auf dem schriftstellerischen Parkett? Um wen handelte es sich bei diesem, dem vielleicht größten Rhetoriker aller Zeiten, der das Wort wie einen Dolch benutzten konnte, der gefährlicher war als tausend römische Soldaten? Wer war dieser Denker und Kämpfer?

Untersuchen wir sein erregendes, sein aufregendes, sein ungewöhnliches Leben.

CURRICULUM VITAE

Marcus Tullius Cicero erblickte das Licht der Welt am 3. Januar 106 v. Chr., also sechs Jahre vor Cäsars Geburt, in einem kleinen Landstädtchen, etwa 100 Kilometer südlich von Rom, als Sohn eines Ritters. Er wuchs in einer zwar begüterten, aber wenig einflussreichen Familie auf, was bedeutete, dass er sich später jeden Schritt, jede Stufe seiner Karriereleiter auf der politischen Bühne hart erkämpfen musste. Immerhin hatte er das Glück, von den erlesensten Lehrern seiner Zeit unterrichtet zu werden, die seine Talente förderten. Er selbst, der sich durch großen Fleiß auszeichnete, machte sich früh die homerische Maxime zu eigen, die da lautete: *"Immer der Erste zu sein und sich auszuzeichnen vor anderen."*

Er lernte zunächst bei dem Redner Crassus, dann bei dem Juristen Scaevola, bei dem er privates und öffentliches Recht studierte und der ihn auch in das Gedankengut der Griechen einführte. Durch Scaevola kam er bereits in jungen Jahren in Kontakt mit den führenden Männern seiner Zeit. So kannte er den Philosophen Panaitios ebenso wie den Historiker Polybios und tummelte sich in hochintellektuellen Kreisen seiner Zeit mit der gleichen Selbstverständlichkeit, wie er aus nächster Nähe die einflussreichsten Politiker seiner Zeit beobachten konnte. In dieser Atmosphäre von Intelligenz und Macht lernte er früh die Überzeugungskraft des Wortes kennen und den Einfluss der raffiniert konstruierten Rede.

Der Aufstieg in der politischen Arena war vorgezeichnet. Seine atemberaubende Karriere liest sich in Stichpunkten wie folgt:

Nachdem er in dem Bundesgenossenkrieg mit den Italikern seinen Wehrdienst abgeleistet hatte, etablierte er sich als Anwalt in Rom. Noch nass hinter den Ohren führte er eines Tages einen Aufsehen erregenden Prozess, der ihn mit einem Schlag in das Licht der Öffentlichkeit rückte. Gerade einmal 26 Jahre alt wagte es Cicero, in einem Mordprozess Sextus Roscius, einen kleinen Landedelmann, zu verteidigen, der angeklagt worden war, seinen eigenen Vater umgebracht zu haben.

Der Prozess war eine politische Farce. Der wahre Hintergrund liest sich wie folgt: Sulla, zu dieser Zeit Diktator in Rom, hatte einem seiner Günstlinge, Chrysogonus, erlaubt, sich durch die Hintertür der Güter des Ermordeten zu bemächtigen. Der Mörder war also mit Sicherheit eine andere Person.

Man muss wissen, eine gängige Methode der "Refinanzierung" eines Diktators bestand in diesen Zeiten darin, einige gutbetuchte, missliebige Personen auf eine "schwarze Liste" zu setzen, ihnen Verrat am Vaterland vorzuwerfen und ihre Güter in der Folge einzuziehen. Ein Vorwand fand sich immer. "Versehentlich" starb der frühere Besitzer gewöhnlich.

Der alte Roscius war seiner Güter in diesem Sinne beraubt worden - durch eben jenen Chrysogonus, der dem Diktator Sulla einige (schmutzige) Handlangerdienste geleistet hatte. Seine Besitztümer waren zur Versteigerung freigegeben worden, und Chrysogonus hatte sie sich für ein Butterbrot unter den Nagel gerissen.

Um den rechtmäßigen Erben, eben den Sohn, Sextus Roscius, aus dem Weg zu räumen, hatte man ihn sehr einfach angeklagt, seinen eigenen Vater ermordet zu haben. Offenbar mittels fingierter "Beweise" saß also dieser Sextus Roscius auf der Anklagebank und in der Patsche. Aber wie gesagt, das Ganze war eine Farce, war ein abgekartetes Spiel.

Cicero, der Anwalt des jungen Roscius, besaß nun ein Problem: Er konnte aufgrund der politischen Machtverhältnisse Sulla, den Diktator, nicht vor den Kopf stoßen. Aber er konnte (und wollte) auch die Wahrheit nicht unter den Teppich kehren. Und also sehen wir Cicero einen juristischen Kniff nach dem anderen anwenden, um seinem Mandanten zu helfen, den Kopf aus der Schlinge zu ziehen. Wie? Zunächst einmal hielt er den Namen Sulla völlig aus dem Prozess heraus. Ja, er pries sogar den Diktator, gab aber zu bedenken, dass die Siege Sullas zunichte gemacht würden, wenn man solchen Kreaturen wie Chrysogonus nicht das Handwerk legte. Er trieb einen Keil zwischen die beiden.

Da außerdem der Adel zu überzeugen war, der mit solchen Methoden der Bereicherung durchaus vertraut war, hielt er ihm eine geschickte

Standpredigt. Er erinnerte daran, dass wahrer Adel, *nobilitas*, sich nicht durch die hohe Geburt, sondern durch die Tat etabliert. Weiter machte er die mächtige Adelsclique darauf aufmerksam, dass zu viel Unrecht ihre *eigene* Position gefährden würde. Zusätzlich spielte er mit den Emotionen der Richter. Er beschwor ihre Milde und führte ihnen vor Augen, dass die alten Tugenden Roms von höchster Bedeutung seien, ja dass Rom über kurz oder lang untergehen würde, wenn solche Ungerechtigkeiten Platz greifen würden. Außerdem appellierte er an ihre *humanitas*, ihre Menschlichkeit.

Halb Rom starrte gebannt auf diesen Prozess. Die Gegner wiederum versuchten alles, um Cicero zu Fall zu bringen. Aber Cicero war nicht nur mutig, er war auch noch brillant. Sulla, der allmächtige Diktator, war wie gesagt klug aus dem Prozess herausgehalten worden. Und so endete der Prozess nach heißen Wortgefechten mit einem vollständigen Freispruch für Ciceros Mandanten. Cicero hatte ihn trotz aller Fährnisse herausgepaukt.

Das war indes nicht das erste und nicht das letzte Kabinettstückchen des jungen Anwaltes, der inzwischen die gesamte Aufmerksamkeit der Öffentlichkeit besaß. Kurz nach diesem spektakulären Prozess begab sich Cicero zu Studienzwecken nach Griechenland, wo er seine rhetorischen Fertigkeiten weiter schulte.

Er feilte an seinem Stil, lernte spitz und scharf zu argumentieren, studierte, wie man mit Emotionen umgeht und übte sich in Logik. Womit wir dem wahren Geheimnis des phänomenalen Erfolgs Ciceros auf der Spur sind.

DAS ERFOLGSGEHEIMNIS

Cicero war ein Rhetoriker mit Haut und Haaren, ein Meister des gesprochenen Wortes, ein Genie in Sachen Stil. Später gab er einige seiner Geheimnisse preis, geschickt die eigene Person zurücknehmend.

Cicero über Cicero liest sich im Original wie folgt:

"Nicht von mir will ich sprechen, ich spreche von den anderen. Da gab es keinen, der sich mehr als nur oberflächlich dem Studium der Wissenschaften gewidmet hätte, die doch den Quell der Beredsamkeit bilden, keinen gab es, der mit der Philosophie auf vertrautem Fuß stand, die doch die Mutter alles guten Handelns und Redens ist, keinen der das bürgerliche Recht gelernt hätte, die Hauptvoraussetzung für Privatprozesse und für die Urteilsfähigkeit des Redners, keinen, der die römische Geschichte parat hatte, um aus ihr nötigenfalls die gewichtigsten Zeugen aus der Unterwelt heraufzubeschwören. Keinen gab es, der mit einer knappen und scharfsinnigen Argumentation den Gegner in die Enge treiben, die Stimmung der Richter auflockern und sie auf ein Weilchen vom strengen Ernst zu Heiterkeit und Lachen hätte bringen können; keinen, der den Vortrag auszuweiten und von der eigentlichen, durch die Personen und Umstände festgelegten Erörterung zu einer Frage allgemeiner Art überzuleiten verstand. Keinen gab es ferner, der zur Entspannung der Hörer eine Zeitlang vom Thema abschweifen konnte, keinen, der den Richter so sehr in Zorn versetzen oder zu Tränen rühren konnte, keinen, der die Stimmung des Richters – und das ist die Hauptsache, die der Redner können muss! – so stark nach den Erfordernissen der Situation beeinflussen konnte." [13]

Wie geschickt kann man sich selbst besingen?!

Durch den Umgang mit griechischer Philosophie lernte Cicero dialektisch zu argumentieren, er lernte die hohe Schule der Beweisführung, er lernte zu hinterfragen und zu überzeugen.

Das wahre Geheimnis seines Erfolges war seine kompromisslose Hingabe an die Wissenschaft der Rhetorik.

Man kann Cicero nur verstehen, wenn man diese absolute Konzentration auf die Redekunst nachvollzieht. Mit unermüdlichem Fleiß schliff er seine Sprache glatt, keine Mühe war ihm zu groß, wenn es galt, seinen Stil zu vervollkommnen. Er war ein Konsul der Grammatik und ein Imperator des Satzaufbaus. Bereits in jungen Jahren hatte er unvorstellbaren Erfolg und avancierte zum *homo novus*, wie die Emporkömmlinge von der Adelsclique abschätzig genannt wurden, was aber nur ein Kompliment war. Schließlich stand seinem atemberaubenden Aufstieg nichts mehr im Wege.

DER POLITIKER

Im Jahre 76/75 v. Chr. wurde Cicero mit einer Quästur betraut, der ersten Stufe der römischen Ämterlaufbahn.

Quästoren waren zur Frühzeit Roms Personen, die mit der Untersuchung von Verbrechen beauftragt wurden. Später fungierten sie als eine Art höhere Finanzbeamte. Aber es gab auch Quästoren, die die Flotten betreuten und Silber, Schiffe und militärische Ausrüstungsgegenstände nach Rom einführten. Das heißt, die Aufgabe des Quästors änderte sich im Laufe der Zeit. Zur Zeit Ciceros gab es *Quästoren*, die als Finanz- und Verwaltungsbeamte in Rom blieben und solche, die als Gehilfe eines römischen Statthaltes einer Provinz vorstanden. In dieser Funktion übertrug man Cicero den Westteil der Provinz Sizilien. Er kümmerte sich in "völliger Unbestechlichkeit" um die Insel, so dass sein Ruf schließlich bis nach Rom drang. Zeit seines Lebens sollte Cicero später dafür eintreten, die römischen Provinzen nicht auszubeuten, sondern ihnen im Gegenteil Hilfe angedeihen zu lassen. Wenig später war er wieder als Anwalt tätig in Rom. Erneut widmete er sich seiner Lieblingsbeschäftigung, der rhetorischen Vervollkommnung. In der Folge erhielt er einen Platz im Senat. Erneut verbuchte er einige wichtige Punktsiege in der öffentlichen Arena. Neuen Ruhm erlangte er, als er gegen Gaius Verres, einen Halsabschneider, antrat, der Sizilien ehemals ausgenommen hatte wie eine Weihnachtsgans und jetzt jeden miesen Trick unter der Sonne anwandte, um Cicero eins auszuwischen (Verschleppung des Prozesses, Bestechung, Hintertreibung der Wahl Ciceros zu einem höheren Amt etc.). Doch Cicero wehrte alle Angriffe erfolgreich ab. Die Anständigkeit siegte über das Kriminelle, die Tugend über das Verbrechen. Ciceros Ruhm wuchs. Er wurde zum *Ädil* gewählt.

Ädile nahmen eine multifunktionale Aufgabe wahr. Sie führten die Aufsicht über die Archive, arrangierten die Spiele in Rom, waren für die Verpflegung der Stadt zuständig und fungierten als eine Art städtische Polizei. Ein weiterer Schritt auf der Karriereleiter war getan. Im Jahre 66 wurde Cicero sogar Prätor – eines der höchsten Ämter in der bürgerlichen Rechtsprechung.

Cicero war gefährlich hoch emporgestiegen. Er hatte sich gegen das große Geld, gegen alteingesessene Adlige und gegen korrupte Politiker behauptet. Er war kurz davor, sogar nach dem *Konsulat* zu greifen, dem höchsten Amt der Republik. Er war dabei, der erste Mann im Staat zu werden!

Das Leben war verführerisch und spannend. Es wäre vollkommen gewesen, wenn da nicht Gaius Julius Cäsar gewesen wäre.

CÄSAR PERSÖNLICH

Cäsar war, im Gegensatz zu Cicero, ein vollkommener Windhund.

Wir haben bereits auf die Tatsache hingewiesen, dass er ein bisexueller Epileptiker war, dazu korrupt und bis an den Hals verschuldet. Darüber hinaus schreckte er vor keiner Gemeinheit, keiner Kabale und keinem Mord zurück, wenn es nur seiner Karriere diente. Der später von vielen Historikern laut besungene Cäsar war in Wahrheit nachweislich ein Dieb und Räuber, war jemand, der sein Wort brach, seine Freunde im Stich ließ und sich einen Teufel um das Recht scherte. Cäsar erkannte früh, dass Macht etwas mit der Fähigkeit zu tun hat, gewissenlos Blut zu vergießen.

Die Karriere Cäsars war ebenfalls in atemberaubenden Schritten vor sich gegangen, wir haben darüber berichtet. Er wurde zum Pontifex gewählt, avancierte später zum Quästor, heiratete dann geschickt und schwindelte sich auf diese Weise immer weiter nach oben. 65 war er schon Ädil, nicht anders als Cicero, und 63 sogar Pontifex maximus, Hohepriester also, was eine immense politische Macht mit sich brachte.

Vom Charakter, von den Ansichten, von den Karrieremethoden her gesehen war er das genaue Gegenstück von Cicero. Er liebte die Korruption, den Krieg und die Intrigen. Cäsar konnte nicht unterschiedlicher sein als Cicero. Das Duell war vorprogrammiert. Tatsächlich sollte diese Auseinandersetzung endgültig erst 2000 Jahre später entschieden werden.

DIE VERSCHWÖRUNG DES CATALINA

Aber bleiben wir der Chronologie treu.

Cicero stolperte das erste Mal über Cäsar, als es um die Verschwörung des Catalina ging. Erinnern wir uns kurz: Catalina war ein Bandit, ein Schurke, ein Emporkömmling, ein Demagoge und ein Staatsverbrecher. Er scharte eine Meute von Dieben, Gangstern, überschuldeten Gesinnungsgenossen und Desperados um sich herum, um in einem Coup die Macht in Rom an sich zu reißen. Er plante also nichts Geringeres als einen Staatsstreich. Zu seinen Förderern zählten der schwerreiche Crassus, ein Immobilienhai, der mit Häusern und Land ein Vermögen zusammengerafft hatte, sowie Cäsar, dessen zweifelhafte Qualitäten wir bereits beschrieben haben. Crassus und Cäsar hielten sich geschickt im Hintergrund. Ihre Berechnung: Würde der Staatsstreich gelingen, standen sie in der ersten Reihe. Scheiterte er, nun gut – offiziell zählten sie nicht zu den Freunden Catalinas!

Alles wurde minutiös vorbereitet. Weitere zwielichtige Gestalten wurden angeheuert, ausrangierte Figuren, ausgemachte Lumpen, undurchsichtiges Gesindel und Pack, das durch einen Umsturz alles gewinnen konnte und nichts zu verlieren hatte. Gelder wurden organisiert, Waffenlager angelegt und der Griff nach der Macht generalstabsmäßig geplant.

Es gärte und brodelte unter der Decke. Die Feinde der Republik standen bereit und warteten auf das Signal.

Cicero, die letzte Bastion der Freiheit, der wahre Verfechter der Republik, war indessen unbeirrt weiter die Leiter nach oben gestiegen. Im Jahre 63 v. Chr. hatte er sich um das höchste Staatsamt beworben – das Konsulat. Crassus und Cäsar hatten alles, aber auch alles versucht, um sein Konsulat zu hintertreiben.

Bestechungsgelder in großem und größtem Stil waren geflossen. Kein schmutziger Trick war für Cäsar schmutzig genug, diesen seinen Gegenspieler auszustechen, von dem er wusste, dass er völlig andere Werte vertrat. Alles bäumte sich in ihm auf, wenn er diesen Unbestechlichen sah. Noch war Cicero nicht Konsul. Sein offizieller Gegenspieler im Ring war Catalina, der vor seinem Staatsstreich ein letztes Mal versuchte, *legal* die Macht an sich zu reißen. Obwohl die alteingesessene Adelsclique Cicero nicht liebte, schien er ihnen das geringere Übel zu sein im Vergleich zu Catalina, dem Banditen. Und so wurde Cicero schließlich in das höchste Staatsamt gewählt. Catalina verlor. Sofort nahm er die alten Umsturzpläne wieder auf, um *illegal* die Macht an sich zu reißen. Wiederholen wir: Er scharte gesetzlose Horden, den wilden Pöbel und Ganovenbrüder um sich. Weitere Waffenlager wurden angelegt, noch mehr Geld besorgt und neue Banditen angeheuert.

Aber es existierte eine undichte Stelle: Die Geliebte eines Mitverschworenen Catalinas informierte heimlich Cicero. Cicero war geschockt. Dann aber handelte er. Als Erstes erstattete er dem Senat Bericht. Umgehend wurde er mit den entsprechenden Vollmachten ausgestattet. Daraufhin sandte er Truppen gegen die Banden des Catalina aus. Gleichzeitig wurden in Rom seine Anhänger festgesetzt. Und Cäsar? Nun, Cäsar selbst hatte Catalina in letzter Sekunde "angezeigt", um dem Gerücht vorzubeugen, er stünde mit Catalina im Bunde. Während der ach so große Cäsar also in letzten Augenblick seinen Spießgesellen verriet, schlug Cicero unbarmherzig zu. Cäsar konnte sich nicht mehr offen hinter Catalina stellen, ohne seinen eigenen Hals zu riskieren. Die meisten Mitverschwörer wurden gefangen gesetzt. Nun ging es um die Frage, ob diese dem Tod überantwortet werden sollten oder nicht. Cicero nutze seine mächtigste Waffe, die ihm zur Verfügung stand, die Rhetorik, und schleuderte vor dem Senat seine Anklagepunkte gegen die Staatsverbrecher. Cäsar hielt dagegen. Die beiden einflussreichsten Männer ihrer Zeit lieferten sich ihr erstes Duell, ein Rededuell, das ein Dramatiker nicht spannender hätte erfinden können. Mit Cicero kämpfte der Anstand, das Recht und der republikanische Freiheitsgedanke. Mit Cäsar ein Massenmörder, ein Schurke durch und durch und ein skrupelloser Machtpolitiker. Schließlich siegte Cicero. Seine donnernden Reden sind bis heute ein Meilenstein in der Geschichte der Redekunst.

Cäsar musste zerknirscht klein beigeben. Catalinas Mitverschwörer wurden hingerichtet. Catalina selbst fiel wenig später in einer offenen Schlacht. Cicero dagegen wurde im Triumphzug nach Hause geleitet. Die Menge johlte ihm zu und pries ihn. Man verlieh ihm den Ehrentitel *pater patriae*, Vater des Vaterlandes. Cicero befand sich auf dem Gipfel seiner Macht.

Cäsar aber knirschte mit den Zähnen. Und wartete auf seine Stunde. Er wusste, sie würde kommen. Sie würde kommen.

DER GRIFF NACH DER MACHT

Um die Geschicke Roms zu lenken, hatte Cäsar einen anderen Weg eingeschlagen als Cicero. Ja, auch er war die Karriereleiter stetig nach oben gestiegen, über die vorgezeichnete Ämterlaufbahn. Ja, auch er hatte sich rhetorisch gebildet, teilweise bei den gleichen Lehrern wie Cicero. Und ja, auch er hatte sich in Rom seine Verbindungen aufgebaut, gut geschmierte Seilschaften.

Darüber hinaus aber hatte Cäsar stets einige weitere Machtfaktoren nie außer Acht gelassen. Stets hatte er die Nähe zum Geld, zum ganz großen Geld gesucht. Weiter hatte er dafür Sorge getragen, dass er als Feldherr Ruhm einheimste. Drittens schließlich war Cäsar ein *homo politicus*, der das Volk kaufte, hohe Beamte bestach und selbst mit ausgemachten Verbrechern Verträge unter der Decke abschloss.

Cäsar kannte keine Skrupel, wenn es um die Macht ging. Cicero bemühte sich stets, saubere Hände zu behalten; sein Aufstieg ging im Rahmen des Gesetzes vonstatten. Cäsar hatte dagegen viele Hände gesalbt, geheime Absprachen getroffen und sich so in die höchsten Ränge empor geschwindelt. Das Jahr 61 sah ihn schon als Prokonsul in Spanien, wo er erneut auf sein militärisches Talent aufmerksam machte.

Im Jahre 60 gelang Cäsar endlich der entscheidende Coup: Gemeinsam mit Crassus, dem Geldsack, und mit Pompeius, dem siegreichen Feldherrn, bildete er ein Triumvirat. In aller Gemütsruhe teilten diese drei Männer die Macht unter sich auf. Crassus stand für das große Geld, Pompeius verkörperte die militärische Macht und Cäsar zog die politischen Fäden. Er wurde zum Konsul gewählt, ins höchste Staatsamt!

Wenig später gelang ihm der nächste Coup: Cäsar wurde Prokonsul von Gallien. Hier führte er zahlreiche Kriege, die er propagandistisch geschickt ausschlachtete, er scheffelte Geld und machte unvorstellbare Beute. Außerdem brachte er die Soldateska Roms hinter sich, wir haben über all dies bereits berichtet.

Cäsar war zu einem Machtfaktor geworden, den man nicht mehr ignorieren konnte, ohne politisch Selbstmord zu begehen. Sich gegen Cäsar zu stellen hieß, das Leben zu riskieren. Seine Kriege gaben ihm den nötigen Rückhalt bei den Legionen. Er avancierte zu dem "größten Feldherrn aller Zeiten". Aber Cäsar wollte mehr. Im Weg stand nur noch einer: Cicero.

DAS DUELL

Zunächst suchte sich Cäsar Cicero zu nähern, indem er Freundschaft heuchelte. Aber Cicero blieb standhaft, wie ein Fels in der Brandung, selbst als Cäsar versuchte, ihn mit Schmeicheleien zu umgarnen. Die beiden tauschten ein paar artige Briefe aus, während beide wussten, dass es keine Brücke zwischen ihnen gab.

Als Cicero jedoch eines Tages gegen eine Kreatur Cäsars (Clodius) in einem Prozess als Zeuge aussagte, bedeutete das Krieg. Cäsar schlug zurück.

Konkret half er, Clodius, einen ausgemachten Bandenführer und Verbrecher, gegen den Widerstand Ciceros in ein hohes Staatsamt zu hieven. In dieser Funktion verabschiede Clodius ein Gesetz, das gegen Cicero zielte. Cicero hatte schließlich die Hinrichtung der Genossen Catilinas auf dem Gewissen - eine Schlappe, die Cäsar nie vergessen hatte.

Jetzt wurde ihm genau dies zur Last gelegt: Er wurde angeklagt, zu vorschnell gehandelt zu haben, die Hinrichtungen ehemals seien nicht rechtens gewesen. Cicero musste bei Nacht und Nebel fliehen, um seinen Kopf zu retten. Er ging im Jahre 58 ins Exil, sein Haus zerstörte der Pöbel, sein Refugium wurde geplündert, sein Vermögen eingezogen und seine zurückgebliebene Familie tyrannisiert. Cicero stürzte aus höchsten Höhen in tiefste Tiefen. Der allseitig gefeierte, ja umjubelte Redner, der ehemalige Konsul, musste im Ausland wie ein kleiner Krimineller Zuflucht suchen.

Cicero war am Boden zerstört.

DER FEHLER

Es ist für den Historiker immer leicht, im Nachhinein auf die Fehler anderer zu deuten. Und dennoch können wir es nicht unterlassen,

auf einen, einen einzigen, einen entscheidenden, nicht wiedergutzuma-
chenden Fehler Ciceros zu zeigen. Einen Fehler, der ihm moralisch das
Rückgrat brach. Einen Fehler, der wahrscheinlich seine Selbstachtung
vernichtete.

Aber tun wir zunächst der Chronologie Genüge.

In Rom wendete sich eines Tages das Blatt. Clodius, der inzwischen
mit regelrechten Banden die Bevölkerung terrorisierte, verlor immer
mehr Rückhalt in Rom. Allgemein bedauerte man inzwischen den Weg-
gang Ciceros. Die Stimmung schwenkte um. Und so erlaubte man
eines Tages Cicero "nach Hause" zurückkehren.

Sein Einzug gestaltete sich wie ein Triumphzug. Die Straßen säumten Menschen, die ihm zuwinkten. Abordnungen kamen ihm entgegen.
Gratulanten standen Schlange. Cicero zog ein wie ein Feldherr, der eine
siegreiche Schlacht geschlagen hat.

Er hielt bewegende Dankesreden an den Senat und das Volk. Und
er betrog sich mit dem Gedanken, dass die Freiheit und die Gerechtigkeit durch ihn doch noch schlussendlich den Sieg davontragen
würde.

Jäh zerschmettert wurden seine Hoffnungen indes, als der nächste
Machtpoker anstand: Die drei Giganten, Crassus, der Geldsack, Pompeius, der Feldherr, und Cäsar, das politische Genie, vereinbarten in
aller Ruhe hinter den Kulissen, dass Crassus und Pompeius das Konsulat erhalten sollten, während Cäsar weiter die gallische Provinz aus-
beuten durfte.

Als Cicero davon erfuhr, stand er wie vom Blitz getroffen. Von einer echten Wahl war nicht die Rede! Das Triumvirat hatte völlig eigen-
mächtig die Macht verteilt.

Gleichzeitig begann Cäsar Cicero unter Druck zu setzen. Der Druck
wurde so stark, dass Cicero begann, um sein Leben zu fürchten. Er
kämpfte mit sich selbst einen namenlosen Kampf aus, den wir im Nachhinein nur erahnen können. Das Ergebnis war, dass er schließlich resig-
nierte, klein beigab und sein Knie vor Cäsar beugte. Cicero sprach sich
öffentlich für Cäsars Interessen aus und demütigte sich. Er gab seine

Integrität zu Gunsten seiner eigenen Sicherheit auf. Er verriet seine eigene Moral.

Er urteilte später, dass er in dieser Zeit nicht mehr Herr seiner Gesinnung gewesen sei, "ja nicht einmal Herr seines Hasses." Und so sehen wir plötzlich einen Cicero, der die innere Emigration antritt. Er verließ das glitschige politische Parkett, verschanzte sich hinter der Schriftstellerei und verlor sich in schöngeistigen Abhandlungen. Innerlich war er ein gebrochener Mann.

Den größten Fehler, den ein Mensch begehen kann, seine eigene Integrität zu verraten, diesen Fehler hatte Cicero begangen.

BÜRGERKRIEG

Die so genannten Prokonsulate, die die Provinzen verwalteten, wurden eines Tages neu besetzt. Die gesetzliche Regelung gebot, dass man auf alte, erfahrene Konsule zurückgriff. So ging Cicero im Jahre 51 v. Chr. nach Kleinasien, um dort eine Provinz zu verwalten, wiewohl es ihn schmerzte, seinem geliebten Rom den Rücken zu kehren. Er zeichnete sich erneut aus durch eine vorbildliche Verwaltung. Wie ehemals in Sizilien war sein Ruf nach einiger Zeit legendär, denn er war unbestechlich, hocheffizient und gerecht. Das Wohl der ihm anvertrauten Bevölkerung war ihm vornehmste Pflicht, wofür ihn die Menschen liebten. Er kämpfte erneut gegen Ausbeutung, Unterdrückung und Gewalt. Selbst militärische Aufgaben, wahrhaftig nicht seine Spezialität, nahm er wahr, konkret drängte er die Parther und ihre Verbündeten zurück, woraufhin er von seinen Soldaten zum Imperator ausgerufen wurde, eine Ehrenbezeichnung. Aber sein Herz weilte in Rom. Und so ergriff er eines Tages die erstbeste Gelegenheit, um zurückzukehren, nicht wissend, dass er in einen politischen Hexenkessel stolperte, der gerade dabei war überzulaufen.

Der Hintergrund: Cäsar hatte die Machtfrage gestellt. Cäsar hatte sich nicht nur mit Pompeius angelegt, sondern auch mit dem Senat.

Und eines Tages überschritt Cäsar den Rubikon mit seinen Soldaten und marschierte gegen Rom. Kurze Zeit später stürzte das gesamte Land in den blutigsten Bürgerkrieg, den es bislang gegeben hatte. Cicero versuchte, diesen Bruderkrieg mit allen Mitteln zu verhindern – vergebens. Pompeius, der pro forma das Gesetz auf seiner Seite hatte, verließ als Erstes fluchtartig Rom. Cäsar marschierte wenig später ungehindert mit seinen Mannen ein.

Wiewohl Cäsar mit allen Mitteln versuchte, Cicero auf seine Seite zu ziehen, obwohl höfliche Briefe ausgetauscht, artige Konversation betrieben und konziliante Gesten bemüht wurden, wusste Cicero im tiefsten Innern, dass Cäsar das Symbol für all das war, was er verabscheute und bekämpfte. So blieb ihm keine andere Wahl, als sich auf die Seite Pompeius' zu schlagen. Der Bruderkrieg entbrannte in aller Schärfe, wurde bis in die entferntesten Provinzen getragen und forderte auf beiden Seiten unermessliche Opfer.

Aber Cäsar schien das Schlachtenglück gepachtet zu haben. Obwohl er sich mit den verbrecherischsten Banden seiner Zeit umgab und obgleich er ein gewissenloser Schurke war, war er dennoch gleichzeitig auch ein genialer Feldherr und ein einzigartiges Talent in Sachen *Macht*.

Pompeius wurde regelrecht getrieben, gejagt und gehetzt. Er verlor Schlacht um Schlacht, bis er eines Tages schmählich ermordet wurde.

Aber Pompeius besaß über seinen Tod hinaus Anhänger, er besaß kampferfahrene Söhne und mächtige Führer in den Provinzen. Der Bürgerkrieg tobte trotz seines Todes weiter, das ganze Weltreich wurde in die Auseinandersetzung hineingezogen. Der Kampf wurde in Ägypten und Kleinasien, in Italien und in Spanien fortgeführt. Cäsar schlug jedoch seine Gegner, er schlug sie alle, alle, er kämpfte gegen die letzten Reste republikanisch gesinnter Truppen, er kämpfte gegen die Söhne des Pompeius, und er kämpfte gegen Intrigen und Armeen in Ägypten, wo er ebenfalls siegte.

Alle, alle schlug dieser Cäsar, der für seine Truppen längst schon kein Feldherr mehr war, sondern ein Gott.

Großmütig hatte er Cicero zwischenzeitlich erlaubt – welch' herablassende Geste – nach Rom zurückzukehren, wo dieser nun in tiefster Verzweiflung der Dinge harrte, die da kommen sollten.

Eine Zeit lang wagte er nicht mehr, das Wort gegen Cäsar zu erheben, den er doch so abgrundtief hasste, der seine Prinzipien und die freiheitliche Republik mit Füßen getreten hatte und der für ihn das Symbol des gewalttätigen Gesetzesbrechers war. Nur einmal, einmal noch wagte er aufzubegehren, als er für einen toten, besiegten Gegner Cäsars einen ehrenhaften Nachruf verfasste, ohne Rücksicht auf Cäsars Gefühle. Cäsar schäumte vor Wut. Aber wieder ließ er Cicero großmütig am Leben. Es ist leicht, großmütig zu sein, wenn man die Welt besitzt.

Die Machtverhältnisse waren klar definiert, die Würfel waren gefallen. Und so zog sich Cicero eines Tages wieder in sein Privatleben zurück, ein gebrochener Geist, murrend über das Schicksal und hadernd mit der politischen Realität.

Cäsar schwang sich zum Diktator auf Lebenszeit auf. Ciceros Kampf schien sinnlos geworden zu sein. Cäsar hielt die Zügel eisern in der Faust. Nichts, nichts schien ihm die Macht je wieder abspenstig machen zu können. Cäsar hatte Cicero und alle seine Feinde in den Staub getreten.

Cäsar hatte über alle seine Gegner triumphiert. Es gab keinen Menschen im gesamten Römischen Reich, der es gewagt hätte, gegen Cäsar anzutreten. Cicero, so schien es, hatte den Kampf verloren.

DAS ATTENTAT

Cäsar hatte indes einen Fehler begangen: Er hatte vergessen, dass er sterblich war.

Diesen Fehler haben die Größten der Großen, die gescheitesten, die stärksten, die mächtigsten Potentaten immer wieder begangen und werden ihn in Zukunft immer wieder begehen. Darüber hinaus hatte

Cäsar die Opposition zwar zum Schweigen gebracht, aber zu einem zähneknirschenden Schweigen. Ja, er besaß die absolute Macht in Rom. Ja, er wurde gepriesen, es wurden Statuen und Triumphbögen für ihn errichtet, und er wurde mit Ehrungen überhäuft. Aber unter der Decke brodelte es.

In den Iden des März im Jahre 44 v. Chr. begab sich Cäsar, obwohl er gewarnt worden war, in den Senat, wo seine Widersacher auf ihn warteten. Ohne ihn zu Wort kommen zu lassen stürzten sie sich auf ihn.

Bis heute rätselt die gelehrte Welt darüber, ob Cicero in das Attentat gegen Cäsar verwickelt war oder nicht.

Wie die Wahrheit auch immer aussehen mag, fest steht, dass es keinen profilierteren Gegner gab als Cicero. Fest steht weiter, dass Brutus, als er seinen Dolch in Cäsars Blut tauchte und danach in die Höhe reckte "Cicero!" schrie. Und fest steht schließlich, dass es keinen größeren intellektuellen und moralischen Gegensatz geben konnte als eben den zwischen Cicero und Cäsar.

Cäsar soll, als er auch Brutus unter den Angreifern erblickte, keinen Widerstand mehr geleistet haben.

Cäsar, der allmächtige Cäsar, der unbesiegbare Cäsar war tot. Die römische Republik war frei von dem schrecklichsten Tyrannen, den sie je besessen hatte. Jetzt erst gab es wieder Hoffnung, Hoffnung auf eine freiheitliche Regierung. Die Stunde Ciceros war gekommen.

Der Kampf geht weiter

Aber ach, es ist ein Fehler zu glauben, dass mit der Ermordung eines Menschen alle Probleme gelöst seien. Cäsar verkörperte längst eine Gesinnung, ein bestimmtes Verhältnis zum Staat, eine Idee. Er repräsentierte die *Diktatur*.

Diese Idee war mit seinem Tod nicht ausgerottet, im Gegenteil! Cäsars Anhänger sammelten sich nach des Diktators Tod und suchten die

Gunst der Stunde für sich zu nutzen. Sie sprachen von einem feigen Meuchelmord und wiegelten das Volk auf. Cäsar hatte für den Fall seines Ablebens ein Testament hinterlassen. In seine Fußstapfen trat jetzt Antonius, der das Erbe Cäsars antrat und den Anspruch auf Alleinherrschaft auf seine Person bezog. In ihm war ein neuer Cäsar auferstanden, der Mord an dem Diktator hatte nichts geklärt. Erneut wurde unerbittlich die Machtfrage gestellt.

Ja, Cicero hatte die erste Runde verloren und Cäsar die zweite. Aber die dritte wurde gerade erst eingeläutet. Antonius wollte nichts weniger als Ciceros Kopf, den er für den wahren Mörder Cäsars hielt.

Cicero kämpfte jetzt gegen Antonius, in dem er den wiederauferstandenen Cäsar sah. Vor dem Senat schleuderte er die engagiertesten Reden, die je gehalten worden sind, gegen Antonius. Sie gingen in die Geschichte ein als Philippinische Reden, in Erinnerung an den großen Redner Demosthenes, der größte griechische Rhetoriker, der einst seinen wortreichen Bannstrahl gegen König Philipp von Makedonien geschleudert hatte, den Vater Alexander des Großen. Antonius, dem Erben Cäsars, stand förmlich der Schaum vor dem Mund, als er davon erfuhr. Jeder von beiden wusste, es würde ein Kampf auf Leben und Tod werden. Antonius erster Schachzug in dem tödlichen Duell bestand darin, in die Provinz *Gallia citerio* (Oberitalien) einzumarschieren, die eine Schlüsselstellung im Kampf um die Macht einnahm.

Ciceros Gegenzug bestand darin, Octavian zu unterstützen. Octavian, ein Großneffe und Adoptivsohn Cäsars, war sozusagen über Nacht auf der politischen Bühne erschienen. Er war ein Phänomen. Gerade 18 Jahre alt griff er in das politische Spiel mit atemnehmender Selbstverständlichkeit ein. Er scharte Truppen und Legionen um sich, die ihm folgten wie ein Hund. Octavian besaß Charisma, Mut und Willenskraft in höchster Potenz. – Cicero stellte sich mit seinem gesamten politischen Gewicht hinter den Jüngling, ja er verbürgte sich sogar im Senat für seine Redlichkeit.

Der Dritte im Bunde, der in dem neuen machtpolitischen Poker eine Rolle spielte, war ein gewisser Lepidus, der ebenfalls über viele Legionen verfügte. Zwischen diesen drei Männern stand der greise Cicero, ohne Truppen, doch mit unendlicher Redegewalt begabt, und suchte für die Republik zu retten, was zu retten war. Cicero fand schließlich die Unterstützung Octavians. Der intellektuelle Kampf, die Suche nach Verbündeten und die politische Intrige wogte eine Weile unentschieden hin und her. Die Weltgeschichte wurde neu entschieden – und wieder stand auf dem Spiel nichts weniger als die Freiheit.

Aber ach! Erneut musste Cicero schmerzlich erfahren, dass Macht von Truppen diktiert wird, dass Soldaten die schön gedrechselte Rede besiegen können und dass der blanke Stahl eindrucksvoller und überzeugender ist als das scharf geschliffene Wort.

Hinter seinem Rücken taten sich die drei Militärs schließlich zusammen und vereinbarten, das riesige Römische Reich unter sich aufzuteilen. Hinter dem Rücken des betagten Cicero, der lediglich die Freiheit retten wollte, schlossen die drei Soldatenführer den widerlichsten Pakt, der je in der Geschichte geschlossen wurde. Sie verteilten eiskalt die Beute, das Römische Weltreich, und schnitten es in drei Stücke.

Wie ging das Ganovenstück genau vor sich?

Nun, diese Banditen, Rottenführer, Ursupatoren und Diebe trafen sich in einem Zelt, an einem neutralen Ort, nachdem sie sichergestellt hatten, dass kein Überfall aus dem Hinterhalt möglich war. Octavian erhielt Afrika und Numenien, Antonius Gallien und Lepidus Spanien. Wie ein Kuchen wurde das Römische Reich aufgeteilt.

Aber das größte Schurkenstück stand noch bevor. Ein Problem hatten die drei Heerführer, hatten Lepidus, Antonius und Octavian gleichermaßen: Sie verfügten über zu wenig Geld für ihre Truppen. Und nur wer Soldaten bezahlen kann, kann sie auch für sich sterben lassen.

Also erstellten sie in aller Bärenruhe so genannte Proskriptionslisten, auf denen all die reichen Männer Italiens aufgeführt waren, deren Gut und Besitz man einziehen konnte.

Proskription bedeutete: die öffentliche Bekanntmachung der Namen von Geächteten, bedeutete das Todesurteil für die Betroffenen.

Schließlich musste der schmutzige Handel finanziert werden. Antonius bestand darauf, *Cicero* auf die Liste zu setzen. Octavian, noch gestern von Cicero gefördert, weigerte sich. Er weigerte sich schamvoll und standhaft eine Weile, bis er schließlich dem hasserfüllten Antonius nachgab. Daraufhin besiegelten die drei Räuber und Mörder den Pakt.

Cicero stand auf der Todesliste.

Die drei Banditen traten nach drei Tagen Beratung aus dem Zelt. Sie waren zufrieden, hochzufrieden. Die Welt war aufgeteilt. Und für genügend Geld war ebenfalls gesorgt. Sie nickten sich zu. Dann schritten sie zur Tat.

Ciceros Leben war keinen Pfifferling mehr wert.

Der letzte Kampf

Als Cicero von dem schändlichen Pakt erfährt, weiß er, dass seine letzte Chance darin besteht, die Flucht zu ergreifen. Überstürzt verlässt er mit seinen getreuesten Sklaven Rom. Er weiß, dass Antonius Blut sehen will, sein Blut. Aber Cicero ist müde geworden. Dieser größte aller Rhetoriker, der über den Tod tiefer nachgedacht hat als alle seine Zeitgenossen, ist des Kampfes überdrüssig. Schon befindet er sich auf See, da befiehlt er seinen Sklaven, noch einmal umzukehren. Noch einmal, ein einziges Mal, will er den Boden seines geliebten Italiens küssen, will seine Gerüche empfinden und ein letztes Mal die heimatliche Luft einatmen.

Er begibt sich zurück auf seinen Landsitz, wo er sich als Erstes niederlegt, um auszuruhen. Da stürzt ein Sklave herein und meldet, dass die Häscher in unmittelbarer Nähe seien. Seine Getreuen versuchen, ihn zu überreden, sofort erneut die Flucht zu ergreifen. Aber die Müdigkeit lähmt die Glieder Ciceros.

Schließlich zwingen ihn seine Sklaven fast, ein letztes Mal zu fliehen, sie zwingen den alten Mann in eine Sänfte und tragen ihn im Eilschritt durch ein Wäldchen.

Aber die Häscher, die das Blut schon riechen, hetzen hinter ihm her, wie Jagdhunde. Zu hoch ist die Belohnung. Sie wissen, Antonius wird nicht geizig sein. Schließlich stellen sie den flüchtenden Trupp. Seine Sklaven wollen Cicero verteidigen, wenn nötig mit dem eigenen Blut. Aber Cicero winkt müde ab. Er ist bereit zu sterben.

Seine letzten Worte, souverän, unvergleichlich, lauten:

"Non ignoravi me mortalem genuisse." – "Ich habe immer gewusst, dass ich sterblich bin."

Dann beugt er sein greises Haupt und bietet es den Mördern dar. Mit einem Schlag wird sein Kopf vom Rumpf getrennt.

Wer nun glaubt, die Handlung könne nicht mehr gesteigert werden, der irrt. Denn die Mörder, gold- und geldversessen, im Blutrausch, schlagen Cicero nun auch noch die Hände ab. Sie packen das Haupt Ciceros und seine Hände in einen alten Sack und schleppen alles nach Rom. Triumphierend präsentieren sie das tote Haupt und die Hände dem blutrünstigen Antonius. Der lacht. Und zahlt den Mördern die unvorstellbare Summe von 1 Million Sesterzen. Daraufhin befiehlt er, Haupt und Hände Ciceros öffentlich, auf dem Rednertribunal, wo Cicero vordem seine Reden wider ihn geschwungen hat, gut sichtbar dem Volk zu zeigen.

Stefan Zweig beschreibt die Szene so:

"Ein wuchtiger rostiger Nagel quer durch die Stirn, die tausend Gedanken gedacht, fahl und bitter verklammern sich die Lippen, die schöner als alle metallischen Worte der lateinischen Sprache geformt waren, verschlossen decken die bläulichen Lider das Auge, das sechzig Jahre über die Republik gewacht, machtlos spreizen sich die Hände, die die prachtvollsten Briefe der Zeit geschrieben." [14]

Dem Spott will er, Antonius, der sich für den Größten der Großen hält, Cicero aussetzen. Noch im Tode will er ihn demütigen, noch als Leichnam in den Staub treten, so groß ist sein Hass. Aber die Römer, die Cicero immer verehrt haben, die in ihm Symbol und Garant für Gerechtigkeit, Aufrichtigkeit, Ehrlichkeit und Freiheit gesehen haben, wenden stumm den Kopf ab. Antonius, der glaubt, seinen Triumph offen ausleben zu können, erkennt nicht, dass er nur sich selbst schändet. Und er weiß nicht, dass der Kampf zwischen Cicero und Cäsar, zwischen Tyrannei und Freiheit, noch immer nicht entschieden ist.

UNSTERBLICHKEIT

Die Geschichte hat den Kampf zwischen den beiden Lagern, zwischen den beiden Ideen längst festgeschrieben, hat ihr Urteil gefällt, ihr unerbittliches Urteil.

Antonius wurde, wie wir wissen, schließlich von Octavian besiegt. Octavian, der sich später Augustus nannte, regierte in der Folgezeit jahrzehntelang Rom. Nicht in Antonius, aber in Augustus, dem Alleinherrscher, starb die Idee der Republik.

Cicero verlor seinen Kampf auch in den Folgejahren. Ein Kaiser nach dem anderen regierte, von denen nur einige wenige das Weltreich gut verwalteten, wie etwa Hadrian, Trajan oder Marc Aurel, edle Seelen, die beweisen, dass die Herrschaft eines einzelnen Mannes manchmal auch Vorteile besitzen kann, wenn er intelligent, integer und im Innersten bescheiden genug ist.

Andererseits bewiesen verkommene Gestalten, mehr Tiere als Menschen, wie Nero oder Caligula, wie leicht die menschliche Seele durch die Macht vergiftet werden kann und dass nichts gefährlicher ist als die Herrschaft eines Einzelnen, sofern er kein abgeklärter Philosoph und Menschenfreund ist.

Cicero *verlor* also, im Rahmen von Jahrhunderten gedacht. Die Idee der res publica und der Freiheit wurde zu Grabe getragen von vielen römischen Kaisern, die Cäsar und Octavian folgten.

Aber die Jahrhunderte spülten schließlich das gesamte Römische Weltreich hinweg, das unterging und letztlich an seinen eigenen Sünden starb. Neue Reiche erwuchsen, blühten, überdauerten eine Zeit und starben ihrerseits. Jahrhunderte und Jahrtausende sah das Land, das einst die Erde regiert hatte, an sich vorüberziehen. Weltreiche kamen und gingen. Aber immer und immer wieder wurde Cicero gelesen, dessen Schriften überlebten und dessen unbändiger Freiheitsdrang die Seelen ergriff. Er inspirierte zahlreiche Denker, die ihrerseits für ihn und mit ihm die Fackel der Freiheit weitertrugen. Und heute ist die Idee der Freiheit in den großen Demokratien der Welt, in den USA, in England, in Frankreich, in Japan, in Deutschland und in Russland eine Selbstverständlichkeit. Es ist eine Idee, die sich durchgesetzt hat. Eine Idee, die nicht mehr in Frage gestellt wird. Eine Idee, die ihren Siegeszug um die ganze Welt antrat. Eine Idee, die alle großartigen Ideen der Alleinherrschaft auslöschte. Eine Idee, die stärker war als jeder Tyrann. Und so können wir das Fazit ziehen, dass Cicero kurzfristig unterlag, in seinem eigenen Leben, ja selbst im Angesicht von Jahrhunderten - dass er aber siegte im Angesicht von Jahrtausenden.

Und so erkennen wir, dass Anstand, Freiheitsliebe, Moral und Gerechtigkeit manchmal Tausende von Jahren brauchen, bis sie sich durchsetzen. Die Geschichte, diese unbarmherzige und unbestechliche Richterin, ließ Cicero diese große Schlacht gewinnen, in der er mutig wie kein Zweiter kämpfte. Bei allen tagespolitischen Fehlern und bei allem zwischenzeitlichen Versagen trug Cicero im Kampf gegen Cäsar am Ende aller Tage die Siegespalme davon.

5. KAPITEL

GRENZEN DER GESCHICHTSWISSENSCHAFT

Kommen wir nun auf die Frage aller Fragen zurück! Allein die beiden eben vorgestellten Biographien (und man könnte sie leicht um viele erweitern) beweisen, aus welch *unterschiedlichen Gesichtspunkten* man Geschichte betrachten kann!

Sie lassen den Leser mit einem riesigen Fragezeichen zurück. Denn was ist nun "wirklich wahr"?

Man könnte, und es wäre ein schönes Experiment, die gleiche Epoche, den gleichen Zeitabschnitt, sogar zehnmal erzählen – aus der Perspektive eines römischen Handwerkers, aus der Perspektive Crassus', des Immobilienhais, aus dem Gesichtswinkel eines römischen Soldaten, mit den Augen des Pompeius' betrachtet, mit den Augen einer römischen Hausfrau aus der Unterschicht oder eines gallischen, trotzköpfigen Haudegens usw. – und man würde jedes Mal zu einer unterschiedlichen Wertung kommen. Geschichte ist also alles andere als "objektiv". Allein der *Gesichtspunkt*, von dem aus sie erzählt wird, definiert schon eine Parteinahme.

Die Geschichtswissenschaft ließ es sich angelegen sein, in den letzten Jahrhunderten neue Gesichtspunkte zu definieren, und das war gut so. Die Wirtschaftsgeschichte erhielt einen ganz anderen Stellenwert, desgleichen die Sozialgeschichte. Die Geschichte der Arbeiter und "einfachen" Menschen wurde berücksichtigt. Und so fort.

Tatsächlich stellt *jeder* Gesichtspunkt eine (individuelle) Wahrheit dar – und das ist eine erregende Erkenntnis. Je mehr Gesichtspunkte wir besitzen, umso weiter ist unser Horizont und umso näher sind wir der Wahrheit. Geschichte nur aus den Augen einer einzigen Person zu sehen ist eine eindimensionale Betrachtungsweise, die heute nicht mehr vertretbar ist.

Trotz all dieser Erkenntnisse ist es indes logisch, Personen, die viel bewegten, mehr Aufmerksamkeit zu schenken, ganz einfach, weil ihre Entschlüsse und Handlungen das Schicksal von Millionen berührten. Geschichte wird sich deshalb immer wieder mit Einzelpersönlichkeiten befassen, die "Geschichte gemacht" haben. Aber selbst wenn man nur die "großen" und die herausragenden Gestalten der Geschichte ins Visier nimmt, kommt die Geschichtswissenschaft oft zu gänzlich unterschiedlichen Bewertungen. Und damit sind wir einem wirklichen Geheimnis der "geschichtlichen Wahrheit" auf der Spur; denn wie konnte es passieren, dass man einen Cäsar einstmals völlig unkritisch so hochjubelte?

Wie war es möglich, zu diesem hundertprozentig falschen Urteil zu gelangen? Selbst als er nicht mehr Rom in seiner Kralle hielt? Und wie konnte es passieren, dass Cäsar selbst von renommiertesten Wissenschaftlern bis heute so unrichtig eingeschätzt wird?

Es gibt hierauf wenigstens sechs Antworten:

1. EIGENPROPAGANDA

Nach wie vor ist das Cäsar-Bild in bedeutendem Maße von Cäsar selbst geprägt! Aber wir haben gesehen und unzweifelhaft etabliert, dass Cäsar ein Räuber und ein Massenmörder war. Wie kann man auch nur ansatzweise einem solchen Menschen Glauben schenken?

Asinius Pollio, der ebenfalls über Cäsar berichtete und der zum Teil Augenzeuge war (im Afrikanischen Krieg etwa), fand denn auch ganz andere "Wahrheiten" über diesen "großen Feldherrn" heraus!

Laut Pollio gestand sogar Cäsar *selbst* ein, dass seine Abhandlungen korrigiert werden müssten! Pollio nennt Cäsars Traktate "zutiefst verlogen" und deutete als Erster an, dass man einem Cäsar keinen Glauben schenken darf.

Pollios Schriften sind nicht erhalten, aber gute renommierte Autoren stützten sich später auf ihn, so dass zumindest indirekt und teilweise sein Zeugnis überliefert blieb. Aber Pollio beiseite, fest steht, Cäsars Schriften sind sicher *nicht* als glaubwürdige Quelle zu apostrophieren. Seine Traktate sind reines PR-Getöse.

Wir sehen uns also in Cäsar und mit Cäsar dem größten Public Relations-Genie seiner Zeit gegenüber. Dieser Mann konnte so geschickt lügen, dass er bis heute die Menschen mit seinem Charme, seinen Abenteuerromanen und seinen Reden hinters Licht führte. Er war vielleicht größer als Rhetoriker als Cicero, jedenfalls wenn man die Messlatte anlegt, wer die Massen letztlich besser auf seine Seite ziehen konnte. Cäsar benutzte ein ganzes Repertoire an PR-Techniken:

- Stets verwies er auf die "Größe" des römischen Volkes.

- Nie unterließ er es, die eigenen Qualitäten herauszustreichen. Er flocht geschickt Girlanden um seine Taten, erzählte von Abenteuern und Spionage, von fremden Ländern, fremden Gebräuchen und gefährlichen Schlachten, so dass man nur begeistert sein *konnte*.

- Er spielte sich als der wahre Freund des Vaterlandes auf.

- Er nutzte schamlos die Religion als Argument.

- Er benutzte die Methode, wichtige Fakten auszulassen oder falsche hinzufügen.

- Er übertrieb Fakten in ihrer Bedeutung.

Mit anderen Worten: Die Lüge, die professionelle Lüge, besitzt ihre eigenen TECHNIKEN! Nur wenn man diese Techniken versteht, kann man der Lüge auf die Schliche kommen.

Cäsar einen geschickten Propagandisten (oder PR-Spezialisten) zu nennen, greift also zu kurz. Man muss ihn einen hochbegabten Techniker der Lüge heißen, wenn man ihn *wirklich* verstehen will.

Da aber das Cäsar-Bild, wie es uns heute überliefert ist, weitgehend von ihm selbst geschaffen wurde, verwundert es nicht, warum immer noch, trotz der Fakten, die uns mittlerweile zur Verfügung stehen, so positiv über Cäsar geurteilt wird, von Ausnahmen abgesehen.

Jede Quelle besitzt also ihr Integritäts-Niveau, wie man das nennen könne. Jeder Schreiber verfügt über ein gewisses Maß an "Liebe zur Wahrheit". Der Schurke und der gewissenlose Massenmörder wird sich jedoch einen Teufel um eben diese Wahrheit scheren. Cäsars Aussagen, und dies sollte man in aller Schärfe realisieren, sind deshalb vollständig wertlos.

Ein solcher Charakter wird ohne die geringsten Gewissensbisse *jede* historische Wahrheit verdrehen, wenn es nur seinen Zielen dient.

Cäsar selbst ist also der erste Grund für unser falsches Cäsar-Bild.

2. PERSÖNLICHE INTERESSEN

Tatsächlich berichteten auch andere Autoren über Cäsar, wie etwa Sallust, so dass wir uns theoretisch heute ein recht gutes Bild machen können. Aber viele Autoren sind mit Vorsicht zu genießen. Warum? Genau diese Autoren waren selbst in die Tagespolitik verstrickt! *Sallust war ein Parteigänger Cäsars!* Was aber kann man von einem Parteigänger erwarten?

Persönliche Verstrickungen disqualifizieren also einen Historiografen. Denken wir in diesem Zusammenhang auch etwa an den "größten" Dichter der Römer, Vergil, der das Nationalepos (!) der Römer schuf, der aber im Solde des Augustus stand. Wie kann ein bezahlter Historiograph die Wahrheit schreiben? Wie kann ein Einhard, der bezahlte Biograph Karls des Großen, glaubwürdig sein? Alle diese Schreibsöldner konnten, ja *durften* nur Lobeshymnen anstimmen!

Wie wir wissen, folgte auf Cäsar später Augustus, der erneut ängstlich darüber wachte, dass nur solche "Wahrheiten" über Cäsar ans

Tageslicht kamen, die keinen Image-Schaden verursachten. Schließlich erbte Augustus von Cäsar ein Weltreich! Hier finden wir einen weiteren Grund, warum das Cäsar-Bild, das eigentlich sehr rasch nach dem Tyrannenmord hätte korrigiert werden können, bis heute aufrecht erhalten blieb. Der allmächtige Augustus verfolgte seine eigenen Interessen! Er ließ nur solche "Wahrheiten" zu, die in das eigene Konzept passten.

Noch einmal: Wie stellte sich die politische Situation nach Cäsar dar? Nun, mit seinem Tod, wie wir gehört haben, war die Machtfrage eben *nicht* gelöst. Es gab zahlreiche Parteigänger Cäsars. Diese Parteigänger kämpften in der Folge verbissen darum, Cäsar als Person, Cäsar als Ideal weiterleben zu lassen – und sein Bild in der Öffentlichkeit schönzureden.

Aber wer besaß die politische Macht nach Cäsar? Nun, wie gesagt, wenig später Augustus. Er wachte eifersüchtig darüber, was über Cäsar veröffentlicht wurde. Er gebot, wie man über Cäsar zu denken hatte. Er unterdrückte Informationen und ließ nur spezielle Quellen zu.

Augustus verdankte Cäsar zu viel (obwohl er sich kurzzeitig auf die Seite Ciceros geschlagen hatte), als dass er ihn als das hätte bezeichnen dürfen, was er wirklich war. Und also wurde das Bild Cäsars erneut gefärbt, geschönt, zurechtgestriegelt, zurechtgefeilt und zurechtgebogen.

Es diente der politischen Gegenwart. Augustus nutzte die falsche PR Cäsars aus, um seine eigene PR, sein eigenes Licht, umso heller leuchten zu lassen.

Und so verfestigte sich das Bild über Cäsar, des löwenmutigen, volksliebenden, immer siegreichen Feldherrn zur Legende, mit der sich jeder in Rom identifizieren konnte.

3. FÄLSCHUNGEN

Sogar Fälschungen erblickten das Licht der Welt. Werke, Reden und Schriften, die angeblich von Cäsar stammten, wurden plötzlich "entdeckt".

Wenig bekannt ist, dass "antike Schriften" oft gefälscht sind. Auch Cäsar war nicht vor Fälschern sicher. Tatsächlich spross eine ganze *Fälscherwerkstatt* nach seinem Tode aus dem Boden! Diese Fälscher entfalteten eine "geradezu hektische Aktivität", schreibt Cantora, einer der besten Cäsar-Kenner. Eine eigene Kunstform entwickelte sich. Unglaublich belesene, beschlagene Profis schoben Cäsar Reden unter, die dieser nie gehalten hatte. Sueton, der zu Cäsars Nachlass Zugang hatte, konstatierte lapidar, dass Cäsar nur "wenige Reden" hinterließ.

Wir können heute nicht mehr mit Sicherheit ausmachen, wem diese Fälschungen dienten, aber wir gehen wahrscheinlich richtig in der Annahme, dass sie ebenfalls zu tagespolitischen Zwecken eingesetzt wurden. Das Problem der Fälschungen im Altertum ist bis heute nicht vollständig aufgearbeitet.

4. DIE ZEITLICHE NÄHE

In der Folge mussten Schriftsteller, Historiographen und Autoren mit den Quellen vorlieb nehmen, die existierten und die offiziell zugelassen waren, also auch mit den Fälschungen. Obwohl sich edle Gestalten unter ihnen befanden, wie Sueton, Plutarch oder Appian, die alle über Cäsar schrieben, fehlte jetzt die *zeitliche Nähe* zur Quelle.

Sie waren keine Augenzeugen und keine Ohrenzeugen mehr und ihre Urteile sind daher in gewissem Sinne wertlos, vielleicht von der Tatsache abgesehen, dass sie die Texte und Schriften Pollios' gelesen hatten. Mit ihnen aber verfestigte sich das Cäsar-Bild immer weiter. Die Römer begannen ihren Cäsar zu lieben, wie alle Völker ihre Helden lieben. Die Toten waren tot und konnten nicht mehr reden. Die Federfüchse, die Schreiberlinge und die Literaten bemächtigten sich des Themas Cäsars und zimmerten die Legende endgültig fest.

5. DIE SCHRIFTSTELLERISCHE TRADITION

Es ist mehr als interessant festzuhalten, dass Sallust beispielsweise von dem griechischen Historiker Thukydides eine Menge lernte. Er studierte bei seinem Vorgänger, wie dieser etwa Kontrahenten in ihren Reden einander gegenübergestellt hatte. Sallust fragte sich: Wie hatte Thukydides eine Zuspitzung der Handlung und also *Spannung* erreicht? Wie hatte der Grieche seine Leser unterhalten? Thukydides war kein trockener Faktenschreiber, ebenso wenig wie Sallust! Und so übernahm Sallust viele Techniken seines Vorgängers.

Historiker, muss man wissen, sind immer auch ein wenig *Romanschreiber*, man würde das Metier nicht kennen, wenn man nicht um diesen Umstand wüsste. Schriftsteller verfügen indes über ihre eigenen Techniken. Sie wissen, wie man einen Leser verführt. Sie wissen, wie man systematisch Spannung aufbaut. Es gibt wenigstens fünfzig Spannungstechniken, um die auch schon die antiken Autoren wussten. Sie wussten, wie man einen Text so schmackhaft und so lecker zubereitet, dass sich der Leser nicht davon losreißen kann. Sie beherrschten, wenn sie etwas taugten, alle rhetorischen Finessen. Sie wussten, wie man einen Helden aufbaute, schriftstellerisch aus dem Nichts stampfte, und wie man große Hindernisse ins rechte Licht rückte, die sich dem Helden in der Folge entgegenstellten. Sie wussten, welche Macht die Technik des Geheimnisses besitzt, das den Leser weiter lesen lässt, ob er will oder nicht. Cicero beschreibt in seinem Buch "De oratore" ("Über den Redner") allein rund sechzig (rednerische) Techniken, die mindestens zur Hälfte auch von einem gewieften Schreiberling angewandt und umgesetzt werden können.

Die "Wahrheit" litt natürlich unter diesen Techniken. Das "Phänomen Cäsar" wurde durch saftige Adjektive aufgepeppt, er wurde mit dem Glorienschein des Genies umgeben.

Cicero, wiewohl begeisternd, wiewohl man auch sein Leben prall und satt und schriftstellerisch ergiebig darstellen kann, lässt sich trotzdem nicht vergleichen mit dem Leben Cäsars, unter hartgesottenen schriftstellerischen Kriterien. Cäsars unvergleichliches Draufgängertum, seine zahlreichen Affären, seine Abenteuer in fremden Ländern, seine Liebeshändel mit Kleopatra, all das ist ein Stoff, der sich herrlich romantisieren lässt.

Ein Cicero, wiewohl er 1000 Meilen über Cäsar angesiedelt und eine echte Lichtgestalt ist, verblasst neben diesem Cäsar unter schreibtechnischen Gesichtspunkten. Cäsar ist ergiebiger, seine Lügen sind romantischer, das Blut hinter seinen Taten kann man fortwischen, überdecken, zudecken und rechtfertigen. Künstliche Plots, Handlungsstränge also, wurden in der Folge von begabten Autoren geschmiedet, nur um den Leser bei der Stange zu halten. Auch die Autoren des Altertums waren belesen, pfiffig und gescheit, nicht anders als Schriftsteller heute. Sie wussten, was sich verkaufte. Und so veränderte sich das Cäsar-Bild ein weiteres Mal, der strahlende Held geriet immer mehr in den Vordergrund.

Cäsar wurde im Rückspiegel noch größer, listiger, mächtiger und mutiger. Sein Zynismus und seine völlige Verachtung des Menschen wurde unter den Teppich gekehrt, es hätte nicht in das Bild gepasst. Cäsar wurde verklärt und zum Gott hochstilisiert. Alle Techniken, wie man einen Helden zimmert und aufbaut (es gibt wenigstens 17 Methoden), wurden benutzt.

Cäsar wurde überhöht und in eine Sphäre gehoben, in der er nie existierte.

6. PROMINENTE RICHTER

In den folgenden Jahrhunderten wurde dieses überhöhte Cäsar-Bild immer wieder abgekupfert, kopiert und recycelt, bis es schließlich in Stein und Eisen gehauen war und kaum mehr eine Änderung oder Korrektur erfahren konnte. Besonders "gefährlich" waren in diesem Zusammenhang prominente Kommentatoren späterer Jahrhunderte. Prominenz kann jedoch so einflussreich, so vielgelesen und so machtvoll sein, dass sie das Urteil über eine historische Figur für alle Zeiten festzuschreiben vermag.

Napoleon, wie wir bereits gehört haben, brachte Cäsar Verehrung entgegen. Aber selbst Mommsen, einer der renommiertesten deutschen Historiker, war nicht intelligent genug, Cäsar abzuqualifizieren. Warum? Nun, die Lügen waren inzwischen millionenfach wiederholt worden.

Französische, englische, US-amerikanische und italienische Historiker recycelten das alte Cäsar-Bild weiter. Weiter urteilten Politiker (speziell, wenn sie selbst den Krieg liebten) positiv über diesen Cäsar. Auf
diese Weise wurde Cäsar größer und größer.

Und so verfügen wir heute über ein Cäsar-Bild, das nicht den Tatsachen entspricht. Nur wenige Geister wagen es, erneut hinzuschauen,
frisch hinzuschauen, mit unverstelltem Blick, wagen es, dieses zynische
Bürschlein gnadenlos an seinen Taten zu messen.

Somit ist es nicht nur der unterschiedliche Gesichtspunkt, von dem
aus wir Geschichte zu beurteilen haben. Wir müssen darüber hinaus
erkennen, dass "geschichtliche Wahrheit" selbst einem geschichtlichen
Prozess unterliegt. Je größer die zeitliche Entfernung, desto schwieriger
ist es, dieser "Wahrheit" auf die Spur zu kommen.

Am objektivsten (wie schön, das sich auch dieses Wort steigern
lässt!) sind indes die Taten. Die nackten Fakten. Die unbestechlichen
Resultate.

Was waren also die Ergebnisse eines Cäsar?

Noch einmal: etwa eine Million Tote, unendliches Leid in allen
Provinzen Roms, besonders in Britannien und Gallien, aber auch in
Spanien, Kleinasien und Ägypten, Bürgerkrieg, Räubereien im Welt-
maßstab und Diktatur.

Wie also sollte man urteilen?

6. KAPITEL

PAULUS FÜR
FORTGESCHRITTENE

Der wichtigste Mann des gesamten Christentums ist zweifellos Paulus. Dafür gibt es mindestens zwei bedeutsame Gründe: Zum einen gäbe es das Christentum in seiner heutigen Form sicherlich nicht, wenn da nicht dieser Paulus gewesen wäre, dieser hochbegabte Missionar, dieses rhetorische Genie, der unermüdliche Bekehrer der Heiden, der fast die gesamte bekannte Welt seiner Zeit mit seinen Überzeugungen vertraut machte und Gemeinden hinterließ, die in der Folge für die Ausbreitung des Christentums Sorge trugen. Seine Statistiken, wie man im modernen Managementslang sagen würde, können sich wirklich sehen lassen. Er bereiste das heutige Syrien und Saudi-Arabien. Er war in Palästina ebenso zu Hause wie in Griechenland. Er predigte in Kleinasien und in Italien. Möglicherweise gelangte er sogar bis nach Spanien. Keiner war so rege, keiner so eifrig, so unermüdlich, so hartnäckig und so erfolgreich wie er. Reisen, man muss es sich vor Augen halten, waren zur damaligen Zeit beschwerlich, mühselig und hochgefährlich. Es erforderte Mut, den Geist eines Abenteurers, ja fast Besessenheit, dieses Kreuz auf sich zu nehmen und in völlig fremden Ländern die Lehre von diesem Christus zu verkünden, den niemand kannte – gegen alle widrigen Umstände, trotz aller unendlichen Opposition und wider alle Feinde, die zahllos waren.

Paulus war ein Genie der Public Relations, der Öffentlichkeitsarbeit und der Werbung. Er vermochte zu begeistern, mitzureißen, Anhänger zu gewinnen und das Feuer Gottes aus seinen Augen sprühen zu lassen. Keiner beherrschte das Wort so wie er. Niemand konnte auf der Klaviatur der Seele so spielen wie Paulus. Es existierte kein vergleichbares Talent zu seiner Zeit, was die hohe Kunst der Formulierung anbelangte.

Zum Zweiten war dieser hochbegabte Redner insofern von unendlicher Bedeutung, als er der wichtigste Zeuge für die Existenz Jesu Christus war. Erinnern wir uns kurz, wie es wirklich um das Neue Testament bestellt ist:

Zunächst einmal muss man festhalten, dass wir keinerlei Original besitzen, was das Neue Testament angeht. Wir besitzen Abschriften von Kopien von Kopien von Abschriften, aber nichts, was den Historiker überzeugen könnte. Die Quellenlage ist elend. Im Religionsunterricht wurde uns beigebracht, dass die Evangelisten Matthäus, Markus, Lukas und Johannes Zeugnis ablegten über diesen Christus, sowie eben Paulus. Aber wie sieht es *wirklich* mit diesen Zeugen aus?

Nun, *Markus* war, wie wir heute mit Sicherheit wissen, da die Text- und Quellenkritik so weit fortgeschritten ist, *kein* Apostelschüler! Er kannte nicht nur Jesus nicht und war also kein Augen- oder Ohrenzeuge, sondern er war nicht einmal der Schüler eines Schülers. Markus, der älteste Evangelist, wird frühestens Mitte des 2. Jahrhunderts n. Chr. bezeugt (von Bischof Papias von Hierapolis). Viele Forscher nennen das Evangelium historisch wertlos. Weiter gibt Markus selbst nebenbei bemerkt zu, den HERRN nicht gekannt zu haben.

Dass *Lukas* ein Apostelschüler (und, wie man eine Zeit lang annahm, der Gefährte des Paulus) war, ist ebenfalls unbewiesen; es ist blanke Vermutung und frommer Wunsch.

Matthäus, so sehr es schmerzt, kann ebenfalls nicht von sich behaupten, Jesus gekannt zu haben. Matthäus, so viel ist heute wissenschaftlich bewiesen, war nicht einmal der *Verfasser* des so genannten Matthäusevangeliums! Diese Bezeichnung stammt aus dem frühen

3. Jahrhundert und wurde *nachträglich* hinzugefügt! Nicht wenige Forscher halten dieses Evangelium deshalb für eine Fälschung. Selbst katholische Theologen schweigen zunehmend, was dieses Thema angeht, was beredter ist als jedes Streitgespräch. Somit fallen diese drei als Zeugen im kritisch-historischen Sinne aus. Denn erzählt, *erzählt* werden konnte alles Mögliche. Ja, es war geradezu Sitte in dieser Zeit, die abenteuerlichsten Märchen über alles und jedes zu erfinden.

Das Johannesevangelium ist ebenfalls äußerst fragwürdig. Frühestens 100 nach Christus ist es entstanden. Der Apostel *Johannes* war zu dieser Zeit schon lange tot, mausetot. Es muss sich also um einen anderen Johannes gehandelt haben. Fest steht somit, ein *Augenzeuge* war dieser Johannes also ebenfalls nicht.

Tatsächlich nahm das gesamte Neue Testament erst im 3. bis 6. Jahrhundert nach Christus seine endgültige Form an. Selbst wenn man nicht allzu tief in die Textkritik eintauchen will, muss man so viel festhalten:

Keines der vier Evangelien, auf das sich doch (fast) das gesamte Neue Testament stützt, wurde von einem Urapostel verfasst: keines!

Alle Schriften sind Annahmen, Vermutungen, Gemeindephantasien, fromme Legenden und unbewiesene Traktate. Und so wissen wir nicht das Geringste, wenn wir ehrlich sind, was die Figur dieses Jesus Christus angeht. Nichts bleibt übrig vor den Augen unbestechlicher (und nicht einmal antireligiös motivierter) Historiker.

Nichts!

Außer: ja außer *Paulus*. Gott sei Dank haben wir die Paulusbriefe! Denn Paulus wurde etwa um 3 v. Chr. geboren und starb rund 60 n. Chr.

Er ist der einzige Zeitgenosse des HERRN. Paulus ist also von unendlicher Bedeutung: Er war es, der die christlichen Ideen in einem kaum vorstellbaren Ausmaß verbreitete. Und er war der einzige Zeitgenosse dieses mysteriösen Jesus Christus. Viele halten Paulus deshalb sogar für den eigentlichen Gründer des Christentums. Denn dieser geheimnisvolle Christus selbst hinterließ der Nachwelt keine einzige Zeile.

Aus historischer Sicht ist dieser Paulus somit von unendlicher Bedeutung, denn die anderen vier Evangelisten halten neutralen, kritischen Untersuchungen längst nicht mehr stand. Alles, alles ruht auf diesem ominösen Paulus, dessen Bedeutung man gar nicht hoch genug veranschlagen kann.

Sich mit Paulus zu beschäftigen, heißt, einem der größten Geheimnisse auf der Spur zu sein, die es gibt, denn er beeinflusste das ganze Abendland und den westlichen Kulturkreis wie kein zweiter. Diese Weltreligion Nummer 1, die den halben Planeten in der Folge eroberte, kann man nur verstehen, wirklich verstehen, wenn man Paulus liest. Paulus verstehen heißt, Tausende von Priestern sowie Millionen und Milliarden von Gläubigen zu verstehen. Es heißt zwei Jahrtausende zu verstehen. Es heißt, die religiöse Kultur in über 200 Ländern der Erde zu verstehen.

Es lohnt sich also, diesen Paulus wirklich einmal einer höchst gründlichen Untersuchung zu unterziehen, ihn auseinander zu nehmen, sich ein Bild zu machen und in seinen Schädel zu kriechen. Es lohnt sich, mit seinen Augen die Welt zu sehen, ihn um- und umzuwenden, zu sezieren und jedes einzelne Organ zu inspizieren.

Denn mehr Verständnis über unsere gesamte Kultur, über einen der größten Machtfaktoren auf dem Planeten Erde mit Milliarden von Gläubigern, kann man nicht gewinnen, als wenn man genau dies versucht: Paulus zu verstehen. In gewissem Sinne ist man intellektuell geradezu verpflichtet, diesen Mann mit Röntgenstrahlen zu durchleuchten, jedenfalls wenn man an der *Wahrheit* interessiert ist.

Gönnen wir uns also dieses Abenteuer, einmal genau, *sehr* genau über diesen Paulus nachzuforschen.

PAULUS, DIE BIOGRAPHIE

Versuchen wir mithin, diesem "Apostel" detektivisch nachzuspüren und in seine Gehirnwindungen zu kriechen. Nicht als katholischer Theologe, evangelischer Pastor oder als Christ. Nicht als Jude und nicht als antireligiös motivierter Fanatiker. Nein, so neutral, so ehrlich wie möglich, als objektiver Beobachter, als Historiker, dem nur an der Wahrheit gelegen ist, wie auch immer sie schlussendlich ausfallen mag.

Was wissen wir über Paulus?

Nun, diese Schlüsselfigur der abendländischen Kultur wurde in einer kleinen Stadt im Gebiet der heutigen Türkei geboren, in Tarsus konkret, in einer jüdischen Familie. Über seine Herkunft ist nichts weiter bekannt, aber in Tarsus brodelte es damals; es gab alle denkbaren Überlieferungen und heilige Schriften, alle möglichen Religionen und einen wuchernden Aberglauben. Das jüdische Gedankengut spielte eine überragende Rolle, aber Paulus wurde auch befruchtet von griechischen Philosophen, die gewissermaßen vor seiner Haustür lebten und selbst von ägyptischen Ideen, denn das Land der Pharaonen war nur einen Katzensprung weit entfernt. In Taurus herrschten nacheinander Semiten, Perser, Griechen und Römer. Eine bunte Mischung von Kulturen und Religionen war die Folge, was Paulus vom ersten Tag an Vorteile insofern gegeben haben mag, als dass er sich mit anderen Sprachen und Sitten auseinander setzen musste.

Es steht außer Zweifel, dass er in einer streng orthodoxen, jüdischen Familie aufwuchs und von Kindesbeinen an mit den Lehren der jüdischen Literatur vertraut gemacht wurde. Er lernte, wie alle gläubigen Juden, Tag um Tag, Teile aus der Bibel auswendig, entrollte fleißig seine Pergamentröllchen und drang schon als Kind tief in das Geheimnis ein, was man Religion nennt. Gleichzeitig lernte er ein Handwerk. Paulus war von Berufs wegen ein Zeltemacher, die Kunst der Webertechnik kann ihm nicht fremd gewesen sein.

Aber wichtiger war die Bibel. Mit rhythmischen Körperbewegungen und einem eigenartigen Singsang, der Jahrtausende alt war, prägte man sich die heiligen Worte der Propheten ein, ein Verfahren, das an Hypnose, zumindest aber Autosuggestion grenzt und sehr wohl die Nähe zum Göttlichen suggerieren kann. Mit schaukelnden Bewegungen wurde psalmodiert, die göttlichen Worte wurden sozusagen mit Haut und Haaren einverleibt.

"Wird nicht gelehrt, dass sich, wenn du beim Lernen die 248 Glieder deines Körpers bewegst, das Ergebnis deines Studiums dem Gedächtnis einprägt, während es sich sonst verliert?"

In dieser Tradition wuchs Paulus auf. Er durcheilte die Jünglingsjahre und wurde ein Mann, von dem wir allerdings kein Bild besitzen. Aber eine apokryphe Schrift bezeichnet ihn als "klein von Gestalt, mit kahlem Kopf und krummen Beinen ... mit zusammengewachsenen Augenbrauen und ein klein wenig hervortretender Nase," [15] der nach eigenem Zeugnis ein "gesetzestreuer Jude" war, ja, er sagte von sich selbst:

"In der Treue zum jüdischen Gesetz übertraf ich die meisten Altersgenossen in meinem Volk und mit dem größten Eifer setzte ich mich für die Überlieferungen meiner Väter ein." (Gal. 1, 13)

Er verrät von sich an anderer Stelle, dass er (wie jeder Jude), beschnitten wurde und dass er weiter aus dem Volk Israel (und zwar vom Stamm Benjamin) abstammte. Weiter steht fest, dass er schon als junger Mann von fanatischem religiösem Eifer beseelt war und ein Gegner alles Nichtjüdischen. Selbst linientreue christliche Theologen urteilen über ihn:
"Paulus wollte nicht das Denken seiner Gegner verändern, Paulus wollte sie ausrotten." [16]

Es steht weiter fest, dass Paulus anfänglich ein Pharisäer war, sprich ein Angehöriger einer altjüdischen, das jüdische Gesetz genau einhaltenden Partei also. Der Begriff Pharisäer erhielt erst im Christentum die Bedeutung "heuchlerischer Mensch". Ursprünglich war ein Pharisäer ein besonders guter, orthodoxer Jude, der es mit dem Glauben genau, sehr genau, äußerst genau nahm.

Dieser Paulus spezialisierte sich nach seinen eigenen Worten früh auf die Christenverfolgung. Schon in dieser Phase seines Lebens muss er sein Talent als Redner entwickelt haben. Diese Begabung nutzte er, um Andersgläubige mit Stumpf und Stiel auszurotten. Paulus war mithin ein Ketzerjäger!

Eines Tages aber (so berichtet er) suchte ihn (im Jahre 34 n. Chr.) eine Erscheinung heim, eine Vision. Daraufhin wandelte er sich zu dem fanatischsten Anhänger des Christentums, den man sich vorstellen kann.

Wir wissen heute nicht, was es mit dieser Vision wirklich auf sich hatte. Paulus selbst spricht von einer Erscheinung des auferstandenen Christus, aber Erscheinungen waren ein beliebtes Stilmittel der damaligen Zeit, die eigene Glaubwürdigkeit zu unterstreichen. Wir kennen aus der Geschichte Erscheinungen allenthalben, in allen möglichen Kulturen, auch in zahlreichen Religionen! Gesichter oder Erscheinungen gibt es bei Homer, Sophokles und Vergil. Mohammed, der Gründer des Islam, hatte Visionen, genauso wie zahlreiche Bischöfe, Heilige, Päpste und Kirchenväter. Erscheinungen und Visionen zu haben war wahrhaftig nichts Besonderes, nicht in dieser nach Wundern geilen Zeit, die vor Religion und religiösen Fanatismus nur so strotzte.

Mit *Erscheinungen* wies man sich als Prophet aus, als Apostel. Man verschaffte sich Glaubwürdigkeit. Extensives Fasten, Hungern und Selbstkasteiungen führten zu "Visionen", zu "Gesichtern", zu "Erscheinungen", zu wahrscheinlich (körperlich bedingten) Wahnzuständen also, zu bestimmten Bildern und Eindrücken. Außerdem waren Erscheinungen wie gesagt ein probates, literarisches Stilmittel. Die eigene Person konnte als besonders zuverlässig und glaubwürdig hingestellt werden. Erscheinungen bewiesen, dass man mit Gott persönlich in Verbindung stand und auserwählt war. Später wurde Paulus nie müde, zu betonen, wie einmalig, wichtig und bedeutsam diese seine Erscheinungen, seine Offenbarungen waren.

*"Als aber Gott, der mich schon im Mutterleib auserwählt ... hat,
mir ... in seinem Sohn offenbarte, damit ich ihn unter den Heiden verkündigte, zog ich keinen Menschen zu Rate."* (Gal. 1,15)

Aber da die vielen Erscheinungen und Visionen in den verschiedenen Kulturkreisen sich widersprechen, können sie natürlich nicht stim-
mig sein. Und als historisches Argument taugen sie nichts, gar nichts.
Man kann getrost davon ausgehen, dass Erscheinungen nichts als ein
Trick waren, abergläubische Menschen gehörig zu beeindrucken.

War Paulus deshalb ein Lügner? Nun, zumindest war er ein gewief-
ter Rhetoriker. Tausendmal erzählte er über seine Erscheinungen
und tausendmal beeindruckte er damit die staunende, gaffende
Zuhörer-schaft. Er wusste, mit Leidenschaften und Emotionen, mit
Wundern und Erscheinungen, konnte man das Volk packen; denn fest
steht: eine rationale Figur, ein kühl logischer Mensch war dieser
religiöse Eiferer, war Paulus nie. Von der ersten Stunde seines
bewussten Lebens an stand er im Kampf mit den "Ungläubigen".
Alles, aber auch wirklich alles war in diesem Kampf erlaubt.

Wir wissen weiter, dass Paulus von brennendem Ehrgeiz beseelt war.
Wir wissen, dass er gern die Kollekte persönlich einsammelte. Er liebte
also auch das Geld! Und wir wissen mit absoluter Sicherheit, dass er
sich wirklich ins Zeug legte, wenn es galt, Menschen zu beeindrucken,
zu überzeugen und zu bekehren. Um einen unnennbaren Eindruck zu
hinterlassen, war *jedes* Stilmittel recht. *Jede* Argumentation. *Jeder* rhetorische Trick.

Alle Register galt es zu ziehen, wenn man Heiden oder Juden auf
der Rednerbühne oder auf dem Marktplatz gegenüberstand.

Eine *Erscheinung* – das war das Mindeste, was man bieten konnte.
Und Erscheinungen konnte man nicht widerlegen. Die Floskel, die hinzugefügt wurde, lautete gewöhnlich: "Gott weiß, dass ich nicht lüge".

Hmm! Damit lässt sich alles und nichts beweisen – oder?
Eine *Erscheinung*, wahrscheinlich nichts als ein rhetorischer Trick,
markiert jedenfalls die angebliche Umkehr des Christengegners Paulus.

Aus dem fanatischen Christenverfolger wird ein unvorstellbar erfolgreicher christlicher Missionar. Und mit dem gleichen Eifer, mit dem er vorher Christen und Andersgläubigen das Leben schwer gemacht hatte, verbreitet er jetzt die *Frohe Botschaft*.

Draufgängerisch, ja geradezu marktschreierisch preist er nun das Christentum an und verkauft es wie Obst. Er ist sich seines Einflusses und seiner Macht sehr wohl bewusst. Er erträgt es nicht, dass andere Missionare Geltung besitzen, die die seine übersteigt. Er vergleicht sich mit ihnen und verrät einiges über sich selbst, wenn er über die Konkurrenz klagt. Hören wir ihn selbst:

"Sie sind Hebräer – ich auch. Sie sind Israeliten – ich auch. Sie sind Nachkommen Abrahams – ich auch. Sie sind Diener Christi – ich noch mehr: Ich ertrug mehr Mühsal, war häufiger im Gefängnis, wurde mehr geschlagen, war oft in Todesgefahr. Fünfmal erhielt ich von Juden die neununddreißig Hiebe, dreimal wurde ich ausgepeitscht, einmal gesteinigt, dreimal erlitt ich Schiffbruch, eine Nacht und einen Tag trieb ich auf hoher See. Ich war oft auf Reisen, gefährdet durch Flüsse, gefährdet durch Räuber, gefährdet durch das eigene Volk, gefährdet durch Heiden, gefährdet in der Stadt, gefährdet in der Wüste, gefährdet auf dem Meer, gefährdet durch falsche Brüder. Ich erduldete Mühsal und Plage, durchwachte viele Nächte, ertrug Hunger und Durst, häufiges Fasten, Kälte und Blöße. Um von allem anderen zu schweigen, weise ich noch auf den täglichen Andrang zu mir und die Sorge für alle Gemeinden hin. Wer leidet unter seiner Schwachheit, ohne dass ich mit ihm leide? Wer kommt zu Fall, ohne dass ich von Sorge verzehrt werde? Wenn schon geprahlt sein muss, will ich mit meiner Schwachheit prahlen. Gott, der Vater Jesu, des Herrn, er, der gepriesen ist in Ewigkeit, weiß, dass ich nicht lüge. In Damaskus ließ der Statthalter des Königs Aretas die Stadt der Damaszener bewachen, um mich festzunehmen. Aber durch ein Fenster wurde ich in einem

Korb die Stadtmauer hinuntergelassen und so entkam ich ihm." [17]

Ein Abenteuerroman ist nichts im Vergleich zu dem Leben dieses Paulus! Wir erkennen, dass er zwar seine Lehre mit Eifer verbreitet, aber wir sehen auch, dass er ständig mit dem Gesetz in Konflikt gerät. Dass er sein Leben riskiert, macht ihn uns sympathisch, dass er ständig Händel sucht und findet, Gesetze bricht, offenbar ein Aufrührer, Unruhestifter und Fanatiker par excellence ist, schon weniger. Es macht ihn uns verdächtig.

Und so gibt es denn auch nicht wenige Stellen im Neuen Testament, die verschämt, verbrämt und offen von seinen Problemen handeln. Fast immer fühlt er sich zurückgesetzt, fast immer klein gehalten, unterbewertet und abgewertet. Aber er lässt sich offenbar nie den Mund verbieten. Paulus ist der Prototyp des Aufrührers, des Demagogen. In der Folge bereist er, wie wir bereits gehört haben, Syrien, Arabien, Griechenland, die Türkei und Italien. Er erlebt alle Abenteuer, die man auf diesen Reisen erleben kann. Und verbreitet das Christentum, mit jedem rhetorischen Trick, den man sich nur denken kann.

Den Ungläubigen droht er mit dem sengenden Höllenfeuer. Den Gläubigen verspricht er das Paradies, wo Milch und Honig fließen. Oh ja, er ist in allen Finessen der Sprache bewandert. Er spricht aramäisch (oder hebräisch oder beides), wahrscheinlich lateinisch, aber auch die griechische Volkssprache.

Sein Duktus, seine Grammatik, ist hart, klar, kraftvoll und direkt. Er verfügt über einen Sekretär und beherrscht ganze Gemeinden nach einiger Zeit. Er ist ein Genie in Organisation und Planung. Er baut eine Kerntruppe um sich herum auf, so dass er schließlich sogar Boten in alle Weltgegenden hinausschicken kann. Paulus ist ein administratives Talent ohnegleichen. Außerdem ist er ein Genie in Sachen Eigenwerbung, er ist ein Trompeter ohne Parallele in der Geschichte. Und so sehen wir diesen krummbeinigen Paulus von Stadt zu Stadt, von

Land zu Land jagen, immer in Eile, immer gehetzt, immer von allem möglichen Unbill heimgesucht, aber auch von überschwänglichen Empfängen je und je geehrt. Seine Bedeutung wächst. Er ist der eigentliche Vater der Bewegung. Was er sagt, wird Gesetz.

Er verbreitet das Christentum in einem Ausmaß und einer Geschwindigkeit, die atemnehmend ist. Wir sehen ihn Fäuste schwingend auf den Marktplätzen griechischer Städte. Auf römischen Rednertribünen. Und vor arabischen Zelten. Er befleißigt sich hautsächlich zweier Methoden: Auf öffentlichen Marktplätzen diskutiert er mit Philosophen, mit den Juden debattiert er in den Synagogen. Er zieht alle Register. Er ist vielseitig gebildet und weiß um die unglaublichsten Wunder. Außerdem kennt er die gesamte jüdische Theologie und die neuesten christlichen Sentenzen. Er weiß, wie man beeindruckt, wie man die größten Effekte schafft und wen man ansprechen muss, um in kürzester Zeit Erfolg zu haben. Und er weiß, wie man einschüchtert, weiß, wie man droht und weiß, wie man sich einschmeichelt. Er schmeichelt den Heiden, dass sie keine verdammten Juden seien. Und schmeichelt den Juden, dass sie keine verdammten Heiden seien. Er ist wetterwendisch. Positiv ausgedrückt: Er schneidert seine Rede genau auf sein Zielpublikum zu. Er kann sich auf jeder Bühne bewegen. Er ist eine Sensation. Er ist in dem Ausmaß eine Sensation, dass die politischen Kräfte seiner Zeit misstrauisch werden, wenn er, der Aufrührer, irgendwo erscheint. Vorsorglich sehen sie zu, dass sie diesen unbequemen Geist loswerden. Man will keinen Unruheherd in der Stadt, die Massen sind ohnehin religiös aufgeputscht, die Nerven liegen blank, was die Vokabel "Gott" angeht.

Aber sein Ruf eilt ihm voraus. Seine eigenen Brüder beginnen ihn zu fürchten. Vorsorglich schreibt er Briefe und lässt Briefe schreiben, die sein Kommen, seine Theologie und seine Weltanschauung ankündigen. Das Spiel heißt Macht. Wer darf die ersten Christen führen, die plötzlich zu einer Bewegung geworden sind?

Aber keiner, keiner kann es mit ihm aufnehmen, allenfalls vielleicht die Brüder in Jerusalem. Und so umschleicht Paulus diese Stadt wie ein Raubtier, das auf Beute aus ist, bevor er es wagt, sich eines Tages in die Stadt zu begeben.

Er weiß, hier nistet die Konkurrenz. Jerusalem ist eine unvergleichliche Herausforderung für ihn, es ist der Mittelpunkt der Welt. Selbst ein Paulus wird von Ängsten geplagt, wenn er nur an Jerusalem denkt.

Das Ende des Liedes gestaltet sich wie folgt: Zeit seines Lebens hat Paulus überall verlauten lassen, dass das Jüngste Gericht bevorstünde. Aber er irrt sich, irrt sich gründlich. Statt dessen geht er selbst vorher den Weg allen Fleisches. Aber wie? Nun, schon immer hat er wie gesagt mit den Christen in Jerusalem im Clinch gelegen. Und eines Tages platzt der Ballon. Ein Professor für Religionswissenschaft beschreibt seine letzten Jahre wie folgt:

"Indessen inszenierten seine anderen Widersacher, die Ungläubigen in Judäa (Röm. 15,31), einen Angriff, der letztlich erfolgreich war. Man bezichtigte ihn, einen Heidenchristen in den Tempel (in Jerusalem) geführt zu haben, d. h. weiter hinein als in den Vorhof. Ein Tumult entstand; in der Folge griffen römische Truppen ein, Paulus wurde verhaftet und gefangen gesetzt in Cäsarea, der Küstenstadt, in der der römische Prokuratur von Judäa residierte. Hier brachte er einige Jahre zu und wurde schließlich nach Rom geschickt, damit dort sein Fall verhandelt werde (Apg. 21-28). In Rom lebte er zumindest zwei Jahre in Haft (Apg. 28,30 f.)" [18]

Der HERR ist nicht mehr mit ihm. Und so sieht man ihn eines Tages gefangen in Rom, wo er nicht mehr seine donnernden, verletzenden Reden schwingen kann. Der Hammer seiner Stimme fährt nicht mehr nieder. Rom befindet sich auf der Höhe seiner Macht, es ist die Weltmacht Nummer 1. Und ein kleiner, jüdischer Pharisäer, der eine neue Sekte promoted und für Aufruhr und Unruhe sorgt, wird hier bestimmt nicht geduldet, auch wenn die Juden ehemals einen Cäsar unterstützten in seinem Kampf in Ägypten. Aber diese Zeiten sind längst vorbei. Dieser religiöse Eiferer bringt dem Weltreich nichts anderes als Verdruss. Und so schreitet die römische Behörde eines Tages zur Tat.

Der Rest ist Vermutung. Aber wahrscheinlich trug es sich so zu, dass die Soldateska Roms den eifernden Paulus eines Tages ohne viel Federlesens einfach dem Tod überantwortete. Entweder man kreuzigte ihn oder hüllte ihn in eine Tierhaut und ließ ihn in der römischen Arena von Hunden zerfleischen. Vielleicht wurde Paulus auch verbrannt. Die Bibel schweigt über seinen Tod, und wir sind auf Vermutungen angewiesen. Jedenfalls dürfte die römische Obrigkeit froh gewesen sein, diesem Schreihals auf immer das Maul gestopft zu haben. Keine einzige römische oder christliche Quelle berichtet über den Tod des Paulus.

Auch seine eigenen "Brüder im HERRN" schweigen sich beharrlich aus; denn selbst für sie war er ein Ärgernis, suchte er ihnen doch die Vorherrschaft über die Gemeinden streitig zu machen. Außerdem hatte man sich längst mit der römischen Behörde arrangiert. Man brauchte diesen Krakeeler nicht, selbst wenn er die Massen erregen konnte wie kein anderer.

Und so senkt sich Stille, ein auffällige Stille, eine historische Stille über das Sterben des "heiligen Paulus", des vielleicht größten Missionars aller Zeiten. Und alle, alle scheinen sie froh gewesen zu sein, als er endlich dahingegangen war.

DIE LEHRE

Die Theologie des heiligen Paulus ist buchstäblich von Tausenden von frommen Vätern untersucht worden. Sie haben nicht ausgelassen zu betonen, wie edel er war und wie erleuchtet. Er lehrte, dass wir einander lieben sollen. Dass wir uns der Schwachen annehmen sollen. Dass wir Frieden miteinander halten sollen. Und Tugenden wie Aufrichtigkeit, Wahrhaftigkeit, Güte, Treue, Sanftmut und Selbstbeherrschung kultivieren sollen. Paulus sprach sich gegen Eifersucht und Jähzorn aus, gegen Neid und Missgunst, gegen Streit und Angeberei. Zugegeben, zugestanden!

Aber er stellte auch Regeln und Gesetze auf, die albern waren. So hielt er es für widernatürlich, "wenn Männer lange Haare trugen und für schamlos, wenn Frauen mit unbedecktem Haupt beteten." (1 Kor 11,4-16). Er wetterte gegen die Unzucht und empfahl, nicht "in leidenschaftlicher Begierde" mit der eigenen Frau zu verkehren. Er predigte mit solchem Pathos gegen kleine, sexuelle Verfehlungen, dass es uns Heutigen zu denken gibt. Generell hielt er es für besser, wenn ein Mann überhaupt nicht verheiratet war. Gelinde gesagt unterdrückte er die Sexualität. Aber mehr noch als die Sexualität hasste Paulus die Heiden und die Juden, obwohl er ihnen auch je und je schmeichelte.

Besonders die Juden waren ihm ein Dorn im Auge, denn die Juden planten mehrmals, ihn zu töten. Außerdem wurde er von ihnen "wie ein Aussätziger oder Pestbehafteter aus den Synagogen" geworfen. Ihre Hiebe, die sie ihm je und je verabreichten, trafen manchmal seine "nackten Knochen". Aber er rächte sich. Er warf den Juden den Tod Jesu vor - und ebnete damit den Weg für buchstäblich zweitausend Jahre Judenverfolgungen. "Paulus beschuldigte die Juden *generell*, dass sie ehebrechen, stehlen (und) Tempel plündern!" Juden sollten verdammt sein "bis ans Ende der Welt". Er nannte den geistigen und religiösen Besitz der Juden "Dreck". Der Hebräerbrief brandmarkt sie als Leute, die gesteinigt, gefoltert, zersägt und durchs Schwert getötet haben.[19]

Weiter wütete Paulus besonders gegen Apostel Petrus in seinen Briefen. Erst später fühlte sich die Kirche bemüßigt, ein süßliches Bild der Eintracht des Apostels Petrus und Paulus zu zimmern - alles erstunken und erlogen.

Paulus verspottete außerdem "die Jerusalemer Führung" als Erzapostel und Überapostel. Er kanzelte sie ab als "Verstümmelte" oder "Hunde". Er warf ihnen Neid, Hass, Zank, Verwirrung, Verhetzung, Verhexung und Verfälschung des Glaubens vor. Und verfluchte sie wiederholt.

Umgekehrt wurde er genau dieser Verfehlungen selbst bezichtigt. Man schmähte ihn der "Habsucht" und des "Finanzbetruges". Wechselseitig titulierte man sich als "Heuchler", "Schwätzer" und "Schwindler".[20] Mit anderen Worten: In der "Theologie" des "heiligen" Paulus findet man durchaus den Aufruf zum Neid, zum Hass und zur Bosheit. Kein Schimpfwort ist unflätig genug, kein Fluch bösartig genug, wenn es gilt, die Freunde in den eigenen Reihen zu verunglimpfen.

Nein, nein, nein! Paulus war ein großer Lästerer vor dem Herrn. Er war ein Schandmaul, selbst wenn man seine *eigenen* Briefe und seine *eigenen* Zeugnisse hernimmt, und nicht einmal seinen Feinden lauscht.

Er war der Prototyp der Intoleranz. Nur er war im Besitz der allein-seligmachenden Wahrheit. Kein anderer Apostel, kein anderer Führer einer christlichen Gemeinde war angeblich so erleuchtet wie er.

Seine Briefe sind gespickt mit Drohungen, die dem Ungläubigen oder Sünder widerfahren, wenn er sich nicht so verhält, wie es Paulus für richtig hält. Sie sind durchwürzt mit Schmähungen und Auswürfen übelster Sorte. Gleichzeitig predigt er, man solle seinen Nächsten lieben. Aber er selbst hält sich nicht an seine eigenen frommen Sprüche. Seine Lehre, wenn man sie denn so bezeichnen will, setzt sich zusammen aus 20 Prozent griechischem Gedankengut, 5 Prozent ägyptischer Theologie, 50 Prozent jüdischen Lehren und 25 Prozent fernöstlich-indischen Erkenntnissen. Nichts ist originär an seinen Weisheiten. Es handelt sich um ein recht und schlecht zusammengestoppeltes Konglomerat von Einsichten, die jedoch nachweislich nicht von ihm stammen, sondern aus früheren Quellen. Alles was originär ist, sind unflätige Beschimpfungen, Höllendrohungen und unpraktische Lehren.

Angesichts von 2000 Jahren Geschichtserfahrung muss man festhalten, dass Paulus eine neue, gute Moral, sicherlich *nicht* gepredigt und bestimmt nicht geschaffen hat, auch wenn einige Perlen der Weisheit je und je zwischen den Zeilen aufleuchten, die er jedoch wie gesagt aus anderen Quellen entlehnte.

Wie haben wir also endgültig über Paulus zu urteilen?

NICHTS ALS DIE WAHRHEIT

Spengler und Voltaire konstatierten bereits, dass Paulus den Hass mehr als die Liebe förderte. Deschner nennt ihn den "Klassiker der Intoleranz" und einen "engstirnig-rechthaberischen Agitator."

Und es ist richtig: Der "Athlet Christi" (Augustin) war ein Opportunist, ein Fanatiker und sogar ein Lügner.

"Wenn aber die Wahrheit Gottes durch meine Lüge herrlicher wird zu seinem Preis, warum sollte ich dann noch als ein Sünder gerichtet werden?" [21]

So Paulus über Paulus. So spricht der "heilige Paulus" und bezichtigt sich damit selbst der Lüge! Er wettert gegen Juden wie kaum ein anderer und bereitet damit den Weg vor für die grausamsten Judenverfolgungen zweier Jahrtausende, wie schon angedeutet.. Aber auch die Heiden nennt er "unwissend", "stumpf", "verstockt", "unlauter", "böse", "habsüchtig" und "ungerecht". Er nennt sie "Lästerer", "Unzüchtige", "Trunkenbolde", "Ohrenbläser" und "Verleumder". Wie muss dieser Mensch die Menschen gehasst haben? Nach Porphyrios war er habsüchtig ohne Ende. Besonders gern suchte er "leichtgläubige, reiche Frauen zu schröpfen." Die Erscheinung Gottes bog er sich hübsch zurecht, wie es seit alters her Brauch war und in der Folge Brauch in der Kirche bleiben sollte. Benötigte man einen Zeugen, hatte man eine *Erscheinung*. Sehr bequem.

"Gott weiß, dass ich nicht lüge".

Er war ein religiöser Eiferer und ein Fanatiker, wie ihn die Welt noch nie gesehen hatte.

Ja, er war gnadenhaft rhetorisch begabt und ein organisatorisches Genie. Ja, er war mutig wie ein Löwe und hinterlistig wie eine Schlange. Er kämpfte sozusagen mit Zähnen und Klauen, aber er wandte nicht ein einziges Mal die Lehre der Liebe auf sein eigenes Leben an. Und diese Spukgestalt ist unser *einziger* Gewährsmann für Jesus Christus!

Er ist der Einzige, der uns über diese Lichtgestalt Jesus informieren könnte, ein nachgewiesener Lügner, Hetzer, Menschenhasser und Fanatiker!

Genau dieser Mann, und das ist der Clou, begegnete Christus persönlich nie. Er hatte nur eine "Erscheinung". Das ist unsere ganze Gewähr für die Existenz Christus'. Fatal!

Das gesamte Neue Testament, das in seiner heutigen Form wie gesagt erst im 3. bis 6. Jahrhundert n. Chr. seine endgültige Formulierung fand, ist auf einen Mann von so zweifelhaftem Charakter angewiesen.

Es gibt nicht nur zu denken, dass die Texte des Neuen Testamentes später ständig verändert und gefälscht wurden, dass ausgelassen, hinzugefügt, hinzuaddiert, subtrahiert, gestrichen und eingefügt wurde, ganz nach Belieben, und dass 3 bis 6 Jahrhunderte *alles* verändern können. Nein, darüber hinaus wird als *Kronzeuge* für diesen Jesu eine Figur wie Paulus in den Zeugenstand gerufen, eine Figur, die keiner Charakteranalyse standhalten kann.

Die Texte des Neuen Testamentes, im Lichte der Logik, disqualifizieren sich damit selbst.

Was aber bleibt?

Nun, es bleibt die größte intellektuelle Ungeheuerlichkeit, die man sich vorstellen kann.

Es bleibt die notwendige Annahme, dass das Neue Testament ein Machwerk eines kleinen exklusiven Clübchens von begabten, raffinierten Priestern und Federfuchsern ist. Diese Priester und Federfuchser waren Autoren, die in Stil, Duktus, Bildersprache und Metaphern klassischer und jüdischer Literatur hervorragend bewandert waren. Sie konzipierten dieses Machwerk, das heute als Neues Testament durchgeht. Paulus war offenbar einer dieser Priesterschreiberlinge! Können wir also bei dem Neuen Testament von WAHRHEIT reden? Keine Spur! Selbst Theologen geben heute zu:

"Im Altertum war es keine Seltenheit, dass man das Ansehen eines bedeutenden Menschen zu nutzen versuchte, indem man so

tat, als ob das eigene Werk von ihm verfasst worden wäre. Um diesen Eindruck zu erreichen, gab es verschiedene Mittel. Eine Möglichkeit bestand z. B. darin, das eigene Werk an eine bestimmte und allgemein bekannte Situation aus dem Leben jener angesehenen Person zu binden, eine andere, deren Stil nachzuahmen, und die einfachste Möglichkeit lag schließlich darin, den Namen der Berühmtheit direkt als Verfasser zu nennen. Diese Möglichkeiten konnten natürlich auch kombiniert werden, so dass es oft gar nicht so einfach zu entscheiden ist, ob eine Schrift nun wirklich unecht oder vielleicht doch echt ist." [22]

Hübsch, wie harmlos man das formulieren kann.

Aber bei Licht betrachtet ist es nichts weniger als ungeheuerlich. Es ist ein gigantischer Betrug! Die Wahrheit ist, ganze Fälscherwerkstätten existierten ehemals, die sich der ständigen "Überarbeitung" des Neuen Testamentes annahmen. Sie schoben falsche Paulusbriefe unter und bogen "die Worte Gottes" nach Belieben um. Alles Mögliche wurde zusammengelogen und zusammenerfunden, dass es eine Freude war. Raffiniert, sehr raffiniert gingen die geistlichen Schreiberlinge dabei vor: Sie zitierten etwa genaue Zeitumstände und Details, um glaubwürdig zu wirken. Sie ahmten den Stil bekannter Autoren nach – so exakt, dass man nur staunen kann. Sie machten (im Nachhinein) Prophezeiungen, von denen sie wussten, dass sie bereits eingetroffen waren, um ihren Traktaten Glaubwürdigkeit zu verleihen. Sie sprachen von neuen, Aufsehen erregenden Funden von Schriften und Geheimbibliotheken. Und sie verwiesen auf Gott als Zeuge.

"Gott weiß, dass ich nicht lüge!"

Sie hatten Erscheinungen. Immer wieder. Die Heiligen. Die Kirchenväter. Die Päpste. Sankt Paulus. Von Jesus. Von Maria. Von allem Möglichen.

All diese skandalösen, schamlosen Tricks wurden benutzt, um den Schriften eine göttliche Autorität zu verleihen.

Priester!

Die göttliche Herkunft, der persönliche Draht zu Gott, war ein uralter Trick, dessen sich bereits die Griechen und die Ägypter bedient hatten, um einen Machtanspruch zu zementieren.

Der älteste religiöse Trick der Welt.

Paulus war also nichts als ein grandioser Spitzbube und ein hochbegabter Schwindler!

Und so bleibt von diesem Paulus, der die Welt bewegte, dem Tausende und Hunderttausende von Priestern nachfolgten, die ihrerseits Millionen und Milliarden von Gläubigen "bekehrten", im Grunde genommen - nichts. Es bleibt von ihm letztlich nichts übrig als ein krummbeiniger, großnasiger, glatzköpfiger Fanatiker, der mittels geschickter Lügen den Nerv seiner Zeit traf. Es bleibt nichts als ein Klassiker der Intoleranz und ein Judenhasser, der zur "höheren Ehre Gottes" log, dass sich die Balken bogen. Das aber bedeutet, dass das Christentum von einem äußerst fragwürdigen Charakter bezeugt wurde. Einem Charakter, der der Liebe predigte und den Hass lebte. Einem jüdischen Pharisäer, der eines ganz sicher nicht für sich beanspruchen kann: eine zuverlässige Quelle zu sein in historischem Sinne. Vielleicht kann man deshalb wie folgt über ihn urteilen:

Gott weiß, dass er log.

7. KAPITEL

FABULIERER, FÄLSCHER & ERFINDER: IN SACHEN JESUS CHRISTUS

Keine Figur der Weltgeschichte wird so verehrt und ist gleichzeitig so umstritten. Niemand hat in Sachen Nächstenliebe so viel getan, während in seinem Namen später trotzdem Ströme von Blut geflossen sind, und keine Gestalt in der Historie ist so wirklich und gleichzeitig so verschwommen. Wir sprechen von Jesus Christus. Unumstritten ist, dass es sich um eine faszinierende Figur handelt, die alles in sich vereint, was edel, barmherzig und kultiviert ist. Kaum einer der großen Denker der vergangenen zwei Jahrtausende hat deshalb darauf verzichtet, seine Meinung über diesen Jesus abzugeben. Tausende und Abertausende von Interpretationen existieren. Dabei wurde auf die tatsächliche Historie und die recherchierbare Wahrheit selten Rücksicht genommen.

Die meisten führenden Nationen heute sind christlich geprägt, in welcher Ausformung und sektiererischen Eigenart auch immer. Vielleicht wurde deshalb über niemanden so viel fabuliert, erfunden und gefälscht, denn wenn man sich 20 beliebige Theologen verschiedener Glaubensrichtungen anhört, die alle diesen Jesus verehren, wird man unweigerlich 21 Interpretationen erhalten.

Versuchen wir also zunächst einmal, die nackten Fakten zu ergründen, aber im Namen der recherchierbaren Wahrheit, nur mit dem

Handwerkszeug des Geschichtswissenschaftlers ausgerüstet, aber auch mit der "Neuen Historischen Hilfswissenschaft", der *Public Relations,* im Hinterkopf. Versuchen wir, diesen Jesus Christus zu ergründen, so gut es geht, indem wir unser gesamtes Geschichtswissen, das uns zur Verfügung steht, bemühen. Versuchen wir, so ehrlich, so tief und so unvoreingenommen wie eben möglich den historischen Kern erfassen, abseits aller theologischen Mauscheleien, Märchen und Meinungen.

Was kann man in diesem Fall über Jesus Christus sagen?

DAS LEBEN JESU

Leider kann man über das *tatsächliche* Leben Jesu erstaunlich wenig (gesicherte!) Fakten zusammentragen. Die konkrete Biographie ist so dürftig und dünn, dass sie ständig sozusagen vor den Augen verschwimmt. Schon die Quellenlage ist eine einzige Katastrophe. Die Fachgelehrten widersprechen sich bis heute vehement. Man kann allenfalls einen legendenhaften Kern etablieren (nicht die Wahrheit!). In diesem Fall ergibt sich etwa folgendes Bild:

Jesus Christus wurde im Jahr 1, 2, 3, 6 oder 7 vor Christi Geburt (der offiziellen Zeitrechnung) geboren. Seine Eltern gaben ihm den Namen *Jeschua* oder *Josua*, was wörtlich so viel bedeutet wie *Jahwe hilf!* Die Römer nannten ihn *Jesus.* Bethlehem, ein Städtchen acht Kilometer südlich von Jerusalem, war sein Geburtsort, Maria war die Mutter, Joseph der Vater. Später zog die Familie nach Nazareth (im Norden Israels).

Maria wurde die Geburt dieses Jesus von einem Engel angekündigt. Der Vater war also eigentlich nicht Joseph, sondern Gott. Die Jungfrau Maria gebar Jesus in einem Stall, trotzdem erwiesen ihm die heiligen drei Könige ihre Reverenz.

Wie alle Juden wurde Jesus schließlich beschnitten. Obwohl er nur der Sohn eines Zimmermanns war, zeichnete er sich schon früh durch eine hohe Intelligenz aus. Ein gewisser Johannes (der Täufer) taufte Jesus mit Wasser (*Täufer* könnte vielleicht auch soviel wie *Bader* bedeuten oder sogar auf eine andere Sekte verweisen). Später wurde dieser Johannes von Herodes ins Gefängnis geworfen und getötet, während Jesus das Werk dieses Johannes fortführte.

Jesus selbst zog in der Folge predigend durch die Lande. Er lehrte oft in Gleichnissen, segnete und heilte Kranke, machte Blinde sehend und Lahme gehend. Weiter sorgte er dafür, laut dem Neuen Testament, dass Tote auferstanden, Wasser sich in Wein verwandelte und Steine in Brot. Er konnte sogar auf dem Wasser gehen. Schließlich sammelte er zwölf Apostel um sich, die sein *Evangelium* (wörtlich: *Verkündigung*) weitertrugen. Jesus predigte in ungemein lebendigen Bildern, in einer Kürze, Klarheit und mit einer Ausdruckskraft, die äußerstes rhetorisches Geschick bezeugt. Grundsätzlich wetterte er gegen Pharisäer, Heuchler und selbstgerechte Menschen. Er predigte Demut, Friedfertigkeit und Nächstenliebe. Immer wieder aber sprach er von dem kommenden Reich. Endlich lüftete er sein Geheimnis und gab sich als der lang ersehnte *Messias* zu erkennen, der Heiland, der Erlöser, auf den die Juden schon seit Jahrhunderten gewartet hatten. Damit führte er endgültig den Bruch mit dem orthodoxen Judentum herbei. Er bezeichnete sich als Sohn Gottes. Gott-Vater, Gott-Sohn und der Heilige Geist bildeten später ein göttliches Dreigestirn.

Die römischen Behörden witterten revolutionäre Umtriebe, als er von einem neuen Reich sprach, das vielfach weltlich interpretiert wurde; man spionierte ihm nach. Schließlich zog sich das Netz mehr und mehr über ihm zusammen. Etwa 30 Jahre alt nahm Jesus gemeinsam mit seinen Aposteln das Passahmahl[23] ein. Jesus sprach von Opferschuld, dem Opferlamm und von einem Verräter in den eigenen Reihen (Judas Ischariot). Trotzdem segnete er den Wein, den er sein Blut nannte, und das Brot, Sinnbild seines Leibes.

Kurz darauf wurde er verraten und gefangen gesetzt.

Er musste erst Hannas, einem ehemaligen Hohepriester, dannKaiphas, Rede und Antwort stehen. Zeugen sagten gegen ihn aus. Wiedergaber sich als "Sohn Gottes" zu erkennen. Daraufhin wurde er vor den römischen Prokurator Pontius Pilatus geschleppt. Die Anklage lautete, er habe sich als "König der Juden" bezeichnet. Man verurteilte ihn zur Kreuzigung. Kurz vor dem Ende rief er aus: "Mein Gott, mein Gott, warum hast du mich verlassen?" So eine Quelle. Paulus setzte dagegen: "Vater, ich befehle meinen Geist in deine Hände."

Jedenfalls starb er, auf Mitleid erregende, grauenhafte Weise. Römische Söldner losten um seine letzte Habe. Der Leichnam wurde begraben, aber seine Anhänger fanden wenig später nur ein leeres Grab. Sie jubelten! Offenbar war Christus von den Toten auferstanden und in den Himmel aufgefahren. Diese Annahme bestätigte sich in der Folge, da Jesus später mehreren seinen Getreuen erschien.

So weit die offizielle christliche Version, die natürlich mit zahlreichen Anekdoten und Details ausgeschmückt ist. Sie wurde bis heute millionenfach wiederholt, ja hundertmillionenfach. Sie bewegte die Gemüter und veranlasste Milliarden von Menschen dazu, ihr Leben zu ändern. Sie begründete eine neue Religion und Hunderte von Sekten. Sie setzte die stärkste, größte religiöse Bewegung in Gang, die die Welt je sah, denn die meisten Menschen auf Planet Erde sind heute Christen.

Diese "Geschichte" erzielte die größte Wirkung, die jemals eine einzelne Geschichte erzielt hat.

HISTORIA NON FACIT SALTUS

Diese Geschichte hat indes einen beträchtlichen Haken. Der Haken besteht darin, dass nicht ein einziges *Detail*, das hier verknappt und verkürzt geschildert wurde, nicht schon vorher existierte, nicht ein einziges! Das gesamte Neue Testament verfügt nicht über die geringste Originalität!

Tatsächlich gibt es wenigstens fünf Kulturkreise, in denen genau solche oder ähnliche Geschichten schon vorher kolportiert worden waren. Wir kennen ähnliche Legenden aus dem indischen und persischen Raum, aus Griechenland, aus Ägypten und aus dem jüdischen Kulturkreis. Historia non facit saltus: Geschichte macht keinen Sprung.

Mit anderen Worten: Das gesamte Neue Testament ist unter historischen Gesichtspunkten gesehen nichts anderes als eine raffinierte Mischung aus früheren Legenden, Märchen, Gottesvorstellungen, Glaubensinhalten, Wundererzählungen und Belehrungen. Nichts, aber auch nichts ist "neu". Treten wir zumindest ansatzweise den Beweis an. Betrachten wir dazu zunächst den indischen Raum:

• Auch hier begegnen wir der göttlichen Dreifaltigkeit. Im Hinduismus kennen wir die Götter *Brahma*, *Shiva* und *Wishnu*, ein paar Tausend Jahre vor Christus. Auch dass ein Gott die Gestalt eines Menschen annimmt, war in Indien beliebte Erzählung. (Krishna war angeblich die wichtigste Verkörperung Wishnus.) Die heilige Dreifaltigkeit (Gott Vater, Gott Sohn und der Heilige Geist) ist also keine neue Erfindung, und dass ein Gott in einem Menschenkörper erscheint, erst recht nicht.

• Von Krishna wurde auch gesagt, lange vor Christus, dass er gekreuzigt worden sei. Angeblich fuhr er zur Hölle nieder und stieg danach in den Himmel auf. Weiter wurde berichtet, dass er am letzten Tag zurückkehren wird, um die Lebendigen und die Toten zu richten!

• Dass Götter (oder Menschen, in denen Götter inkarniert sind) Wunder tun - Taube und Blinde heilen, Aussätzigen helfen oder Menschen aus dem Grabe auferstehen lassen - kennen wir ebenfalls aus dem Hinduismus. Die indischen Legenden sind voll von solchen Berichten.

147

- Buddha (ca. 563 - 460 v. Chr.) wurde nachgesagt, dass bei seiner Geburt ein großes Licht am Himmel erschien. Taube konnten hören, Stumme sprechen und Lahme gehen. Die Götter neigten sich aus den Wolken, um ihm zur Seite zu stehen. Könige reisten aus der Ferne an, um ihm ihre Reverenz zu erweisen. (Die Heiligen Drei Könige lassen grüßen!)

- Eine jungfräuliche Empfängnis wurde auch bei Buddha angenommen. Die jungfräuliche Empfängnis ist ein alter Trick der religiösen Literatur, um eine Person auf ein besonders hohes Podest zu stellen.

- Wie im Christentum gab (und gibt) es auch im Buddhismus die Heiligenverehrung. Der Buddhismus kennt weiter die Reliquienverehrung, den Gebrauch von Weihwasser, Kerzen und Weihrauch, den Rosenkranz, die geistlichen Gewänder, eine liturgische, tote Sprache, Mönche und Nonnen, die Klostertonsur und den Zölibat. Die Beichte, die Fastentage, die Heiligensprechung, das Fegefeuer und die Totenmessen waren und sind dort ebenfalls selbstverständlich.

- Die Fähigkeit, auf dem Wasser zu gehen, ist ebenfalls Bestandteil buddhistischer Legende.

- Das Stillen von Seestürmen finden wir in der buddhistischen Literatur.

- Selbst die wunderbare Brotvermehrung ist im indischen Raum nicht neu. Eine ähnliche Geschichte existierte lange vor Christus.

- Auch Buddha mahnte, kein Unrecht zu tun, nicht zu töten, nicht zu stehlen, nicht die Ehe zu brechen usw. All das und sehr viel mehr findet man in der kanonischen Pali-Literatur. Wir kennen sogar das ausdrückliche Gebot der Nächstenliebe.[24]

- Auch Buddha warnte vor den Verführungen des Geldes und der "fleischlichen" Begierde, wie Jesus. Der Unterschied: Er lebte ein paar Jahrhunderte früher.

- In zahlreichen Gleichnissen, Erzählungen, Fabeln, Parabeln und Belehrungen vermittelte Buddha ebenfalls Weisheiten, Lehren und Einsichten – gleich Jesus Christus. Diese Gleichnisse und Lehren sind so zahlreich, dass sie nahezu jeden Bereich der menschlichen Existenz abdecken; sie erinnern in fataler Weise an die Gleichnisse des Neuen Testaments.

Und so könnte man fortfahren und fortfahren. Man wäre mit Blindheit geschlagen, nicht anzunehmen, dass es keine Einflüsse aus dem indischen Raum auf das Neue Testament gab. Schon 500, 400, 300 Jahre vor Christus existierten Handelsstraßen und Handelsrouten, die aus Indien in den Vorderen Orient führten und von mutigen Kaufleuten benutzt wurden. Nicht erst Alexander "entdeckte" Indien. Der Inderkönig Aschoka etwa hatte vorher schon buddhistische Mönche nachweislich bis nach Ägypten gesandt. Vielleicht aber waren die Kaufleute wichtiger. Fest steht jedenfalls, es gab Straßen, auf denen Waren aus Indien nach Persien und in den Vorderen Orient gelangten und umgekehrt. Handel aber bringt immer eine wechselseitige Befruchtung mit sich. Ideen werden ausgetauscht, Geschichten erzählt und Überzeugungen verbreitet. Und so gibt es längst die Theorie, dass Jesus Christus "eigentlich" ein indischer Prediger war, der nur seinen Weg nach Israel gefunden habe. Andere Religionsforscher glauben, dass nur die *Geschichten* übernommen wurden. Wie auch immer, fest steht, dass es erstaunliche Ähnlichkeiten gibt (freilich auch genug Unterschiede). Es ist indes nicht unwahrscheinlich, dass die "Himmelfahrt Christi" lediglich eine Abänderung ursprünglich indischer Glaubensinhalte darstellt: Denn in Indien gehörte die "Wiedergeburt", die Reinkarnation, zum festen Bestandteil des religiösen Lebens, im Buddhismus ebenso wie im Hinduismus. Tatsächlich gab es genug Strömungen im frühen

Christentum, die eben genau das lehrten: die Wiedergeburt! Diese Lehre war im frühen Christentum teilweise so populär, dass sie eines Tages von offizieller Seite sogar verboten werden musste! Das heißt, der Glaube an die Wiedergeburt wurde als Häresie gebrandmarkt. Das aber beweist nur erneut, dass "Christi Himmelfahrt" ursprünglich andere Interpretationen erfahren hatte, wie auch die "Auferstehung am Jüngsten Tag", die ebenfalls als "Wiedergeburt" gedeutet werden kann.

All das sind nur einige dünne Anmerkungen, die jedoch zeigen, wie eng verflochten die Religionen Indiens mit dem Christentum sind. Die Parallelen sind so erstaunlich, dass niemand an einen Zufall glauben kann.

GRIECHISCHE QUELLEN

Aber wer noch weiterer Tatsachen bedarf, dass das Christentum nicht originell ist, braucht sich nur die religiösen Überzeugungen im griechischen Raum vor Augen zu führen.

Einige punktuelle Anmerkungen:

- Die "heilige Messe" erinnert verdächtig an griechisches Theater. Auch dort gab es Chorlieder, Sänger, Weihrauch (in Kreta schon!), Feuer und Hauptdarsteller.

- Von Herakles wurden nicht nur die abenteuerlichsten Heldensagen berichtet - er habe Berge gespalten und Wälder von gefährlichen Raubtieren gesäubert -, es gibt auch die (griechische) Sage von dem "geliebten Sohn Gottes, der für die Menschheit leidet, die Toten zum Leben erweckt, in den Hades hinabsteigt und dann in den Himmel auffährt." [25]

- Den Weltuntergang beschworen bereits griechische Philosophen, konkret etwa die Stoiker [26], bekannt vor allem durch ihren Gleichmut und das Bestreben, nicht so emotional zu reagieren.

- Auch bei der Idee, dass Gott den Menschen erlöse, hatten die Griechen längst Vorarbeit geleistet. Dionysos, der wilde Gott, Symbol für Weib, Wein und Gesang und für frohe Festlichkeiten zuständig, begann seine Karriere zunächst als Fruchtbarkeitsgott. Er wandelte sich später zum Gott des Rausches und endete als Sohn des Gottes, der für die Menschheit stirbt, um sie zu erlösen! Es gab griechische Erzählungen, Märchen und Legenden, die das Leiden, Sterben und die schlussendliche Wiederauferstehung dieses Dionysos genau beschrieben!

- Im Rahmen bestimmter (dionysischer) Festivitäten wurde ausgelassen und enthusiastisch gefeiert! "Man trank und tanzte, bis man in eine Raserei verfiel, in der alle Bande sich lockerten. Der Höhepunkt der Zeremonie bestand darin, dass man sich auf einen Ziegenbock, einen Stier und manchmal sogar einen Mann (Lebewesen, in denen man die Fleischwerdung des Gottes erblickte) stürzte, sie zur Erinnerung an die Zerstückelung des Dionysos in Fetzen riss und dann in heiliger Kommunion das Blut trank und das rohe Fleisch aß, wodurch, wie man meinte, der Gott von der Seele Besitz ergreifen würde."[27] Vergessen wir nicht: Der Begriff "Enthusiasmus" bedeutet ursprünglich: "von Gott besessen", "von Gott bewohnt" sein, (griech.: *entheos*). Die Vereinigung mit Gott wurde dadurch symbolisiert, dass man sein Blut trank und sein Fleisch aß. Es ist dies also ein alter griechischer Brauch, mehr nicht. (Das "Abendmahl" lässt grüßen, die "heilige Kommunion"!)

- Auch das Fegefeuer kannten die Griechen längst, lange vor Christus! Es ist ebenso wenig eine Erfindung des Neuen Testamentes wie die Hölle. Man denke nur an Orpheus, den angeblichen Sohn des Apoll, der vor allem als mythischer Dichter und Sänger bekannt ist und nach dem eine religiös-philosophische Geheimlehre bezeichnet wurde, die *Orphik*.

151

Die Orphik lehrte, dass wir uns nach dem Tod verantworten müssen. Wir werden vor einen ewigen Richter gestellt, der die guten und bösen Taten gegeneinander abwägt. Unser Lebenswandel wird genau untersucht und gemessen. Wird man für schuldig befunden, folgt eine harte Bestrafung. Zunächst glaubte man, dass man die Strafe in einem kommenden Leben abbüßen müsse, aber später mutierte dieser Glaube zu einer Theologie der Hölle. Wieder eine andere Variante sprach davon, dass man durch Bußübungen oder durch das *Purgatorium*, das Fegefeuer also, von den schlechten Taten gereinigt werden könne, woraus sich später der Ablassgedanke entwickelte. Nicht erst Luther wetterte gegen den Ablass und die Unsitte, sich durch Geldspenden "freikaufen" zu können. Bereits Platon zog gegen Bettelpriester zu Felde, die Sühne und Reinigung wie Brot verkauften!

Wir kennen in der Orphik weiter den Begriff der Sünde, die dualistische Vorstellung von sündigem Fleisch und der göttlichen Seele, kennen die Unterdrückung des Sexus, die Hölle, das Fegefeuer, den Himmel, alles, alles ist hier vorgeprägt, ein paar hundert Jahre vor Christus. Auch die Wiederauferstehung des Gottessohnes begegnet uns hier wieder.

• Selbst die Idee, dass Gottes Sohn alle Sünden der Welt auf sich nehme, um für uns alle zu büßen, ist nicht neu. Es ist kalter Kaffee, in der Geschichte wahrscheinlich tausend Mal vorexerziert, nämlich in der Form des Sündenbocks. Menschen neigen offenbar dazu, für Unheil einen *Grund* zu suchen. Die alten Griechen glaubten jedenfalls, die Götter verlangten ein Opfer, wenn die Winde etwa nicht in die richtige Richtung wehten, so dass die Schiffe heil ankommen; sie glaubten, die Götter bestraften die Menschen durch Krankheiten usw.
Um nun Unheil und Übel abzuwenden oder die günstige Stimmung einer Gottheit zu erzeugen, lud man alle "Sünden", alle Übel auf die Schultern eines einzigen Menschen, den man töten

konnte. Später, etwas zivilisierter, brachte man immerhin noch Tieropfer dar.

"In Massalia (griech. Landstrich) wurde in Pestzeiten einer der ärmeren Bürger auf Staatskosten aufgefüttert, in heilige Gewänder gekleidet, mit geweihten Zweigen geschmückt und unter Gebeten, dass er alle Sünden eines Volkes zu tragen haben möge, über einen Felsen hinabgestürzt."[28]

- Schließlich findet man zahlreiche Wunder im griechischen Raum. Viele "Wunder" des Neuen Testaments sind einfach abgeschrieben. Dionysos, der herrliche Gott der Lustbarkeit, konnte etwa Wasser in Wein verwandeln. Die abenteuerlichsten Geschichten und Legenden kursierten über die griechischen Götter, neben denen sich die Wundertaten eines Jesus Christus manchmal regelrecht zahm ausnehmen.

  Die Griechen logen, dass sich die Balken bogen, wenn es darum ging, ihre Götter zu besingen. Ihre Schriftsteller waren die begabtesten Lügner der Geschichte, oder sollte man besser sagen: ihre Priester?

- Wir kennen griechische Heiler, die verdächtig an Jesus Christus gemahnen. Sie sind ihm so ähnlich, dass einem die Spucke im Mund trocknet, wenn man davon nur hört.

  Asklepios (oder Äskulap), ein mit Schlange und Stab dargestellter griechischer (später römischer) Gott der Heilkunst, wurden beispielsweise alle möglichen Kunststückchen zugeschrieben.

  Äskulap, von dem Jesus Christus nicht nur die Titel ausborgte und der jedenfalls auch als "Herr" und "Heiland" bezeichnet wurde, weckte immerhin sechs Tote auf, "wobei die Einzelheiten dieselben sind wie bei den Toten, die Jesus aufweckte."[29] Dass Blinde sehend und Lahme gehend gemacht wurden, versteht sich fast von selbst.

153

- Die Wunder Jesus sind ausnahmslos Plagiate, schriftstellerischer Diebstahl, nichts ist neu.
  Es handelt sich geradezu um Standardwunder anderer Religionen!

- Selbst Maria besitzt ihre Vorbilder. Das Urbild Marias, der "Reinen", der "Triebbeherrschten", finden wir bereits in der griechischen Göttin *Athene*, die ebenfalls jungfräulich war (und dem Haupt des Zeus entsprungen sein soll).

- Schon die Griechen hingen einem Trinitätsglauben an. (Die Zahl drei ist seit ewigen Zeiten eine heilige Zahl.) Es gab hier Götterdreiheiten, es gab die Apis-Trinitatislehre und die Sarapis-Trinitatislehre, ja selbst Dionysos, der weintrinkende Unhold, wurde dreigeteilt vorgestellt. (In Rom sprach man später von der kapitolinischen Dreieinigkeit, Jupiter, Juno und Minerva.)

Nach einiger Zeit fällt es einem "wie Schuppen aus den Haaren", wie ein Komiker das einmal formulierte, dass es sich bei den neutestamentlichen Wunder nur um geklaute Wunder handelt. Nicht ein einziges Mal werden originelle Wunder aufgeführt. Alle besitzen sie geschichtliche Wurzeln, zum Teil ähneln sich die Beschreibungen bis aufs Haar.

»ANLEIHEN« AUS DEM JUDENTUM

Damit sind wir noch nicht einmal am Ende angelangt, was die Erforschung der geschichtlichen Quellen angeht. Man könnte mehrere Doktorarbeiten darüber verfassen, was konkret aus dem Judentum "entlehnt" wurde, gestohlen ist ein zu harsches Wort, wenn es auch den Sachverhalt genauer trifft.

- Zunächst einmal ist die gesamte Ausgangsidee der Geschichte des Neuen Testamentes jüdischen Ursprungs. Die Juden warteten bereits seit Jahrhunderten auf einen Messias (hebräisch: *maschiach*: der Gesalbte), einen Erlöser also, der sie aus allem Elend befreien würde. Die Konzentration auf eine Hoffnungsfigur, eine Endzeitfigur, ist somit nicht neu. Sie wurde nahtlos übernommen. Zahlreiche Prophezeiungen, Weissagungen, Anspielungen, Ankündigungen und Zukunftsvisionen im Alten Testament existieren, die das Kommen eben dieses Messias voraussagen.

- Eine der Ankündigungen lautete, dass er, der Messias, aus dem Geschlecht Davids stammen werde. Um nun diese "Voraussagen" im Nachhinein zu bestätigen, wurde im Neuen Testament flugs davon gesprochen, dass Jesus (bzw. Joseph, der Vater) aus dem Geschlecht David abstamme.

Es handelt sich hierbei um einen alten Priestertrick: *Im Nachhinein* schob man einer Figur etwas unter, was in einer älteren Schrift bereits erwähnt wurde.

- Das Gleiche ist von dem Geburtsort Bethlehem zu sagen. Viele Kritiker nehmen an, dass dieser (angebliche) Geburtsort ebenfalls (im Nachhinein!) von den Verfassern des Neuen Testaments nur deshalb ausgewählt wurde, weil das Geschlecht Davids dort seinen Wohnsitz hatte. Die christlichen Schreiberlinge bemühten sich also, die jüdische Überlieferung buchstabengetreu zu erfüllen.

- Viele Gleichnisse, die Jesu Christi in den Mund gelegt werden, haben als Hintergrundkulisse den jüdischen Kulturraum. Es gibt hier Schafe, Weinstöcke, Zöllner, Hohepriester, jüdische Sekten (Pharisäer usw.), Ölberge und anderes mehr. Wir kennen aus anderen "heiligen Schriften", dass dies Methode hat: Eine Aussage wird bildhafter, leichter verstehbar, akzeptierbar und realitätsnäher, wenn sie in das kulturelle Umfeld eingebettet ist.

In den heiligen Schriften der Ägypter etwa findet man entsprechend den Nilgott, heilige Krokodile und heilige Stiere.

- Die Kreuzigung ist hingegen römische "Kultur", obwohl das Kreuz selbst weder eine Erfindung der Römer noch der Juden oder gar Christen ist. Aber im Römischen Reich wurde die Kreuzigung oft eingesetzt. Man denke nur an den Sklavenaufstand des Spartakus, in dessen Folge Tausende von Sklaven gekreuzigt wurden. Es handelte sich um eine barbarische Tötungsart. Kapitalverbrechen wurden gewöhnlich mit eben dieser Kreuzigung bestraft.

"Der Verurteilte wurde an Händen und Füßen an das Kreuz gebunden (selten genagelt); ein vorspringender Holzblock diente als Fußstütze. Wenn das Opfer nicht den Gnadenstoß erhielt, hing es zwei oder drei Tage am Kreuz, vermochte sich nicht zu rühren, nicht die Insekten zu vertreiben, die sich in sein nacktes Fleisch einfraßen, und langsam verließen es die Kräfte, bis endlich das Herz versagte und das Ende kam."[30]

Schwerverbrecher wurden an das Kreuz genagelt, aber auch Hochverräter oder Sklaven, die ihre Hand gegen den Besitzer erhoben hatten, wurden so behandelt. Die Kreuzigung wurde von den Autoren des Neuen Testamentes sicherlich deshalb gewählt, weil sie hochemotional war, Schmerzen beinhaltete, Mitleid hervorrief und *real* war. Aber Kreuzigungen gab es zu Tausenden, originell sind sie nicht.

- Viele Details bei der Kreuzigung sind lediglich Diebstähle, poetische Diebstähle und Plagiate. Dass um den Besitz Jesu, das Gewand, gelost wurde, finden wir bereits im Psalm 22,19, ebenso wie den Ausspruch: "Mein Gott, mein Gott, warum hast du mich verlassen?"
Alternativ (Paulus): "Vater, ich befehle meinen Geist in deine Hände!" basiert auf dem Psalm 31,6. Historiker sprechen von "verdächtigen" Übereinstimmungen. Natürlich handelt es sich hier erneut um den alten, bereits erwähnten (Priester-) Trick; die hohe

Schule bestand darin, eine alte Prophezeiung möglichst wörtlich zu "erfüllen", damit der Glaubwürdigkeitsgrad stieg.

• Die Himmelfahrt war nicht nur den Griechen geläufig, sondern auch den Juden. Die Propheten Moses, Enoch, Elias und Jesaja fuhren alle gen Himmel! Auch das ist also jüdisch und nicht neu.

• Dass das Weltwende angeblich bevorstehe, kennen wir ebenfalls reichlich aus der Literatur. Im Iran, in Babylonien, in Assyrien und selbst in Ägypten gab es bereits solche apokalyptischen Vorstellungen, sprich prophetische Schriften über das Weltende, aber sie existierten auch im jüdischen Raum.

• Im Übrigen gilt den Christen heute nicht nur das Neue Testament als Bezugsquelle, sondern auch Teile des jüdischen Schriftentums. Doch auch dort sind die Geschichten nicht neu. Selbst im Alten Testament wimmelt es von Märchen und religiösen Legenden, die von anderen Völkern übernommen und abgekupfert wurden.

ANDERE QUELLEN

Nur einige wenige Beispiele, stellvertretend für viele andere:
• Selbstredend gibt es auch in den Sagen anderer Völker etwa die Sintflut. Die Geschichten der Sintflut gehen auf die etwa 3.000 vor Christus entstandenen mesopotamischen Sagen zurück. Wahrscheinlich machten die Juden diese Sagen zu ihren eigenen. Möglicherweise gibt es aber auch semitische und sumerische Quellen. Es gibt jedenfalls viele alte Völker, die die Sintflut kannten. Fast alle Gebirge Asiens dienten irgendeinem Geretteten als Landungsplatz.

157

- Auch dass Moses seine Gesetze von Gott erhielt, ist leider nicht neu. Stets nahmen die alten Völker für ihre Gesetzesbücher einen göttlichen Ursprung an. So glaubten etwa die alten Ägypter, der Gott Thoth sei der Schöpfer des Rechtswesens. Der Kodex Hamurabis galt als Geschenk des Sonnengottes Schamasch. Der König Minus von Kreta erhielt angeblich auf dem Berge Vikte die Gesetze der Insel aus der Hand einer Gottheit. Die Griechen bildeten Dionysos, den sie auch den Gesetzgeber nannten, mit zwei Gesetzestafeln ab. Auch Zoroaster erfand die Vorschriften für sein Volk nicht selbst; einmal, als er auf einem hohen Berg betete, erschien angeblich im Blitz und Donner der Gott Arhura Mazda und übergab ihm das Buch der Gesetze.

- Die Erzählung vom Paradies tritt nahezu bei jedem Volk auf. In Ägypten, Indien, Tibet, Babylon, Persien, Griechenland und Polynesien, ja sogar Mexiko gab es ein Paradies. In den meisten dieser himmlischen Gärten wuchsen verbotene Bäume und hausten Schlangen oder Drachen, die dem Menschen die Unsterblichkeit stahlen oder auf irgendeine Weise das Paradies vergifteten.

- In der Mehrzahl der Schöpfungsgeschichten war die Frau das reizvoll böse Werkzeug der Schlange oder des Teufels, sei es als Eva, als Pandora oder als die Poosee der chinesischen Legende. Im Chi-Ching steht: "Alle Dinge waren zuerst dem Manne unterworfen, aber eine Frau brachte uns die Sklaverei. Unser Elend kam nicht vom Himmel, sondern von der Frau; sie ward der menschlichen Rasse zum Verhängnis ...!"

- Das Lamm als symbolisches Tier gab es bereits im alten Babylonien. Hier wurde vom Lamm als ein Ersatz für den Menschen gesprochen, ja vom Lamm, das "er" für sein Leben gibt. Die Darbringung des Opfers erfolgte nach einem bestimmten Ritual. Also auch dieses biblische Bild ist lediglich abgekupfert.

• Des weiteren gab und gibt es Höllenvorstellungen in zahlreichen Kulturen. Der Glaube an die Hölle war das hervorstechendste Merkmal der etruskischen Theologie. Wie die Darstellungen in den etruskischen Grabkammern zeigen, wurden die Seelen der Verstorbenen vor ein Unterwelttribunal geführt, wo sie bei einem "Jüngsten Gericht" die Gelegenheit erhielten, ihr Verhalten zu rechtfertigen. Wenn ihnen das nicht gelang, so wurden sie zu Qualen in reicher Auswahl verurteilt. All diese Legenden hinterließen ihre Spuren in den frühchristlichen Höllenvorstellungen.

LOGIK DES HISTORIKERS

Der Geschichtswissenschaftler liest also das Neue Testament mit ganz anderen Augen! Er sieht sofort die historischen Bezüge und erkennt, was aus anderen Quellen "entlehnt" wurde, wenn man es vornehm sagen will. Er wird mit Sicherheit an keinen göttlichen Ursprung glauben. Er wird, nolens volens, das gesamte Neue Testament in seine Einzelteile zerfallen sehen, und er wird (selbst wenn er die christliche Lehre schätzt), ob er will oder nicht, zu dem notwendigen logischen Schluss kommen müssen, dass es bei den neutestamentlichen "Zeugnissen" nicht mit rechten Dingen zugegangen sein kann. Wenn er bereit ist, seinen Verstand zu benutzen, muss er erkennen, dass das Neue Testament in weiten Teilen einfach abgekupfert wurde, dass diesem wirklichen oder angeblichen Jesus alle diese Taten, Aussagen, Sprüche und Wunder nur untergeschoben wurden.

Er wird erkennen, dass es sich bei Jesus Christus um eine Kunstfigur handelt, abstrahiert und zusammengebastelt aus allen möglichen und unmöglichen Sagen, Mythen, Märchen, Geschichten und Legenden. Er wird seine Zweifel daran haben, ob dieser Jesus wirklich existierte oder nicht, denn da tatsächlich kein einziger, neuer Gedanke in dem Neuen Testament auftaucht, der nicht geschichtlich zurückzuverfolgen ist auf eine andere Quelle, ja in verdächtiger Übereinstimmung mit anderen, früheren Quellen steht, wird er nicht umhin kommen, scharfsinnig zu schlussfolgern, dass der ganze Spaß das Werk *zahlreicher Autoren* ist (hochintelligent, sicher!), die fleißig abschrieben und eine künstliche, oft süßliche Figur schufen und zusammensetzten vor allem aus indischen, griechischen und jüdischen Vorstellungen, aber auch aus persischen, ägyptischen und etruskischen Legenden.

Zweifelt man indes die Originalität, die Einzigartigkeit und die Authentizität des Neuen Testamentes an, und man muss sie anzweifeln, wenn man alle fünf Sinne beisammen hat, wird der ganze "Beweis" hinfällig, dass es sich hier um das "Wort Gottes" handelt.

AUS DER FÄLSCHERWERKSTATT

Wenn es sich jedoch nicht um das WORT GOTTES handelt, um Gotteswillen! Worum handelt es sich bei dem Neuen Testament dann? Nun, es handelt sich natürlich um die raffinierteste, geschickteste und perfekteste Fälschung, die je angestellt wurde. Es handelt sich um nichts weniger als um einen Geniestreich der Literatur. Es handelt sich um das phantastischste, bewunderungswürdigste, ausgefeilteste und begeisterndste schriftstellerische Machwerk, das je zusammengebastelt wurde!

Fälschungen, muss man wissen, waren schon vor dem Neuen Testament nichts Neues, ja geradezu an der Tagesordnung. Es existierte geradezu eine ganze Fälscher*tradition*! Das heißt, die Kunst der Fälscherei war hoch entwickelt. Wir wissen heute, dass schon bei den Griechen und Römern Schriftstücke unter falschen (bekannten) Namen das Licht der Welt erblickten, um einem Gedanken mehr Gewicht zu verleihen oder einer Idee mehr Nachdruck. Nicht alles, was ehemals als Platon durchging, stellte die Wissenschaftskritik später fest, war ein originaler Platon. Hippokrates[31], von dem angeblich 130 Schriftstücke existierten, musste später zurechtgestutzt werden: Nicht einmal die

Hälfte seiner Schriften werden heute als echt anerkannt. Aristoteles wurde ebenso gefälscht wie Pythagoras, Cicero oder Cäsar Texte im Nachhinein untergeschoben wurden. Die Fünf Bücher Mose, weiß man heute mit Sicherheit, stammen nicht von Moses, wir haben hierüber bereits berichtet. David, Salomon, allen, allen wurden später im Nachhinein Texte untergeschoben.

Heute ist die wissenschaftliche Textkritik so weit, dass sie nicht mehr unbesehen jedes Schriftstück, das einst als "Platon", "Aristoteles" oder "Moses" durchging, für echt hält. Sie prüft und vergleicht. Sie weiß, wie man das Alter der Schriftstücke genauer bestimmen kann. Die Autorenschaft kann gewöhnlich präzise zurückverfolgt werden. Schriftstücke kann man heute zeitlich exakt einordnen. Die wissenschaftliche Textkritik verfügt inzwischen über unendlich verfeinerte Methoden, die die Echtheit eines Werkes belegen (oder verwerfen) können. Umgekehrt verfügte der Fälscher schon im Altertum über ein ganzes Repertoire an Fälschungstechniken. Denn das Fälschen war angeblich notwendig. Schließlich galt es, die Schafe auf der eigenen Weide zu behalten. Man musste Ketzer, Häretiker und Ungläubige ausgrenzen. Man musste Feinde bekämpfen und verdammen. Mann musste das Wort Gottes verbreiten, juristische Ansprüche untermauern und Besitzansprüche zementieren. Und so war der "fromme Betrug" geradezu an der Tagesordnung. Begeben wir uns interessehalber einmal persönlich in eine solche Fälscherwerkstatt und führen wir uns das Repertoire dieser begabten Griffel zu Gemüte. Alles in allem verfügte der neutestamentarische Fälscher über ein ganzes Arsenal von Waffen.

DIE DREIZEHN TECHNIKEN DER FÄLSCHER

Der Mönch kratzt sich am Kopf und ordnet die wenigen, übrig gebliebenen Haare seiner Tonsur. Die Kerzen sind schon fast heruntergebrannt. Überall liegen alte Papyrusblätter und vergilbtes Pergament zum Vergleich herum. Der Mönch überlegt verzweifelt. Worauf muss er besonders achten?

FÄLSCHUNGSTECHNIK 1

Schon das Alter des Schreibmaterials ist wichtig. Da wissenschaftliche Methoden, sprich physikalische und chemische Analysen noch nicht existieren, braucht man sich im 3. Jahrhundert nach Christus noch nicht allzu viele Sorgen zu machen. Dennoch muss die Rohfeder stimmen, das Schreibmaterial und die Schreibflüssigkeit. Der Mönch sitzt über einem Papier, den Rücken gebeugt, und schwitzt.

Die Utensilien müssen stimmen. Verflixt, benutzten die Griechen im 1. und 2. Jahrhundert nach Christus Geburt überhaupt dieses Papier? Der Mönch überlegt. Wahrscheinlich! Jedenfalls hat er einige Papierreste aus der damaligen Zeit aufgetrieben. Aber er braucht zusätzliche Kenntnisse.

FÄLSCHUNGSTECHNIK 2

Die Schrift, die Sprache und die Buchstaben, die sich in rasender Geschwindigkeit verändern, müssen stimmen. Außerdem muss er wissen, wie die Buchstaben gesetzt, gemalt und gepinselt wurden. Wochenlang hat er geübt, jetzt ist er so weit. Der Mönch ist *sprachwissenschaftlich* gewandt. Er ist nicht so geschickt, dass man ihm im 21. Jahrhundert nicht auf die Schliche kommen könnte, aber immerhin kann er alte Sprachen kopieren.

Selbstverständlich ist unser Mönch sehr belesen. Er kennt die Schriften der Griechen und der Juden. Er kennt sogar Märchen und Legenden aus Indien. Es handelt sich um einen hochstudierten Mann, dessen literarische Qualifikation die beste ist, die man sich nur wünschen kann. Normalerweise wird er fürstlich honoriert. Es handelt sich mit einem Wort um den besten Kenner seines Fachs.

Er ist ein Priester mit *sprachwissenschaftlichen Qualifikationen*!

FÄLSCHUNGSTECHNIK 3

Aber mit der Schrift allein ist es nicht getan. Unser Mönch studiert noch einmal ein paar alte Schriften. Oh, das ist höchste Kunst! Die damaligen Autoren kultivierten einen bestimmten *Stil*, eine bestimmte *Form*. Er muss diesen archaischen Stil genau kopieren! Der Mönch sieht, dass er in Gleichnissen reden muss. Er muss außerdem die Grammatik nachahmen und in kurzen, harten, überzeugenden und gleichsam metallenen Sätzen sprechen! Welch eine Herausforderung! Ja, an diese Aufgabe kann man keinen normalen Schmierfink setzen.

Stilistisch, grammatikalisch, in der Interpunktion und in der Wahl der Wörter muss er exakt sein.

Der Mönch studiert zum hundertsten Mal einige stilistische Klischees, während seine Augen beim Licht der Kerzen brennen. Er studiert wiederkehrende literarische Muster. Aha, so formulierten die Alten!

Er verfügt über viele *rhetorische Techniken*. Er weiß, wie man eine Steigerung komponiert. Er weiß, wie man die Wörter im Satz so anordnet, dass sie einen größtmöglichen Eindruck hinterlassen. Und unser Mönch weiß, wie Cicero schrieb und der große Platon. Neben seiner Fälscherarbeit gibt er Unterricht in der rhetorischen Disziplin.

FÄLSCHUNGSTECHNIK 4

Er überliest seinen Text, es klingt gut. Jetzt aber gilt es, diesen Text noch echter wirken zu lassen. Er wischt sich den Schweiß von der Stirn. Die Tonsur juckt. Das neue Schriftstück, das den Anspruch des Christentums zementieren soll, muss auf den ersten Blick so echt wirken, dass kein Zweifel an seiner Echtheit aufkommt. Wie stellt man Echtheit her? Nun, durch *sehr genaue Angaben*. Also achtet er darauf, verblüffendes Detailwissen einzuflechten.

Je genauer die Angabe, um so glaubwürdiger. Man schreibt nicht: Er erhielt *zehn Sack* Getreide, sondern: Er erhielt *11 1/2 Säcke und drei Scheffel* Getreide. Ja, das klingt glaubwürdig! Jeder erkennt sofort, dass sich der Autor der Wahrheit verpflichtet fühlt. Die *sehr* genauen Angaben sind Bestandteil seiner Fälschungstechnik!

Unser Mönch schwitzt weniger, er ist plötzlich sehr zufrieden. Genauigkeit! Nebensächlichkeiten! Das ist es!

Auch *genaue Zeit- und Ortsangaben* überzeugen. Wann war die letzte Volkszählung im alten Rom? Das kann auch ein anderer Gelehrter ohne weiteres nachprüfen! Es wird jeden überzeugen. Also, Zeit und Ort! Weiter braucht er ein paar geschichtliche Begebenheiten, die jeder kennt. Die Volkszählung unter Augustus! Sehr gut! Der Leser geht seiner fabrizierten Geschichte damit leichter auf den Leim. Namen, die allgemein bekannt sind, erhöhen den Glaubwürdigkeitsgrad!

FÄLSCHUNGSTECHNIK 5

Sein Schriftstück sieht immer perfekter aus. Oh, kein anderer Federfuchser könnte das leisten, was er hier leistet! Wie kann er die Glaubwürdigkeit noch erhöhen? Natürlich! Durch *Bezüge*! Der Mönche wirft einen schnellen Blick auf das Alte Testament. Hier wurden Prophezeiungen am laufenden Band ausgesprochen. Was liest er hier? Er wird aus dem Geschlechte Davids stammen? Fabelhaft! Die Alten hatten also bereits von IHM gesprochen. Also, Josef muss ein Nachkomme Davids sein. Lasst uns eine Genealogie, eine Geschlechterkette, einen Stammbaum entwerfen, der bis auf David zurückzuführen ist! Oh, er wird sich das Himmelreich mit seiner Arbeit verdienen! Er wird vor allem diesen verdammten Juden eins auswischen, aber auch den Griechen, die immer noch nicht ganz überzeugt sind, dass dieser Jesus Christus wirklich der Messias ist, ja die teilweise offen seine Existenz anzweifeln.

Der Mönch fühlt sich plötzlich vom Heiligen Geist inspiriert. Ja, alte Prophezeiungen! Das ist es! Vorherwissen! Vielleicht sollte man auch Teile der *jüdischen* Schriften fälschen und hier wichtigen Personen Weissagungen in den Mund legen, die dann später magischerweise eintreffen. Oh, das wäre die ganz hohe Schule! Ein fabelhafter Gedanke! Die erfüllte Prophezeiung, die *heute* entdeckt wird, während der alttestamentarische Bezug, die ursprüngliche Prophezeiung, *Monate später* aufgefunden wird! Das wäre eine Geniestreich! Er denkt darüber nach und freut sich. Die jüdische Literatur blickt auf eine Entstehungszeit von über 1000 Jahren zurück. Hier lässt sich im Nachhinein viel hineinfälschen und nachträglich einschieben, so dass diese, seine neue Schrift schließlich eine Prophezeiung erfüllt, über die dann andere stolpern werden. Oh, er ist begeistert!

FÄLSCHUNGSTECHNIK 6
Was noch? Oh ja, er muss seine Augen- und Ohrenzeugenschaft beteuern! Dazu gehört es, seltene Namen zu zitieren. Bemerkenswert, denkt er! Einerseits dienen bekannte Namen der Glaubwürdigkeit, andererseits unbekannte Namen. Beide Methoden funktionieren. Zumindest muss der Autor des vorliegenden Schriftstückes den Augenzeugen angeblich persönlich gesprochen haben.

FÄLSCHUNGSTECHNIK 7
Wieder schaut der Mönch bei den Alten nach, den Meisterfälschern. Ja, auch das ist wichtig! Sie drohen gerne! Sie drohen mit den ärgsten Qualen der Hölle, wenn man nicht *glaubt*. Er fügt flugs einen entsprechenden Paragraphen ein. Er malt die Höllenqualen noch ein wenig farbiger aus. Er fügt einige saftige Flüche ein in Richtung der Ungläubigen, das wirkt immer!

FÄLSCHUNGSTECHNIK 8
Der Mönch hat einen weiteren genialen Einfall. Er bezichtigt *andere* der Fälschung! Wie raffiniert kann man Authentizität, Echtheit und Originalität verkaufen! Er warnt vor den Höllenhunden, den Lügnern und der Schlangenbrut. Das erhöht erneut die Glaubwürdigkeit und macht sehr viel her. Er holt aus und genießt es, Donnerworte niederzuschreiben!

FÄLSCHUNGSTECHNIK 9
Umgekehrt verheißt er denen, die an der Echtheit seiner Aussagen nicht zweifeln, das Himmelreich. Hier wird es keine Schmerzen geben! Krankheiten werden heilen! Man wird das ewige Leben besitzen! Das

Spiel mit der Krankheit und mit dem Schmerz funktioniert immer, seit Tausenden von Jahren, damit kann man alles verkaufen! Der Traum vom ewigen Leben ist ebenfalls effektiv.

FÄLSCHUNGSTECHNIK 10

Jetzt muss noch eine Geschichte her, wie und wo das Schriftstück aufgefunden wurde. Gräber eignen sich hervorragend, aber auch berühmte Bibliotheken oder altehrwürdige, literarische Archive, Felsenhöhlen, Felsengrotten oder Papierrollen, in Krügen versteckt. Er wird wohl einen kleinen Hirtenjungen engagieren müssen, der "zufällig" dieses neue Schriftstück findet. Der Junge wird eine kranke Mutter haben und plötzlich berühmt und reich werden. Seine Schriftstellerphantasie geht mit ihm durch. Oh, eine Geschichte um die Geschichte herum!

FÄLSCHUNGSTECHNIK 11

Schließlich sollte er sich, trotz allem, auf Dritte berufen. Dieser Schriftstellertrick ist uralt und funktioniert ebenfalls. Sofort wird seine Geschichte breiter, ausgedehnter und damit glaubwürdiger. Ja, er beruft sich auf Dritte, die seine Behauptungen unterstützen. Optisch sieht seine Geschichte jetzt so aus, als ob *mehrere* Zeugen zugegen gewesen wären. Fabelhaft! Wer käme in Frage? Frauen? Ja, auch Frauen will man gewinnen! Leute aus dem Volk, mit denen sich der Leser identifizieren kann. Die Beglaubigung durch Dritte ist eine Goldidee.

FÄLSCHUNGSTECHNIK 12

Wie wäre es mit einer Vision? Ja, warum eigentlich nicht? Eine Erscheinung! Erscheinungen findet der Mönch bei *all* seinen literarischen Vorbildern, sie waren schon immer höchst wirkungsvoll.

FÄLSCHUNGSTECHNIK 13

Jetzt fehlt nur noch ein krönender Abschluss. Die Kerzen sind schon ganz heruntergebrannt, aber das I-Tüpfelchen fehlt. Er bemüht sich um eine Unterschrift. Sie misslingt. Auf einem eigenen Blatt Papier übt er sie wieder und wieder, bis die Buchstaben rund, drall und echt wirken. Ein Siegel wäre ebenfalls eindrucksvoll. Benutzte man zu dieser Zeit Siegel? Nein, leider nicht. Aber ein Eid, ein heiliger Eid, das gibt den letzten Knalleffekt. Ein Eid auf jeden Fall!

Unser Mönch ist hochzufrieden, die Tonsur juckt nicht mehr. Aber das Schriftstück wirkt jetzt so echt wie es nur wirken kann. Er steht in der Tradition der großen Meisterfälscher. Aber er hält sich für keinen Sünder, sondern nur für einen würdigen Diener Gottes!

DIE FÄLSCHERTRADITION

Wer glaubt, dass mit diesen Zeilen im Geringsten übertrieben wurde, der irrt. Tatsächlich gab es wie gesagt schon im Altertum eine regelrechte *Fälschertradition*. Beliebt war die Fälschung hochberühmter Autoren. Lebende Autoren schieden aus, denn sie konnten unter Umständen Falsifikate zu leicht entlarven. Aber mit dem großen Namen eines Dahingegangenen verlieh man einem Text Gewicht.

Die meisten Fälscher waren von Haus aus *Priester*. Es ist der Verdienst Karlheinz Deschners, auf genau diese ausufernde Fälschertradition aufmerksam gemacht zu haben.

Zahlreiche Schriftstücke sind heute zweifelsfrei als Fälschungen enttarnt. Nicht weniger als sechs Briefe des Paulus sind gefälscht, wie heute selbst Theologen zugeben. Alle "katholischen Briefe" des Neuen Testaments sind Fälschungen. Besonders beliebt waren Fälschungen zu Ehren der Jungfrau Maria. Es gab aber auch Fälschungen im Namen aller Apostel, Fälschungen im Namen Jesu, gefälschte Apostelakten, erfundene Briefe und zahlreiche Fälschungen unter dem Namen von Kirchenvätern. Besonders gefragt waren Fälschungen, um die Historizität Jesu zu begründen oder das Ansehen der Juden gegenüber den Heiden oder Griechen zu heben. Weiter sind die meisten Märtyrerakten nachweislich gefälscht.

167

So gut wie alle Bischofslisten sind erfunden, um den Nachweis der apostolischen Tradition zu erbringen.

Fälschungen waren also an der Tagesordnung. Es wurde jongliert, manipuliert und interpoliert nach Belieben. Nichts war den Fälschern heilig. Viele Fälschungen stützten sich auf andere frühere Fälschungen. Kurz, es wurde untergeschoben, beigemengt und beigemischt, wie in einem Kochtopf.

Die Fälschertradition ist in den christlichen Kirchen so gewaltig, dass man heute eigentlich nur staunend vor diesem Gebräu aus Lügen, Meineiden, falschen Behauptungen, Unwahrheiten und Halbwahrheiten stehen kann. Buchstäblich Tausende von kirchlichen Fälschungen sind heute zweifelsfrei erwiesen, wie selbst christliche Wissenschaftler unumwunden zugeben, die freilich das Ganze zu bemänteln versuchen. Wenn man also versucht, abzuleugnen, dass Fälschungen in den christlichen Kirchen nicht Tradition hatten, befindet man sich ganz einfach nicht auf der Höhe der wissenschaftlichen Forschung.

WIE ES WIRKLICH GEWESEN IST

Geschichte besitzt die ehrenwerte Aufgabe darzustellen, "wie es wirklich gewesen ist", eine ebenso ernste wie naiv gemeinte Forderung, denn wer kann schon zweitausend Jahre in der Zeit zurückgehen? Man kann sich bestenfalls eine ungefähre Einschätzung verschaffen, mehr nicht, trotz aller Quellen, ja vielleicht wegen aller Quellen, weil diese so fragwürdig sind. Versuchen wir dennoch, trotz all der tausend Hindernisse, die uns entgegenstehen, die Frage zu beantworten, was es mit diesem Neuen Testament "wirklich" auf sich hatte.

Setzte sich also tatsächlich ein Mönch oder ein priesterlicher Schmierfink hin und fälschte fröhlich drauflos. Erfand er die Figur des Christus?

Nun, unser Mönch ist fiktiv und frei erfunden, aber er könnte so existiert haben. Man kommt der Wahrheit indes näher, wenn man sich die Entstehung des Neuen Testamentes wie folgt vorstellt:

1. Dutzende von Autoren verfassten dieses "Neue Testament" (gewiss nicht nur Markus, Matthäus, Lukas und Johannes) im Laufe von vielen Jahrhunderten. Wahrscheinlich ist unseres Erachtens dies: Am Anfang hat wohl ein "Ur-Jesus" gestanden, eine griechische oder jüdische Figur, eine Art Heiler oder "Heiland", der tatsächlich über bestimmte außergewöhnliche Fähigkeiten verfügte, wie man sie bis heute antreffen kann.

   Dieser Ur-Jesus mag in der Folge zusammengeschmolzen sein mit einigen Endzeit-Erwartungen, wie sie im Judentum ständig präsent und gegenwärtig waren. Das erste (und wichtigste) Stadium der Legende war geboren!

2. Nachdem ein "Ur-Jesus" existierte, wurde diese Figur "aufgepeppt", wie man heute sagen würde. Es wurden ihm am Anfang vielleicht nur einige wenige Legenden angedichtet, um die Figur satter, runder, glaubwürdiger, liebenswerter und bedeutsamer zu machen. Dass die Geschichten bereits in anderen Ländern existierten und dort weidlich ausgeschlachtet worden waren, störte die Erfinder offenbar nicht. Um diesen "Ur-Jesus" wurden also religiöse Märchen aus anderen Kulturkreisen herum gesponnen und herum gewoben. Alle möglichen Leute, berufene und unberufene, erfanden etwas dazu, vor allem aber Priester, die ihre Gemeinden überzeugen mussten.

   Das zweite Stadium der Legende war geboren.

   Geschah dies durch einen einzelnen Autor? Sicherlich nicht!

   Wir müssen uns vielmehr das Ganze so vorstellen, dass mit der Zeit ein dichteres und dichteres Netz gesponnen wurde. Am Anfang stand wie gesagt nur die dumpfe, dunkle Erinnerung an einen "Heiland", einen Arzt vielleicht, mehr nicht, der mit jüdischen

Endzeitträumen verquickt worden war. Jetzt wurde die "Legende Jesu" fester und "dichter". Sie wurde mit gestohlenen Märchen und Legenden über angebliche Heilungen und Wunder ausgeschmückt.

3. Schließlich musste ein dramatisches Ende her!
Als Autor von Romanen wird man das Neue Testament besonders skeptisch lesen, denn es finden sich fast alle Elemente, die einen guten Roman ausmachen: Entwicklung, Vorausschau auf die künftige Handlung, Verrat, retardierende Elemente, Außergewöhnliches, Hass auf den Unterdrücker, vorwärts und rückwärts sich bewegende Handlungslinien und ein finaler, endgültiger Höhepunkt (die Kreuzigung), die nur noch getoppt wird durch die Auferstehung und Himmelfahrt, wie wir sie jedoch längst aus Indien und Griechenland kennen. Sieht denn bis heute niemand, dass die Geschichte äußerst sorgfältig komponiert wurde?
In diesem Stadium waren Dichter am Werk, wirklich begabte Federfuchser, Priesterpoeten!

4. Schließlich traten literarisch geschulte Priester auf den Plan.
Unser Mönch mit seinen 13 Fälschertechniken ist hier anzusiedeln. Wahrscheinlich aber ging eine ganze *Gruppe* von hoch studierten Priesterautoren jetzt ans Werk. Unter anderem mussten die Bezüge zum Alten Testament hergestellt werden. Außerdem musste EINE Fassung her.

WER initiierte diesen Job, EINE Fassung vorzustellen? Konstantin! Konstantin der Große *befahl* aus machtpolitischen Gründen die endgültige Ausarbeitung EINER EINZIGEN Fassung des Neuen Testaments.
Hierfür musste erneut gefälscht und gelogen werden, denn die zahlreichen Fassungen, die vorher existierten, waren gar zu widersprüchlich. Eine ganze Gruppe von belesenen Priestern brachte die ausufernden "Erinnerungen" (lies: Legenden) nun auf einen letzten gemeinsamen Nenner. So etwas wie ein "Neues Testament" gab es ja anfänglich nicht

wirklich. Aus einer Unzahl von Schriften, bei denen man erst später unterschied zwischen kanonischen[32] Schriften und apokryphen[33] Schriften, wählte man schließlich einige wenige aus, die endlich das bildeten, was heute als "Neues Testament" durchgeht. Im Prinzip wurde 400 Jahre lang "nachgedacht", bis sich aus Anekdoten, Legenden, Erbauungsliteratur, Märchen und Überlieferungen diese Schrift etablierte, die voll von Propaganda[34], Apologetik[35] und Polemik ist. Propaganda – das war der eigentliche Zweck des Neuen Testamentes, die Verbreitung des Glaubens.

Man einigte sich schließlich auf einige "kanonische" Schriften, auf "Gottes Wort", das natürlich nicht "echt" war, sondern nur als "echt" *definiert* wurde.

Es wurde geglättet, "harmonisiert", paraphrasiert und interpoliert.

Mit Rechtfertigungen für all diese Veränderungen und Hinzufügungen war man schnell bei der Hand. Schließlich geschah das alles nur zur "höheren Ehre Gottes". Im Nachhinein wurden allerlei Kunststückchen versucht, "logische" Zusammenhänge hergestellt und (theo)logische Konstruktionen aufgestellt, die das Neue Testament in seiner "Echtheit" bestätigen sollten.

Doch das waren alles nur Wünsche frommer Priester, die glaubten, sich das Himmelreich verdienen zu können, wenn sie ein paar Mal kräftig logen. Die Wahrheit und nichts als die Wahrheit ist, dass an diesem "Neuen Testament" Hunderte von Autoren herumgepfuscht haben. Begabte Schreiberlinge, einige, ja zugegeben! Aber sie alle, alle wurden von ihren eigenen Vermutungen, Mutmaßungen und Wünschen beherrscht.[36]

Wiederholen wir nun den springenden Punkt: Es gibt für diesen Jesus Christus *keinen einzigen Augen- oder Ohrenzeugen!*

Kein einziger Zeitgenosse (von Paulus abgesehen, den wir nicht umsonst so sorgfältig behandelt haben, und der hatte nur eine "Erscheinung") berichtet uns von diesem Jesus![37]

Es existiert außerdem *keine einzige* außerchristliche Quelle!

Und damit bleibt von Christus nur ein großes Fragezeichen.

KRITIKER DES NEUEN TESTAMENTS

Jahrtausendelang war es lebensgefährlich, an dem Neuen Testament herumzudeuteln. Vergessen wir nicht, erst seit etwa zweieinhalb Jahrhunderten können wir relativ frei reden. Vorher war der Zweifel verboten. Man musste "glauben", ansonsten riskierte man die Hölle im jenseitigen Leben, im diesseitigen Kopf und Kragen.

Hochwohllöbliche Gestalten machten dennoch schon früh auf viele Ungereimtheiten des Neuen Testamentes aufmerksam. Hermann Reimarus ist hier zu nennen, Professor für orientalische Sprachen in Hamburg, der bei seinem Tode 1768 einen riesigen Schmöker hinterließ, den er aber nie wagte zu veröffentlichen, weil er sich mit eben diesem heißen Thema befasste. Lessing gab Teile davon später in den so genannten "Wolfenbütteler Fragmenten" heraus. Reimarus betrachtete Jesus nicht als Gründer des Christentums und wies auf jüdische Quellen hin. Herder hatten ebenso seine Zweifel an dem Neuen Testament wie David Friedrich Strauß, der 1836 gegen Märchen und Mythen einen heldenhaften Kampf führte, desgleichen wie Ferdinand Christian Baur, Bruno Bauer, Ernest Renan und Abbé Loisy.

Die Franzosen, die Deutschen, die Holländer bemühten sich mit Pierson, Naber, Matthas, Drews, Bultmann, Dibelieu, Käsemann, Reschke, Albert Schweitzer - und zuletzt mit dem begabtesten von allen: Karlheinz Deschner, den Lügen des Neuen Testaments, den Lügen über diesen Jesus auf die Spur zu kommen.

Stück für Stück, Seite für Seite, Wort für Wort wurde zerpflückt. Mehr und mehr tauchten Ungereimtheiten und Widersprüche auf. Und so muss man heute festhalten, dass das Neue Testament alles Mögliche genannt werden kann, aber nicht "historisch" im Sinne von "der Wahrheit verpflichtet". Kein Jota, kein Krümel und kein Buchstabe bleibt bei genauer Nachforschung übrig. Das Neue Testament ist nichts als der (priesterliche) Versuch, ungemein raffiniert auf seine Art, ein paar Texte schlussendlich als "kanonisch" zu erklären und damit die Existenz Jesu zu beweisen.

WAS BLEIBT?

Was bleibt? Lebte Jesus Christus wirklich? Nun, unserer Meinung nach sind die "Anleihen", sprich die Diebstähle aus anderen Kulturen, zu offensichtlich. Das Neue Testament ist ein Plagiat, ein bunt zusammengewürfeltes Sammelsurium von Geschichten, Behauptungen und Märchen. Die Figur des Jesus Christus ist in vielen Teilen zu süßlich, zu perfekt und zu vollkommen, als dass man nicht Zweifel hegen könnte. Hier wurde ein Gott geschaffen, aber von Menschenhand.

Bestechend und verführerisch sind die ethischen Forderungen, aber keine einzige ist neu, keine einzige originell. Zu oft wird mit den Ängsten des Menschen manipulativ umgegangen. Und so glauben wir, dass es sich bei dem Neuen Testament um nichts anderes als um fromme Legendensammlungen handelt, bestenfalls die gefährlichste und intelligenteste freilich, die es je gab. Möglich ist, wie gesagt, dass es so etwas wie ein Vorbild für diesen Jesus gab. Äskulap, der Arzt und Heiler, oder eine andere griechische Figur mag das Vorbild und Urbild abgegeben haben. Schließlich konnte Äskulap heilen und tat Wunder, er war ein "Heiland".

Aber auch einer der zahlreichen jüdischen Propheten mag die Vorlage für den "Ur-Jesus" geboten haben, zu auffällig sind die Gemeinsamkeiten des neutestamentarischen Christus mit den alttestamentarischen Propheten. Bestimmte Wunder, Märchen und Anekdoten fanden den besonderen Beifall der Menge, die jedoch aus mindestens fünf Kulturkreisen, wie wir aufgezeigt haben, entlehnt wurden. Sie wurden mit dem Ur-Jesus vermengt, die Geschichten wurden auf ihn zugeschnitten. Jesus bekam Konturen.

Ein oder mehrere Priesterpoeten, zweifellos Schlüsselfiguren bei der Abfassung des Jesu-Dramas, dem vielleicht ein tatsächliches Ereignis zugrunde liegen mag, denn Juden wurden von den Römern ohne viel Federlesens gekreuzigt, wenn sie es für angezeigt hielten, komponierten die Rohfassung der Geschichte. Vielleicht war ein jüdischer Gesetzesbrecher das Vorbild für die andere Hälfte dieses Jesus oder ein politischer Aufrührer. Der Ur-Jesus wurde nun möglicherweise mit einem Gesetzesbrecher oder Aufrührer vermengt und zu einer einzigen Figur (Jesus II) zusammengeschmolzen.

Aber zu viele Varianten existierten nach einiger Zeit.

Also verfügte ein Kaiser (Konstantin) schließlich, dass es nur eine einzige Version geben dürfe. Beflissene, hochkultivierte und sehr belesene Priestergriffel waren sofort zur Stelle und schufen zu guter Letzt *eine* Version, an der man jetzt nicht mehr zweifeln durfte.

Und so entstand die Figur dieses Jesus Christus, der halb Heiler, Heiland, Prophet auf der einen Seite und halb Gesetzesbrecher und "Aufrührer" auf der anderen Seite war.

Damit aber sind wir dem größten literarischen Betrug der Weltgeschichte auf der Spur.

Dieser Jesus, wie er uns heute vorgesetzt wird, mit seinem heiligen, entrückten Gesichtsausdruck, wie er allenthalben auf Bildern dargestellt wird, *existierte sicherlich nicht*! Christus ist, so wie er "überliefert" (das heißt zusammengefälscht) wurde, zweifellos eine Kunstfigur, eine synthetische Gestalt, ein literarisches Großereignis, ohne Frage, ja, aber deshalb nicht "wahr".

Gab es also diesen Jesus Christus?

Nun, *diesen* Jesus Christus, der uns allen zweitausend Jahre lang verkauft wurde, gab es sicherlich nicht.

Gab es einen anderen Christus?

Wir wissen es nicht, möglich ist alles.

Wer aber könnte uns darüber Auskunft geben?

Sicherlich *nicht* eine spezielle Sorte von Mensch, ein Menschenschlag:

Priester!

8. KAPITEL

AUF MOHAMMEDS SPUREN

Mohammed zog im Jahre 622 von Mekka nach Medina, wo er im Jahre 632 starb.

So viel steht fest, mehr aber auch nicht.

Und damit müsste man eigentlich aufhören, wenn einem nur daran gelegen ist, die geschichtliche Wahrheit zu etablieren.

Alle anderen Ereignisse sind zumindest fragwürdig, vielleicht abgesehen von einigen Ereignissen der Mediner Periode.

Aber das Jahr seiner Geburt, seine Jugend, das Mannesalter bis zum 40. Lebensjahr, geschweige denn seine Erscheinungen, Offenbarungen und Visionen – wer würde es hier wagen, von geschichtlicher Wahrheit zu sprechen?

Und trotzdem haben sich tausend Träumer, Theologen, Phantasten, Gläubige, Beter, Wissenschaftler (kein Wort wurde mehr verhurt!), berufene und unberufene Griffel, Märchenerzähler, Dichter, Kalifen und Imame, Prediger und Priester immer wieder daran versucht, endgültig und hieb- und stichfest festzuschreiben, "wie es wirklich gewesen ist." Heraus kam die abenteuerlichste Biographie, die man sich vorstellen kann. Immerhin: Diese Biographie beflügelte das Denken und Tun von Milliarden von Menschen, aber wenn man sich in einer kurzen, beschaulichen Weltsekunde vor Augen hält, das nahezu alles, alles

Erfindung und fromme Legende ist, kann man schon ins Staunen über das Menschengeschlecht geraten.

Wie bei vielen Biographien der "Großen" schälte sich jedoch mit der Zeit so etwas wie ein Bild heraus, ein Schattenriss, eine "wahrscheinliche Wahrheit" (ein köstlicher, enthüllender und entzaubernder Ausdruck!), dem bis heute alle mehr oder minder anhängen, Freunde wie Feinde, Bewunderer wie Neider. Gestattet man, dieses durch die Zeit selbst zementierte Bildnis als wahr, echt, und richtig zu bezeichnen, so sieht man sich allerdings einer der erstaunlichsten Biographien gegenüber, die man sich vorstellen kann.

WAS IN DEN GESCHICHTSBÜCHERN STEHT

Das Ziel ist weit gesteckt, so weit wie der unendliche Horizont, der in den Wüsten Arabiens unvergleichlich ist, mit dem ewigen Sand und den Dunstwolken, wo schlierige Luftgebilde Erscheinungen vorgaukeln, die den rationalsten Menschen eine Fata Morgana sehen lassen können. Das Ziel: ein neuer, ein höherer Glaube, der alle arabischen Länder umfasst, eine höhere Ethik, ein einziger Gott und Menschen, die nur diesem einzigen Gott dienen, Allah, ein Wort, das man nur mit Ehrfurcht in den Mund nehmen darf.

Aber es gibt einen Mann, einen einzigen Mann, den Allah ausersehen hat, dieses Ziel zu erreichen. Er hat ihn mit besonderen Gaben ausgestattet. Er ist redegewandt, hochintelligent, kann Herzen gewinnen, kann überzeugen und ist mutig wie ein Löwe: Mohammed.

Der Name bedeutet: *der Gepriesene.* Geboren wird er in Mekka im Jahre 567, 568, 569, 570 oder 571. Mekka ist der Knotenpunkt der Karawanenstraßen. Man lebt vom Handel und von der Pilgerfahrt zur Kaaba (arab. Ka'b = Würfel), einem Steinbau, in dessen Wänden sich ein schwarzer Meteorit befindet. In Mekka finden sich Abenteurer und

Geldwechsler, Spielleute und Tänzerinnen, Kneipiers und Karawanen-
führer, Beduinen und Sesshafte, Reiche und Arme, Christen und Juden. Gehandelt wird mit Öl, Datteln, Weihrauch, Edelsteinen, Seide,
Stoffen, Waffen und Weizen. Viele Götter werden in Mekka angebetet,
fast alle glauben außerdem an Geister, an die Dschinnen, die ihr Unwesen treiben, weshalb Wahrsager und Geisterbeschwörer ein gutes
Auskommen haben.

Mohammed wächst in dieser bunten, weihrauchgeschwängerten Atmosphäre auf. Er hütet die Herden, wird zunächst von seinem Groß-
vater erzogen, später von seinem Onkel. Als er das Erwachsenenalter
erreicht, tritt er in die Dienste einer reichen Witwe, in deren Auftrag
er reist und handelt und Geschäfte tätigt. Obwohl sie fünfzehn Jahre
älter ist, ist er klug genug, sie zu heiraten.

Erst als er 40 Jahre zählt, tritt er in das Blickfeld der Öffentlichkeit;
denn eines Tages geschieht es:

"Das Buch senkte sich in sein Herz." Das Buch? Der Koran!

Die ewigen Wahrheiten werden ihm enthüllt, erst im Schlaf, später
in Trancezuständen. Ein Engel, Erzengel Gabriel, offenbart ihm den
Willen Allahs. Moralische und politische Regeln gibt ihm Allah ein,
aber auch Schmähreden gegen seine Feinde, Gesetze, die das Liebesle-
ben betreffen und Aufrufe zum Heiligen Krieg. Er erfährt Wahrheiten
über die Hölle und das Paradies.

Während seines späteren Lebens wird Mohammed immer wieder
Visionen haben. Mohammed ist überwältigt. Zunächst vertraut er sich
nur dem engsten Kreis an, der eigenen Sippe. Aber als der Befehl an
ihn ergeht, die Wahrheit in die Welt hinauszutragen, muss er sich dem
Auftrag Allahs beugen.

Und so beginnt eine überwältigende Missionstätigkeit. Während all
seines erstaunlichen Aktionismus verliert Mohammed nie sein großes
Ziel aus den Augen: die Bekehrung der Ungläubigen, die Einigung unter einem einzigen Gott, Allah, was die politische Einigung miteinbe-
greift. Das Unternehmen ist so gewaltig, dass ein normal Sterblicher
kaum in solchen Dimensionen denken kann. Aber das Ziel ist von Allah

vorgegeben und Allah ist allmächtig. Und so macht sich Mohammed auf und predigt.

Seine Bekehrungsversuche haben nicht immer den gewünschten Erfolg. Nur die Armen und Sklaven hören ihm gern zu, besonders wenn er vom Paradies erzählt. Die Aristokraten und reichen Händler fürchten indes um ihren Einfluss in Mekka und nehmen dem Schreier seine Worte übel, vor allem, wenn er sie anklagt, nicht genug Almosen zu spenden. Und so sehen sich Mohammed und die ersten Muslime mehr als einmal verfolgt.

"Wenn die Muslime an einem abseits gelegenen Platz beten, vertreibt man sie. Wenn Mohammed predigen will, erstickt man seine Stimme mit Geschrei und anstößigem Gesang. Abu Dschahl lässt eines Tages dem Propheten eine Schafsplazenta ins Genick werfen, während dieser auf dem Platz der Kaaba betet. Mohammed lässt sich nicht herausfordern; er bittet seine Tochter, ihn zu waschen. Uqba spuckt ihm ins Gesicht; Mohammed wischt sich ruhig die Stirn ab, kommt aber dann in einen ekstatischen Zustand, währenddessen der Vers über den *'Sünder, der sich eines Tages in die Finger beißen wird'* herabsteigt …"[38]

Mohammed hat inzwischen überall Gesichter und Erscheinungen, immer öfter, immer häufiger und immer, wenn es notwendig ist.

Er predigt und lehrt, er schmäht und hetzt, aber stets nur zur höheren Ehre Allahs. Seine Geschichten werden später in den *Suren* im *Koran* zusammengefasst, die noch Jahrtausende später die Muslime von Kindheit an auswendig lernen müssen. Seine Offenbarungen finden oft unter merkwürdigen Umständen statt. Der Prophet zittert und fröstelt, er stöhnt und schreit, er röchelt und schwitzt. Oft begleiten Kopfschmerzen seine Visionen. Manchmal übertönen laute Geräusche die heiligen Worte, manchmal erscheint ein Engel. Längst gilt er unter seinen Anhängern als heiliger Mann. Seine Geschichten bestätigen, dass er ein Prophet Allahs ist, er wird eines Tages sogar auf einer Stute unter der Führung des Erzengels Gabriel in das Paradies aufsteigen, verkündet ihm Allah. Er gewinnt mehr und mehr Anhänger. Einige Oasenbewohner bekehrten sich zu der neuen Lehre. Aber die Mekkaner stehen ihm nach wie vor misstrauisch gegenüber. Und so wandert er eines Tages in eine Stadt, die später den Namen Medina erhalten wird (madinat an-nabi: die Stadt des Propheten). Er emigriert aus Mekka. Das Datum der *Hidschra*, der Flucht, wird später zum Ausgangspunkt, zum Anfang der islamischen Zeitrechnung. Die Mediner geraten unter seinen Bann und gewähren ihm Gastfreundschaft, nicht zuletzt weil sie die Mekkaner hassen, deren Vormachtstellung ihnen ein Dorn im Auge ist. Aber auch die symphatisierenden Mediner können die Flüchtlinge aus Mekka nicht ewig durchfüttern. Und so sehen sich Mohammed und seine Anhänger auf andere Einkommensquellen angewiesen.

Die Lehre vom *Heiligen Krieg* entsteht. Nun ist es erlaubt, Überfälle und Plünderungen in die Wege zu leiten, Raubzüge werden geführt, vor allem gegen die verhassten Mekkaner. Dabei feuert Mohammed seine Mannen mit der gesamten Macht seines rhetorischen Geschicks an. "Im Schatten der Säbel liegt das Paradies!" Obwohl zahlenmäßig unterlegen, gewinnen die "Mohammedaner" schlussendlich. Himmlische Heerscharen stehen ihnen zur Seite. Es gibt reiche Beute. Eine Offenbarung Allahs verfügt, dass der Prophet stets ein Fünftel der Beute für sich behalten darf.

Der *Islam* (wörtlich: "sich ergeben", "Frieden schließen") wird immer dominierender, die neue Religion festigt sich. Die *Muslimen, Muselmanen* (wörtlich: "die sich ergeben", "die mit Gott Frieden geschlossen haben") werden mächtiger.

Die Zahl der Beutezüge und Plünderungen nimmt zu, alles im Namen Allahs, versteht sich. Ein Räuber, den der Tod erwischt, geht augenblicklich ins Paradies ein. Mohammed wandelt sich mehr und mehr zu einem Politiker, ja Staatsoberhaupt. Seine Erscheinungen werden in den Dienst dieser neuen Aufgabe gestellt. Aber die Mekkaner sind erbost, dass ihnen die Mediner mit diesem Mohammed an der Spitze die Vorherrschaft in der Region streitig machen wollen. Und so schlagen sie eines Tages zurück. Sie siegen. Der Prophet kann selbstverständlich die Schlappe nicht auf sich sitzen lassen. Er entwirft, man höre und staune, über fünfundsechzig Feldzüge und Raubüberfälle, die minutiös geplant werden. 27 führt er selbst aus. Auch die Juden werden gerupft sowie verschiedene Stämme in den umliegenden Ansiedlungen. Dann bereitet Mohammed seinen Hauptschlag vor. Er zieht nach zweijährigem Waffenstillstand erneut gegen Mekka, den Erzfeind, mit 10.000 Mann! Angesichts einer solchen Streitmacht müssen die Mekkaner klein beigeben. Aber Mohammed ist klug genug, die Kaaba mit dem schwarzen Stein weiter als Heiligtum gelten zu lassen. Nur die Götzenbilder werden zerstört. Darüber hinaus gilt jetzt folgendes Glaubensbekenntnis:

Allahu Akbar! Gott ist der Größte. Es gibt keinen Gott außer Gott. Und Mohammed ist sein Prophet!

Mohammed erklärt Mekka zur heiligen Stadt, später lautet die Verordnung, dass jeder gläubige Muslim wenigstens einmal im Leben eine Wallfahrt dorthin unternehmen muss.

Und nun folgt Triumph auf Triumph. Mohammed schlägt Rebellion um Rebellion nieder, Stamm um Stamm. Schließlich erkennt ihn *ganz Arabien* an! Nun gibt es nur noch eine Religion, einen Gott und einen Propheten. Mohammed mutiert zum *homo politicus*, er ist der unbestrittene Führer.

Wenn es Probleme gibt, löst eine neue Erscheinung alle Fragen. Mohammed ist inzwischen unendlich mächtig, unendlich reich. Er belohnt sich mit zahlreichen Frauen, unter anderem mit der siebenjährigen Tochter des Abu Bekr, Aischa. Ein stattlicher Harem zählt zu seinem Gefolge. Der Prophet genießt die Freuden des Paradieses schon auf Erden.

Eines Tages fällt sein begehrliches Auge auf die schöne Gattin seines Adoptivsohnes Zaid. Theoretisch widerspricht es allen guten Sitten, aber Mohammed nimmt sie dennoch zur Frau. Er rechtfertigt es durch eine Offenbarung: Eine Sonderbotschaft Allahs enthüllt ihm, dass es Gottes Wunsch ist, dass er dieses schöne Weib seinem Harem einverleibt.

Aber selbst Propheten sind nicht unsterblich. Die Freuden der Liebe und die Härten des Krieges fordern schließlich ihren Tribut.

630 hatte Mohammed Mekka eingenommen. 632 legt er sich bereits zum Sterben nieder. Seinen Tod beschreibt Aischa, des Propheten Gattin und Tochter Abu Bekrs, so:

"Als der Gottgesandte vom Friedhofe zurückkommt, wo er für die Verstorbenen gebetet hat, leide ich gerade unter argen Kopfschmerzen und ich sage: 'O weh, mein Kopf!', worauf er klagt: 'Nein Aischa! Oh weh, *mein* Kopf! ...'"[39] Der Prophet stirbt. Aber kaum ist Mohammed verschieden, besteigt er ein geflügeltes Pferd und reitet auf ihm schnurstracks in das Paradies.

DIE GUTEN SEITEN DES PROPHETEN

Vieles ist positiv an diesem Mohammed. Was ihn uns sympathisch macht, ist sein Humor, der mehr als einmal in der Literatur bezeugt wird. Was ihn uns weiter sympathisch gemacht hat, ist sein Verhältnis zu Frauen, das so menschlich-allzumenschlich war, dass man nur schmunzeln kann. Seine Visionen und seine Gottesworte dazu zu missbrauchen, eine seiner Ehen zu legalisieren und ihr ein moralisches Mäntelchen umzuhängen, lässt uns noch heute Heiterkeit empfinden.

Aber er behandelte seine Frauen gut und seine Gesetzgebung hob die gesellschaftliche Stellung der Frau zu seiner Zeit.

Weiter war er ein geschickter Händler. Er wusste, dass man den Handel, das Geschäft und das Geld nicht verdammen darf, denn der Erwerbstrieb belebt die Wirtschaft und trägt zur allgemeinen Blüte bei. Es war ein Meisterstreich, dass er eine gutbetuchte Witwe heiratete, die ihn den Weg nach oben ebnete. Wenn wir den Quellen trauen dürfen, hat er sie überdies tatsächlich geliebt.

Weiter führte Mohammed auch eine neue Ethik ein, eine höhere Ethik, und das in einem Umfeld, wo der Raub und Betrug zur Tagesordnung gehörten. So half Mohammed nachweislich in Not geratenen Witwen und war gegenüber seinen Anhängern großzügig.

Der Historiker Will Durant urteilt über ihn:

"Er war – nach der Beschreibung seiner Freunde – höflich zu den Großen, leutselig zu den Einfachen, würdevoll zu den Anmaßenden, nachsichtig gegenüber seinen Helfern, freundlich zu allen, außer seinen Feinden. Er besuchte die Kranken und schloss sich jedem Leichenzug an, dem er begegnete. Er wies jedes Gepränge der Macht von sich, ließ keine besonderen Ehrfurchtsbezeugungen zu, nahm die Einladung eines Sklaven zum Essen an und verlangte keine Dienstleistung von einem Sklaven, für die er selbst Zeit und Kraft genug hatte." [40]

Darüber hinaus ließ Mohammed oft Gnade walten, er sprach intelligent und unparteiisch Recht und zwistete oft Streitigkeiten.

Das Wort "Arab" bedeutet "dürr". Mohammed aber legte den Grundstein für einen unendlichen Reichtum, seine Siege sorgten für Überfluss, für *fette* Jahre und kehrten die Bedeutung des Wortes "Arab" um. Er kaufte weiter gern bekehrte Sklaven frei, war bescheiden, gab oft seine Unwissenheit zu und gestand öffentlich, dass er keine Wunder wirken könne.

Schließlich sprach sich Mohammed gegen den Zinswucher aus, gegen Monopolisten und Spekulanten – alles Erkenntnisse, die zeitlos sind und die noch heute ihre Gültigkeit besitzen. Er nahm die Armen in Schutz und die Arbeiter und mahnte die Reichen an, den Tagelöhnern ihr Geld auszuzahlen, "noch ehe ihr Schweiß getrocknet ist".

Wieder und wieder befahl er, Almosen zu spenden.

Er hob den Brauch der Kindstötung auf und beschied, dass in geldlichen Angelegenheiten die Frau auf einer Stufe mit dem Mann zu stehen habe und über ihren Besitz frei verfügen dürfe.

Viele hygienische Forderungen sind auf Mohammed zurückzuführen.

Beurteilt man Mohammed nur nach seinem Einfluss, so gelangte er an sein Ziel: Er setzte die Götter ab und hob Allah auf den Thron.

Er einigte Arabien, gab dem Volk eine neue Religion und Gesinnung und hauchte ihm Ehrgeiz, Stolz und Mut ein. Die Muselmanen machten jahrhundertelang Eroberung um Eroberung, machten sich die halbe Welt untertan und stellen noch heute eine der stärksten Mächte dar, die dieser Planet kennt.

Im Jahre 635 wurde Damaskus erobert, 636 Antiochien, 648 Jerusalem, wenig später Ägypten. Der Islam trat einen unvergleichlichen Siegeszug an - in Arabien, Ägypten, China, Indonesien, Indien, Marokko, Persien (641), Syrien (640) und Spanien!

Keine schlechte Ausbeute für ein einzelnes Leben!

MOHAMMED, DER POLITIKER

In gewissem Sinne erscheint uns Mohammed manchmal mehr ein Politiker als ein Religionsgründer. Jedenfalls stellte er die Religion sehr oft in den Dienst der Politik. In der Kunst, die heute mit dem Begriff *der politischen Public Relations* umschrieben wird, war er wirklich zu Hause, schon vor 1400 Jahren, bevor diese Wissenschaft überhaupt das Licht der Welt erblickte.

Nur einige wenige Beispiele:

- Er nutzte die Messiaserwartung, die schon den Christen so gute Dienste geleistet hatte, und bedeutete seinen Landsleuten, dass er der langersehnte Prophet sei. Das Ergebnis: Er zementierte damit seinen Führungsanspruch.

- Er war klug genug, die Kaaba, das Heiligtum in Mekka mit dem schwarzen Meteoriten, eben *nicht* zu zerstören - sie war zu lange Gegenstand der Verehrung der Araber gewesen.
  Er hätte einen Aufstand heraufbeschworen. Geschickt passte er sich gängigen Überlieferungen an.

183

- Er jonglierte mit Höllenvorstellungen und Vorstellungen des Paradieses ebenso virtuos wie vor ihm schon die Christen, die Juden und die Priester im Zweistromland und gewann so die mentale Kontrolle.

- Er war weise genug, mächtige Meinungsführer für sich zu gewinnen, was heute erster und wichtigster Bestandteil jeder politischen PR-Arbeit ist.

- Er war sehr bewandert in der Kunst der Rede. Tatsächlich soll er einen nahezu hypnotischen Einfluss auf seine Mitmenschen ausgeübt haben. Er predigte auch auf offener Straße und ließ sich nie den Mund verbieten.

- Als Streit in seinen eigenen Reihen zwischen Mekkanern und Medinern ausbrach, verfügte er, dass sich jedes Mitglied der einen Stadt mit einem Mitglied der anderen Stadt in einer Adoptivbruderschaft verbünden müsse.

- Er achtete auf sein Aussehen, eine Teildisziplin der PR, wenn man so will, wie kein Zweiter. Er war eitel, parfümierte sich, malte sich die Augen an und färbte sich das Haar.

All dies sind lupenreine Eigenschaften, die man heute einem in der Kunst der PR versierten Politiker zusprechen würde. Auch seine zahlreichen Feldzüge, die er bis ins Detail plante, sind politische Großtaten, keine religiösen. Mohammed schuf also einen Staat, was eine Leistung ist, die man sich vor Augen halten muss! Man sollte sie in Rechnung stellen, wenn man versucht, diese Figur gerecht zu beurteilen.

Aber wie ist es um die Gretchenfrage bestellt, die historische Wahrheit?

MOHAMMED UND DIE GESCHICHTLICHE WAHRHEIT

Es braucht kaum eigens betont zu werden, dass letztlich das gesamte Gebilde des Koran auf Erscheinungen beruht. Mohammed nutzte also seine *Visionen*, um Einfluss zu gewinnen. Mit seinen *Offenbarungen* hielt er seine gesamte Umwelt zum Besten. Somit war er zweifellos der grandioseste orientalische Märchenerzähler seiner Zeit. Da seine Erscheinungen oft mit Anfällen, mit körperlichen Schweißausbrüchen und mit Zuckungen einhergingen, glaubten viele Wissenschaftler, er sei ein Epileptiker gewesen, aber spätere Forschung hat diese Vermutung nicht bestätigt.

Seine Erscheinungen waren zu genau kalkuliert. Weiter scheute er keine oratorischen Schnörkel, um das Entzücken der Zuhörer zu gewinnen. Mohammed war fraglos ein begnadeter Dichter. Der Araber aber liebte seine Dichter, die ihnen in Reimen Liebe und Kriege besangen. Der Dichter war dem Araber "Geschichtsschreiber, Ahnenforscher, Satiriker, Moralist, Zeitung, Orakel und Schlachtruf in einem" (Durant). Mohammed war also lediglich der begnadetste Dichter, den dieses Volk je gesehen hatte.

Köstlich ist es, dass er seine Offenbarungen dazu missbrauchte, sich je und je eine Schöne unter den Nagel zu reißen. Gut, dass das Verfahren nicht Schule machte, denn ansonsten hätte der Araber bis heute wenigstens einmal pro Jahr eine Offenbarung. Köstlich weiterhin, dass sich Allah persönlich herabließ, ihm genau ein Fünftel der Beute zuzugestehen. Und köstlich schließlich, dass Allah ihn in das Paradies einreiten ließ. Aber dieses Volk, das seine Märchenerzähler und Dichter so sehr liebte, glaubte ihm einfach alles bis aufs Wort. Und so erkennen wir, dass zur Lüge zwei gehören: der Lügner und der, der sich mit Lust belügen lässt. Aber betrachten wir seine Visionen noch etwas genauer, sie sind der Dreh- und Angelpunkt:

Wie gesagt, Mohammeds Offenbarungen, Schauungen und Erscheinungen gingen oft mit bestimmten körperlichen Zuständen einher. Manchmal waren sie "von einem Ton begleitet, den er (Mohammed) als Glockenläuten" (Durant) beschrieb. Vielleicht war das Fasten und die Hitze für diese seine Erscheinungen verantwortlich. Anfänglich, als sein Ruf noch nicht gefestigt war, rieten ihm seine Freunde, einen Arzt aufzusuchen und "sich die Verrücktheit austreiben zu lassen". (Durant) Es ist heute natürlich nicht mehr nachzuvollziehen, ob Mohammed an seine Offenbarungen selbst glaubte, aber seine Klugheit in politischen Fragen lässt erahnen, dass er es nicht tat.

Und so vermuten wir, dass er diese "göttlichen Offenbarungen" nur dazu benutzte, um seine Ziele durchzusetzen.

Tausend Bücher wurden später auf der Grundlage seiner Visionen geschrieben, wodurch seine Offenbarungen weiterverbreitet wurden. Zunächst jedoch fanden sie Eingang in den Koran. Aber auch der Koran wurde später weiter ausgeschmückt, erweitert, ergänzt und erläutert. Es wurde hinzugefügt, gestrichen und interpretiert, nicht unähnlich dem Alten oder dem Neuen Testament.

Der Mensch lauscht offenbar nur zu gerne solchen Geschichten, er ist zu anfällig für seine großen Schriftsteller und Dichter.

Und zugegeben: Seine Märchen waren gar zu verführerisch; wer wollte denn *nicht* in ein Paradies eingehen, wo Milch und Honig flossen, wo es Wasser (im Gegensatz zur Wüste) im Überfluss gab, wo rundäugige Hûris den Gläubigen bedienten und wo ein Orgasmus (kein Scherz) bis zu achthundert Jahre andauern konnte!

Die Vorstellungen des Paradieses bestachen bislang jedes Volk, genauso wie die Vorstellung einer Hölle bislang jedes Volk in Angst und Schrecken versetzte.

Mohammed zählt damit zu den ganz großen Märchenerzählern seiner Zeit. Vor ihm verblasste jeder Poet. Er war so groß wie Homer, der einen ganzen (griechischen) Himmel erfand und so einfallsreich wie Vergil, (der der ganzen römischen Kultur die Weihe gab). Seine Feinde nannten ihn einen Aufschneider, Lügenbold und ein Großmaul, aber seine Freunde betonten immer wieder seinen Einfallsreichtum, seine Intelligenz, seine Führungsqualitäten und sein Charisma.

Mohammed erwies also nicht unbedingt der Wahrheit den größten Dienst, als er seine Gottesworte durch Erzengel Gabriel weitergab, aber er nährte die Phantasien seiner Zuhörer. Er schuf ein Weltreich mit ein paar Visionen, Offenbarungen und Erscheinungen.

Aber wie immer man auch seine Visionen einordnet, fest steht, "Wahrheit" in einem geschichtlichen Sinne, in einem historisch-kritischen Verständnis, sind sie natürlich nicht.

Denn nähme man alle Visionen, Offenbarungen und Erscheinungen zusammen, die heilige Männer hatten, einige hundert Namen ließen sich anführen, würde man sehr schnell erkennen, dass sie sich auf abenteuerliche Weise widersprechen.

Soll Gott tatsächlich für all diese unterschiedlichen, sich widersprechenden Erscheinungen verantwortlich sein?

MENTALE KONTROLLE

"Erscheinungen" sind selbstredend nichts anderes als ein Mittel, um Kontrolle auszuüben. Das Herzstück jeder religiösen Kontrolle sind dabei der Himmel und die Hölle. Das sind die probaten Mittel, die Gläubigen auf dem rechten Pfad zu halten, ob bei den Christen, Muslimen oder anderen Völkern.

Im Christentum gab (und gibt) es eine ganze Höllentheologie, die so umfangreich ist, dass man leicht tausend Seiten damit füllen könnte. Keine noch so abscheuliche Qual, kein unmenschlicher Schmerz und keine perverse Strafe wurden ausgelassen, um die Hölle zu beschreiben.

Der Islam versuchte dem nicht nachzustehen. In der mohammedanischen Hölle werden Frauen für manche Vergehen an ihren Brüsten aufgehängt. Auch in der islamischen Hölle gibt es Feuer, so starkes Feuer, dass selbst Gläubige mit nur lässlichen Sünden Schuhe tragen müssen, um nicht zu verbrennen. Es gibt sieben Stufen der Hölle, die schlimmer und schlimmer werden, abhängig von der Größe der

Vergehen. Als Getränk gibt es in der islamischen Hölle kochendes Wasser und Absud.

Umgekehrt wird den wahren Gläubigen aber auch ein Paradies vorgegaukelt, das es in sich hat. Natürlich wird der islamische Himmel als ein wundersamer Garten gemalt, ein Garten Eden, nicht anders zu erwarten bei all den Wüstenlandschaften. Und natürlich gibt es hier all die Leckerbissen und Kostbarkeiten, die im irdischen (arabischen) Leben Raritäten sind, Wasser vor allem in Überfluss, reichlich Wein (verboten auf Erden!), Milch und alle Früchte, die das Herz begehrt. Ein Mann wird von 72 reinen Jungfrauen bedient, die schwellende Brüste, wunderschöne Augen und einladende süße Lippen haben, wie frisch aufgebrochene Feigen. Sie bleiben ewig jung, ihre Leiber sind frei von jeder Unvollkommenheit, sie sind gleichzeitig dienstbare Geister und stehen jederzeit zur Verfügung.

Ein Männertraum!

Selbstredend wurde hierdurch die perfekte mentale Kontrolle hergestellt. Mit Zuckerbrot und Peitsche wurde der Gläubige bei der Stange gehalten. Vor allem die goldene Zukunft, das Paradies, an dem jeder teilhaben wollte, übte einen unwiderstehlichen Reiz aus.

Tatsächlich gab es später islamische Sekten, die dieses Kontrollinstrument noch weiter ausreizten.

Berühmt-berüchtigt wurde der "Alte vom Berg", Hasan ibn al-Sabbah, der Führer einer persisch-islamischen Sekte, der im Jahre 1090 in den Besitz einer Felsenfestung in Nordpersien kam und durch Feldzüge, Terror und Mord auf sich aufmerksam machte. Er gründete eine islamische Geheimbruderschaft mit Initiationsriten, einem Großmeister (ihm selbst) und entwarf verschiedene Stufen, die man erklimmen konnte. Die niedrigste Stufe wurde angehalten, sofort, ohne Widerrede und ohne Widerspruch jeden Befehl des Großmeisters auszuführen. Hinter seiner Festung hatte der Alte vom Berg einen Garten anlegen lassen, wie er den islamischen Vorstellungen des Paradieses entsprach – mit Bächen, Bäumen, Büschen und schönäugigen, wohlgestalteten Jungfrauen, Hûris genannt. Wer der Bruderschaft beitreten wollte, erhielt als erstes Haschisch. Der Neuankömmling verfiel in einen Rausch. Als er erwachte, sah er sich in diesem Garten von den lieblichsten Frauen umgeben, die er sich vorstellen konnte. Ihm wurde gesagt, dass er sich im Paradies befände! Im Schoß Allahs! Er wurde verwöhnt, mit den erlesensten Speisen und Getränken und von den schönsten Frauen! Nach fünf Tagen wurde der Neuankömmling erneut mit Haschisch betäubt. Sobald er wieder in der realen Welt erwachte, wurde ihm gesagt, dass er tatsächlich im Paradies gewesen sei! Und dass er jederzeit dort wieder eingehen werde, wenn ... ja wenn er einige Leute aus dem Weg räumen würde, die dem Großmeister missliebig waren. Der neu gewonnene Gläubige setzte in der Folge ohne zu zögern sein Leben aufs Spiel. Er mordete mit Lust, denn er "wusste" ja, dass er, selbst wenn er sein Leben verlor, sofort in das Paradies eingehen würde!

Die Jünglinge wurden *haschischiyun* genannt (nach der Haschisch-Droge). Aus diesem Wort entwickelte sich später das Wort *assassin* – Meuchelmörder ... Zugegeben, das ist ein Beispiel, wie Paradiesvorstellungen bis an die Grenze geführt werden können. Es beweist jedoch, in welchem Ausmaß Vorstellungen, Versprechungen und Utopien einen Menschen motivieren können.

Mohammed bediente sich nicht dieser radikalen, betrügerischen Methode, aber immerhin jonglierte auch er eifrig mit Höllen- und Paradiesvorstellungen.

DER ISLAM

Der Islam selbst ist nicht originär. Er ruht in weiten Teilen auf jüdischen Überlieferungen, ohne die er nicht denkbar wäre. Weiter fußt er auf christlichen Traditionen und auf zarathustrischen Quellen.

Der Erzengel Gabriel, der Mohammed angeblich belehrte, ist blütenrein alttestamentarisch. Figuren wie Moses oder Abraham, die auch im

Islam gelten, sind jüdischer Herkunft, Jesus, der ebenfalls als Prophet im Islam akzeptiert wird, christlicher.

All diese Figuren, Gestalten und Überlieferungen wurden in den Islam integriert, sie hatten ihre Feuerprobe ja bereits bestanden. Aus dem Judentum stammen der Monotheismus, der Eingottglaube also, Vorstellungen über Himmel und Hölle, das Jüngste Gericht, die Begriffe von Sünde, Schuld und Reue.

Hundert Stellen des Korans sind ein Echo der heiligen jüdischen Schriften! Der Historiker Durant führt ein *ganzes Viertel* des Korans auf jüdische Traditionen und Glaubensvorstellungen zurück, nicht zu sprechen von vielen Ritualen, Zeremonien, Reinigungen und Gebeten. Schon das Grundgebet des Islam ist im Wesentlichen jüdisch. Aber auch die Vorstellungen von Engeln, Teufeln, dem Satan und das Jüngste Gericht (seinerseits von den Juden aus Persien übernommen) wurden vom Islam adaptiert. Typisch arabisch sind lediglich die Dämonen, die Wüstensöhne stellen sich die Welt als von vielen Dschinn, Geistern also, bevölkert, vor. Aber auch die Pilgerfahrt nach Mekka (zur Kaaba) beruht auf alten religiösen Vorstellungen. Von den Christen stahl Mohammed die Idee der Wiederauferstehung und der Himmelfahrt (bei Mohammed und einem Araber geschieht das natürlich mit einem Pferd!), und die Idee der Mutter Maria, die er aber mit Miriam, der Schwester des Moses, verwechselte.

Und so entstand der Islam.

Von einer originären Religion zu sprechen, entspricht also schlicht und ergreifend nicht der Wahrheit.

IN SACHEN TRADITION

Noch einmal: Nichts über Mohammed ist *wirklich* bekannt, abgesehen von dem Satz: Mohammed zog im Jahre 622 von Mekka nach Medina, wo er im Jahre 632 starb.

Nimmt man einige Scharmützel und "heilige Kriege" hinzu, so ist das alles, was wir wirklich mit unumstößlicher Gewissheit wissen; denn Mohammed selbst verfasste keine einzige Zeile. Er besaß allerdings einen Sekretär und einige enge Freunde, die sich bemühten, jedes Wort, das von seinen Lippen tropfte, aufzuschreiben und der Vergessenheit zu entreißen.

Aber die wirkliche Quellenlage ist erbärmlich!

Nur einige dürre Anmerkungen: Der Koran (Das Wort *qur'ân*/Koran bedeutet wörtlich "Vorlesung" oder "Vortrag") wurde innerhalb von dreiundzwanzig Jahren von Mohammed diktiert; jedes Teil wurde auf Tierhaut, Pergament, Leder, Palmblättern und sogar Knochen niedergeschrieben und in verschiedenen Behältern aufbewahrt, die natürlich kaum die Zeit überlebten. Da die Erscheinungen und Offenbarungen nicht systematischer Natur waren, sondern von tagespolitischen Ereignissen diktiert wurden, besteht der Koran nicht aus einer logischen Abfolge oder Aufeinanderfolge von Geschehnissen. Wir finden darin Gebete, Gesetze, Schmähungen von Feinden, Höllenvorstellungen, Beschreibungen des Paradieses, Prophezeiungen, Belehrungen über die Behandlung der Frauen, Aufrufe zum heiligen Krieg, Verträge, Aufrufe zum Almosenspenden, Riten, Bemerkungen zu verschiedenen Gewerben, Schilderungen zeitgeschichtlicher Vorfälle, Prozesse, alles in bunter Reihenfolge. Weiter finden wir Regeln für Hygiene, Bemerkungen über die Eheschließung, Anmerkungen über die Ehescheidung, Regeln für den Umgang mit Kindern, Tieren und Sklaven, Bemerkungen über das Zinsen- und Schuldwesen und Ratschläge hinsichtlich Finanzen.

Auf das Leben Mohammeds wird offen oder versteckt je und je angespielt, mehr nicht.

Schon früh beschäftigten sich Menschen, die den Koran auslegten, als "höchste Autoritäten" mit diesem Buch. Es konnte nicht ausbleiben, dass verändert, interpretiert, gestrichen und hinzugefügt wurde, die Zeiten änderten sich!

Schon bald gab es verschiedene Varianten des Korans. Wichtig für den Gläubigen waren deshalb auch die Hadith-Sammlungen, die

Tradition, die "Überlieferung". In den folgenden Jahren, Jahrzehnten und Jahrhunderten sprossen Berichte über das wirkliche oder angebliche Leben Mohammeds wie Pilze aus dem Boden.

Tiefgläubige Herrscher bemühten sich, all diese Berichte systematisch zu sammeln und die Aussprüche und Taten des Propheten festzuhalten, aber es gab zahlreiche Varianten.

Oft diente eine *Hadith*, eine "Überlieferung", bestimmten politischen Interessen oder leistete einer bestimmen Machtkonstellation Vorschub.

Es entstanden auf diese Weise Märchen, Legenden und Fälschungen, die schlichtweg abenteuerlich waren und mit der geschichtlichen Wahrheit nicht mehr das Geringste zu tun hatten.

Vollends pervertiert wurde die "Überlieferung" durch Geschichtsschreiber, die, man darf es nicht vergessen, keineswegs den hohen Ansprüchen genügten, die heute an den Historiker angelegt werden, die sich normalerweise der "Wissenschaft" und "Wahrheit" verpflichtet fühlen und sorgfältig Quellen sichten, Quellen auf ihre Echtheit, Authentizität, innere Glaubwürdigkeit hin abklopfen, mit physikalischen und chemischen Forschungsmethoden, den historischen Hilfswissenschaften, der Textkritik und hundert Einzelwissenschaften mehr. Diese islamischen Geschichtsschreiber waren (nicht anders als die christlichen Geschichtsschreiber in christlichen Ländern) oft religiös motiviert, dienten einer bestimmten islamischen Glaubensrichtung oder standen im Solde eines bestimmten Herrschers.

Wieder und wieder wurde versucht, das Leben des Propheten zu rekonstruieren und einen zusammenhängenden Bericht vorzustellen, aber die Einzelheiten innerhalb zweier Jahrhunderte verfälschten das Bild Mohammeds mehr und mehr, was nicht verwunderlich ist in diesem Land der professionellen Märchenerzähler.

So wie von dem ursprünglichen Koran wahrscheinlich vieles nicht erhalten blieb, so wurde von der *Hadith* wahrscheinlich vieles hinzugefügt.

Die "Überlieferung" war für den gläubigen Muslim genauso bindend wie der Koran. Ständig wurde erweitert und ergänzt, es wurde hinzugefügt, addiert und subtrahiert, nicht unähnlich dem Neuen und Alten Testament, denn neue Probleme verlangten nach neuen Lösungen und neuen Gesetzen, Riten und Bräuchen, ganz abgesehen von sich wandelnden politischen Konstellationen oder gar Sekten, die bekämpft werden mussten. Es bildeten sich in vielen Städten Hadith-Schulen, die alle der "Überlieferung" auf der Spur waren. Im Jahre 870 kennen wir (man höre gut zu!) 600.000 mohammedanische Überlieferungen! In Worten: sechshunderttausend. Von Ägypten bis Turkestan, von Syrien bis Marokko, überall wo der Islam sich ausbreitete, gab es "Überlieferungen." Das Leben Mohammeds wurde verfälscht, kastriert, aufgeblasen und versüßlicht, dass jeder Märchenerzähler seine helle Freude daran gehabt hätte. Mohammed wurden nun alle möglichen und unmöglichen Wunder angedichtet, ihm, der immer behauptet hatte, dass er keine Wunder wirken könne. Aber schon zweihundert Jahre nach seinem Tod hatte Mohammed angeblich Nahrung aus dem Nichts geschaffen, ganze Bevölkerungen ernährt und Dämonen ausgetrieben. Er konnte (angeblich) ein Gebet zum Firmament schicken, so dass sich der Himmel auftat und es regnete, woraufhin die Pflanzen (und Nahrung) prächtig gediehen. Er konnte den Regen abstellen und konnte die Euter von Ziegen berühren, woraufhin die Tiere im Überfluss Milch gaben. Er konnte Kranke heilen durch Berührung allein und vieles mehr. Angeblich! Wer Augen hat zu sehen und Ohren zu hören wird allein hieran nochmals an das Neue Testament erinnert, wo solche Wunder und Märchen, diese Phantastereien und Legenden ebenfalls mit Sorgfalt zusammengetragen wurden!

Kurz, das Mohammed-Bild wandelte sich in einem Ausmaß, dass man nur staunen kann. Zeitweise blieb nichts von dem ursprünglichen Mohammed übrig. Er mutierte zu einer ähnlich süßlichen Gestalt wie Jesus, er wurde vergöttert, mit Gemeindephantasien umwoben, verehrt, in den Himmel gehoben und mit Legenden umkränzt. Fälschungen über Fälschungen erblickten die Welt. Ein einziges Beispiel: Ein gewisser Ibn Abi al-Awdsch gestand im Jahre 772 4000 Überlieferungen erfunden (gefälscht) zu haben.[41] Viertausend! Ein einziger, ein einzelner

Mann! Wer will über geschichtliche Wahrheit noch ein einziges Wort verlieren!

Da der Islam sich in alle Himmelsrichtungen ausbreitete, ist es nur natürlich, das schlussendlich jedes Land die einzig wahre Quelle des Glaubens bieten wollte. Geschichtensammler bemächtigten sich der Figur dieses Mohammed. Überlieferungen wurden an Überlieferungen gereiht, Ketten von Überlieferungen entstanden. Immer kindischer, kindlicher wurden teilweise die Darstellungen, ein Baron von Münchhausen ist eine ehrliche Haut gegen all diese Erfindungen und Lügen. Als der Islam mit dem hellenistischen Gedankengut zusammentraf, wurde er philosophischer. Fremde Gedanken fanden in ihn Eingang, Neues wurde entlehnt, geborgt – gestohlen wollen wir nicht sagen, es klingt zu hässlich –, aufgenommen, aufgesogen, sagen die Theologen, verarbeitet, eingearbeitet, eingewebt, wie in einen Gebetsteppich. Der Islam wurde international.

Buchstäblich Tausende von Büchern wurden verfasst, einige beanspruchten Allgemeingültigkeit, beanspruchten, die alleinseligmachende Wahrheit zu enthalten. Wer nicht gehorchte und wer nicht glaubte, wurde oft einen Kopf kürzer gemacht. Allein in Konstantinopel mit seinen zahlreichen Bibliotheken gab es haufenweise islamisch-religiöse Literatur, aber auch in Kairo, Damaskus, Bagdad, Delhi, Madrid. Der Islam in Afrika war anders als der Islam am Mittelmeer war anders als der Islam in Spanien war anders als der Islam am Schwarzen Meer.

Neue Wucherungen, Märchen und Erscheinungen kamen hinzu. Und trotzdem behauptet der "wahre Gläubige" bis heute, dass der Koran fehlerlos sei.

Was wir heute von dem wirklichen, dem historischen Mohammed wissen, ist also reichlich wenig. Nur ein bis zwei Jahrhunderte später wurden die ursprünglichen Quellen (die ihrerseits weitgehend auf Mohammeds fragwürdigen Offenbarungen beruhten) weiter überdeckt, zugeschüttet und zugegossen von Fluten neuer Geschichten.

Was also bleibt?

Nun, wir wissen heute mit relativer Sicherheit nur von ein paar Schlachten zwischen den Mekkanern und Medinern. Und wir wissen Folgendes mit absoluter Sicherheit: Mohammed zog im Jahre 622 von Mekka nach Medina, wo er im Jahre 632 starb.

9. KAPITEL

DAS MÄRCHEN VON DER ENTDECKUNG AMERIKAS ODER CHRISTOPH KOLUMBUS

Eines der abenteuerlichsten Leben, das die Weltgeschichte kennt, verbirgt sich hinter einem einzigen Namen: Christoph Kolumbus. Bei Christoph Kolumbus - auf spanisch Cristobal Colón und italienisch Cristoforo Colombo, später wurde er nur der "Admiral" genannt - handelte es sich um einen Seefahrer aus Genua, der schlussendlich die spanische Königin dazu überreden konnte, ihn mit drei Schiffen auszustatten, um nach dem sagenumwobenen Seeweg nach Indien zu suchen, wobei er versehentlich Amerika entdeckte. Der Admiral entdeckte geradezu ohne Absicht also nichts weniger als einen Kontinent, und es tut der Sache keinen Abbruch, dass er ein Leben lang glaubte, Indien entdeckt zu haben, weshalb er die Einwohner dort denn auch flugs "Indianer" taufte. Kolumbus revolutionierte damit tatsächlich das gesamte damalige Weltbild. Die Wissenschaften wurden von einem Tag auf den anderen neu geschrieben, und die Herren Historiker begannen mit der Entdeckung Amerikas von einem neuen Zeitalter zu reden: der Neuzeit. Weiter revolutionierte Cristobal Colón die Wirtschaft, er eröffnete neue Horizonte in der Botanik, in der Völkerkunde und in der Astronomie. Leger gesagt wurde ein ganzer Planet umgekrempelt - und das alles durch den Mut, durch die Neugier und durch die Abenteuerlust eines einzigen Mannes.

Der Admiral hatte dabei so viele Widerstände zu besiegen, dass man nur staunen kann: Könige versuchten, ihn mit der tödlichsten Waffe, die es gibt, zu besiegen: der Ironie – indem sie seine Ideen der Lächerlichkeit preisgaben. Bischöfe und Priester legten ihm Fußangeln. Und Adlige intrigierten gegen ihn in ganz Spanien. Aber Cristobal Colón trug letztendlich den Sieg davon!

Die Entbehrungen, die er zu ertragen hatte, sind Legende. Der Admiral überstand Gefahren, Krankheiten, Aufstände, Meuterei, Orkane und Stürme. Tatsächlich bildete sein Leben eine einzige Kette von mörderischen, lebensgefährlichen Umständen. Kolumbus trug stets den Sieg davon. Wofür wir ihn jedoch am meisten bewundern, ist die Tatsache, dass er sich über den Aberglauben seiner Zeit erheben konnte.

RÜCKBLENDE

Erinnern wir uns: Im 15. Jahrhundert stand es eben *nicht* unumstößlich fest, dass die Erde eine Kugel ist. Viele, allzu viele glaubten immer noch an die Theorie von der Scheibe. Der abenteuerlichste Unsinn wurde geglaubt, so dass uns Heutigen die Haare zu Berge stehen. Aus dem Alten und dem Neuen Testament wurde alles und nichts bewiesen. Die frömmelnden Priester erstickten jedes echte Wissen im Feuer der Inquisition. Dafür hing man den absonderlichsten Vorstellungen an. Man brütete in intellektuellem Stumpfsinn, in verbiestertem Aberglauben und in theologischer Besserwisserei, die jeder Beschreibung spottet und die heute fast nicht mehr nachvollziehbar ist.

Um sich über diesen Sumpf zu erheben und um diesen Aberglauben beiseite zu wischen, bedurfte es eines Mannes wie Kolumbus, der nicht Tod noch Teufel fürchtete, der sich über rationale und irrationale Ängste erheben konnte und der dazu imstande war, törichte Dogmen einfach zu ignorieren.

Um seine Leistung wirklich zu begreifen, muss man sich die Zeiten zurückrufen. Die grausigsten Märchen existierten damals, was "jenseits des Meeres" zu erwarten sei. Man glaubte, am "Ende der Welt" vor einem Abgrund zu stehen. Vielleicht stürzte man in eine namenlose, unendliche Tiefe oder gar gleich in die Hölle? Man vermutete furchterregende Geister, grässliche Ungeheuer und zahnbewehrte, Feuer speiende Drachen. Das schauerliche, unendliche Meer war gespickt mit Gespenstern, Teufeln und bösartigen Göttern. Dämonen und vielköpfige Meeresungeheuer existierten angeblich, die einen Seefahrer mit Sicherheit verschlingen würden. Kurz alles, was sich ein ängstliches Gemüt an Schrecken ersinnen kann, wurde gemutmaßt. Um das Ausmaß des Aberglaubens wirklich zu begreifen, sei nur eine Stelle aus dem Heiligen Lactantius zitiert:

"Ist wohl irgendjemand so von Sinnen, dass er glaubt, es gäbe Antipoden, die mit ihren Füßen gegen die unseren stehen, Menschen, die mit in die Höhe gekehrten Beinen und mit herunterhängenden Köpfen gehen? Dass eine Gegend der Erde existiere, wo die Dinge unterst zu oberst sind, die Bäume abwärts wachsen und dass es in die Höhe regnet, hagelt und schneit? Der Wahn, dass die Erde rund sei, ist die Ursache der törichten Fabel von den Antipoden mit den Füßen in der Luft. Und solche Personen gehen in ihren Ungereimtheiten von dem anfänglichen Irrtum immer zu neuen Irrtümern und leiten einen aus dem anderen ab." [42]

Mit einem Wort: Die ganze Clique der Pfaffen war gegen Kolumbus. Die Priester erklärten es als unvereinbar mit dem Glauben, dass es Länder auf der anderen Seite der Erdkugel gäbe, da dadurch angeblich die Abkunft der Menschheit von Adam und Eva in Frage gestellt sei. Weiter behaupteten sie, würde durch eine solche Annahme die Bibel in Frage gestellt, ja die Bibel geleugnet. "Gegenfüßler" oder "Antipoden" am anderen Ende der Welt glaubte man nicht zulassen zu können. Jede andere These erstachen die Priester mit der Waffe des Gelächters.

Warum bestanden die Schwarzröcke auf ihren verrückten Theorien? – könnte man heute ganz naiv fragen. Nun, die Priester machten sich ganz einfach Sorgen um ihre Macht! Die Pfaffen hatten es über all die Jahrhunderte nicht schlecht verstanden, das Volk mit dem Märchen von der Hölle in Angst und Schrecken zu halten. Die Priesterlein hatten mit den geheimen und verborgenen Ängsten der Menschen gespielt, hatten sie damit in Schach gehalten und regiert.

Über all dies konnte sich ein Christoph Kolumbus erheben. Er glaubte nicht an die Ammenmärchen von den fürchterlichen Ungeheuern jenseits des Meeres. Er glaubte nicht, dass die Welt ein Ende habe. Und er erhob sich über alle Gerüchte, Eiferer und Inquisitoren. Das Ergebnis war eine Geschichte, die sich spannender liest als jede erfundene Geschichte, die Geschichte von den vielleicht abenteuerlichsten Entdeckungsfahrten, die je unternommen wurden.

Der Traum

Es ist absolut begeisternd nachzuvollziehen, *wie* Kolumbus daran ging, seine Träume wahr zu machen. Er wollte, er musste Amerika entdecken (oder Indien) – und warf dafür *alles* in die Waagschale. Wenn man bedenkt, dass er keinen Heller besaß, wenn man weiter bedenkt, dass er über keinerlei Beziehungen verfügte und wenn man schließlich in Rechnung stellt, dass Kolumbus in keiner Wissenschaft wirklich bewandert war, so ist es unglaublich, mit welchem Mut, mit welcher Kühnheit, mit welcher Unverschämtheit er sich an die verschiedenen Königshäuser wandte, um das Geld für seine abenteuerliche Fahrt zusammenzukratzen. Wir wissen von mindestens sechs Versuchen, die er unternahm, um seinen Traum zu verwirklichen.

1. Zunächst unterbreitete er im Jahre 1484 König Johann II. von Portugal den Vorschlag, eine Expedition über den Atlantik zu wagen. Er entwarf eigens ein umfangreiches Exposé für diese Fahrt; das Ganze landete vor einem Gelehrtenausschuss, wo es sorgfältig geprüft - und schließlich abgelehnt wurde.

2. Kolumbus wandte sich darüber hinaus an seine Heimatstadt Genua; auch hier wurde er mit einem abschlägigen Bescheid nach Hause geschickt.

3. Der Admiral sprach natürlich auch Venedig an, die berühmte Hafenstadt, die einmal die halbe zivilisierte Welt beherrscht hatte. Vergebens.

4. Schließlich versuchte es Kolumbus sogar bei König Heinrich VII. von England; no response.

5. Sogar König Karl VIII. von Frankreich versuchte er für seine Pläne zu gewinnen. Das Ergebnis: zéro.

6. Schließlich schaffte es der Admiral, am spanischen Königshof offene Ohren zu finden, wenn auch nicht beim ersten Anlauf. Zunächst wurde sein Plan nämlich ebenfalls abgelehnt.

Man muss sich nun für einen kleinen Moment einmal seine jahrzehntelangen Hoffnungen, seine jahrzehntelangen Träume, seine jahrzehntelange Hartnäckigkeit wirklich vor Augen führen! Man muss begreifen, was es heißt, immer wieder mit abschlägigem Bescheid, wie ein Bettler, nach Hause geschickt zu werden! Man muss es nachvollziehen, belächelt und mit Mitleid und Hohn bedacht zu werden. Aber Kolumbus gab trotz allem nicht auf. Diese Hartnäckigkeit war - neben der Überwindung des Aberglaubens - seine zweite große Fähigkeit!

Über abenteuerlichste Umwege gelang es ihm schließlich, die Unterstützung des spanischen Königshauses und des Schatzkanzlers zu gewinnen. Kürzen wir die Story ab: Die Expedition wurde bewilligt - wobei besagter Schatzkanzler persönlich in seine Schatulle griff. Im Jahre 1492 drückte der König sein Siegel auf die entsprechenden Dokumente. Kolumbus erhielt drei Schiffe: die legendäre "Santa Maria" - das Admirals-Schiff, die "Niña" und die "Pinta". Das Abenteuer konnte beginnen.

Aber halt! Die Vorbereitungen waren ebenfalls zu phantastisch, als dass man sie außer Acht lassen dürfte, wenn man das Ausmaß des Unternehmens wirklich verstehen will. Die Schiffe "Pinta" und "Niña" waren lediglich Dreimaster und kaum tauglich für eine solche Fahrt. Nur die "Santa Maria" konnte man als Voll-Schiff bezeichnen. Weiterhin unglaublich war die *Crew*, die der Admiral anheuerte. Natürlich stand kein einziger Mann zur Verfügung, in ganz Europa zitterte man vor Furcht. Was blieb Kolumbus also übrig? Nun, übrig blieben nur Gauner, Strauchdiebe, Zuchthäusler, Kriminelle, Piraten, Straßenräuber, Mörder und Münzfälscher - kurz, all das Gesindel, das man sich nur in seinen kühnsten Träumen vorstellen kann. Mit dieser Bande von Mördern und Räubern stach der Admiral schließlich in See. Er erlebte die abenteuerlichsten Reisen, die man sich ausmalen kann.

ENTDECKUNGEN

Insgesamt sind vier Reisen überliefert. Die erste Reise verlief dreiunddreißig Tage ohne Zwischenfälle - bis die Mannschaft zu meutern begann. Selbst die Kapitäne der "Pinta" und "Niña" baten, umkehren zu dürfen. Schließlich versprach Kolumbus, dem Wunsch nachzukommen, falls man nicht binnen drei Tagen Land sichten würde. Man muss es sich vorstellen: Meuterei der eigenen Kapitäne! Meuterei der Mannschaft! Die Angst im Nacken! Das weite endlose Meer vor sich! Keine

Methoden, den Kurs zu bestimmen! Und der Rätsel noch nicht genug: Die Lufttemperatur veränderte sich, ohne dass Kolumbus dieses Phänomen einordnen konnte. Die Abweichungen der Magnetnadel konnte er nicht verstehen. Hinzu kam der Nebel. Die schmerzliche Enttäuschung, kein Land zu finden. Die Unsicherheit über die Richtung. Und nicht zuletzt der Selbstzweifel. Wie gestaltete sich das Ende vom Lied? Nun, die Geschichte ist genauestens überliefert:

Am 11. Oktober 1492 fischten die Matrosen seines Schiffes einen grünen Zweig aus dem Wasser. Die Stimmung begann umzuschwenken. Und am 12. Oktober schrie der Matrose im Ausguck der "Niña": "Tierra, Tierra" – "Land, Land". Mit einem Wort: Amerika war entdeckt! Kolumbus nannte die Insel, auf der er gelandet war, *San Salvador* – die *Erlöser-Insel* und nahm sie im Namen der spanischen Majestäten und im Namen Christi in Besitz.

Kolumbus hatte sein Ziel erreicht.

Nein, noch nicht ganz! Das Land musste schließlich "erobert" werden. Die "Wilden", sprich die "Indianer", empfingen die spanischen Abenteurer, Mörder und Zuchthäusler mit ausgesuchter Freundlichkeit. Die Spanier tauschten Perlen gegen Gold und machten ein gutes Geschäft.

Wenn man nun annimmt, dem Abenteuer sei genug getan, irrt man. Es fing gerade erst an. Beschreiben wir im Eiltempo die folgenden Stationen:

Kolumbus sticht von San Salvador wieder in See. Er entdeckt eine zweite Insel, die er "Santa Maria de la Conception" tauft, sowie eine dritte, der er den Namen "Ferdinanda" gibt, schließlich eine vierte, die er "Isabella" nennt. Am 28. Oktober geht Kolumbus sogar auf Kuba an Land. Wie auf den ersten Inseln sucht er nach Gold. Mitten in seinem Goldrausch stellt er fest, dass sich einer seiner Kapitäne (Martin Alonso Pinzón) mit einem Schiff von dannen gemacht hat und nun auf eigene Faust Gold sucht. Kolumbus ignoriert den Deserteur und fährt weiter nach Haiti; dort begegnet ihm neues Unglück. Sein Schiff läuft auf Grund und zerbirst an einem Felsen. Flugs lässt er die ganze

Mannschaft evakuieren und verfrachtet sie auf die kleinere "Niña". Er kann die Besatzung und den größten Teil der Ladung retten. Gott sei Dank stößt am 16. Januar 1493 Pinzón wieder zu ihm, der sich für seine Desertion entschuldigt. Alles scheint in Ordnung, man versöhnt sich pro forma und beschließt die Heimfahrt. Während die Hinfahrt relativ ruhig verlief, steht auf der Rückfahrt das nackte Überleben auf dem Spiel. Heftigste Stürme suchen die Seefahrer heim. Zu allem Überfluss desertiert Pinzón ein zweites Mal. Dennoch geht alles gut. Da der Kompass jedoch noch nicht so weit entwickelt ist wie heute, landet der Admiral schließlich nicht in Spanien, sondern zunächst in Portugal. Die Portugiesen nehmen die Abenteurer sofort fest und werfen sie ins Gefängnis, bis auf Kolumbus, der an Bord bleibt. Als er seine Mannschaft mit Mühen gerade wieder ausgelöst und die Segel Richtung Spanien gesetzt hat, wird sein Schiff von einem neuen Sturm erfasst. Wieder zittert man um das Leben. Seine Mannschaft und er versprechen, für die Kirche alles zu tun, was sich nur denken lässt - wenn sich nur endlich der Sturm legt!

Schließlich gelangt man nach Spanien, "nach unendlichem Mühsal und Schrecken", so Kolumbus im Originalton. Pinzón, der, wie gesagt, ein zweites Mal desertiert war und versucht hatte, die frohe Botschaft dem spanischen Königshaus als Erster zu vermelden, wird von dem König nicht einmal empfangen. Die Geschichte vermeldet, dass Pinzón sich daraufhin ins Bett legt und stirbt. Nicht so Kolumbus. Der Admiral legt an - und zieht triumphal in Spanien ein.

Tatsächlich ist der Empfang Labsal für seine Seele. Die Triumphzüge der großen Imperatoren im alten Rom sind möglicherweise schal im Vergleich hierzu. Die Erzählungen über die Entdeckungen hatten sich wie ein Lauffeuer verbreitet. Cristobal Colón wird mit den größten Ehren von der spanischen Bevölkerung empfangen. Die Begeisterung in den Straßen schwappt über. Das Volk tanzt. Um den Einzug möglichst wirkungsvoll zu gestalten, organisiert der Admiral Pferde und Maultiere, die die exotischen Waren schließlich gut sichtbar transportieren. Bewaffnete Matrosen gehen dem Zug voraus. "Indianer", geschmückt mit

Federn, wild bemalt, die Nasen und Ohren mit goldenem Geschmeide behängt, im Arm Speere und auf der Schulter grüne und rote Papageien, schinden Eindruck ohne Maßen. Was man an seltenen Pflanzen, an ausgestopften Tieren und an Kuriosa aller Art hatte aufgabeln können, wird zur Schau gestellt. Vierzehn Maultiere stöhnen unter schwer beladenen Truhen, in denen angeblich die Schätze Amerikas bzw. Indiens aufbewahrt sind. Der König begrüßt den Admiral gnädig, aber als seinesgleichen: als Vizekönig!

Und wirklich kann der Abenteurer einiges zur Schau stellen. Mit großer Geste öffnet er die Truhen und packt aus: seltene Wurzeln, die Aloe, den Jamaikapfeffer, den Kürbis, das indianische Korn, neue unbekannte Gemüsesorten, die Banane, andere Fruchtsorten, wie die Mango oder die Kokosnuss, die Baumwollstaude, Tabak, das Palmöl, eine neue Hunderasse, eine unbekannte Kaninchenart, die Utia heißt, eine Art großer Mäuse, die die Eingeborenen mit Vorliebe verspeisen, die Kammeidechse und zahlreiche andere Fische und Vögel. Wichtiger als alles aber ist das Gold; Kolumbus legt vor den glänzenden Augen des Hofes Gold in Körnern hin, Gold in Erzen, Goldstaub und verarbeitetes Gold: Münzen, Ringe, Platten, Masken und Gehänge. Der König und die Königin prüfen eigenhändig die Schwere des Metalls und können nicht genug davon bekommen, den Worten des Admirals zu lauschen.[43]

Kolumbus befindet sich auf der Höhe seiner Macht und am Ziel seiner Wünsche. Es versteht sich von selbst, dass in der Folge dem spanischen Königsthron nun daran gelegen ist, Kolumbus mit weit reichenderen Befugnissen und einer besseren Flotte auszurüsten. Die zweite Fahrt wird geplant, denn der spanische König wittert noch mehr Gold. Eine ganze Flottille, ein Geschwader von 17 Schiffen, sticht am 25. September 1493 schließlich in See, zur zweiten Fahrt, mit einer Besatzung von 1.200 Menschen. Diesmal heuern nicht mehr nur Verbrecher und ehrenrührige Gestalten an. Alles klappt fabelhaft. Nach nur 39 Tagen wird Land gesichtet – gegenüber 70 bei der ersten Ozeanüberquerung. Kolumbus entdeckt Dominica, die kleinen Antillen und die heutige Jungferninsel! Er landet weiter in Puerto Rico, in Haiti und erneut in Kuba. Am 10. März 1496 setzt er die Segel, um zurück nach Spanien zu fahren. Kürzen wir die Story ab: Da die spanischen Majestäten sich sehr viel mehr versprochen hatten, rüstet man eine dritte Flotte aus und schickt den Admiral auf eine dritte Reise, die im Mai 1498 beginnt. Wieder erlebt Kolumbus die wildesten Abenteuer. Man erlaube uns, im Telegrammstil zu berichten: Der Admiral entdeckt das südamerikanische Festland. Er gründet zahlreiche Niederlassungen. Er erobert, strategisch gesehen, einen halben Kontinent - und wird ein kleiner Gott. Schließlich, auf der Höhe seiner Macht, setzt ihm der treulose spanische König von einem Tag auf den anderen einen spanischen Granden, Fancisco de Bobadilla, vor die Nase, den er mit absoluten Vollmachten ausstattet und *über* Kolumbus setzt. Seine Feinde, die der Admiral längst in Spanien und in Amerika besitzt - wer hätte sie nicht bei einer solchen Machtfülle - jubeln. Kolumbus stürzt. Bobadilla geht sogar so weit, dass er den Admiral in *Ketten* zurück nach Spanien verfrachten lässt! In Spanien beschwert sich der Abenteurer sofort bei den Majestäten. Jedoch ganze sechs Wochen dauert es, bis er freigelassen wird.

Das Ergebnis: Seine frühere Machtstellung ist dahin. Dennoch vermag Kolumbus die Majestäten zumindest dazu zu überreden, ihm eine neue Flotte auszurichten. Am 9. Mai 1502 sticht Kolumbus mit vier Schiffen und 640 Mann ein viertes und letztes Mal in See, wieder gen Westen, wieder um "Indien" weiter zu erforschen. Wieder hat er mit tosenden Stürmen zu kämpfen. Ein Orkan fegt schließlich die gesamte Flotte, bis auf ein Schiff, hinweg. Kolumbus im Originalton:

"Neun Tage hielt ich mich für verloren und hatte keine Hoffnung mehr, mit dem Leben davonzukommen. Nie zuvor sahen Menschenaugen ein so hochgehendes, schreckliches und schäumendes Meer. Der Wind ließ nicht zu, dass ich vorwärts fuhr, ich konnte aber auch in keine andere Richtung segeln, so hielt ich mich auf hoher See. Das Meer sah aus wie Blut und brodelte wie siedendes Wasser auf großem Feuer. Noch nie zuvor hatte ich einen so furchtbaren Himmel gesehen.

Tag und Nacht glühte er wie ein Backofen und spie flammende Blitze aus, so dass ich immer wieder Nachschau hielt, ob mir meine Mastbäume und Segel nicht weggerissen worden seien. Mit solcher Wucht brachen die Blitze hernieder, dass alle befürchteten, sie würden die Schiffe verbrennen. Während dieser ganzen Zeit stürzte unaufhörlich Wasser vom Himmel; man konnte nicht sagen, dass es regnete, sondern es war eine Sintflut, die über uns hereinbrach. Die Leute waren so erschöpft, dass sie den Tod herbeiwünschten, um ein Ende ihrer Leiden zu finden."[44] Das Ergebnis: 500 Mann ertrinken. Aber der Admiral ist nicht aufzuhalten. Nicht Sturm noch Regengüsse, nicht Blitz noch Donner können ihn davon abhalten, ein weiteres Stück der "Neuen Welt" zu entdecken. Kolumbus entdeckt Jamaika und zahlreiche andere Inseln. Aber das Unglück ist ihm auf den Fersen. Sein Schiff wird fast seeuntauglich. Man rettet sich mit Mühe auf ein Eiland. Schließlich wird er als Schiffbrüchiger von einigen Eingeborenen gefangen genommen. Schon schaut er erneut dem Tod ins Auge – als ihm eine unglaubliche List einfällt:

"Da er weiß, dass für den 29. Februar eine Mondfinsternis ansteht, ruft er die Eingeborenenhäuptlinge zusammen und erklärt ihnen, Gott sei sehr böse, weil sie ihn und seine Leute verhungern ließen, und werde zur Strafe den Mond auslöschen. Sie lachen ihn aus, da aber beginnt der Mond sich zu verfinstern. Jetzt schaffen sie eiligst Lebensmittel auf die Schiffe. Kolumbus erklärt, zu Gott beten zu wollen, ihnen den Mond zurückzugeben. Das Mondlicht kehrte zurück."[45]

Die Schiffe sind damit aber noch immer nicht repariert. Erst Monate später kommt Hilfe. Auf einem fast untauglichen Schiff kehrt Kolumbus schließlich nach Spanien zurück, völlig erschöpft und ausgelaugt. 58 Jahre alt stirbt der Admiral schlussendlich, enttäuscht von seinem König, verletzt von den Intrigen der spanischen Granden und verraten von den inquisitorischen Schwarzröcken.

Halten wir fest: Kolumbus kämpfte gegen unbekannte Krankheiten. Er kämpfte gegen Meutereien. Er kämpfte gegen Hunger, Durst und

Mangelerscheinungen. Er kämpfte gegen Intrigen und gegen Mordanschläge. Der Admiral kämpfte gegen Verbrecher, Zuchthäusler, Diebe und Banditen. Er hatte mit Hochverrätern, Brandstiftern, Majestätsverbrechern, Falschmünzern und Sodomiten in den eigenen Reihen fertig zu werden. Einigen Zuchthäuslern nahm er erst auf hoher See die Handschellen und die Ketten ab. Dies ergibt ein Bild davon, wie "loyal" die Mannschaft war, auf die er sich verlassen musste. Er kämpfte gegen Rädelsführer, Aufrührer und Rebellen, immer und immer wieder, auf hoher See und zu Lande. Die Indios steckten die Siedlungen, die er gegründet hatte, in Brand und verwandelten große Plantagen in Schlachtfelder. Bischöfe in Spanien setzen Spione gegen Kolumbus ein, da sie seine Machtfülle und Nähe zum spanischen Thron nicht ertragen konnten. Von Bobadillas Soldaten wurde er, der Vizekönig, der Beherrscher der Meere, der Entdecker einer neuen Welt, schmählich in Ketten gelegt. Sein Gold wurde beschlagnahmt, seine Waffen, seine Aufzeichnungen und sein gesamter Besitz. Er kämpfte gegen das Ungeziefer in den spanischen Gefängnissen und gegen seinen eigenen Hochmut. Er kämpfte gegen den Betrug eines Königs. Er kämpfte dagegen, wieder in Armut zu versinken, aus der er unter tausend Gefahren emporgestiegen war. Er kämpfte gegen Bosheit, Hochmut, Neid und Gelächter. Er kämpfte gegen Ungerechtigkeit und gegen die Justiz seiner Zeit. Er kämpfte gegen den Verrat seiner Freunde. Er kämpfte gegen endlose Stürme, quälende Hitze, Schiffbruch, Hass und die Hölle selbst.

Erstes Fazit und Urteil

Fragen wir uns nun, wie wir den Admiral einordnen sollen. Kann man wirklich über einen solchen Mann den Stab brechen? Wie aber sollen wir den nicht Beurteilbaren beurteilen? Womit soll man dieses wilde, faszinierende und unvergleichliche Leben vergleichen?

Aus berufenen Mündern ist völlig gegensätzlich über diesen Tatmenschen geurteilt worden. Kurz nach seinem Tod entstanden Dichtungen und "Kolumbus-Dramen", in denen der Entdecker idealisiert und romantisiert wurde. (Kolumbus hätte sich bedankt!) Der französische Dichter Jean Jacques Rousseau versuchte sich an dieser Gestalt ebenso wie der kraftvolle spanische Schriftsteller Lope de Vegas. In der Folge wurde der Admiral sogar Gegenstand der religiösen Dichtung. (Ausgerechnet!) Kurz und gut, jede Strömung, jedes Jahrhundert, jeder Federfuchser versuchte Kolumbus für sich zu vereinnahmen, die süßlichen Romantiker ebenso wie die frömmelnden Theologen. Im 20. Jahrhundert endlich versuchte man die Figur zu "problematisieren", weil das schick geworden war. Die Schriftsteller Wassermann, Hasenclever und Tucholsky urteilten über ihn aufs Neue und wieder gänzlich anders. Wie haben wir Heutigen also über ihn zu urteilen? Was bewegte ihn? Wie werden wir diesem Aktionsmenschen gerecht? Mit welchem Maß dürfen wir ihn messen? Nun, wir haben es eingangs bereits konstatiert: Zu groß sind die Verdienste des Christobal Colón, als dass man geflissentlich über sie hinwegsehen könnte. Zu gewaltig die Umwälzungen, die er eingeläutet hat. Und zu bedeutend die Fortschritte, als dass man sie mit einer Handbewegung abtun dürfte. Wenn er einige Menschen auf dem Gewissen hat, so hat er vielen anderen Arbeit und Brot gegeben. Wenn er eine Kultur in Gefahr brachte, so hat er eine neue Welt entdeckt. Und wenn er viele Indios in Armut brachte, so förderte er umgekehrt die Weltwirtschaft wie nie zuvor. Wenn er hundert Fehler begangen hat, so hat er tausend Sachen richtig gemacht. Es steht also außer Frage, dass das Urteil über diesen Aktionsmenschen positiv ausfallen muss.

Wenn man von einem Scheitern sprechen will, so bezieht sich dieses Scheitern allenfalls auf sein persönliches Leben; denn ein Scheitern im Dienste der Menschheit gab es nicht - hier erreichte er sein Ziel.

Dass der Admiral *überhaupt* so viele Erfolge verzeichnen konnte, mit einer Handvoll Sträflingen, falschen Priestern und illoyalen Offizieren, grenzt dabei fast an ein Wunder. Es ist eine unfassbare Leistung!

Wenn man sich also anmaßt - wir können es nicht -, über diesen interessanten Mann zu urteilen, so muss man letztlich zu dem Schluss kommen, dass wir ihm ein großes Denkmal setzen müssen. Denn unter dem Strich bleiben folgende Tatsachen auf der positiven Seite der Bilanz bestehen: Er erhob sich über den Aberglauben seiner Zeit, er schob die Grenzen des Wissens gewaltig nach außen und er läutete ein vollständig neues Zeitalter ein.

BIOGRAPHIE NUMMER 2

So weit unser erstes Urteil. Erzählen wir nun das Leben dieses Mannes ein zweites Mal. Suchen wir dabei hinter die Kulissen zu blicken. Suchen wir all das Getöse, das buchstäblich Hunderte von Biographen bis heute veranstaltet haben, zu überhören und zu ignorieren. Dann und nur dann wird deutlich, dass Christoph Kolumbus sehr einfach - ein Genie der Public Relations war.

Erzählen wir also seine Story einmal anders, nicht so romantisierend wie sie in den Geschichtsbüchern normalerweise festgehalten wird. Betrachten wir also einmal Lüge und Wahrheit des Christobal Colón, entkleidet von allem Image-Public-Relations-Blätterwerk. Alsdann!

"Jeder weiß", der fromme, aufrechte, blitzgescheite Christoph Kolumbus entdeckte Amerika und bewies damit, dass die Erde rund ist. Oder? Nun, selbstverständlich verhält es sich nicht so.

Kaum bekannt ist, dass zu seiner Zeit praktisch jeder intelligente Mann Europas wusste, dass die Erde rund war. Es ist nicht wahr, dass jeder glaubte, die Erde sei eine Scheibe. Selbst der Papst hatte bereits in einer Bulle darauf hingewiesen. 1481 verkündete Papst Pius II.: "*Mundi fromam omnes fere con sentiunt rotundam esse.*" Auf gut deutsch: "*In Wahrheit sind sich fast alle einig, dass die Welt rund ist.*" Auch Gelehrte und seefahrende Kaufleute nahmen längst nicht mehr an, dass die Erde flach ist. Marco Polos begeisterte Schilderungen kannten fast alle.

Fest steht weiter, Kolumbus war alles andere als blitzgescheit. Tatsächlich war er einer der größten Bluffer, der je gelebt hat. Er maßte sich lediglich Erfahrungen und Know-how an, das er jedoch nie besaß. Der Autor Bolito ("12 against the Gods") stellt fest, dass er nicht einmal einen Längen- und Breitengrad bestimmten konnte, geschweige denn den Kurs eines Schiffes. Er war somit blutig angewiesen auf erfahrene Seeleute. Aber Kolumbus verfügte über Redetalent! Tatsächlich wickelte er den König und die Königin von Spanien dermaßen um den Finger, dass man nur staunen kann. So bereitete er sich durch sorgfältiges Studium von Büchern und Abenteuerlegenden immer wieder auf neue Audienzen vor, die er bei Hof erhielt. Er beeindruckte durch Zitate von Klassikern. Er beeindruckte durch fromme Bibelsprüche. Er beeindruckte durch geschickte Kleidung. Kurzum, Kolumbus tat alles in seiner Macht stehende, um einen "unglaublichen Eindruck" zu erwecken. Er versagte darin, mit Matrosen zurechtzukommen, aber er konnte Könige an die Wand spielen. Immer wieder – und das ist seine wirkliche Erfolgsformel – spazierte er an den Hof des spanischen Königs, um seine unverschämten Forderungen durchzubringen.

Auch Frömmigkeit heuchelte er gekonnt. Sein schönster Coup: Da er stets das Christentum auf dem Silbertablett vor sich hertrug, legte er vor einer Audienz bei Hof einmal sogar die Kutte des heiligen Franziskus an! Das Ergebnis: Er erhielt die Unterstützung vieler Pfaffen!

In diesem Zusammenhang müssen wir uns daran erinnern, wie es damals in der spanischen Staatskasse aussah. Ferdinand und Isabella, die spanischen Majestäten, führen Krieg gegen die Mauren, gegen die so genannten "Ungläubigen". Die Staatskasse war leer. Was fehlte war Geld, Geld und nochmals Geld. Repräsentiert wurde Geld in dieser Zeit unter anderem durch Gold. Kolumbus aber versprach vollmundig, genau dieses Problem zu lösen!

Und weiter: Als Kolumbus endlich die spanischen Majestäten im Sack hatte, stellte er die unverschämtesten Forderungen, die man sich vorstellen kann. Er verlange für sich im Falle des Erfolges Folgendes:

- *Das Amt des Vizekönigs und Generalgouverneurs über alle Inseln und Festländer, die er entdecken und für Spanien in Besitz nehmen würde.*

- *Die Erhebung zum Admiral des Weltmeeres.*

- *Ein Zehntel aller Reichtümer: Perlen, Diamanten, Gold, Silber, Gewürze, Früchte und Produkte irgendwelcher Art, die sich in den Gebieten, die seiner Verwaltung unterstellt werden würden, befanden.*

- *Das Eigentumsrecht auf ein Achtel der zu entdeckenden und zu erobernden Länder.*

- *Ein Achtel aller daraus gezogenen Einkünfte.*

- *Vererbung aller Rechte, Titel und Würden auf seine Nachkommen, vom Erstgeborenen zum Erstgeborenen.*

Nicht schlecht – oder?

Kolumbus war also sicherlich nicht von Bescheidenheit geplagt.

Kolumbus war es mit anderen Worten an *Besitz* gelegen, an *Geld*, aber auch an *Macht*.

Die spanischen Majestäten lächelten. Sie zwinkerten sich unauffällig zu. Und hielten Kolumbus wahrscheinlich für einen halben Irren. Aber ihre eigene Notlage, ihre eigene finanzielle Zwangslage, bewog sie schließlich, Kolumbus fahren zu lassen, er hatte sich gut verkauft.

Wiederholen wir noch einmal: Mit einer Bande von Kriminellen, Räubern, Dieben und Mördern stach er in See. Sein Ziel bestand darin, Geld und Titel zu gewinnen. Die spanischen Majestäten hatten dabei wahrscheinlich insgeheim von vornherein beschlossen, Christoph Kolumbus zu betrügen. Denn wer war er denn? Ein hergelaufener Glücksritter, ein Ausländer, der völlig unbekannt war und der Anspruch auf die höchsten Staatsämter, ja den königlichen Rang erhob! Diese Forderungen waren so irreal, so unverschämt und so dreist, dass man sich die Reaktion bei Hofe noch heute sehr gut im Nachhinein vorstellen kann. Dennoch willigten die spanischen Majestäten schließlich ein. Seine Bedingungen wurden ohne Feilschen akzeptiert – was jeden Kaufmann hätte aufmerken werden lassen müssen. Der Vertrag mit Kolumbus schloss mit den Worten:

"Vollzogen und ausgefertigt in der Stadt Santa Fé ... Granada, den 17. April 1492: Ich, der König. Ich, die Königin."

Das heißt, man bestellte ihn förmlich zum Admiral, zum Vizekönig und zum Gouverneur der zu entdeckenden Länder. Man überließ ihm als besondere Gnade sogar den Titel "Don". Und so segelte Don Kolumbus los.

DIE ERSTE FAHRT

Der Abenteurer erhielt also seine drei Schiffe und entdeckte am 12. Oktober 1492 aus reinem Versehen Amerika. Von dieser Fahrt brachte er ein paar Eingeborene und Papageien mit und ein wenig Gold – wie wir bereits gehört haben. Was gerne in vielen Kolumbus-Biographien verschwiegen wird, ist die tatsächliche Behandlung, die Kolumbus den Einheimischen angedeihen ließ. Als er die Insel Guanahani, eine Insel der Bahama-Gruppe, anlief, bestand seine erste Aktion darin, die zutraulichen und offenen Einwohner wie Schlachtvieh nach Kuba zu transportieren, um sie dort für sich nach Perlen tauchen zu lassen. Andere steckte er als Zwangsarbeiter in die Minen. Viele gingen in kürzester Zeit zugrunde. Schon im Jahre 1520 entdeckten spanische Schiffe, die nach Kolumbus kamen, dass einige Inseln völlig ausgestorben waren. Aber der Admiral wollte die Einheimischen doch nur zum "heiligen Glauben" bekehren. Oder? Christoph Kolumbus im Originalton:

"Männer und Frauen gehen ganz nackt. Sie sind schön gewach-
sen. Haben schöne Glieder und Angesichte. Ihre Bewegungen
sind zierlich, sie müssen gute Dienstboten sein, von sehr gutem
Charakter. Ich glaube auch, dass man sie ohne Schwierigkeit zu
Christen machen kann."   *(Durant)*

Hier offenbart sich der wirkliche Charakter des Herrn Kolumbus.
Hören wir ihn noch einmal im Originalton. Es ist zu enthüllend:
"Es ist wahrhaftig ein schöner Menschenschlag. Ihre Haare sind
nicht gekräuselt, sondern fallen lang herab und sind grob wie Rosshaar.
Die Augen sind schön und keineswegs klein ... Ich frug sie aufmerk-
sam aus, um zu hören, ob sie Gold haben ..." Mit anderen Worten:
Christoph Kolumbus war an Gold, Gold und nur Gold interessiert.
Die friedfertigen Einwohner brachten ihm alles Mögliche an Geschen-
ken – Gemüse und Früchte –, aber er wollte nur Gold. Verwundert stell-
te er fest, dass die Eingeborenen sich aus Gold nichts machten. Also
zwang Kolumbus sie in seine Sklavendienste, so dass sie für ihn nach
Gold suchten. Er war sich vollkommen sicher, dass es in den neuen
Ländern Gold gab. Stets war er nur von einem einzigen Gedanken beseelt: Wie konnte man dieses Goldes habhaft werden? Wie konnte er
zu einem reichen, zu einem unermesslich reichen Mann werden? Die
Wahrheit ist: Christoph Kolumbus war habsüchtig. Er phantasierte
Tag und Nacht von Goldfunden, die zum Teil nicht einmal existierten. Biographen, die etwas tiefer schürfen, bezeichnen seine Haltung
gegen die Indios von Anfang an als "feige, verräterisch und unsicher"
(Jakob Wassermann). Seine einzige Überlegung bestand darin, wie er
möglichst viel Profit aus ihnen schlagen konnte. Er betrachtete die Eingeborenen als sein persönliches Eigentum. Ständig versuchte er, sie
einzuschüchtern, damit sie ihm ihre Goldlager verrieten. Ja er war von
einem regelrechten Wahn beseelt, wenn es darum ging, die angeblich
geheimen Goldstellen ausfindig zu machen. Er dachte und träumte in
keiner anderen Kategorie! Gold war sein Stachel, Gold seine Manie.
In seinem Bordtagebuch und in seinen schriftlichen Aufzeichnungen

klingt es immer wieder durch. Hören wir einige Sätze des Christoph Kolumbus:

"Ich war sehr aufmerksam und gab mir viel Mühe zu erfahren, ob Gold vorhanden sei ..."

"Ich vernahm, dass im Süden ein König sei, der große Gefäße aus Gold besitze."

"Möge der Allmächtige nach seiner Barmherzigkeit mir beistehen, dass ich die Minen finde, aus denen dieses Gold gewonnen ist."

(Ein Eingeborener hatte ihm ein handgroßes Stück Gold gebracht).

Und so weiter, und so fort.

Kolumbus verkaufte den Indios Trommeln: für Gold. Er gab den Indios Sirup: für Gold. Er gab den Naturkindern und Eingeborenen kleine Schellen aus Messing: für Gold. Christoph Kolumbus überschwemmte die Bahamas, Kuba, Espanola und viele andere Inseln und die Küsten des Kontinents mit Tausenden von diesen Klingelschellen: für Gold. Einige weitere überlieferte Zitate des Admirals:

"Ganz gewiss ist es Gold, was ich sah und ich hoffe mit Hilfe unseres Heilands, den Ort zu finden, wo es wächst."

"Ich werde den König dieser Insel sehen, dessen Kleider wie ich höre, mit Gold bedeckt sind."

"Ich sehe davon ab, die Insel Kuba zu besuchen, ... weil ich glaube, dass es dort keine Goldminen gibt."

"Die mich begleitenden Indios sagen, auf der Insel ... sei so viel Gold, dass man es unter einer dünnen Erdschicht erkennen könne."   *(Zitate nach Wassermann)*

Und und und.

Christoph Kolumbus war besessen, er lechzte nach Gold. Kein anderer Gedanke beherrschte ihn. Gold verfolgte ihn in seinen Träumen. Bei Kolumbus handelte es sich keineswegs um einen selbstlosen edlen Entdecker. Ihm war nicht im Geringsten an den Wissenschaften gelegen. Er kümmerte sich nicht im Entferntesten darum, ob seine Entdeckungen zum Vorteil des alten Kontinentes gereichen könnten. Es ging ihm wirklich nur um Gold – und um sonst nichts.

DIE RÜCKKEHR

Aber versuchen wir, zumindest ein wenig der Chronologie treu zu bleiben. Eines Tages segelte Christoph Kolumbus zurück nach Spanien. Hier inszenierte er einen feierlichen Triumphzug, wie wir bereits gehört haben. Er konnte allerlei exotisches "Material" aufweisen, Indianer, die er gefangen genommen hatte, seltene Tiere und seltene Früchte. Einige Geschichtsschreiber hielten das alles minutiös fest, wie der spanische Historiker Muñoz.

Aber es handelte sich bei Licht betrachtet um einen Coup! Das heißt, er inszenierte eine Public-Relations-Schau, die in der Geschichte ohnegleichen ist. Wie ein Kaiser nach einer gewonnenen Feldschlacht marschierte Christoph Kolumbus in Spanien ein. Am 15. März 1493 erreicht er nach siebenmonatiger Fahrt den Hafen Palos.

"Er stellt nun eine Prozession zusammen, die sich von dem Dock in Palos quer durch Spanien bis nach Barcelona wand, wo die beiden Herrscher Hof hielten. An ihrer Spitze schritt schweigend und unbewegt (...) umgeben von bärtig bewaffneten Seeleuten der hochgewachsene, ergraute Kolumbus. Seine Gefolgsleute trugen mächtige Bambusrohre und Alligatorenhäute. Hinter ihm marschierte ein Trupp Indianer, lächelnd und sich bekreuzigend, beladen mit Käfigen voll kreischender Papageien. Dieser Zirkuszug

betrat jede einzelne Kirche, an der er vorüberkam und hielt, um
zu beten, vor jedem Kruzifix am Wege an. So trafen sie bei Hofe
ein; Isabella und Ferdinand erlaubten Kolumbus zu ihrer Rech-
ten Platz zu nehmen und mächtige Adelige baten ihn, ein Wort
zu Gunsten ihrer Söhne einzulegen. " (Bolito)

Der Clou dabei war, dass Kolumbus bei Licht betrachtet so viel
nicht vorweisen konnte. 40 grüne Papageien, eine kleine Handvoll dün-
ner goldener Nasenringe, "einige Ballen groben Gewebes, schlechter als
irgendeines, das in Isabellas Spanien gesponnen wurde", ein paar gut-
gläubige Wilde, ein Sammelsurium von mangelhaft präparierten, ausgestopften Tieren und einigen anderen unbekannten Pflanzen, Tieren
und Früchten – das war die Ausbeute! Mit anderen Worten: Das Ergebnis ließ wirklich zu wünschen übrig. So kann man also die Story
auch lesen!

ABER: Er beeindruckte damit ganz Europa!

Wichtiger aber als alles andere war das Gold. Der gesamte Hofstaat
war hypnotisiert. Autoren wurden nicht müde zu betonen, wie hoch-
interessiert der Hof den Berichten des Christoph Kolumbus lausch-
te, befanden sich doch die spanischen Majestäten in einer finanziellen Notlage. Plötzlich sahen sie eine Möglichkeit, ihre Kriege zu gewinnen und zu dem mächtigsten Staat Europas aufzusteigen. Und da
war dieser kleine Abenteurer, der ihnen praktisch die Erfüllung ihrer
Träume versprach. Es wundert nicht, dass Christoph Kolumbus wieder ausgeschickt wurde. Die Beute war zu groß, die potenzielle Beute
genauer gesagt. Die Priester segneten das Abenteuer natürlich fromm
ab. Wenn Personen auf das menschenunwürdigste ausgebeutet wurden,
so konnte man das alles unter der christlichen Bekehrungswut verstecken. Christoph Kolumbus schrieb wörtlich an die spanische Königin:

"Gold ist das allervortrefflichste Ding; wer es besitzt, hat alles, was
er sich in der Welt wünschen kann und bringt es so weit, dass er die
Seelen ins Paradies befördern kann."

DER SKLAVENHÄNDLER

Was für ein armer Teufel! Welche Abhängigkeit von dem gelben, glänzenden Metall! Welch eine enthüllende Preisgabe seines Charakters! Kolumbus teilte diese Goldmanie mit seinen Herren, mit dem spanischen Königshaus und vielleicht mit seinem ganzen Jahrhundert. Besonders grausam dabei war, dass er die Eingeborenen missbrauchte, um seiner Goldgier zu frönen. Er betrachtete sie als sein Eigentum, seine Beute. Er verfuhr wie ein Jäger mit herrenlosem Wild, wie das Jakob Wassermann ausdrückte. Er machte Männer, Frauen und Jünglinge zu Sklaven. Es war für ihn vollkommen in Ordnung, dass seine Schurken, die er befehligte, die eingeborenen Frauen vergewaltigten. Kalten Blutes wurden die Indianer niedergeknallt, wenn es darum ging, Gold zu finden. Diese Gier nach Gold steigerte sich noch zu einer größeren Manie bei seinen weiteren Fahrten. Wenn ihm einer seiner Schergen berichtete, er hätte Gold in den Tälern oder Flüssen glänzen sehen und es gäbe Berge aus purem Gold, geriet Kolumbus in Ekstase. Unmittelbar brach er auf, um solche Berichte zu verifizieren. Gebirge aus Gold wurden freilich nie gefunden. Wenn aber doch einmal Gold gefunden wurde, so tat er alles, um es in seinen Besitz zu bringen. Hierfür wurden Menschen niedergeschossen oder Menschen erpresst; seine Caballeros halfen ihm dabei.

Kolumbus machte jedoch nicht nur ein Vermögen mit Gold, sondern auch mit Sklaven. Da ihm ein Menschenleben nichts wert war, wurden Indios eingefangen, gefesselt und dann verschifft. Als Rechtfertigungen benutzte er schlaue jesuitische Entschuldigungen. Die gewieftesten Rechtsverdreher Spaniens waren ihm gerade recht, um seine unendlichen Missetaten zu rechtfertigen. Er machte die Eingeborenen zu Handelsobjekten. Mit ihren Leibern sollten sie Spanien dienen. Kolumbus noch einmal im Originalton:

"Mit Recht wünschen Eure Hoheiten, dass wir den Indios die Lehren unseres heiligen Glaubens mitteilen. Aber wir haben die

Kenntnis ihrer Sprache nicht. Und so schicke ich ... eine Anzahl Männer, Frauen, Knaben und kleine Mädchen nach Spanien, die ihre Hoheiten solchen Personen anvertrauen mögen, die ihnen den besten Unterricht vermitteln und sie in allerlei Arbeit unterweisen können. Je nach ihrer Führung könnte man sie dann im Rang gegen die anderen Sklaven erhöhen und einen mit der Leistung des anderen anspornen ..." (gef. bei Wassermann)

Die Indios, die Eingeborenen waren also Material, waren Menschenmaterial. Sie waren gerade gut genug, den Staatssäckel des spanischen Königshauses zu füllen beziehungsweise den Säckel des Herrn Kolumbus. Ansonsten besaßen diese Menschen keinerlei Wert. Man kann mit Fug und Recht von staatlich konzessioniertem Menschenraub sprechen. Kolumbus war damit ein Sklavenhändler übelster Sorte. Manchmal wurden die Indios wie Tiere auf die Schiffe gebracht und dort zusammengepfercht. Geschichtswissenschaftler berichteten, dass die Indios in der Folge sogar ausgestellt und wie auf antiken Sklavenmärkten versteigert wurden. Das veränderte Klima, die elende Behandlung und die entwürdigenden Lebensbedingungen sorgten dafür, dass viele wie die Fliegen hinwegstarben. Aber das scherte den Admiral nicht; er hatte eine neue Goldgrube entdeckt: den Sklavenhandel. Und so sandte er Schiff um Schiff, gefüllt mit indianischen Sklaven nach Spanien, auf dass sie seinen Hoheiten dienten.

Eine konkrete Zahl: Die Insel Española besaß zur Zeit ihrer Entdeckung etwa 3,5 Millionen Einwohner. Zehn Jahre später waren davon noch 34.000 übrig. Ohne Worte.

Der Historiker, der die Zeit, die Christoph Kolumbus auf den westindischen Inseln, in Nordamerika und in Südamerika, verbrachte, beschreiben will, muss seinen Gänsekiel in Blut tauchen. Sobald die Spanier gelandet waren, wurde den Indios zunächst einmal ihr Goldschmuck weggenommen. Die Eindringlinge beraubten sie allen wertvollen Besitzes. Dann entführten sie die Frauen und Töchter und vergewaltigten sie. Schlugen umgekehrt die "Wilden" zurück, ließ der

Admiral ihnen Nasen und Ohren abschneiden oder sie kurzerhand umbringen.

Das heißt, Kolumbus richtete ein unglaubliches Blutbad unter den Eingeborenen an. Eine Spezialität war der Einsatz von Bluthunden. Der berühmte Hetz- oder Schweißhund Perro corso, den man bereits in Spanien kannte, wurde auf die Indianer gehetzt. Wollten die Indios fliehen, so sahen sie sich von diesen Bluthunden verfolgt. Diese holten sie natürlich ein, warfen sie zu Boden und zerfleischten sie. Der "große Admiral" ließ dafür eigens ganze Herden von diesen Hunden aus Spanien kommen. Einige Hunde erlangten regelrechte Berühmtheit. Der "Sport" bestand darin, die Indios von diesen Bluthunden möglichst schnell aufspüren und zerreißen zu lassen.

Als Christoph Kolumbus längst etabliert war, tauchte jedoch ein neues Problem auf: Die Indios, ausgebeutet, hingeschlachtet und dezimiert, stellten nicht mehr genügend Arbeiter. Kolumbus besaß also das Problem, dass ihm Arbeitskräfte fehlten, damit Waren, Waren und nochmals Waren nach Spanien verschifft werden konnten. Außerdem brauchte er Leute, die nach Gold schürfen und suchen sollten. Um diesem Problem abzuhelfen, entwickelte er einen neuen Plan: Er bat darum, "Neger" aus Afrika nach seinen Inseln zu transportieren. Schließlich wurde es jedem Kolonisten erlaubt, zwei Neger und zwei Negerinnen einzuführen. Ein schwunghafter Handel setzte ein.

NOCH EINMAL: GOLD

All das war jedoch nichts im Vergleich zu dem Goldwahn des Admirals. Wenn irgendeiner seiner Caballeros Kolumbus mitteilte, er sei auf Gold gestoßen, rüstete dieser sofort eine Expedition aus mit hundert bewaffneten Männern, um eine Kunde, und sei sie noch so vage oder hirnrissig, auf ihre Richtigkeit hin zu überprüfen. Die Goldgier beseelte diesen Mann und zerfraß ihn förmlich. Dabei steigerte er sich in die phantastischsten Verrücktheiten hinein. Mit fanatischem Ernst verfocht er die These, die goldenen Berge König Salomons jenseits des Atlantik wieder gefunden zu haben! Man kann Christoph Kolumbus mit Fug und Recht also als geisteskrank bezeichnen.

Und sein Wahn wirkte ansteckend: Die Insel Española, später San Domingo genannt, wurde zum Eldorado der Goldsucher. Aus Europa, vornehmlich aus Spanien, kam der Abschaum, der sich das schnelle Geld durch Goldfunde versprach. Verbrecher, Mörder und Diebe gelangten in das Land, um ebenfalls Gold, Gold und noch einmal Gold zu gewinnen. Dabei war man zu jeder Schandtat entschlossen ... Es ist fast müßig, die verschiedenen Fahrten des Christoph Kolumbus noch einmal im Detail nachzuvollziehen. Immer wieder begegnen wir dieser ehrlosen Goldsucht. Sobald Kolumbus auf neue Indiostämme stieß und er auch nur einiges Goldblech sah, geriet der Admiral zum rasenden Tier. Wenn er nach Gold suchte und nicht so viel fand, wie er vermutet hatte, ließ er die Indios kurzerhand umbringen. Jeder Fund weckte die gierige Erwartung auf einen noch größeren Fund.

ZURÜCK IN SPANIEN

Wenn man nun glaubt, damit die tiefsten Tiefen des Don Kolumbus ausgelotet zu haben, so irrt man. Es gilt, das Ende des Christoph Kolumbus genauer nachzutragen!

In Spanien wurde er von den spanischen Majestäten betrogen, wie bereits erzählt. Was hatte er sich in seiner Dummheit anderes ausgerechnet? Und hier lamentiert er nun. Er beschwert sich. Er rechnet und zählt wie ein Krämer auf, was er geleistet hat. Er jammert über Geldsummen, die man ihm vorenthalten hat und die er theoretisch besitzen könnte. Ständig macht er dem Hof Vorhaltungen, dass ihm noch Gold zustünde, dass ihm Tausende und Zehntausende von Pesos nicht ausbezahlt worden seien. Er spricht von Millionen von Verlusten, zehn

Millionen von Verlusten, die ihm der spanische Königshof angeblich schuldet. Er verlangt von den spanischen Majestäten, dass in allen Häfen darüber gewacht werden soll, wenn jemand ohne seine Erlaubnis nach "Indien" reist, denn er hat Angst, um seine Anteile gebracht zu werden. Er versucht tatsächlich, ganz Amerika persönlich zu besteuern. Aber ach, er ist längst ein alter, gebrochener Mann, nach dem kein Hahn mehr kräht.

Kolumbus wird regelrecht wirr im Kopf, wenn es darum geht, seine Ansprüche geltend zu machen. Als die Königin Isabella von Spanien stirbt, verrät er im Geheimen seinen Freunden und denen, die dem alten, verrückten Mann überhaupt noch zuhören, dass sie auf dem Totenbett den Wunsch geäußert habe, er möge wieder in den Besitz von Indien kommen. Ständig dramatisiert er, was ihm alles vorenthalten wird, während er tiefer und tiefer in Armut versinkt. Er, der Sklavenhändler par excellence, er, dessen Seele von Goldgier zerfressen ist, beschwert sich plötzlich, was ihm die ganze Menschheit angetan hat. Er, der Zehntausende, vielleicht Hunderttausende auf dem Gewissen hat, jammert über das Leid, das ihm die anderen zufügen.

Das Alter sieht ihn von Krankheit gebeugt. Er zieht verloren in Spanien umher, eine Gestalt wie Don Quichotte. Überall lacht man jetzt über seine Beschwerden und Forderungen. Offiziell speist man ihn mit einigen Lobsprüchen ab, spricht von der Größe seiner Verdienste, aber dabei bleibt es. Natürlich wird er in keine Ämter und Würden wieder eingesetzt. Natürlich erhält er keinen einzigen Peso. Und natürlich erhält er nicht im Entferntesten sein Achtel, das ihn zum reichsten Mann der Welt für alle Zeiten gemacht hätte.

Ein erbärmlicher Schacher hebt an. Auch der spanische Königshof bekleckert sich nicht gerade mit Ruhm. Mit juristischen Finten sucht man ihn hinzuhalten. Manchmal wird ihm scheinbar etwas bewilligt, aber am nächsten Tag wieder entzogen. Die spitzfindigen Juristen haben ihre hohe Zeit. Und so endet das erbärmliche Schicksal des Christoph Kolumbus, der bis zuletzt nur an eines glaubt, nur an einem festhält, nur an einem interessiert ist: am Gold und am Gelde und an nichts anderem.

Kurz vor seinem Tode fasst er noch ein Testament ab, dass in seiner Irrealität und in seiner Verstiegenheit kaum zu überbieten ist; es beginnt: *"Als ich dem König und der Königin freiwillig mit Indien ein Geschenk machte ...!"*

Mit anderen Worten: Mit großtönendem Vokabular sucht Christoph Kolumbus an seinen alten Ideen festzuhalten. Noch immer klammert er sich daran, was ihm alles angeblich gehört. Bis in den Tod denkt er nur an Gold und Besitz. Kein anderer Gedanke bemächtigt sich seiner armen Seele. Als der Unglückliche von allen verlassen, von allen verlacht und ohne einen Peso in der Tasche im Jahre 1506 stirbt, steht kein Hund an seinem Grab. Jeder ist erleichtert, dass dieser lästige Zeitgenosse endlich das Zeitliche gesegnet hat. Freunde besitzt er am Schluss keine mehr, nur einige wenige gierige Verwandte, die darauf hoffen, aus seinem großen Namen nach seinem Tode noch einen kleinen Gewinn zu ziehen. Der Krämer war zuletzt selbst nur mehr von Krämern umgeben.

Die Wahrheit

Stellt man diese beiden Biographien einander gegenüber, bleibt eine Frage offen, die Frage nach der *Wahrheit*. Es ist theoretisch und praktisch unmöglich, Christoph Kolumbus gleichzeitig in den Himmel hochzuheben und zu verdammen. Was also ist "die Wahrheit"? Und: wenn es diese "Wahrheit" überhaupt gibt, wie konnte sie so verdreht werden?

Um diese Frage zu beantworten, empfiehlt es sich, auf die konkrete Quellenlage aufmerksam zu machen. So viel wissen wir heute:
- Während der Lebenszeit des Kolumbus wurde nur über seine erste Reise berichtet. 19 Editionen erschienen zwischen 1493 bis 1500,

in vier Sprachen, aber alle nahmen sie einen *europäischen* Gesichtspunkt ein! Der europäische Gesichtspunkt: eine neue Welt war entdeckt worden!

Die zweite Reise wurde in einem kleinen Bändchen 1494 beschrieben und publiziert in Pavia (Italien). Die *Lettera Rarissima* (über die vierte Reise) erschien in einer einzigen Edition, ebenfalls auf italienisch, im Jahre 1505.

Raubdrucke blieben ohne größere Bedeutung.

- Im Jahre 1526, also genau zwanzig Jahre nach Kolumbus' Tod, setzte sich ein Historiker auf den Hosenboden und recherchierte fleißig. Sein Name lautete: Gonzalo Ferdinandez de Oviedo, es handelte sich um einen Spanier. Er pries den Admiral in den höchsten Tönen und warnte, Kolumbus *müsse* als großer Mann betrachtet werden; wer es nicht täte, sei kein guter Spanier!

- Während des 16. Jahrhunderts erschienen in der Folge etwa 142 Arbeiten, verfasst von rund 118 Autoren, in neun verschiedenen Sprachen (italienisch, spanisch, portugiesisch, französisch, englisch, niederländisch, deutsch, polnisch und lateinisch).[46]

Immer noch wurde Kolumbus in den Himmel gelobt, aber langsam begannen immer mehr Details durchzusickern. Gleichzeitig flossen Mythen, Märchen und Legenden in die Bücher ein.

Das wichtigste Referenzwerk wurde Peter Martyrs "Three Decades", das 19 Auflagen erzielte und lange Zeit als die wichtigste Quelle für das Leben Christoph Kolumbus' galt.

Aber Martyr war ein "phlegmatischer Historiker" (Kirkpatrick Sale), der vor allem das Heroentum des Admirals herausstrich und mit den tatsächlichen Fakten wenig am Hut hatte.

Viele weitere Autoren wären zu erwähnen, wie etwa Francanzano de Montalboddo, aber alle, alle waren sie Spanier oder bestenfalls Europäer!

- Francisco López de Gómara (natürlich wieder ein Spanier!) schrieb im Jahre 1552 schließlich eine *Historia general de las Indias*, ein Buch, das 23 Editionen sah und das zum populärsten Werk über Kolumbus avancierte. Er war bereits ein wenig kritischer als seine Vorgänger, aber noch immer blieb Kolumbus eine Lichtgestalt.

- Sebastian Münsters *Cosmographia* erreichte zwischen 1544 und 1576 55 Editionen und betonte vor allem die geographischen Neuerungen.

- Giovanni Battista Ramusios *Navigationi et viaggi* zurrte einige Jahre später endgültig das Geschichtsbild über Kolumbus fest.

- Danach aber geschah das Übliche: Ein Historiker schrieb vom anderen ab, an dem grundsätzlichen Bild veränderte sich nichts mehr. Kopisten kopierten von Kopisten von Kopisten und mit der Zeit entstand ein buchstäblich von Tausenden von Autoren festgeschriebenes Kolumbusbild.

Auf diese Weise wurde Kolumbus schließlich unwiderruflich ein "Held". Die Gründe, warum die Wahrheit so lange verdreht wurde, leuchten ein, es sind deren zwei:

1. Vergessen wir nicht, die Zeiten waren *christlich*! Wer nicht glaubte, hatte mit dem "heiligen Feuer" der Inquisition zu rechnen! Die Bekehrung von Nichtchristen, von Indianern allemal, war eine gute Tat, mit der man sich den Himmel verdienen konnte. Niemand war am spanischen Hof einflussreicher und mächtiger als die Pfaffen. Da Kolumbus die Ausbreitung des Christentums gefördert hatte, wurde er als Verfechter des wahren Glaubens jahrhundertelang gerühmt.

2. Die meisten Autoren, die über Kolumbus schrieben, einige haben wir genannt, waren *Spanier* mit Leib und Seele. Sie schrieben Geschichten von einem spanischen Standpunkt aus, dem Gesichtspunkt des *Siegers* mithin. Dieser Standpunkt ist nicht unbedingt korrekt, er spiegelt lediglich den Gesichtspunkt des Stärkeren wieder, nicht die Wahrheit! Später bemächtigten sich auch französische, deutsche und italienische Autoren des Admirals, so dass eine europäische Geschichtsschreibung entstand. Aber ganz Europa hatte Kolumbus Entdeckungsfahrten wie in einem Rausch erlebt. Die Neue Welt brachte eine unendliche Erweiterung des Horizontes. Und so blieb Kolumbus weiter eine Positivvokabel. Später bemächtigte sich die USA dieser Figur und vereinnahmte sie völlig. Aber wiederum fiel das Urteil positiv aus. Wie konnte man einen Mann, der unter dem Strich einen ganzen Kontinent für die Siedler "entdeckt" hatte, verunglimpfen?

Aber schließlich wandelte sich das Geschichtsbild. Mehr und mehr wurden Fakten objektiv gewichtet. Am Ende wurde nicht mehr nur ein einziger Gesichtspunkt zugelassen, nur der christliche oder der spanische! Speziell als einige US-amerikanische Historiker die Sünden gegenüber den Indianern aufarbeiteten, wurde man mehr und mehr hellhörig. Noch heute hat das weiße US-Amerika ein denkbar schlechtes Gewissen gegenüber den Indianer, die letztlich die großen Verlierer waren, die in Reservaten zusammengepfercht, teilweise ausgerottet und fast überall enteignet wurden. Indianer heute in US-Amerika müssen (man muss es sich vorstellen!) keine Steuern bezahlen! So sehr plagt das schlechte Gewissen das weiße US-Amerika bis heute. Aber darüber hinaus erblickten auch ganz andere Sichtweisen das Licht der Welt, so etwa in Jamaika, Haiti oder Mexiko.

Kolumbus, der Sklavenhalter, wurde mehr und mehr publik.

Geschichtswissenschaftler deckten auf, dass Kolumbus manchmal ohne die Autorität der Spanischen Krone Menschen versklavt hatte! Auf eigene Faust.[47]

Es wurde bekannt, dass Kolumbus sorgfältig zwischen der unterschiedlichen Intelligenz der Sklaven (und also ihrem Wert und Nutzen) unterschieden hatte, um höhere Preise zu erzielen. Der Sklavenhändler Kolumbus erblickte das Licht der Welt mit einer Verzögerung von 500 Jahren!

Und so stellt sich die "Wahrheit" bis heute wie folgt dar: Speziell in Lateinamerika ist sein Ansehen umstritten.

Kolumbus wird hier nicht als Entdecker gefeiert, sondern als Invasor, Eindringling, Unterdrücker.[48]

"In Ecuador, Guatemala, Bolivia and much of Mexico there is little appreciation of the Discoverer as hero."[49]

Das heißt, das Bild des großmächtigen Admirals ist dort ein düsteres. Er ist hier ein Massenmörder, ein Sklavenhalter und ein Dieb. Mexiko ist zerstritten: Die weiße Oberschicht betet ihn noch immer an und verehrt ihn, speziell die reinblütigen Nachfahren der Spanier. Aber Indianer und Mestizen sehen ihn distanziert. Wenn Kolumbus-Feste und Kolumbus-Feierlichkeiten angesagt sind, sieht man, wie die unterdrückte Unterschicht beiseite steht, sieht sie die tanzenden Menschen fragen, wie sie einen Kolumbus feiern können.

Die Ureinwohner auf den westindischen Inseln, in Mexiko und in den USA hassen Kolumbus, sie verachten ihn, er ist für sie der Prototyp des Konquistadors, des Unterdrückers. In der nordamerikanischen Literatur dagegen, in der "weißen Literatur", die von den Nachfahren und Profiteuren verfasst wurden, finden wir weitgehend nur Lobeshymnen über den Admiral. 95 Prozent der Lektüre wird darauf verwendet, ihn zu preisen. Seine Morde, die laut Zvi Dor-Ner sogar in die Millionen (!) gingen, werden allenfalls verschämt am Rande erwähnt. Seine Gräueltaten werden noch immer gerechtfertigt, immerhin habe er den Ureinwohnern auch viel Gutes gebracht, so etwa das Christentum!

Noch 500 Jahre später ist die Kolumbus-Literatur also uneins. Viele wischten seine Sünden weg und argumentierten, "man müsse ihn schließlich aus der Zeit heraus verstehen." Dies ist das beliebteste Argument von parteiischen Autoren, um Sünden zu vergeben. Aber genau dieses Argument sticht bei Licht gesehen nicht.

Barbarische Schlächtereien gab es im 19. und 20. Jahrhundert (Hitler, Stalin) ebenso wie im 14., 15. und 16. Jahrhundert. Unsere Vorfahren waren in den vergangenen Jahrhunderten nicht weniger und nicht mehr barbarisch als heute. Mord "aus der Zeit heraus" hinweg zu erklären ist verführerisch, aber intellektuell nicht vertretbar. Dennoch wird Kolumbus in der "weißen Literatur" im Allgemeinen weiter als großer Held gefeiert. In Nordamerika gibt es über dreißig Städte, die stolz seinen Namen tragen (von North Dakota bis Ohio) und über tausend Straßen, die nach ihm benannt sind. Sogar eine Weltraumfähre wurde auf ihn getauft.

Die *Wahrheit* über Kolumbus hat sich also noch immer nicht durchgesetzt.

DAS ENDGÜLTIGE URTEIL

Wie soll man also über diesen armen Teufel endgültig urteilen? Über diesen Sklavenhändler, diesen vom Golde besessenen Habgierigen, dessen Seele längst Luzifer gehörte? Zu seiner Entschuldigung mag man anführen, dass er – wie schon angeführt – selbst ungerechte geld- und goldgierige Herren besaß. Die spanischen Majestäten waren so sehr dem Glanz des gelben Metalls verfallen, wie auch ihren eigenen, größenwahnsinnigen Ideen von Macht und Herrlichkeit, dass sie längst selbst keines humanen Gedankens mehr fähig waren.

Ein Mensch, der falschen Herren dient, kann indes selbst nicht zu wahrer Größe aufsteigen. Er *kann* nur versagen. Wenn man einem Gauner und Verbrecher dient, kann man sich nicht zu einer edlen Seele entwickeln.

Aber von diesem Umstand abgesehen bleibt seine Schuld bestehen. Dabei vermochte er seinen Reichtum, den er zeitweise besaß, nicht einmal festzuhalten – wie das bei den meisten Gaunern, Dieben und Räubern der Fall ist, wenn man deren Schicksal bis zum bitteren Ende verfolgt.

Fest steht weiter, dass Kolumbus ein Genie in Public Relations war. Weder in der Organisation der neuen Länder noch in der Verwaltung erwies er sich als kompetent. Aber er blendete Könige – und damit ein ganzes Zeitalter!

Er konnte eine Show inszenieren, er konnte Menschen beeindrucken, er konnte "zaubern".

Es steht weiter außer Frage, dass er ein Betrüger war, der das Recht brach, den Tod zahlloser Menschen auf dem Gewissen hatte und Sklavenhandel betrieb.

Bei all dem darf man nicht gänzlich den Stab über diesen Mann brechen. Er besaß gleichzeitig einen ungeheuren Mut, ein Mut, der sich vielleicht nährte aus seiner Gier, aber immerhin. Er wagte sich auf das weite Meer hinaus, auf den Atlantischen Ozean – keine Selbstverständlichkeit zu seiner Zeit, da die Seetechnik und die Segelschiffe so unterentwickelt waren. Er durchlitt alle möglichen Entbehrungen, und wenn er auch in Wirklichkeit nur an Gold interessiert war, so trug er doch dazu bei, dass sich der Horizont der Menschheit erweiterte.

Resümierend ist über ihn zu urteilen, dass er ein Hochstapler, Gauner und PR-Genie war, das geradezu unfreiwillig der Menschheit einen unglaublichen Dienst erwies. Gestalten wie ihn deshalb jedoch zu Menschen hochzustilisieren, die den Fortschritt der Menschheit eingeleitet haben, hieße Ursache und Wirkung verwechseln. Er erweiterte den räumlichen Horizont, zugegeben. Aber es gibt auch Gestalten, die das ebenfalls taten – ohne seine Sünden, wie Marco Polo oder Amerigo Vespucci etwa. Es bleibt jedoch nicht nur ein Traumtänzer, ein Hochstapler und ein goldgeiler Sklavenhändler. Es bleibt weiter eine Geschichtsschreibung, die es sich in nahezu jedem Jahrhundert angelegen sein ließ, sein Leben neu zu erzählen und neu zu interpretieren. Jeder konnte sich aus seinem Leben, das so interessant war, die Details herauspicken, die ihm gerade zusagten. Aber im Allgemeinen blieb unter dem Strich betrachtet, rein netto, ein *positives* Bild über diesen Don Kolumbus. Und so wird bis heute eine der größten Lügen der Geschichte wieder- und wiedererzählt, in allen Schulen und Universitäten, in allen möglichen Ländern diesseits und jenseits des Atlantiks, mit der Ausnahme von Inseln wie Kuba, Haiti und Jamaika etwa, wo er allzu sehr wütete.

Aber Zeiten ändern sich. Gelehrte stehen nicht mehr im Sold von Königen. Und Afroamerikaner haben heute höchste Staatsämter inne. So beginnt das Pendel umzuschlagen, und das Bild über Don Kolumbus fängt an, sich langsam zu verändern. Und das ist wirklich zu begrüßen: 500 Jahre Lügen sind genug!

10. KAPITEL

NICCOLÒ MACHIAVELLI: IM BANNE CESARE BORGIAS

In gewissem Sinne kann die Bedeutung Machiavellis nicht hoch genug veranschlagt werden: Mit einem einzigen Buch beeinflusste er Fürsten und Bischöfe, Könige und Päpste. Nach diesem Buch war die Welt nicht mehr dieselbe. Politik wurde von einem Tag auf den anderen neu definiert. Dieses Buch wurde gelesen, bekämpft, auseinander genommen, zerrissen, zitiert, geliebt, befolgt und gemieden wie die Pest. Die Frage, die unbedarfte Journalisten manchmal Schriftstellern stellen, ob ein einziges Buch die Welt verändern könne, muss man also mit einem klaren "Ja" beantworten. Vielleicht war dieses Buch, das Machiavelli schrieb, das einflussreichste Buch, das je im politischen Raum erschien.

GESETZMÄSSIGKEITEN DER GESCHICHTE

Schon vorher hatten die klügsten Köpfe, die bedeutendsten Philosophen und die gescheitesten Politiker versucht, "Gesetzmäßigkeiten der Geschichte" auf die Schliche zu kommen.

Platon, Aristoteles, Lao-Tse, Augustinus, sie alle, alle hatten versucht, die Geschichte zu belauschen, Gott auszuspionieren und einen übergeordneten Standpunkt einzunehmen. Nach Machiavelli versuchten dies erneut Hegel, Marx, Toynbee und Spengler. Sie alle unternahmen das intellektuell reizvolle Experiment, die "ewigen Gesetze" der Geschichte zu erkennen, den großen Zusammenhang zu sehen und Lehren aus der Geschichte herauszudestillieren. Allen diesen Denkern war an einer Verbesserung des gegenwärtigen Zustandes gelegen, ein legitimes, nobles und moralisches Unterfangen! Große französische Staatstheoretiker (wie Montesquieu), scharfsinnige englische Autoren (wie William Godwin) und mutige US-Politiker (wie Thomas Jefferson) hatten ebenfalls versucht, Erkenntnisse aus der Geschichte zu klauben, um ein besseres, funktionstüchtigeres und gerechteres Gemeinschaftswesen aus dem Boden zu stampfen. Eine ungeheure intellektuelle Leistung!

Aber viele Philosophen saßen auch Trugschlüssen auf, nicht zuletzt auf Grund von fehlenden Daten. Nichts jedoch ist tödlicher, als ein Halbwissen, ein Dreiviertelwissen in Sachen Geschichte, denn es verführt automatisch zu abenteuerlich falschen Schlussfolgerungen. Geschichte wird dann zu einem Bauchwarenladen, aus dem sich jeder bedienen kann, der will, und mit dem alle möglichen und unmöglichen Theorien und tagespolitischen Entscheidungen abgestützt, unterfüttert und gerechtfertigt werden können. Trotzdem ist nichts begeisternder, konstruktiver und wichtiger, als Geschichte dazu zu benutzen, ein besseres Staatswesen zu schaffen. Unsere moderne Demokratie mit all ihren zahlreichen Errungenschaften wäre tatsächlich nicht denkbar ohne buchstäblich Hunderte von Denkern.

Das Unterfangen, Gesetzesmäßigkeiten der Geschichte auf die Schliche zu kommen, rückt dabei den Denker, den Philosophen und den Historiker immer ein wenig in die Nähe zu Gott; denn er versucht, die großen Abläufe einschätzen, Entwicklungen hochzurechnen und Ereignisse vorauszusehen. Wenn man einen Überblick über Jahrhunderte und Jahrtausende besitzt, schwebt man gewissermaßen über der Zeit und vermag, in den Gipfelpunkten des Nachdenkens, vielleicht manchmal sogar so etwas wie Weisheit zu erreichen. Wir schätzen, dass es ca. 200 Lehren oder "Gesetzmäßigkeiten der Geschichte" gibt, die einer näheren Untersuchung durchaus standhalten, und die, wenn sie allgemein bekannt wären, den Lauf der Welt positiv beeinflussen könnten. Aber wir schätzen auch, dass es etwa 2000 Fehleinschätzungen gibt, nur vermutete "Gesetzmäßigkeiten", die präzisen Untersuchungen eben nicht standhalten.

Die berühmteste Fehleinschätzung unterlief nebenbei bemerkt dem gerade erwähnten Lao Tse[50], dessen geschichtliche Existenz nicht hundertprozentig bewiesen ist. Die Legende besagt, dass er eines Tages die Lügen und Intrigen im politischen Raum satt hatte und das Land verließ. An der Grenze begegnete er einem Zöllner, der ihn angeblich bat, seine Weisheiten niederzuschreiben, wodurch das Tao-Tê-King[51] das Licht der Welt erblickte.

Es wimmelt in diesem Büchlein von richtigen und falschen Informationen. Eine Kostprobe:

"Der vollkommene Herrscher sorgt ständig dafür, dass das Volk ohne Wissen und ohne Begehren sei."[52] Das Volk müsse also dumm gehalten werden und im Unwissen, alles andere gereiche dem Staat nur zum Schaden. Nun, diese Information ist offensichtlich falsch.

Lao-Tse lehrte aber auch, dass *zu viele* Gesetze schädlich seien – was wiederum ein Beispiel dafür ist, dass der alte Meister oft Recht hatte.

Augustinus, der vielleicht bedeutendste aller christlichen Kirchenväter (345-430) lehrte, dass Jesus Christus das Ziel jeder geschichtlichen Entwicklung sei (wie später Teilhard de Chardin) und fast alle christlichen Historiker, bei denen das Jüngste Gericht am Ende aller Geschichte steht. Leider ist dies nicht aus der Geschichte selbst bewiesen. Im Gegenteil! Hundertmal, ja tausendmal wurde das Ende aller Zeiten beschworen, stets vergebens.

Georg Friedrich Wilhelm Hegel (1770-1831), der königstreue Liberale, der an deutschen Universitäten sein Unwesen trieb, glaubte, die Geschichte schreite in These, Antithese und Synthese systematisch voran. Die Geschichte selbst hat diese verführerische Theorie ebenfalls nicht bestätigt. Karl Marx reduzierte die Geschichte auf eine Abfolge von Klassenkämpfen, blieb allerdings den historischen Beweis dafür ebenfalls schuldig. Marx (und Engels) glaubten weiter an die alleinseligmachende Funktion der Revolution, obwohl die Geschichte selbst tausendmal bewiesen hatte, wie nutzlos blutige Revolutionen sind. Der berühmte englische Historiker Arnold Toynbee[53] stellte im 19. Jahrhundert fest, dass Zivilisationen die Stadien Geburt, Wachstum, Höhepunkt und Zerfall durchlaufen. Eine durchaus richtige, blitzgescheite Beobachtung, abgestützt durch zahlreiche Beispiele.

Eine Automatik des Verfalls nahm Oswald Spengler[54] an, eine Auffassung, die wir nicht teilen können. All diese "Gesetzmäßigkeiten", so muss man kritisch anmerken, wurden nie sozusagen "naturwissenschaftlich" untersucht, wo tausend Versuche immer das gleiche Ergebnis hervorbringen müssen. Die Geschichtswissenschaft krankt an einer Systematisierung von Beispielen, die viele Jahrtausende und viele Nationen umfasst, so dass echte Gesetzmäßigkeiten ohne Wenn und Aber wirklich in Stein und Eisen gehauen werden können. Trotz aller Denkfehler ist jedoch das Unternehmen, Gesetzmäßigkeiten etablieren zu wollen, selbst durchaus legitim, denn es hat wie gesagt auch zu phantastischen Errungenschaften geführt.

Philosophen, die solche Gesetzmäßigkeiten formulierten, veränderten denn auch oft das Gesicht von Jahrhunderten. Die Idee der Gewaltenteilung (Montesquieu) etwa ist bis heute unangefochten und eine der ganz großen Errungenschaften staatspolitischen, historischen und autonomen Denkens.

Eine der interessantesten Gestalten, die die Gesetzmäßigkeiten der Geschichte und also Gottes Schlachtplan ebenfalls ergründen wollte, war nun jener legendäre Niccolò Machiavelli, dessen Einfluss bis heute die Gemüter und die Politik beherrscht. Es gelang ihm, wie gesagt, mit einem einzigen Buch!

MACHIAVELLI, DIE VITA

Aber konzentrieren wir uns zunächst auf die Vita dieses Autors. Das Leben Machiavellis ist schnell erzählt. Niccolò Machiavelli, geboren 1469, stammte aus einer florentinischen Familie. Der Vater war Jurist und Notar, die Beamtenlaufbahn der männlichen Mitglieder der Machiavellis hatte Tradition.

Niccolò wurde in den *studia humanitis* unterwiesen, im humanistischen Unterricht, wobei er sich besonders in die römische Geschichte verliebte, eine Neigung, die ihn Zeit seines Lebens nicht mehr losließ. 1498, 29 Jahre alt, wurde er zum Sekretär des *Kriegsrates der Zehn* der Republik Florenz berufen, er wurde *Segretario della Republica*. Der Zehnerrat beschäftigte sich mit den militärischen Angelegenheiten und der Außenpolitik des Stadtstaates. Es war dies also kein kleiner Posten, kein unwichtiger Posten. Fünfzehn Jahre lang diente Machiavelli dem Rat.

Des Öfteren wurde er auf diplomatische Missionen gesandt, so zur Gräfin von Imola und Forli – Städten in Oberitalien (1498) –, dann als zweiter Gesandter an den Hof Ludwigs XII. von Frankreich. Als der erste Gesandte erkrankte, wurde Machiavelli an die Spitze der florentinischen Diplomatie geschoben. Er unterrichtete jetzt seine Vaterstadt direkt über die Politik am französischen Hof. 1502 traf er zum ersten Mal die entscheidende Figur seines Lebens: Cesare Borgia, ebenfalls in diplomatischer Mission. Der junge Diplomat verfiel dem "glänzenden Ungeheuer"[55] und geriet unauflöslich in seinen Bann, denn Cesare Borgia befand sich zu diesem Zeitpunkt auf dem Gipfelpunkt seiner militärischen Laufbahn. Hier setzte der geistige Wendepunkt im Leben Machiavellis ein, auf den wir noch ausführlich zu sprechen kommen werden.

Aber zunächst wurde Machiavelli mit weiteren Frankreichmissionen betraut (1504, 1510 und 1511). Immer wieder traf er mit Cesare Borgia zusammen, den er so sehr verehrte, dass die Ratsmitglieder in Florenz zeitweilig fürchteten, er sei vollständig in die Fänge dieses Söldnerführers geraten. Es gelang Machiavelli jedoch, das Vertrauen des Zehnerates zurückzugewinnen, ja, er durfte schließlich sogar eine nationale

235

Miliz aufstellen und gegen die Stadt Pisa ziehen. Machiavelli war in seinem Element. Seine Theorie, dass eine *milizia*, die sich aus den Bürgern selbst rekrutiert, stärker ist als eine gedungene Söldnerschar, bewahrheitete sich: Sie schlug die Pisaner und gewann die Stadt für Florenz. Er kostete eine kurze Zeit von dem süßen Wein des militärischen Ruhmes. Der Stern Machiavellis leuchtete so hell am Himmel seiner Vaterstadt wie nie zuvor.

Die geschichtlichen Gesetzmäßigkeiten, die er glaubte, inzwischen herausgefunden zu haben, nahmen immer mehr Gestalt an. Gleichzeitig kam er wieder und wieder in Kontakt mit seinem Idol, mit Cesare Borgia, der Machiavelli noch immer so namenlos beeindruckte, dass er schlussendlich sein gesamtes Buch auf ihn zukomponierte, das später eine solche Wirkung erzielen sollte.

Wer aber war Cesare Borgia wirklich?

CESARE BORGIA

Das glänzende Ungeheuer war der Sohn Papst Alexanders, der es verstanden hatte, sich mit Geduld, Geld und Intrigen auf den Stuhl des heiligen Petrus zu schwindeln. Papst Alexander presste seine Schäfchen aus wie Zitronen, nichts war ihm heilig. Fröhlich hatte er gleichzeitig ein paar Kinder gezeugt. Cesare war einer seiner Söhne, den er in der Folge für seine Zwecke einspannte. Das Ziel Alexanders bestand darin, zunächst den Kirchenstaat zurückzuerobern, das heißt, Land, Ländereien, Städte, Festungen und Herzogtümer, rund um Rom gelegen, auf die er, wie er behauptete, ein juristisch verbrieftes Anrecht besaß. Dieser Papst setzte also alles daran, um seine geistliche Macht durch weltlichen Besitz abzustützen. Cesare selbst, sein Sohn, hatte blonde Haare, einen blonden Bart und war ein Bild von einem Mann. Er war hochgewachsen, muskulös, ein hervorragender Reiter und konnte mit den bloßen Händen ein Hufeisen geradebiegen.

Einmal trennte er mit einem einzigen Schwertstreich einem Stier den Kopf vom Rumpf ab. Cesare scheute weder Tod noch Teufel, war darüber hinaus mit einer schneidenden Intelligenz begabt, besaß beste Manieren und einen gefährlichen Charme.

Das Schicksal meinte es gut mit Cesare, dem die Herzen nur so zuflogen. Sein Vater hatte ihm zunächst einen einträglichen Bischofsitz verschafft und ihn zwecks dessen flugs zum Kardinal erhöht, so dass Cesare auch noch reich war. Aufgrund dieses Bubenstreiches waren eilfertig einige Papiere gefälscht worden. Cesare wurde als der Sohn eines anderen ausgegeben, bis Cesare seinen Vater anflehte, ihn von seinen Kardinalspflichten zu entbinden. Alexander gestand öffentlich ein, dass Cesare sein eigener illegitimer Sohn sei, woraufhin die Kardinalswürde für ungültig erklärt wurde. Damit war der Weg für Cesare frei, in die große, die ganz große Politik einzusteigen.

Eine Chance bot sich, als der französische König Ludwig XII. den Papst bat, seine Ehe zu annullieren, damit er einer anderen Hübschen die Hand reichen konnte. Cesare wurde mit allen Vollmachten ausgestattet, reiste nach Frankreich, übergab dem Franzosenkönig den Ehedispens und erhielt im Gegenzug 200.000 Dukaten als kleines Dankeschön sowie die Hand der Schwester des Königs mitsamt einem Herzogssitz. Kein schlechtes Geschäft!

Erst jetzt beauftragte Alexander, der Papst, Cesare, seinen Sohn, mit der "Rückeroberung" des Kirchenstaates. Um den Spaß zu finanzieren, griff er tief in die päpstliche Schatulle, so dass Cesare ein Heer aufstellen konnte. Der französische König unterstützte Cesare ebenfalls, das Schauspiel konnte beginnen. Mit den Mitteln der Diplomatie, des Ränkespiels, der rohen Gewalt und mit der geistlichen Macht des Papsttums im Rücken wurde das Bubenstück in Szene gesetzt. Cesare, der Söldnerführer, stand an der Spitze des päpstlichen Heeres. Er führte eine Reihe von Feldzügen mit unerhörter Intelligenz, die ihm die Bewunderung Machiavellis einbrachten, der sich förmlich überschlug, wenn er auf diesen jungen Gott mit dem Schwert zu sprechen kam. Aber auch sein Charme war bestechend: Manchmal öffneten die Städte

Cesare von allein die Tore, manchmal fielen ohne einen einzigen Schwertstreich ganze Landstriche in seine Hände. So begrüßte ihn die Stadt
Forli (nordwestlich von Florenz) etwa mit Hurrageschrei.

Für den zweiten Feldzug indes musste der Vater, Papa, der Papst, einige neue Kardinalshüte verkaufen und die Einnahmen aus dem Jubel-
jahr, das Ablässe in reicher Fülle bescherte, einsetzen, um die Soldaten
Cesares zu finanzieren. Als die Kriegskasse wieder gefüllt war, zog Cesare erneut in den Krieg. Das Jahr 1500 sah den Papstsohn, wie er eine
feindliche Burg nach der anderen eroberte. Die vorherigen Besitzer kapi-
tulierten, einige schlossen sich sogar Cesares Heer an, wie zum Beispiel
ein gewisser Astorre Manfredis, der später indes in Rom gefangen gesetzt
wurde und urplötzlich im Gefängnis landete, obwohl er Cesare gefolgt
war! Eines Tages spülte der Tiber seine Leiche an das Ufer. Aber das waren unwichtige Zwischenfälle! Mit Lust wurde erobert, geplündert und
zerstört, Cesare riss sich ganze Städte und Landstriche unter den Nagel.

Im dritten Feldzug, 1502, wurde die Stadt Urbino erobert, obwohl
das Herrscherpaar dort gut regierte. Camerino, eine andere Stadt, fiel
durch schändlichsten Verrat, denn die Stadt verhandelte gerade mit
Alexander, dem Papst, darüber, Cesare mit neuen Truppen zu unterstützen, als Cesare sie plötzlich hinterrücks überfiel. Wie auch immer,
Städte und Burgen fielen durch die raffinierten Lügen der Diplomatie,
durch das scharfe Schwert der Söldner oder durch geschickt eingefä-
delte Kooperationen. Schätze wurden erbeutet und damit die Truppen
Cesares bezahlt – bis es passierte. Einer der Generäle Cesares, Vitellozzo Vitelli, eroberte eines Tages auf eigene Faust, ohne Cesares Wissen,
Arrezo, ein Städtchen, das zu Florenz gehörte. Die Florentiner be-
schwerten sich. Cesare versprach, seinem General Zügel anzulegen und
die Stadt an Florenz zurückzugeben. Vitellozzo Vitelli schäumte.

Eine Verschwörung gegen Cesare erblickte das Licht der Welt. Die
frechen, dreisten Eroberungen hatten den Borgias nicht nur Freunde
gemacht. Venedig, Florenz und Bologna fürchteten längst das übermächtige Papsttum. Eine Koalition gegen die Borgias wurde insgeheim
geschmiedet. Cesare sollte gefangen gesetzt und verhaftet, frühere Regen-

ten in verschiedenen Städten wieder in ihre Rechte eingesetzt werden. Cesare stand mit dem Rücken an der Wand, denn die Verschwörung verzeichnete zunächst einen Erfolg nach dem anderen. Aus Urbino und Camerino wurden die päpstlichen Truppen vertrieben, Offiziere verweigerten den Gehorsam und Soldaten meuterten.

Aber im Hintergrund gab es immer noch den Papst. Mit seiner (und "Gottes") Hilfe wurde eine neue päpstliche Armee aus dem Boden gestampft. Gleichzeitig verhandelte der Papst persönlich mit den Rebellen. Alexander machte allerlei Zugeständnisse, bis sich die Aufrührer zurück in den Schoß von Cesares Armee begaben.

Cesare aber vergaß nicht. Bei der ersten Gelegenheit ließ er Vitellozzo Vitelli verhaften und erdrosseln, mit ihm drei andere maßgebliche Häupter der Verschwörung. Machiavelli jubelte aus der Ferne! So führte man einen Krieg! Machiavelli nannte den Mord an den Verschwörern, die sich aufgrund der päpstlichen Versprechungen in Sicherheit gewiegt hatten, einen "hübschen Betrug" und applaudierte Cesare.

Alexander seinerseits nahm in Rom weitere "Verdächtige" fest, die angeblich einen Mord Cesares geplant hatten. Er beschlagnahmte ihre Güter und ließ sie gefangen setzen; wenig später starben sie auf mysteriöse Weise.

Ein besonderer Dorn im Auge waren den Borgias die Orsini, ein mächtiges altes Adelsgeschlecht, das mehr als einmal den Papst in Rom gestellt und ebenfalls unvorstellbare Güter zusammengerafft hatte. Die "Aufräumarbeiten" wurden benutzt, Orsini-Festungen zu schleifen, zu belagern und einzunehmen. Ganze Gebiete, Gelder und Gold fielen an den Papst.

Cesare Borgia befand sich mit achtundzwanzig Jahren auf der Höhe seiner Macht. Er galt als der mächtigste Mann Italiens. Sein Stern leuchtete bis nach Florenz, wo ihn Machiavelli wie gesagt so sehr bewunderte, dass er darüber fast seine Pflicht vergaß, der Vaterstadt zu dienen.

Das glänzende Ungeheuer hatte sich mit Charme, mit dem Schwert, mit Verrat und durch Mord bis an die Spitze des gesamten Landes gekämpft.

MACHIAVELLI, DIE VITA

Machiavelli kam durch Cesares Beispiel zu der Einschätzung, dass die nackte Gewalt in der Politik mehr zählt als alles andere. Aber er irrte sich zumindest in der politischen Großwetterlage: Die Franzosen schielten schon geraume Zeit nach Italien und suchten dort fette Beute. Greifen wir in der Zeit ein wenig vor: Julius II., der Nachfolger Alexanders auf den Papstthron, befand sich eines Tages im Visier der Franzosen. Er wandte sich in seiner Not an Florenz, das ihn bei der Vertreibung der Franzosen unterstützen sollte. Florenz weigerte sich. Julius II. sandte daraufhin seine Armee. Die Söldnertruppen des Papstes schlugen die Milizia von Florenz! Julius II. befahl, die Medici, das alte berühmte Adelsgeschlecht, das vormals seiner Macht dort verlustig gegangen war, wieder in Amt und Würden einzusetzen. Der Rat der Zehn wurde aufgelöst, die Medici kehrten zurück. Machiavelli war von einem Tag auf den anderen Persona non grata und verlor seinen Job.

Aber es sollte noch schlimmer kommen.

Zunächst scheute er sich nicht, sich den Medici anzudienen, aber die neuen Herren hatten keine Verwendung für ihn. Außerdem wurde eine Verschwörung gegen die Medici aufgedeckt. Der Name Machiavellis befand sich auf einer Liste, die angeblich die Feinde der Medici enthielt. Niccolò Machiavelli wurde gefangen gesetzt und viermal gefoltert. Erst nach einer Weile, im Rahmen einer Amnestie, ließ man ihn frei, verbannte ihn aber aus Florenz. Verbittert zog er sich auf das väterliche Gut zurück, das gut 10 km außerhalb von Florenz lag.

Hätte Machiavelli das Schicksal nicht so arg gebeutelt, hätte die Welt niemals von ihm erfahren; denn genau in dieser Zeit schrieb er sein Buch, das die bedeutendsten Umwälzungen auf politischem Gebiet einleiten sollte.

IL PRINCIPE

Kommen wir nun endlich auf dieses mysteriöse Buch der Bücher zu sprechen, dieses vielleicht berühmteste aller Bücher, das je im politischen Raum verfasst wurde, das die Welt bewegte, wofür Machiavelli geliebt und gehasst wurde, das in zahlreiche Sprachen übersetzt und ein Weltbestseller wurde, der bis heute nicht aus der Literatur verbannt werden konnte, obwohl es niemand geringerer als der Papst (ein späterer Papst) auf den Index setzte, obwohl Bischöfe in England dagegen wetterten und Könige in Deutschland (Friedrich der Große!), während andere es in den Himmel lobten und den Mut und die Ehrlichkeit des Verfassers priesen.

Das ominöse Buch trug den Titel *Il principe, der Fürst,* und stellte eine Art Fürstenspiegel dar, in dessen Tradition es jedenfalls stand. Das heißt, es beinhaltete Ermahnungen und Belehrungen, wie sich ein Fürst, ein Staatenlenker und ein Politiker im Idealfall zu verhalten habe.

Während frühere Fürstenspiegel Treue, Ehrlichkeit und Redlichkeit beschworen hatten, empfahl nun Machiavelli den "Fürsten", speziell in der Phase der Machtergreifung, das Machtdenken über die Moral zu stellen.

Eine Revolution!

Aber zunächst noch einmal einen Schritt zurück. Wie Aristoteles hatte Machiavelli zunächst versucht, den "Gesetzmäßigkeiten der Geschichte" auf die Spur zu kommen. Wie der Grieche ging auch Machiavelli von einem Kreislauf in der Geschichte aus.

Aristoteles hatte zwischen sechs Herrschaftsformen unterschieden. Bekannt sind die MONARCHIE, die ARISTOKRATIE und die DEMOKRATIE. Ihre drei Verfallserscheinungen nannte er TYRANNEI, OLIGARCHIE (wörtl. Herrschaft der wenigen) und OCHLOKRATIE (Pöbelherrschaft). Nach Aristoteles entarten die Monarchie, die Aristokratie und die Demokratie früher oder später, so dass die verschiedenen Herrschaftsformen nach einiger Zeit mit zwingender Notwendigkeit einander ablösen. Machiavelli ging nun davon aus, dass eine politische Gemeinschaft sich entweder im Verfall befindet oder auf dem aufsteigenden Ast. Es gibt nach ihm nur Aufstieg oder Niedergang, die zyklisch und gesetzmäßig einander ablösen.

In Zeiten des Verfalls, so der Florentiner, müsse zunächst und vor allem eine starke Herrschaft errichtet werden. Danach müsse diese Herrschaft durch eine Verfassung und durch Gesetze gefestigt und die Ordnung wiederhergestellt werden. Erst dann sei eine Ära möglich, in der sich die Bürger mit dem Staat identifizieren könnten, die Republik entstehe. Löse sich die Republik auf, drohe wieder der Zerfall der Ordnung. Es folge notwendig die Krise, und der Zyklus beginne wieder von vorn.

In der Phase des Zerfalls, so Machiavelli, sei eine Art Diktatur, ein starker Mann notwendig, um die Ordnung wiederherzustellen. Dieser Mann, dieser "Fürst" müsse sich nicht an moralische Grundsätze halten. Da der Mensch von Natur aus schlecht sei und böse, sei dieser Diktator im Gegenteil dazu gezwungen, seine Herrschaft mit unmoralischen Mitteln zu festigen. Nach Machiavelli brauche dieser Fürst deshalb sein Wort nicht zu halten, zumal alle Menschen ohnehin verlogen, streitsüchtig und grausam seien. Der Mensch sei von Begierde geplagt, seine Leidenschaften trieben ihn voran, er sei unersättlich, sein Ehrgeiz (ambizone) sei unmäßig, er sei "unersättlich, hochmütig, arglistig, wankelmütig und über alles boshaft, ungerecht, ungestüm und grimmig" (Machiavelli). Um ihn aus eben diesen Niederungen herauszuheben, sei der "Fürst" gezwungen, mit harter Hand zu regieren. Da während der anarchistischen Phase der Fürst seine Herrschaft noch nicht gefestigt habe, dürfe er also lügen und betrügen, Verträge brechen, Feinde mit allen möglichen Methoden aus dem Weg räumen, dürfe Gegner zertreten, brauche sein Wort nicht zu halten, dürfe Soldaten aufmarschieren lassen und Gewalt anwenden. Dem Volk brauche er keinerlei wirkliche Freiheit zu geben, aber durch scheinbare Zugeständnisse von Freiheit sollte er es kirre halten. Selbst die Religion dürfe der Herrscher benutzen. Er sollte sich zwar fromm und religiös geben, sollte sich mithin ein ethisches Mäntelchen umhängen, aus Klugheitsgründen, aber die echte Integrität sei unwichtig und dürfe geopfert werden. Wichtig seien Hinterlist und Heimtücke.[56] "Man muss ... einsehen, dass ein Fürst, zumal ein neu zur Macht gekommener, nicht all das befolgen kann, dessentwegen die Menschen für gut gehalten werden, da er oft gezwungen ist – um seine Herrschaft zu behaupten –, gegen die Treue, die Barmherzigkeit, die Menschlichkeit und die Religion zu verstoßen." (Machiavelli, der Fürst XVIII, 139)

Immer wieder betont Machiavelli den Nutzen der List, des Scheins und der Lüge. "... so musst du milde, treu, menschlich, aufrichtig, sowie fromm scheinen." (Der Fürst, XVIII, 139)

Tugendhaftigkeit "verkleinert das Handlungsrepertoire" (Kesting), der nur gute Mensch sei also dem Bösen unterlegen. Der wirklich intelligente Fürst müsse eine Fuchsnatur besitzen (listig sein) und eine Löwennatur (gewalttätig).

Machiavelli pries als ein Musterbeispiel des perfekten Herrschers Cesare Borgia, dessen Erfolge er vor seinen eigenen Augen, vor seiner Haustür miterlebte. Er berichtete von den "klugen Morden" (Kesting) Cesares. Für ihn war die Lasterfamilie der Borgias Vorbild und Ansporn.

"Ich wüsste einem neuen Fürsten keine besseren Lehren zu geben als das Beispiel seiner Taten." (Der Fürst VII, 51)

Machiavelli weist auch auf die Erfolge Alexanders VI. hin, der in seiner ruchlosen Politik ebenfalls vor nichts zurückgeschreckt war. Weiter zitierte der Florentiner als Beweis die "wundervollen" Lügen Ferdinands von Spanien, um darzulegen, wie raffiniert ein Herrscher sich der Religion bedienen könne. Und er pries das Geschlecht der Sforzas, das mit Gewalt den Mailänder Thron erobert hatte. Ein Aufschrei der Empörung hallte erst durch Italien, dann durch ganz Europa. Hier wagte es jemand, sich offen zur Unmoral zu bekennen, zur Gewalt, zur List und zur Heimtücke! Politiker, Fürsten und Könige griffen trozdem gierig seine Zeilen auf. Karl V. studierte Machiavelli ebenso sorgfältig wie Katharina von Medici, Heinrich III. und Heinrich IV. von Frankreich. Ein Richelieu bewunderte Machiavelli maßlos, Wilhelm von Oranien las ihn und Friedrich der Große. Friedrich der

Große verfasste sogar eine Gegenschrift ("Antimachiavelli"), wie überhaupt zahlreiche Gegenschriften erschienen. Machiavellis Name wurde zum Synonym für Gewalt, Bosheit, Heimtücke und Verrat. Alle Schlechtigkeiten der Welt wurden abgesegnet und gerechtfertigt durch diesen Machiavelli. Das Böse war plötzlich gut, das Gute dumm.

Machiavelli hatte die größte intellektuelle Revolution entfacht seit der Erfindung der Bibel.

KRITIK

Der Schaden, der wirklich von Machiavelli angerichtet wurde, lässt sich nur ansatzweise erahnen. Er segnete Massenmördern und Schlächtern das Schwert ab, unendliche Mord- und Gräueltaten fanden in Machiavelli plötzlich ihre Rechtfertigung. Jeder Potentat konnte sich mit jeder Grausamkeit hinter dem Florentiner verstecken. Die Sünden, die Machiavelli dergestalt auf sein Gewissen lud, sind nicht zu zählen. Diktatoren und Bluttrinker fanden in ihm ihren Vordenker. Der Machtgewinn mit allen Mitteln wurde moralisch, das Niedermetzeln von Menschen politisch korrekt. Das waren aber nur einige der Früchte, die an dem Baum Machiavelli wuchsen. Darüber hinaus verdrehte er das Denken. Es ist also keine Übertreibung zu behaupten, dass Machiavelli bis heute der größte Verbrecher unter den politischen Schriftstellern ist. Sein Buch hatte nur deshalb so viel Erfolg, weil er scheinbar die *Logik* benutzte, scheinbar den Verstand, mit dem er das Böse und die Unmoral absegnete. Er verführte die Menschen, den *scheinbaren* Pfaden der Logik, *seiner Logik* zu folgen. Machiavelli ist ein klassisches Beispiel dafür, wie man aus der Geschichte falsche Gesetzmäßigkeiten und angebliche Gesetzmäßigkeiten herausdestillieren kann. Denn die Fakten sind schlicht und ergreifend folgende:

1. Schon das erste machiavellistische Axiom ("Der Mensch ist schlecht.") ist unbewiesen. Es ist eine reine Annahme. Es ist richtig, dass eine gewisse Prozentzahl von Menschen "schwarz" ist, sprich böse, grausam und brutal, aber weitaus mehr sind rechtschaffen, konstruktiv und gut. Die meisten Menschen befinden sich in einem Graubereich.

   Machiavelli schaute also wahrscheinlich nur in seine eigene schwarze Seele, als er dieses Axiom aufstellte.

2. Die Tatsache des automatischen Aufstiegs und des Verfalls von Monarchien, Aristokratien und Demokratien ist durch nichts beweisbar. Es gab und gibt Beispiele, da Staaten sich buchstäblich jahrtausendelang immer wieder zu neuen Höhen aufschwangen, mit der gleichen Regierungsform. Man denke etwa an die Pharaonen der ägyptischen Geschichte, der stabilsten Regierungsform, die die bekannte Historie dieses Planeten kennt, die mehrere tausend Jahre überlebte. Erneuerungen im Rahmen einer einzigen vorgegebenen Herrschaftsform *sind* also möglich.

   Trotzdem muss man zugestehen, dass in der Geschichte *außerordentlich* oft Monarchie, Aristokratie und Demokratie miteinander abwechselten. Man muss zugestehen, dass diese Beobachtung einen hohen Grad an Wahrscheinlichkeit besitzt; sie ist jedoch keineswegs ein historisches Gesetz. Eine "geschichtliche Gesetzmäßigkeit" müsste anders formuliert werden. Sie müsste (im Fall der Demokratie) etwa lauten, dass zu hohe Steuern, ein überwuchernder Beamtenapparat und ein ausufernder Wohlfahrtsstaat die Demokratie auf das Äußerste gefährdet und in ihrer Existenz bedroht. Man könnte weiter das "historische Gesetz" formulieren, dass eine Erbmonarchie den Keim der Zerstörung in sich selbst trägt, weil die Kontinuität einer körperlich-physisch-leiblichen Linie durchaus nicht außerordentliche Fähigkeiten und Ethik eines Herrscherhauses garantieren. Man dürfte wagen zu sagen, dass eine Aristokratie sich dann die Existenzberechtigung nimmt und mit hoher Wahrscheinlichkeit vom Boden verschwinden wird, wenn sie nicht mehr dem Volke dient und nur schmarotzt. Man könnte Kriterien für den Niedergang einer Staatsform formulieren und käme so den "geschichtlichen Gesetzmäßigkeiten" näher als wenn man allzu vereinfachend von einem automatischen Verfall spräche. Eine vollständige Automatik in der Geschichte hat es nie gegeben.

Geschichte läuft eben nicht nach einer genau vorgezeichneten Formel ab, so verführerisch die Entdeckung einer solchen Formel auch theoretisch wäre. Aristoteles hatte also Unrecht und Machiavelli erst recht, wiewohl die Beobachtungen des Aristoteles trotzdem eine "relative Wahrheit" beinhalten und deshalb wertvoll sind.

3. Grundsätzlich krankte Machiavelli daran, dass er historisch gesehen innerhalb eines zu engen Horizontes argumentierte. Er stützte sich nur auf die römische Geschichte und ein wenig auf die Gegenwart - ein zu enger Blickwinkel. Wir Heutigen haben es leichter. Wir können zweihundert Kulturen überblicken und viele Jahrtausende. Nur die römische Geschichte als Grundlage zu verwenden, ein wenig Livius und Polybios zu kennen, ist zu wenig. Machiavelli standen nicht genug Daten zur Verfügung, die er hätte vergleichen können. Wäre dies der Fall gewesen, so hätte er sehr schnell erkannt, dass ein Perikles in Griechenland oder ein Aschoka in Indien zumindest in weiten Teilen buchstäblich ohne Gewalt, Heimtücke, Hinterlist und Verrat ausgekommen waren, Perikles selbst und gerade am Anfang seiner Regierung. Seine Beobachtungen greifen zu kurz, das Datenmaterial ist zu dünn, die Schlüsse sind voreilig gezogen. Machiavelli übersah den fruchtbaren Wettstreit der oberitalienischen Städte seiner Zeit, übersah die Kultur, die in der Renaissance wie nie zuvor aufblühte und ignorierte die Ergebnisse der entsetzlichen Gräueltaten der Borgias. Er beobachte zu wenig, beobachtete falsch und zog falsche

Schlüsse. Er glaubte sogar historischen Legenden und Mythen (!) und unterschied nicht zwischen Dichtung und Wahrheit.

4. Im Grunde genommen befand sich Machiavelli völlig im Banne Cesare Borgias. Diesen Mann bewunderte und vergötterte er, vor diesem glänzenden Ungeheuer kniete er. Er wurde in seinen Träumen selbst Cesare. Er machte sich dessen Skrupellosigkeit intellektuell, psychisch und mental zu eigen und verfiel ihm völlig. Es ist vielleicht nie festgehalten worden, dass Machiavelli ohne Cesare Borgia nie seinen "Fürsten" geschrieben hätte und dass er ihm verfallen war wie ein Drogensüchtiger seiner Droge.

5. Vor allem aber hatte Machiavelli nicht die Folgen der Gewalt, des Verrats und der Heimtücke studiert. Wenn man die Geschichte gewalttätiger Staaten verfolgt, so sieht man immer wieder folgendes Muster:
Wer Hass sät, erntet Hass. Wer durch das Schwert regiert, kommt durch das Schwert um. Wer Hinterlist propagiert und Verrat zur politischen Maxime erhebt, fühlt sich zuletzt ständig selbst von Verrätern und Meuchelmördern umgeben.
Reiche, heute hastig zusammengeschustert, verfallen gewöhnlich erstaunlich schnell, oft innerhalb eines einzigen Jahrhunderts, es gibt wenige Ausnahmen. Die Konsequenzen des Verrates, der Gewalt und der Heimtücke sind normalerweise katastrophal. Vor all diesen Konsequenzen schloss Machiavelli die Augen.
Dabei hätte er nur seine eigene Zeit und sein eigenes Leben genauer unter die Lupe nehmen müssen; denn wie gestaltete sich das Ende dieses politischen Denkers, der glaubte, die geschichtliche Wahrheit entdeckt zu haben?

MACHIAVELLI, DIE VITA

Nun, kurz gesagt: erbärmlich.

Wir haben bereits gehört, dass mit dem Machtwechsel in Florenz die Medici wieder das Ruder ergriffen. Machiavelli wurde aller Ämter enthoben. In der Folge diente er sich verzweifelt den neuen Fürsten an und gedachte sogar, sein Buch einem Medici zu widmen. Er kroch auf dem Bauche und entwürdigte sich, nur um wieder in Florenz eine politische Rolle spielen zu dürfen.

Aber zu lautstark hatte er sich für die Gegenpartei der Medici eingesetzt. Den Medici war dieser Schleimer verdächtigt, der plötzlich so ganz andere Töne von sich gab. Seine letzten vierzehn Jahre verbrachte er deshalb würdelos in der Kneipe oder auf der Leimrutenjagd, wo er Vögel fing. Sein Buch *Il Principe* wurde zu Lebzeiten nie publiziert. Er durfte noch einige kleinere, schriftstellerische Arbeiten ausführen, und obwohl er im Jahre 1521 "offiziell politisch rehabilitiert" wurde, kam er nie wieder auf die Beine. Er verkam, ungenutzt, ungebraucht und verbittert, in seinem ererbten Häuschen außerhalb von Florenz.

Als sich seine Vaterstadt später der Medici-Herrschaft wieder entledigte, glaubte Machiavelli noch einmal, seine große Stunde habe geschlagen. Eilfertig machte er sich auf, Florenz erneut seine Dienste anzubieten. Aber seine ehemaligen Gönner hatten seine devoten Schmeicheleien und seine kriecherischen Annäherungsversuche an die Medici sehr wohl zur Kenntnis genommen. Er wurde als "unzuverlässig" eingeschätzt, der Wendehals brach sich selbst das politische Genick.

Hinzu kam, dass er seinen Zeitgenossen stets verdächtig blieb, er, der sich so viel darauf einbildete, die hohe Kunst der Verstellung zu beherrschen. Er verbog ständig seine Gesinnung. Er kannte keinerlei politische Loyalität, die Kunst der Lüge, die er doch so gepriesen hatte, diente zumindest ihm selbst nicht im Geringsten, im Gegenteil, sie brachte ihm Verachtung ein. Er kroch vor den Medici wie eine Schlange im Staub, ja kroch tiefer als eine Schlange. Als sie sich im Besitz der

Macht befanden, bekämpfte er sie ständig hinter ihrem Rücken und schmeichelte ihnen gleichzeitig. Er war ein infamer, kleiner und bösartiger Intrigant, dem seine eigenen Erkenntnisse nichts nutzten. Er war bekannt dafür, zwanghaft Freudenhäuser zu besuchen, war gehetzt von seiner Libido und rühmte sich sogar dessen noch im hohen Alter. Einige seiner Briefe sind so anstößig, dass selbst die wenigen Bewunderer nach seinem Tod sie nicht veröffentlichten.

In seiner politischen Karriere versagte er völlig.

Als er zuletzt die Abfuhr seiner ehemaligen Gönner einstecken musste, erkrankte Machiavelli ernsthaft; ein paar Tage später war er tot.

DAS ENDE CESARE BORGIAS

Aber auch dem glänzenden Ungeheuer war das Schicksal nicht hold. Cesare verbrachte auf der Höhe seines Ruhmes die Zeit mit Mätressen, war aber zu machtbesessen, als dass ihn wirklich eine Frau längere Zeit gefesselt hätte. Mit raffinierten oder brutalen Manövern suchte er sich an der Spitze zu halten. Die Quellen berichten über zahlreiche Sünden, wie zum Beispiel, dass er reiche Kleriker aufgrund erfundener Anklagen gefangen setzte und ihre Güter einzog. Andere Gerüchte beschuldigten die Borgias, durch Gift, durch das berühmte Cantarella, Kardinäle und Widersacher systematisch beseitigt zu haben. Cantarella, hauptsächlich aus Arsen bestehend, konnte unauffällig Speisen und Getränken beigemischt werden, ohne Spuren zu hinterlassen. Es ging die Mär, dass die Borgias selbst vor dem Messwein nicht halt machten.

Geschichten von unermesslichen Grausamkeiten der Borgias machten jedenfalls die Runde, wie dass Cesare Gefangene nur zum Spaß mit Pfeil und Bogen in den Tod befördert habe, um sich im Bogenschießen zu üben. Geschichten nackter, tanzender Dirnen, Kurtisanen und Mätressen und immer wieder Geschichten von üppigen Gelagen und

Festen und bizarren Morden durchzogen Rom. Was auch immer Wahrheit und Legende ist, fest steht, den Untertanen wurde regelmäßig das Fell über die Ohren gezogen. Mit neuen Ablässen und hundert anderen Einkünften füllte sich der Papst, sein Vater, den Beutel. Wenn von all diesen Gerüchten (die von den Feinden der Borgias, vor allem den Orsini, natürlich übertrieben wurden) nur ein Viertel wahr ist, so waren die Borgias dennoch das ränkesüchtigste, mordgierigste und verlottertste Geschlecht ihrer Zeit. Unzweifelhaft ist indes, dass Cesare sogar den Ehemann seiner eigenen Schwester, Lucrezia Borgia, tötete, weil dieser ihm angeblich nach dem Leben trachtete. Genauer gesagt ließ er ihn umbringen, einer seiner Leute erstickte ihn mit einem Kissen.

Im Jahre 1503 passierte es: Alexander und Cesare speisten gerade auf das Fürstlichste mit Kardinälen, Freunden und Anhängern in einer Villa, als einen Tag später die Hälfte der Gäste erkrankte. Sofort machten Gerüchte die Runde. Hatten die Borgia wieder einmal das *Cantarella* eingesetzt? Die Geschichtsforschung glaubt zu wissen, dass Malaria (aus den nahe gelegenen Sümpfen) viele Gäste dahinraffte. Wie auch immer, Papst Alexander starb, Cesare dagegen überlebte.

Das Volk jubelte, als es Alexanders Leiche verfaulen sah. Die Gerüchteküche wusste, dass sich der Teufel persönlich die Seele Alexanders holte.

Cesare hingegen erholte sich langsam und sah sich urplötzlich der mächtigen Opposition der Orsini ausgesetzt.

Sofort schickte er seine Leute in den Vatikan, wo sie 100.000 Dukaten fanden und Gold und Schmuck im Wert von 300.000 Dukaten, womit er auf der Stelle neue Truppen finanzierte. So konnte es Cesare im letzten Augenblick verhindern, dass ein Orsini auf den Papstthron gelangte. Aber ein Kompromisspapst starb nach kurzer Zeit, woraufhin Cesare einen Orsini nicht mehr verhindern konnte.

Noch immer war er der offizielle Heerführer der päpstlichen Truppen, aber jetzt wurde er abgesetzt. In Rom, so wusste Cesare, fehlte ihm nun der Rückhalt. Er versuchte, sich mit dem neuen Orsini-Papst zu arrangieren, aber alle Versuche schlugen fehl. Er wurde sogar kurzzeitig gefangen gesetzt, konnte sich aber freikaufen und floh schließlich nach Neapel.

"Sein Mut kehrte ihm schneller zurück als sein Verstand." (Durant) Cesare stellte in Neapel flugs eine kleine Truppenmacht auf die Beine und wollte eben mit Feuer und Schwert nach Rom zurückeilen – als er erneut verhaftet wurde. Cesare wurde nach Spanien überführt und ins Gefängnis geworfen, wo er zwei Jahre lang schmachtete. Dennoch gelang ihm schließlich eine abenteuerliche Flucht. Er bot dem König von Nevarra an, einen seiner Feinde niederzuringen, erhielt den Zuschlag, stellte eine kleine Truppe zusammen und zog wider den neuen Gegner. Er hatte ihn schon fast vernichtet, als sich das Schlachtenglück wendete; Cesares Streitmacht wurde geschlagen, Cesare selbst tödlich verwundet. Im Jahre 1507 starb er, gerade 31 Jahre alt.

Und so widerlegte Cesare selbst Machiavelli, der das glänzende Ungeheuer stets als Beispiel für seine Thesen angeführt hatte. Weder in Spanien noch in Italien trauerte man um Cesare. Die Morde an seinen eigenen Generälen, die Unverfrorenheit, mit der er durch Versprechungen, Verrat und Verfolgungen Festungen eingenommen und Städte geplündert hatte, hatten ihm zahlreiche Feinde beschert. Man erinnerte sich, dass er den Ehemann seiner eigenen Schwester ermordet und gegen Städte marschiert war, mit denen sein Vater gerade verhandelt hatte. Man erinnerte sich weiter, dass viele Borgia-Gegner unter mysteriösen Umständen im Gefängnis gestorben waren.

Nach seinem Tod krähte kein Hahn mehr nach ihm, und das glanzvolle Geschlecht der Borgias verschwand so schnell vom Antlitz der Geschichte, wie es einstmals aufgestiegen war.

11. KAPITEL

REFORMIERTE GEDANKEN ÜBER MARTIN LUTHER

Ach wie verführerisch wäre es, das Leben Martin Luthers zweimal zu erzählen: einmal aus der Perspektive der Katholiken – und danach vom Gesichtswinkel der Protestanten aus gesehen! Man hätte seine helle Freude und könnte über "geschichtliche Wahrheit" mehr lernen als durch einhundert akademische Vorträge über dieses Thema!

Die Protestanten würden schwärmerisch von dem ernsten Bemühen Martin Luthers berichten, seinem entbehrungsreichen Leben und seinem Ringen um die Wahrheit. Sie würden darauf verweisen, dass er ein hochintelligenter Studiosus war, mit einem Doktortitel und einer Professur schließlich, dem niemand auch nur annähernd das Wasser reichen konnte, wenn es um DAS WORT ging, DAS WORT GOTTES, die Bibel, die HEILIGE SCHRIFT. Sie würden darauf verweisen, dass er sogar Griechisch und Hebräisch lernte, nur um die Übersetzungsfehler der lateinischen Vorlage der Bibel zu vermeiden, dass er keine Mühe scheute und keine Anfechtungen, und dass er monatelang, ja jahrelang in einem kleinen Stübchen kämpfte, manchmal mit dem Teufel persönlich, dem er einmal sogar ein Tintenfass nachwarf! Die Protestanten würden wieder und wieder auf die verruchten Zustände in Rom verweisen, die zahlreichen Huren, den Ämterschacher und die Käuflichkeit der hohen Geistlichkeit und die Integrität Luthers demgegenüber betonen. Sie würden auf Luthers Sprachgewalt zu sprechen kommen, seine Kenntnisse in Rhetorik, Dialektik, Logik und Philosophie. Sie würden gewiss nicht darauf verzichten zu betonen, dass er im Jahre 1504 als einer der Besten zum Magister promovierte, dass er sogar noch Kirchenlieder schrieb, die Musik über alles liebte, die er zur Ehre Gottes einsetzte, dass er allen möglichen Fürsten, Königen, Kaisern, Bischöfen und Päpsten widerstand, wenn es um das WORT GOTTES ging und dass er das Christentum auf ein höheres Niveau hob. Man würde schlussendlich diesen Luther inniglich lieben und staunend vor dem gewaltigen Lebenswerk eines Mannes stehen, der ganz Deutschland umkrempelte, ja ganz Europa beeinflusste und selbst heute, 500 Jahre später, noch Einfluss besitzt, einen Einfluss, wie ihn ein einzelner Mensch selten ausübte.

Die Katholiken wiederum würden diesen Luther hernehmen und ihn genüsslich zerpflücken. Sie würden nicht vergessen zu betonen, dass der Vater nur ein derber Bauer und später Bergmann war, der Söhnchen Martin gern mit einem Weidenstöckchen durchbläute und dass er in seiner Erziehung später (von anderen Lehrern) ebenfalls oft die Rute zu spüren bekam. Und es ist richtig: "Wegen der falschen Beugung eines Hauptwortes bekam der Junge an einem einzigen Tag fünfzehnmal die Rute zu kosten".[57] Das alles würde dazu verführen, zu glauben, dass dieser Martin Luther nur in Strafkategorien denken *konnte*. Die Katholiken würden weiter seine erotischen Phantasien auswalzen, auf seine Theologie der Furcht und seine Höllenvisionen, seine Teufelbesessenheit verweisen, sie würden nicht aufhören zu betonen, dass er die Gelübde der Armut, der Keuschheit und des Gehorsams ablegte (1506), alle diese Gelübde aber später brach. Sie würden lächelnd darauf verweisen, dass er sich eine entlaufene Nonne zur Frau nahm und mit ihr sechs Kinder hatte, der Hurenbock, der falsche Mönch! Sie würden darauf verweisen, dass er später das Schwert absegnete, mit dem die Bauernaufstände blutig niedergeschlagen wurden, dass er die Juden verteufelte, Sekten bis aufs Messer bekämpfte und den großen Humanisten Erasmus von Rotterdam schmähte. Kurz sie würden versuchen, seine moralische Glaubwürdigkeit mit allen Mitteln zu erschüttern. Sie würden nicht vergessen zu erwähnen, dass Luther, der Heuchler, aus politischen Gründen Philipp von Hessen ein Gutachten ausstellte, dass diesem die Doppelehe erlaubte, ein "Fall der Notdurft", und dass er bisweilen soff wie ein Loch. Die Katholiken würden genüsslich alle Legenden aufarbeiten, die sich um seinen Tod ranken, von denen eine Version lautete, dass er nach Art des Verräters Judas durch Selbstmord starb, indem er sich am Bettpfosten erhängte, eine andere, dass ihn der Satan persönlich erwürgte, eine dritte, dass er im Bett starb, infolge eines Schlaganfalls, als er mit Käthe, der entlaufenen Nonne, gerade Unzucht trieb. Alles Legende, Legende, Legende!

Immerhin! Man muss es sich vor Augen halten: Allein die *Auswahl* des Materials verführt bereits dazu, Partei für oder gegen Luther zu ergreifen.

Autoren können aus 1000 Informationen genau jene 10 auswalzen, aufarbeiten und betonen, mit denen sie ihre eigenen Theorien abstützen können. Autoren können Schwerpunkte setzen, falsche Schwerpunkte, willkürliche Schwerpunkte. Sie können Anekdoten, Erzählungen und Gerüchte aufgreifen, diese vielleicht sogar als Gerüchte brandmarken, aber indem sie diese ausschlachten trotzdem die Aufmerksamkeit des Lesers darauf lenken. Allein durch die Intensität, mit der ein Gerücht besprochen wird, manipuliert man.

Luthers Biographie stellt also für den Historiker eine reizvolle Aufgabe dar. Er muss beide Seiten gewichten, alle Argumente hören, unparteiisch sein und sollte sich trotzdem nicht in diese erbärmliche "wissenschaftliche" Haltung flüchten, schlussendlich alles "offen" zu lassen, nur damit sein Kopf hinter den Zinnen seiner akademischen Geistesburg nicht abgeschossen werden kann.

Luther, so viel steht fest, wird auf Jahrhunderte hinaus ein Streitobjekt bleiben. Der größte Kampfhahn der Geschichte wird selbst stets umstritten bleiben, jedenfalls wenn man einer der großen christlichen Konfessionen zuneigt.

Ist das nicht der Fall, kann man etwas unbeschwerter, objektiver und neutraler an ihn herangehen, aber auch der neutrale Standpunkt existiert ja im Grunde genommen nicht, denn man kann dem Andersgläubigen immer vorwerfen, andersgläubig zu sein, dem Atheisten, Gott zu verleugnen und dem Skeptiker den Skeptizismus zur alleinseligmachenden Wahrheit erhoben zu haben.

Aber man muss immerhin dem Historiker, der eben nicht den katholischen oder evangelischen Standpunkt verficht, zubilligen, dass er distanzierter, kühler und weniger emotional reagieren kann, denn er muss nicht ablehnen oder schwärmen, von Haus aus sozusagen, er kann sich, neugierig wie ein Kind, an den Sachverhalt heranpirschen, unbelasteter, unvoreingenommener.

Aber zuerst müssen die Fakten auf den Tisch! Es muss etwas Butter bei die Fische, wie der Volksmund so schön sagt. Um Luther zu verstehen, ist es unumgänglich, zunächst einmal die Zeitumstände ein wenig auszuleuchten, denn Luther bewegte sich wie jeder auf einem konkreten historischen Untergrund, den es zunächst zu begreifen gilt.

DIE KIRCHE VOR GERICHT

Die Kirche, die ihren Gläubigen so gern mit dem Jüngsten Gericht droht, muss es sich gefallen lassen, selbst einmal vor Gericht gestellt zu werden; auf andere Weise kann man geschichtlicher Wahrheit nicht auf die Spur kommen. Wie war es also um die Kirche, die römische Kirche, genauer gesagt, bestellt vor dem Auftreten Luthers?

Nun, von unhaltbaren Zuständen zu sprechen wäre eine schamlose Untertreibung. Selbst Historiker katholischer Provenienz geben unumwunden zu, dass sich die Kirche vor Luther auf dem absoluten Tiefpunkt befand. Nicht nur der Papst, auch Kardinäle, Bischöfe, Priester und Mönche jagten allenthalben hinter dem Geld her wie der Teufel hinter der armen Seele. Es wurde alles zu Münze gemacht, was man sich vorstellen konnte. Ämter wurden verschachert, Urteilssprüche in (geistlichen) Gerichten höchstbietend verkauft, Gläubige bei der Messe und den Sakramenten zur Kasse gebeten und auf alles und jedes wurden Steuern erhoben. Umgekehrt versuchten die hohen kirchlichen Würdenträger alle Wonnen aus dem Leben herauszupressen, die denkbar waren. Die geistlichen Herren hielten sich Kurtisanen, und die Völlerei war an der Tagesordnung. Man kleidete sich in die feinsten Gewänder und ging auf die Jagd.

Kurz gesagt verhielt man sich nicht viel anders als die weltlichen Fürsten. Da dieses Spiel bereits Jahrhunderte währte, war die Kirche inzwischen unermesslich reich geworden. "Ein katholischer Historiker berechnete den Anteil der Kirche am Nationalvermögen Deutschlands auf ein Drittel, an dem Frankreichs auf ein Fünftel." [58]

In anderen Ländern sah es ähnlich aus. Die Kirche scharrte vor allem Grundbesitz zusammen, verkaufte neue Ämter, Pfründe und immer wieder Ablässe. Korruption, neue Taxen und Fälschungen von Reliquien (die man teuer verkaufen konnte) spülten Geld in die Kasse. Für Riesensummen wurden Kardinalshüte verhökert. Selbst der niedere Klerus lebte oft in Saus und Braus. Man ergab sich dem Trunke, der Völlerei und der Liederlichkeit, einige Klöster unterschieden sich nicht von öffentlichen Bordellen, wie uns sogar katholische Autoren versichern. Am verkommensten aber war Rom. – Nahezu jeder Priester verfügte über eine Mätresse, wenn nicht mehrere. In Rom gab es bei einer Bevölkerung von knapp 100.000 Seelen rund 6000 Prostituierte. All das musste bezahlt werden. Immer wieder gab es daher "gute Gründe", aus dem Volk noch mehr herauszupressen, sei es für Türkenfeldzüge (wobei Gelder nachweislich oft missbräuchlich verwendet wurden) oder für protzige Bauten, die angeblich nur dem HERRN dienten.

Besonders katastrophal sah es an der Spitze der Christenheit aus. Nur einige dürre, stichwortartige Anmerkungen, einige Schlaglichter, die die Verworfenheit der Herren Oberpriester illustrieren mögen:

- Papst Benedikt VII. regierte von 1012 bis 1024, inszenierte eine Orgie nach der anderen und verkaufte schließlich den Papsttitel an Gregor VI. für eintausend oder zweitausend Pfund Gold.[59]

- Die Kreuzzüge spülten am meisten Geld in die kirchliche Kasse. Besonders "verdient" um die Kreuzzüge machten sich Papst Urban II. (1088-1097), Papst Eugen III. (1145-1153), Papst Gregor VIII., der 1187 auf dem Papstthron saß, und später auch Innozenz III.

- Innozenz III. (1198-1216), der mächtigste Papst der Geschichte, der sich selbst so beschrieb: "... in der Mitte zwischen Gott und Mensch, weniger als Gott, mehr als Mensch" fälschte, log, war bestechlich und bestach und segnete im Jahre 1212 unter anderen einen Kinder-Kreuzzug ab, der immerhin von fünfzig historischen Quellen belegt wird. Waffenlose, ausschließlich arme und ärmste Kinder, Zehn- und Zwölfjährige, suchten "das Kreuz jenseits des Meeres"; sie gerieten dabei in die Fänge von Sklavenhändlern, junge Mädchen endeten in der Prostitution.

- "Kreuzzüge" wurden auch gegen Dänen, Norweger, Livländer, Balten und Preußen geführt und mit Ablässen belohnt. Zahlreiche Sekten wurden auf grausamste Art niedergemetzelt und ebenfalls als "Kreuzzüge" deklariert. Die eingesammelten Gelder für diese Kreuzzüge wurden von den Päpsten oft veruntreut.

- Bonifaz VIII. (1294-1303), durch Habgier, Fresslust, Blutdurst und Grausamkeiten berühmt, steckte ein Viertel aller Kurialeinnahmen der eigenen Familie zu. Er ernannte fünf Verwandte zu Kardinälen, darunter einen Bankier, der Bonifaz dafür als Kuppler diente. Er soll Bonifaz "sowohl in eigener Person wie mit Sohn und Tochter gut befriedigt haben und ganz gewiss nicht nur um Gottes Lohn."[60]

• Immer wurde um den Papstthron gestritten. Es gab im 12. und 13. Jahrhundert Päpste und Gegenpäpste in schöner Regelmäßigkeit. Es siegte schlussendlich der Kandidat, der reich, listig und brutal genug war. Dabei verketzerte und exkommunizierte man sich gegenseitig. Konzile suchten manchmal zu retten, was zu retten war, oft jedoch ohne Erfolg. Manchmal gab es sogar drei Päpste gleichzeitig, wie im Jahre 1409.

• Papst Johannes XXIII. besteuerte sogar die Prostitution, den Wucher und das Glücksspiel, um zu Geld zu kommen. Dabei besaß er selbst etwa zweihundert Frauen und verführte Jungfrauen und Nonnen in schöner Regelmäßigkeit, behauptete jedenfalls sein Sekretär. Darüber hinaus hielt er sich eine eigene Söldnertruppe. Er wurde später in vierundfünfzig Klagepunkten, unter anderem des Heidentums, der Gewalttätigkeiten, der Lüge, des Ämteschachers, des Verrates, der Unzucht und des Diebstahls bezichtigt.

• Innozenz VIII. feierte die Hochzeiten seiner Kinder öffentlich im Vatikanpalast.

• Alexander VI. (1492-1503), wir haben bereits von ihm gehört, hatte vier, vielleicht mehr Kinder. Der Borgiapapst ernannte seinen Sohne Cesare zum päpstlichen Heerführer, der mit unvorstellbarer Brutalität ganze Ländereien für den Papstthron eroberte.

• Papst Julius II., sein Nachfolger, führte seine Truppen sogar persönlich in den Krieg und kannte keinen größeren Spaß, als Soldat zu spielen. Auch er presste Geld, Geld und nochmals Geld aus der Bevölkerung heraus.

Und so wurde der Gläubige gemolken, dass es eine Wonne war.

Eine der sichersten Einkommensquellen war dabei der Ablasshandel. Im Prinzip wurde dem Gläubigen weisgemacht, dass er sich von

seinen Sünden loskaufen könne, wenn er nur genug Geld locker machte. Tausende, Zehntausende, ja Hunderttausende von Jahren im Fegefeuer blieben ihm angeblich erspart, wenn er nur ordentlich blutete.
"Sobald das Geld im Kasten klingt, die Seele in den Himmel springt."
Heißa! Das war ein einträgliches Geschäft! Die Ablassprediger überschlugen sich! Sie suchten dabei diese Geldquelle ständig höher spru-
deln zu lassen.

Die Höhe der Ablässe richtete sich üblicherweise nach der Menge
der Jahre im Fegefeuer, die man sich ersparen wollte. Den Ärmsten der
Armen gab man jedoch auch schon für 2 Pfennige Dispens, da nicht
mehr aus ihnen herauszuholen war. Manche Ablassbriefe wurden gelegentlich auch schon mal für einen Krug Wein oder ein Bier ausgestellt.
Prostituierte erkauften sich den Ablass mitunter durch einen Beischlaf.

Die Kirche wurde dabei fetter und fetter. Das Geschäft mit der Sünde und Schuld gedieh. "Zum Schluss ging der Handel mit ... Beichtbriefen so weit, dass diese auf Vorrat gekauft und – wie Wertpapiere –
nach Belieben weitergegeben werden konnten."[61]

Neben diesen Beichtbriefen gab es auch noch die so genannten
"Butterbriefe": Damit konnte sich der Gläubige freikaufen, wenn es um
die Abstinenzen ging, um das Fasten, die Fastentage. Wenn sich der
kleine Mann dem Fleischgenuss enthalten musste, schlemmte der Reiche – den Ablass dafür, den "Butterbrief", hatte er bereits in der Tasche. Er durfte dann an allen Tagen Fleisch, Eier und Käse in sich hin-
einstopfen, mit päpstlicher und höchst kirchlicher Erlaubnis!

Aber auch von Gelübden, die man aus der Not heraus abgelegt hatte, konnte man sich freikaufen. Sogar gestohlenes Gut durfte man behalten, wenn man nur die richtigen Ablassbriefe erwischte.

Man muss es sich wirklich plastisch vor Augen führen, mit welchem
Prunk, mit welchem Pomp all diese Ablässe ehemals verkauft wurden.

Der berühmte Ablassverkäufer Tetzel ließ den Einzug in eine Stadt
mit dem Läuten der Kirchenglocken bekannt machen. Die Glocke war
das Radio des Mittelalters! Große Empfänge wurden gegeben, wenn
Tetzel erschien, der mit einer ganzen Truppe hinter sich in die deutschen

Städte einzog und die Menschen wirkungsvoll an ihre Sünden erinnerte, mit Reden, die ihnen eine Höllenangst einjagten, so dass sie das
Feuer schon unter dem Hintern zu spüren glaubten.

Fahnen, Wappen und Wimpel wurden bemüht und ein regelrech-
tes PR-Spektakel inszeniert. Ganze Wägen karrten hinter Tetzel her, gefüllt mit Ablassbriefen und mit schönen Urkunden, die alles Mögliche
und Unmögliche versprachen.

Und dann predigte dieser Tetzel, bildhaft, mit wilden Gesten und
Worten, die bis ins Mark drangen:

"Hört ihr nicht, eure toten Eltern schreien und rufen: 'Erbarmt euch
doch mein! Wir sind in schwerer Strafe und Pein, daraus ihr uns mit
geringen Almosen erretten könnt!'" (gefunden bei H. Herrmann).

Auch seine Anverwandten, seine Liebsten, konnte man also freikaufen. Was für ein prächtiges Geschäft! Da der Mensch nicht ohne Sünde auskommt, flossen unvorstellbare Gelder in die weiten Taschen Roms,
wo es verprasst, verhurt oder in zweifelhafte Projekte gesteckt wurde.

Heißa! War dieser Glaube doch eine geniale Erfindung!

Während das Volk darbte, aber zahlte, sah es die dickwanstigen, ge-
fräßigen Mönche sich die fetttriefenden Hände ablecken, die Priester
ihre drallen Dirnen nach Haus schleppen und Bischöfe sich auf der
Jagd verlustieren. Die Päpste in Rom aber setzten allem die Krone auf.
Die Zeit glich einem Pulverfass, speziell in Deutschland, wo man gutes deutsches Geld den fremden römischen Päpsten nachschleuderte,
so dass der Reichtum außer Landes getragen wurde. In diese Situation
platzte ein Mönch herein und erklärte öffentlich, dass dies alles eine
unvorstellbare Sauerei war! Sein Name war Martin Luther.

DIE KONKRETE BIOGRAPHIE

Aber zuerst noch einmal einen Schritt zurück. Wer ist dieser Luther,
der plötzlich Himmel und Hölle in Bewegung setzt? Wer ist dieses

Mönchlein, das unversehens lautstark seine Stimme erhebt und angeblich mit wuchtigen Schlägen seine 95 Thesen[62] in Wittenberg, einem winzigen unbedeutenden Städtchen mitten in Deutschland, anschlägt, die Weltgeschichte machen?

Luthers Leben liest sich spannender als jeder Agentenkrimi.

Martin Luther (oder Lüder, Luder, Loder, Lotter, Lutter, Lauther damals geschrieben, man nahm es mit dem Namen nicht so genau wie mit der Religion), der spätere Erzketzer, der den Papst persönlich herausforderte, das "Närrlein Gottes", wie er sich einmal nennt, ist ein Bergmannskind und natürlich kein vom Teufel gezeugter Wechselbalg, wie es die Katholiken später behaupten. Er kommt im Jahre 1483 (auch die Jahre 1482 und 1484 werden von der Forschung genannt) in Eisleben zur Welt, kaum einem Pünktchen auf der Landkarte mitten im Herzen Deutschlands. Ja, er genießt eine strenge Erziehung, auch in der Schule, und ja, auch seine Geistesgaben sind überdurchschnittlich. Der junge Luther lernt schreiben, lesen, singen und lateinisch. Der Vater sendet ihn 1501 nach Erfurt, der Hauptstadt des heutigen Thüringens, 200 Kilometer von Frankfurt entfernt, auf die Universität. Er saugt Theologie und Philosophie in sich ein und promoviert 1505 zum Doktor. Gerade will er sich dem Rechtsstudium zuwenden, als es passiert: Luther gerät in ein Gewitter, die Schleusen des Himmels öffnen sich, es donnert und blitzt, alle Höllengeister scheinen losgelassen worden zu sein. Luther fürchtet um sein Leben, Blitze schlagen rechts und links neben ihm ein. Er glaubt, sein letztes Stündlein habe geschlagen. In seiner Not gelobt er, Mönch zu werden, wenn ihn Gott am Leben lasse, denn er will nicht ohne die Gnadenmittel der Kirche vor den Richterstuhl Gottes treten. Das Ergebnis: Das Gewitter lässt nach. Luther überlebt. Er hält sein Gelübde und wird tatsächlich Mönch. Er tritt in ein Augustinerkloster ein, fastet dort, geißelt sich und legt schließlich die drei Mönchsgelübde ab (Armut, Keuschheit und Gehorsam).

1507 wird er zum Priester geweiht.

Da er eine gute Auffassungsgabe besitzt, macht er schnell Karriere. Er wird im Jahre 1508 nach Wittenberg komplimentiert, unterrichtet an der dortigen Universität und erhält später den Lehrstuhl für Theologie. Eine Romreise ist bezeugt, aber nur allzu gern kehrt er wenig später in sein kleines Wittenberg zurück. Dort erklimmt er Sprosse um Sprosse der Karriereleiter und wird schließlich Generalvikar der Ordensprovinz, wobei er lehrt und predigt und predigt und lehrt. Klammheimlich entfernt er sich aber zunehmend von der offiziellen Lehre der Kirche, je intensiver er sich mit der Bibel beschäftigt. Besonders die Ablasskrämer sind ihm ein Dorn im Auge. Als einer der berühmtesten dieser Ablassverkäufer in seiner Region die Schafe scheren will, eben jener Tetzel, läuft das Fass bei ihm über.

Mit seinen 95 Thesen bricht Luther nichts weniger als einen Krieg vom Zaun, der über ein halbes Jahrtausend andauern wird. Der Mönch bietet dabei selbst dem Papst Paroli, aber nicht nur dem Papst, sondern allen, die dessen Partei ergreifen. Keine Grobheit ist Luther in der Folge gut genug, wenn er nur den "Papisten" (die Anhänger des Papstes) eins auswischen kann; am Anfang ist er noch maßvoll, erst später vergleicht er sie mit Schweinen, Teufeln und Fürzen.

Dabei bewegt er sich auf einem gefährlich glatt gebohnerten Parkett. Tetzel, der Star der Ablassprediger, antwortet ihm mit einhundertsechs "Anti-Thesen". Zusätzlich droht ein Inquisitor aus Köln Luther unverhüllt mit dem Scheiterhaufen. Johannes Eck, der Vizekanzler der Universität Ingolstadt, schimpft ebenfalls lautstark zurück. Außerdem werden nun in Rom die Sturmtruppen des Papstes aufgeboten. Jetzt wird es wirklich brenzlig: Luther wird nach Rom zitiert. Aber Luther hat noch allzu gut in Erinnerung, was man mit Erzketzern in der Vergangenheit anstellte. Man sicherte ihnen freundlich freies Geleit zu - und verbrannte sie dann kurzerhand auf dem Scheiterhaufen.

Luther geht nicht in die Falle. Er bleibt in seinem sicheren Wittenberg. Also muss der Papst reagieren. Da er die deutschen Fürsten nicht verprellen will, muss er vorsichtig vorgehen. Doch auch Luther hat inzwischen seine Fäden gesponnen und ein Beziehungsnetz geknüpft. Wie auch immer, der Papst verfügt nun, dass Luther zumindest nach Augsburg kommen muss!

Gleichzeitig wird Cajetan, ein versierter Theologe, mit allen Wassern gewaschen und von allen Hunden gehetzt, auf Luther angesetzt.

Luther zögert. Aber als der Kaiser selbst ihm freies Geleit zusichert, bricht er nach Augsburg auf. In Augsburg selbst verlangt Cajetan im Rahmen eines Riesenspektakels nichts weniger als einen Widerruf. Aber Luther bleibt wie ein Fels in der Brandung stehen. So geht der Augsburger Disput aus wie das Hornberger Schießen.

Die Fronten verhärten sich weiter. Luther kehrt nach Wittenberg zurück. Der Heilige Stuhl tobt. Aber der Pontifex weiß, er muss vorsichtig zu Felde ziehen, klug, abwartend, zurückhaltend. Die Fürsten in Deutschland sind von größter Bedeutung. Außerdem haben bereits zu viele geistliche und weltliche Herren Luthers Partei ergriffen, der jetzt eine wahre Sturzflut von Traktaten niederregnen lässt. Luther geißelt nunmehr längst nicht mehr nur den Ablass, sondern alle kirchlichen Missstände.

Dem Papst platzt der Kragen. Und jetzt schleudert er die schärfste Waffe, über die er verfügt, gegen dieses Mönchlein: Er droht den *Bann* an. Papst Leo X. erlässt die entsprechende Bulle (im Jahr 1520), ordnet die Verbrennung aller Schriften Luthers an und mahnt ihn ein letztes Mal, in den Schoß der alleinseligmachenden Kirche zurückzukehren. Aber Martin Luther interessiert es nicht mehr, was ihm der römische "Furzkopf" entgegenschleudert. Im Gegenteil: Er lässt erneut seine Wortprügel auf dem Papst niedersausen. Er verfasst das Traktat: "An den christlichen Adel deutscher Nation, von des christlichen Standes Besserung!" In deutscher Sprache, nicht in Latein (!) – was allein schon einer Revolution gleichkommt. Weiter wettert er gegen die Abhängigkeit von Rom. Er spektakelt, schimpft und rügt die Bettelorden. Er kritisiert den Zölibat, das Mönchsgelübde, die Pilgerfahrten und die Seelenmessen.

Das Resultat?

Der Papst schäumt. Und macht im September 1520 die Exkommunikationsbulle in ganz Deutschland publik.

Luthers Reaktion lässt nicht lange auf sich warten. Er schlägt mit einem zweiten Manifest zurück: "Von der babylonischen Gefangenschaft der Kirche". Hierin entrüstet er sich über das Abendmahl und wettert über die Sakramente, die er nicht alle gelten lassen will.

Und nun folgt Schlag auf Schlag.

Luther publiziert: "Von der Freiheit eines Christenmenschen". Nicht die guten Werke, sondern der Glaube allein, poltert Luther, bewahren den Christen vor dem ewigen Höllenfeuer. Der Riss ist damit endgültig, denn das ist nicht römische Doktrin. Seine Schriften finden reißenden Absatz. Traktate, Schriften, Kampfschriften und Pamphlete verlassen Luthers Feder, sie werden gesetzt, gedruckt, verbreitet und in viele Sprachen übersetzt.

Der Aufruhr ist perfekt. Der Mönch bietet dem Papst die Stirn. Und wieder schlägt das allmächtige Rom zurück. Luthers Schriften werden beschlagnahmt, dem Feuer übergeben und verbrannt. Er wird quasi für vogelfrei erklärt. In Köln, in Mainz und anderen Städten lodern die Flammen. Aber in Leipzig und anderen Orten wird umgekehrt die Bulle des Papstes beschmutzt, zerrissen und verbrannt. Der Mönch exkommuniziert den Papst!

Flugschriften über Flugschriften erscheinen. Luther wird zum meistgelesenen Autor Deutschlands. Er erschafft eine neue Sprache. Er kann, er will sich nicht unterordnen. Das WORT GOTTES ist alles, der vermaledeite Papst nichts. Er wütet und tobt in seinen Schriften, zeigt immer mehr Fragwürdigkeiten auf und protestiert gegen Regeln, Normen, Formen, Kirchengesetze und Bräuche.

Persönlich wirft er eine Abschrift der Bulle des Papstes ins Feuer. Seine Studenten in Wittenberg johlen und klatschen Beifall.

Der Papst ist außer sich. Und so wird eine neue Attacke ausgeheckt, Luther wird zu dem Reichstag von Worms vorgeladen! Der Kaiser selbst wird diesmal vorgeschoben (Karl V.), die höchste weltliche Gewalt, um dem Erzketzer Luther die Flötentöne beizubringen. Aber die Situation ist verzwickter als man annehmen sollte; denn viele Fürsten Deutschlands lieben weder den Papst noch den Kaiser. Trotzdem gedenkt Karl, seine ganze Machtfülle auszuspielen. Obwohl Luther gewarnt wird, erscheint er auf dem Reichstag zu Worms (1521). Der Kaiser selbst aber hat sich in dem wortgewaltigen Luther verschätzt. Das Mönchlein kriecht nicht etwa zu Kreuze, im Gegenteil. Weite Teile des Volkes lieben ihn inzwischen und jubeln ihm zu, als er in Worms einzieht. Bilder mit Luther machen die Runde, er ist ein Volksheld. Er ist populärer als der Kaiser selbst, der sich für den Herrn der Welt hält, aber auf dem Reichstag bietet der Bettelmönch selbst ihm Paroli. Der Kaiser weiß nicht mehr ein noch aus, denn Luther widerruft nicht. Ein fauler Kompromiss ist das Ergebnis. Da erreicht ihn ein Gerücht, dass man ihn gewaltsam nach Rom schleppen und ihm ein hübsches Feuer unter dem Hintern anzünden will. Er befindet sich gerade auf dem Weg zurück in sein sicheres Wittenberg, als es geschieht: Räuber, Straßenräuber treten zwischen den Bäumen hervor. Sie nehmen Luther gefangen und verschleppen ihn.

"Die Wegelagerer reißen ihn mit sich fort, lassen ihn wie ein Hündlein neben ihren Pferden herlaufen – und geben sich erst außer Sichtweise der Zurückgebliebenen zu erkennen. Sogleich hebt die Begleitung den Doktor auf ein Pferd, reitet mit ihm stundenlang querfeldein, um alle Spuren zu verwischen und langt schließlich mit dem ungeübten Reitersmann gegen 23 Uhr auf einer geheimnisvollen, abgelegenen Burg an." [63]

Was niemand weiß: Es handelt sich um ein abgekartetes Spiel. Die Gönner Luthers haben ihn mit seinem Einverständnis absichtlich gefangen nehmen lassen, das Ganze ist ein inszenierter Coup, um ihm den Zugriff des Kaisers und des Papstes zu entziehen. Luther wird heimlich auf der Wartburg untergebracht, einer trutzigen Burg, knapp zwei Kilometer von dem Städtchen Eisenach entfernt. Leo X. schäumt. Wieder ist ein Anschlag auf Luther missglückt. Erneut befiehlt er, alle Schriften Luthers, wo immer man sie findet, verbrennen zu lassen.

Luther aber muss zunächst einmal den Kopf einziehen. Der Boden unter seinen Füßen ist zu heiß geworden. Eilig wird die Kutte gegen ein Rittergewand eingetauscht. Luther wird glattrasiert und zu einem echten Junker umgemodelt. Er lernt ritterliche Umgangsformen. Zwei Edelknaben bedienen ihn und bringen ihm Speis' und Trank. Dabei sind dem geheimnisvollen "Junker Jörg", wie er jetzt genannt wird, Besuche streng untersagt.

Auf der Wartburg verbringt Luther seine Tage nun unter dem Schutz von Söldnern. Er legt die Kutte ab und lässt sich einen Bart wachsen, bis er unkenntlich ist. Luther taucht unter. Gleichzeitig aber schreibt er. Und schreibt. Und schreibt. Er stürzt sich mit Feuereifer auf die Bibel, die bis dato weitgehend nur in lateinischer Sprache existierte, und übersetzt sie ins Deutsche. Er arbeitet wie ein Pferd. Der Papst, sein Erzfeind, ist vorläufig schachmatt gesetzt, denn der aufrührerische Mönch ist von einem Tag auf den anderen nicht mehr auffindbar. Und Luther schreibt und schreibt und quält sich mit dem WORT ab. Er kämpft mit dem Teufel selbst auf der Wartburg, wo er das Tintenfass angeblich nach ihm schleudert. Noch heute kann man die Tintenspuren dort vorfinden, die von eifrigen Protestanten, da längst verblasst, immer wieder neu auf die Wand seines Raumes, den er auf der Wartburg bewohnte, hingepinselt werden. Vorläufig scheint er den Kampf gewonnen zu haben. Seine Anhänger jubeln. Sie demolieren Pfarrhäuser und Bibliotheken, sie randalieren und pfeifen auf den Papst. Luthers Schriften finden derweil immer größere Verbreitung. Besonders sein Kampf gegen das Zölibat ist populär. Einige Mönchsorden leeren sich bis zur Hälfte. Mönche suchen sich fröhlich ihre Weiber, nicht selten Nonnen. Deutschland befindet sich im Rausch. Endlich hat man diesem verdammten Rom eine lange Nase gezeigt. Und Luther übersetzt weiter, wie von tausend Furien gejagt. Die Bibel bewertet er völlig neu. Einige Schriften verwirft er, andere lässt er gelten, nichtwissend, nichtahnend, dass nach ihm tausend andere kommen können, die mit dem gleichen Recht wie er Teile der Bibel für echt oder unecht erklären können. Aber er befindet sich in Hochstimmung. Eine ganze *Theologie* entsteht.

Luther scheint - vorläufig - den Kampf gewonnen zu haben. Die Mäuse tanzen auf den Tischen. Der Papst beißt vor Wut in das Kreuz.

Das Volk liest unterdessen Luthers Kampfschriften, Streitschriften und Pamphlete. Selbst die Bauern, unterdrückt seit Jahrhunderten, zitieren seine Worte. Sie fühlen sich durch seine Schriften aufgerufen, das Joch abzuwerfen. Das einfache Volk ist auf seiner Seite. Nicht so die hohen geistlichen Würdenträger. Einige schießen sich auf ihn ein. Luther antwortet darauf mit einer Kampfansage, die sich gewaschen hat. Seine Streitschrift lautet: "Wider den falsch genannten geistlichen Stand des Papstes und der Bischöfe." Er ruft auf, die "Wölfe" mit Gewalt zu vertreiben. "Es wäre besser, das alle Bischöfe ermordet, alle Stifte und Klöster ausgewurzelt (ausgerissen, vernichtet) würden ...", giftet er.

Die Bauern sehen sich in Luther bestätigt. In seinem Traktat "Von weltlicher Obrigkeit: wie weit ihr gehorcht werden muss" stellt Luther die These auf, dass die Gewalt des Staates endet, wo der Bereich der Religion beginnt.

Der Papst in Rom wird informiert, aber er kann den Lauf der Dinge nicht mehr ändern.

Die Bauern werden immer aufmüpfiger. Luther ist ihr Idol. Das WORT GOTTES wird zum neuen Schlachtruf. Er ist gegen Rom gerichtet, aber auch gegen alle Kirchenfürsten, Stifte, Abteien und Klöster, die das Volk aussaugen. Flugschriften erscheinen. Einige rufen offen zum Aufstand gegen *alle* Pfaffen auf. Pamphlete, "Schmachbüchlein" und gedruckte Lästerreden machen die Runde. Und wieder geht es Schlag auf Schlag. An allen Ecken und Enden flackern auf einmal wie aus dem Nichts Bauernaufstände auf. Es gibt Bauernrevolten nahezu in ganz Deutschland und Österreich. Allerorten weigern sich die Bauern, weltliche und kirchliche Steuern zu entrichten. Sie greifen zu den Mitteln der Gewalt. Mit Mistgabeln gehen sie gegen die vormaligen Unterdrücker vor. Neue Gestalten, wie Thomas Müntzer, setzen sich an die Spitze der Bewegung, aber auch Schankwirte oder Ritter (wie Götz von Berlichingen mit der eisernen Hand), fraternisieren mit den wildgewordenen Rotten. Man überfällt Klöster und Burgen, trinkt als Erstes die Weinkeller leer, besäuft sich bis an den Stehkragen und knüpft dann ein paar geistliche oder weltliche Herren auf. Bischöfe,

Äbte und Fürsten werden von ihren Sitzen gejagt. Der Papst beginnt zu frohlocken. Die Bauern begehen unendliche Grausamkeiten. Aber wurden sie nicht von diesem Herrn Luther dazu aufgestachelt? Die weltliche Obrigkeit, die teilweise Luther in Deutschland den Rücken freigehalten hatte, sieht sich unvermittelt ebenfalls der Wut der Bauern ausgesetzt.

Luther gerät zwischen alle Fronten. Waren es nicht seine Traktate, die den Bauern den Himmel auf Erden versprochen hatten?

Luther beginnt, sich von den Bauern zu distanzieren. Eilig lässt er Schriften erscheinen, die zur Besonnenheit mahnen. Als die Aufstände mehr und mehr blutige Formen annehmen, schlägt er sich offen auf die Seiten der deutschen Fürsten. Der Papst in Rom aber sieht nur zu und reibt sich die Hände. Luther sitzt in der Falle. Inzwischen rasen die Rotten weiter. Sie erpressen Lösegelder von Klöstern und heizen vor allem jenen ein, die nicht von Rom abfallen wollen. Deutschland brennt. Und so schlagen die weltlichen Herren eines Tages blutig zurück. Luthers Schrift "Wider die räuberischen und mörderischen Rotten der Bauern" segnet ihnen das Schwert ab (1525). Sein eigener Kurfürst, von Luther beschwatzt, schmiedet ein Bündnis mit dem Herzog von Braunschweig und dem Landgraf Philipp von Hessen. Bewaffnet rücken die Soldaten dieses Bündnisses gegen die Rotten vor, konkret gegen Thomas Müntzer. Die geschulten Soldaten siegen natürlich über die ungeordneten Bauernhaufen. Das Ergebnis: 5000 Bauern werden erschlagen. Viele Gefangene werden an den Galgen gebracht. Und nun wird in Deutschland gejagt, gefoltert und getötet, bis das Land in einem Meer von Blut ertrinkt. Bauern werden allerorten niederkartätscht, Rebellen werden zu Tode geröstet, enthauptet, niedergemetzelt und aufgeknüpft.

Obwohl sich die Erde rot von Blut färbt, schreibt Luther: "Ich bin der Meinung, es sei besser, dass alle Bauern erschlagen werden als die Fürsten und Magistratsleute, darum weil die Bauern ohne göttliche Veranlassung das Schwert ergriffen haben." Und er hetzt: "Die Obrigkeit soll endlich zuschmeißen, stechen und würgen."

Die Bauernrevolten in Deutschland und Österreich, die sich insgesamt über zwei bis drei Jahre erstrecken, werden schussendlich blutig niedergeschlagen. Das Fazit ist erschreckend. Insgesamt 130.000 Bauern werden getötet, teilweise im Kampf, teilweise durch den Scharfrichter. Ein Henker rühmt sich, allein 1200 Köpfe abgeschlagen zu haben. Viele Bauern werden obdachlos und verstecken sich in den Wäldern.

Während Luther Manifest um Manifest wider die Bauern schleudert, triumphiert der Papst: War es nicht dieser Luther, der sie aufgestachelt hatte? Der Papst sieht seine Stunde gekommen. Rache wird am besten kalt genossen, denkt er.

Die Bauern selbst sehen sich von Luther verraten. Haben sie nicht seine Ideen vertreten? Und trotzdem macht er jetzt mit der Obrigkeit gemeinsame Sache! Sie münzen seinen Namen *Doktor Luther* zu *Doktor Lügner* um. Luther wird so verhasst, dass er sich lange nicht mehr aus Wittenberg hinauswagt.

Dabei hatte er den Aufruhr zunächst freudig begrüßt. Aber jetzt lässt er die Bauern in ihrer schwärzesten Stunde im Stich. Seine Saat geht auf, nur nicht so, wie er sich das erträumt hatte.

Aber der Unruhe nicht genug. An allen Ecken und Enden stehen plötzlich weitere selbsternannte Propheten auf. Neue Bewegungen entstehen. Zwingli macht in der Schweiz von sich reden, aber mit zum Teil gänzlich anderen Lehren. In der Schweiz kämpfen zuletzt lutherische, hussitische und zwinglianische Glaubensbekenntnisse gegeneinander. Auch nach Frankreich wird die evangelische Bewegung hineingetragen, ebenso in den hohen Norden. Überall gärt es plötzlich, sogar in Polen und selbst in England. Überall flackern evangelische Bewegungen auf, gewöhnlich inspiriert durch Luther, aber beileibe nicht im genauen lutherischen Sinne, sondern mit ihren eigenen Galionsfiguren, Vorkämpfern und Wortführern, die durchaus nicht wörtlich des Wittenbergers Interpretationen des WORTES übernehmen, ja es zum Teil sogar bekämpfen.

Dennoch sind all diese neuen Bewegungen mehr lutherisch als päpstlich. Erneut sieht Rom seine Felle davonschwimmen, zumal Luther sich in Deutschland, da er sich rechtzeitig auf die Seite der Fürsten geschlagen hatte, auch hier wieder an Boden gewonnen hat. Wieder befindet sich der Papst in der Defensive. Luther entschließt sich, dem "Teufel und dem Papst" ein weiteres Schnippchen zu schlagen. Was macht er? Inmitten all der Wirren entschließt sich Luther, in den Stand der Ehe zu treten. Die Story ist zu köstlich, man muss sie sich gönnen.

Im Jahre 1523 geschieht folgende Räuberpistole: Eines Tages erreicht Luther ein Hilferuf. Zwölf Nonnen aus einem Zisterzienserinnen-Kloster haben von frömmelnden Gebeten und einem männerlosen Dasein genug. Sie stammen aus adligen Familien und wollen dem Kloster den Rücken kehren. Luther fühlt sich angesprochen. Es gelingt ihm, einen wagemutigen Helfershelfer anzuheuern. Ein Kaufmann wird gewonnen, der das Kloster regelmäßig mit Bier und Fischen in Fässern beliefert, die er in einem Planwagen herankarrt. Die zwölf Nonnen werden bei einer dieser Touren heimlich kurz vor der Abfahrt aus dem Kloster in eben diesem Planwagen versteckt, vielleicht in den leeren Fässern. Sie entrinnen, die Entführung gelingt.

Luther lacht sich eins und bemüht sich in der Folge, die Nonnen unter die Haube zu bringen. Eine der Nonnen, einer gewissen Katharina, gelingt es nicht, sich den Patrizier zu angeln, auf den sie zunächst ein Auge geworfen hatte. Verzweifelt sucht Luther eine neue gute Partie für sie. Er schlägt ihr einen gewissen Dr. Glatz als Ehemann vor. Aber Käthchen erklärt keck, dass sie lieber Dr. Luther ehelichen würde als diesen Dr. Glatz, der ihr offenbar so wenig zusagt.

Luther ist betroffen. Und geht tagelang mit sich zu Rate, die Hände in den Taschen. Er ist alles andere als ansehnlich, der Herr Luther, er ist derb, grobknochig und fett, und hier wird er plötzlich von einem leibhaftigen Weibsbild begehrt. Schließlich fackelt der gute Luther nicht lange. Der ehemalige Mönch ehelicht die entlaufene Nonne. Später wird er sechs Kinder mit ihr haben.

Natürlich ist das wieder Wasser auf die Mühlen der Gegner. Der Papst in Rom schreit "Unzucht", und selbst viele ehemalige Kampfgenossen wenden sich von dem "brünstigen" Luther ab.

Alle Geschütze gegen die Frau und gegen die fleischliche Lust, die man sich vorstellen kann, werden von Rom aufgefahren. Und wieder schlägt Luther zurück. Er bezeichnet den Papst als "Satansbraten", als "Stellvertreter des Teufels" und als "Antichrist". Die Bischöfe als "gottlose Heuchler", Mönche als "Flöhe", "Mörder" und "Henker".

Er fordert in seiner Wut, dass man alle Bischöfe und Äbte im Rhein ertränken solle und schmäht und lästert wie in seinen besten Zeiten.

Aber er steht unter schärfster Beobachtung, auch wenn man ihm nicht direkt ans Leder geht. Luther weiß darum. Wenn er in Wittenberg furze, rieche man das in Rom, beschwert er sich.

Der Kampf gegen das Papsttum (der Name des Papstes wechselt des Öfteren, aber die Institution bleibt die gleiche) geht unverdrossen weiter. Die Bauernaufstände, die Heirat, das sind alles nur Nebenschauplätze für den eigentlichen Krieg: dem Krieg um die Gläubigen; denn die Ausbreitung der lutherischen Ideen schreitet unaufhaltsam voran. Der Papst in Rom krümmt sich vor Ärger auf Petris Stuhl. Mittlerweile sind jedoch so viele Propheten neben Luther auferstanden, dass er sich bemüßigt sieht, seine Lehre genauer auszuformulieren und gewissermaßen in Stein und Eisen zu hauen. Alte Weggefährten sind ihm hierbei eine unschätzbare Hilfe. Er, der einstmals die Toleranz gepredigt hat, wird nun selbst zum Dogmatiker. Aber da der Papst in Rom lästert, dass Luther eine Flut von neuen Glaubensbekenntnissen auslöse und weil diese Kritik ätzt, macht sich Luther daran, den "evangelischen" Glauben, der nur auf der Schrift beruht, festzuzementieren. Luther spektakelt dabei gegen Wittenberger, gegen Zwinglianer, Wiedertäufer und alle möglichen und unmöglichen Sekten. Er bedient sich sogar (in Sachsen und Brandenburg, im Jahre 1525) der Zensur, man muss es sich vorstellen! 1530 empfiehlt er gar, die Todesstrafe gegen Vertreter ketzerischer Ideen einzusetzen!

Seine Weggefährten fordern nur Körperstrafen für Abweichler. Die meisten Regierungen hängen (wie er) der Idee an, dass nur ein einheitliches religiöses Bekenntnis gut für den Staat sei (was durch die Geschichte selbst nie bewiesen worden ist!). Und so werden in der Folge katholische Kirchenvermögen von den evangelischen Fürsten "eingezogen" und beschlagnahmt, gestohlen ist der genauere Ausdruck.

Gleichzeitig schlägt Luther weiter wild um sich. Selbst gegen Erasmus von Rotterdam, den hochangesehen Humanisten, wird er ausfällig. Er verteufelt die Juden, weil sie keine Christen sind, und das in einer Sprache, dass es einem das Blut in den Adern gefrieren lässt. Mit einem Wort: Luther entthront den Pontifex in Rom und setzt sich selbst auf den Papstthron, denn *er* ist es jetzt, der Unfehlbarkeit beansprucht.

Der unvorstellbare Erfolg scheint ihm Recht zu geben.

Im Jahre 1527 kann man davon sprechen, dass das lutherische Glaubensbekenntnis in halb Deutschland "orthodox" ist. Die Katholiken mit ihrem Papst würden sich am liebsten in ein Mauseloch verkriechen. Allenthalben läuft man zu Luther über: in Augsburg, Magdeburg, Straßburg, Nürnberg, Braunschweig und vielen anderen deutschen Städten. Selbst Hamburg, Bremen, Rostock, Lübeck, Danzig, Riga und viele schwäbische Städte werden lutherisch. Die Fürsten sind auf seiner Seite, bietet sich mit ihm doch die Gelegenheit, sich die fetten Pfründe der Katholiken unter den Nagel zu reißen.

Ostfriesland, Schlesien, Schleswig-Holstein sowie Teile Süd- und Westdeutschlands fallen ab von der alten Kirche. Mit Mühe behauptet sich der Katholizismus in Mainz, Trier, Köln und Bayern, aber erst nachdem der Papst beträchtliche Zugeständnisse gemacht hat. Ein neuer Reichstag soll alles lösen, aber alle Strategien, die darauf abzielen, den Lutheranern die Macht zu beschneiden, misslingen, selbst als Kaiser Karl erneut persönlich eingreift und dem Papst Schützenhilfe leistet. Proteste werden unterzeichnet und das Wort "Protestant" erblickt das Licht der Welt.

Luther, noch immer offiziell unter Reichsacht, schaut aus der Ferne zu. Karl gelingt nichts, den Evangelischen (wie sich die Lutheraner schließlich selbst nennen, da sie das Evangelium als einzig gültige Grundlage ihres Glaubens akzeptieren) gelingt alles. Karl droht, schüttelt die Faust und winkt mit einem Krieg. Die Protestanten stellen darauf hin ihrerseits Truppen auf. Außerdem mehren sich die guten Nachrichten: Skandinavien und England fallen von Rom ab. Selbst das katholische Frankreich paktiert inzwischen mit den lutherischen Reichsfürsten, um die Macht der Habsburger, die Karl verkörpert, nicht ins Uferlose wachsen zu lassen.

Luther lästert fröhlich im Hintergrund, der Papst tobt. Luther verfasst Hymnen und Kirchenlieder, die die halbe Nation singt, der Papst dagegen trifft den Ton nicht mehr. Der große Ketzer hat sich mittlerweile längst mit den lutherischen Fürsten arrangiert. Religion ist Politik geworden, die Frage des Glaubens zweitrangig, die Frage der Macht erstrangig.

Ungemein praktisch für die protestantischen Fürsten ist der Umstand, dass sie jetzt in Luther sozusagen ihren eigenen Papst haben: Als Philipp von Hessen von der "Brunst" geplagt wird (er ist verheiratet, hat einen Stall voll Kinder, aber sein Auge auf eine neue "Buhlin" geworfen) fragt er an, ob Luther ihm die Erlaubnis zur Bigamie erteilen könne. Luther stimmt zu, gibt ihm seinen Segen, verlangt aber, dass alles unter der Decke bleibt. Natürlich erblickt das Skandälchen das Licht der Welt – und der Papst hat einen weiteren Grund, die Moral dieses Herrn Luther vor der Welt zu brandmarken. Luther jedoch steigt auf zum unumschränkten Herrscher der Protestanten. In dieser Funktion greift er im Jahre 1545 noch einmal den Statthalter Christi in Rom mit unvorstellbarer Heftigkeit an. Ein Traktat erscheint mit dem Titel: "Wider das Papsttum zu Rom vom Teufel gegründet". Er schmäht und lästert den Petrusnachfolger, heißt ihn einen Sodomiten und tollen groben Esel, den Blitz und Donner erschlagen möge. Er wünscht ihm die Pestilenz, die Franzosenkrankheit und den Aussatz an den Hals.

Im Überschwang seiner Kräfte fordert er sogar, den Kirchenstaat aufzulösen und in das Reich zu integrieren. Warum nicht Rom und das Papsttum auslöschen, für immer? Er fordert, dem Papst, dem Gotteslästerer, die Zunge herauszureißen oder ihn mit der Zunge an den Galgen zu nageln.

Und der Erfolg scheint ihm Recht zu geben. Denn überall, überall ist der Protestantismus auf dem Vormarsch. In Skandinavien erobert der neue Glaube das Volk im Sturm. In Schottland, England und Amerika wird der Katholizismus endgültig von Calvin verdrängt (und Calvin ist nicht denkbar ohne Luthers Ideen). Auch in Osteuropa breiten sich Luthers Ideen weiter aus. Der katholische Kaiser Karl versucht verzweifelt, als er nicht mehr von dem Türken und von Frankreich bedrängt wird, in einer letzten Hauruck-Aktion Deutschland dem "wahren Glauben" zurückzugewinnen. Er entscheidet einige wichtige Waffengänge für sich, aber er scheitert letztlich ironischerweise an dem Papst, der dem Habsburger die Siege missgönnt und seinen Kirchenstaat in Italien nicht von ihm umklammert sehen will. Im entscheidenden Moment zieht er seine Papsttruppen zurück, so dass die Evangelischen schlussendlich ein Patt erreichen.

Cuius regio eius religio, wer regiert darf auch die Religion bestimmen, das ist die Formel, auf die man sich letztendlich einigt, nach zahlreichen Schlichtungsversuchen.

Trotzdem gärt es weiter. Selbst in Frankreich gewinnt die protestantische Bewegung an Stoßkraft. Im Norden Europas, in England, in Schottland und in den Niederlanden erstarken die Evangelischen. Obwohl einige Länder widerstehen (wie das erzkatholische Spanien), tritt der Protestantismus einen unvergleichlichen Siegeszug an.

Noch Jahre und Jahrzehnte später werden Schlachten geschlagen, der Protestantismus Luthers besitzt eine narkotische Wirkung, der sich nur wenige entziehen können.

Tatsächlich währt der Kampf buchstäblich Jahrhunderte, man denke nur an den Dreißigjährigen Krieg in Deutschland oder die Auseinandersetzungen zwischen Katholiken und Protestanten in Irland.

Aber ach, wir haben vergessen zu berichten, dass Luther selbst inzwischen den Weg alles Irdischen gegangen ist. Nach einer heiteren Mahlzeit bei Freunden klagt er über heftige Magenschmerzen.

Seine Kräfte schwinden, er muss sich niederlegen. Ein Schlaganfall lähmt seine Zunge, die so viele Lästerreden ausgestoßen hat. Am 18.

Februar 1546 stirbt Luther. Man überführt seinen Leichnam nach Wittenberg, wo man ihn in der Schlosskirche beisetzt. Der größte aller Ketzer ist tot, der Gründer einer neuen Religion aber ist unsterblich.

DIE VIER ERFOLGSGEHEIMNISSE MARTIN LUTHERS

Man könnte nun in aller Naivität die Frage stellen, warum es diesem ursprünglich völlig unbedeutendem Mönch in einem ursprünglich völlig unbedeutendem Städtchen gelang, einen solchen unvorstellbaren Effekt zu erzielen? Er besaß weder besondere körperliche Vorzüge, noch war er mit Reichtum gesegnet oder verfügte über gute Beziehungen, die seinen Aufstieg ermöglicht hätten. Er war im Gegenteil ein armer Teufel, stammte aus einer Familie, die kaum etwas auf der Naht hatte, und hatte sich, seinem Mönchsgelübde entsprechend, seinen Oberen zu 100 Prozent unterzuordnen. Er besaß einen plumpen, gedrungenen, fettleibigen Körper, einen feisten Wanst, ein bäurisches Gesicht und war hässlich wie die Nacht. Er hatte eigentlich nichts zu vermelden - und doch bewegte er die Welt, spaltete die Christenheit, schuf eine neue Religion und zeichnete für eine unvorstellbare Machtverschiebung verantwortlich.

Früh schon wurde er von tausend Zipperlein geplagt; trotz dieser Zipperlein fuhr er jedoch fort zu schreiben, zu schreiben und nochmals zu schreiben. Luther bewegte die Gemüter, beeinflusste Fürsten, Könige und Kaiser, widerstand dem Papst, der mächtigsten Institution seiner Zeit, zeigte dem Haupt der Christenheit seinen nackten Hintern, beschimpfte Bischöfe und Kardinäle auf das Unflätigste - und kam damit davon, während andere "Ketzer" längst auf dem Scheiterhaufen brutzelten, wie das der Brauch der Zeit war.

Was waren also die "Geheimnisse" dieses unvorstellbaren Einflusses? Unseres Erachtens kann man vier Erfolgsfaktoren ausmachen, die

Luther meilenweit über andere hinaushoben; betrachten wir sie uns der Reihe nach:

FAKTOR NUMMER 4

Es ist völlig gleichgültig, ob man Luther mag oder nicht mag, ob man seinen Thesen zustimmt oder sie verurteilt. Man mag ihn einen Lumpenhund, Häretiker, Ketzer und Teufel heißen oder auch nicht. Trotzdem kann man dem Wittenberger eines nicht absprechen: Luther besaß Mut, einen Mut ohnegleichen, nie gesehen in der Geschichte zuvor. Er pfiff auf die Obrigkeit und legte sich mit einer Institution an, die nicht nur Leib und Leben und seine Karriere zerstören konnte, sondern (theoretisch) sogar Macht über seine Unsterblichkeit besaß, seine Ewigkeit! Welch ein Mann! Die mächtigste Institution seiner Zeit, das Papsttum, schrieb er nieder, als besäße er hundert Griffel, mit einem unvergleichlichen Zorn, mit einer Leidenschaft, Angriffslust und Kraft, die uns Bewunderung abringt, mögen wir ihn verdammen oder als Heiligen betrachten.

Luther war mutiger als tausend Krieger, er war ein intellektueller Herkules und kühn ohne Vergleich. Er *wünschte* sich manchmal regelrecht, auf dem Scheiterhaufen zu enden, damit all dieser Kampf ein Ende fände, Luther konnte man selbst mit einer der qualvollsten Todesarten, die es gibt, dem Tod durch den Scheiterhaufen, nicht einschüchtern.

Er fürchtete sogar den Teufel nicht, mit dem er sich immer wieder persönlich anlegte, wenn er ihm etwa ein Tintenfass nachwarf, was ein hübsche Legende ist, aber doch seine Einstellung illustriert. Luther besaß das Talent, Autoritäten gründlich zu verachten, ob es sich um den allmächtigen "allerchristlichsten" Kaiser handelte oder den Nachfolger des heiligen Petrus. Wir müssen ihn um seines *Mutes* willen lieben, ob wir wollen oder nicht. Aber eben dieser Mut konnte sich nur deshalb entfalten, weil er zusätzlich ein weiteres Talent besaß.

FAKTOR NUMMER 3

Martin Luther war ein *Kommunikationsgenie* ohnegleichen. Gleich ob als Redner ("Prediger") oder Schriftsteller, seine Zeit kannte keinen einzigen Mann, der so viel produziert hätte wie er. Zahllose Traktate, Aufsätze, Übersetzungen, Gedichte, Lieder, Pamphlete und vieles mehr gehen auf sein Konto.

Er predigte und schrieb und schrieb und predigte, dass die Feinde nicht nachkamen. Die literarische Produktion, man muss es sich vorstellen, belief sich schließlich auf über sechshundert Titel (in Zahlen: 600). Zu seinen Lebzeiten erschienen rund 350 davon, einige wurden wieder und wieder aufgelegt.

Die Wirkung war immens.

Im Jahre 1520 stand auf den begehrtesten Büchern, selbst in Frankreich, der Autorenname Luther. In Frankreich, Italien, Spanien, Holland und England riss man sich ebenfalls um seine Bücher, spätestens seit dem Jahre 1519. Noch zu seinen Lebzeiten wurden in Wittenberg allein hunderttausend Exemplare seines Neuen Testamentes gedruckt. Verlegerische Raubritter bemächtigten sich des guten Geschäfts, mehr als ein Dutzend nicht autorisierter Ausgaben erschienen. Sein Neues Testament avancierte zum meistgelesensten Buch in Deutschland. Mehr als 430 Ausgaben seiner Bibel gab es allein bis zu seinem Tod. Über eine halbe Million Einzelexemplare wurden gekauft. Wie warme Semmeln gingen die Bücher weg, aber auch seine Traktate, die Sprengstoff bargen und eine Sensation darstellten. Seine Verleger wurden unermesslich reich. Allein zwischen 1517 und 1520 wurden die Traktate 250.000 mal verkauft! Die Flugschrift "An den christlichen Adel" erlebte bis 1520 dreizehn Auflagen.

Selbst wenn er "krank" war, wetzte Luther die Feder wie ein Messer. Seine Predigten waren zahllos und können bis heute kaum erfasst werden. Dieser Mann sprach, redete, schrieb und publizierte in einer Qualität und einer Quantität, die atemberaubend ist. Geradezu nebenbei schuf er eine neue Sprache, das so genannte Frühneuhochdeutsch und schenkte der "deutschen Nation" eine Kultur! Während die Gelehrten sich auf ihrem Latein ausruhten, schaute er dem Volk aufs Maul und schrieb und sprach und sprach und schrieb, ob brutal, unflätig, obszön, gemein, ausfallend, bäurisch oder derb, Hauptsache man konnte ihn verstehen! Er kommunizierte, wie vielleicht nie vorher oder nachher kommuniziert worden ist! Luther beherrschte alle rhetorischen Tricks. Er konnte brüllen und fluchen wie der größte Gotteslästerer und Hosianna singen wie die zarteste, frömmste Nonne. Er packte seine Zuhörer, kannte alle Redefiguren, Steigerungsmöglichkeiten und grammatikalischen Tricks. Kurz, er bediente sich der ganze Palette rhetorischer Finessen, hierin kam er einem Cicero gleich, den er an Wucht sogar noch übertraf. Seine Sprache ist so bildhaft, wie kaum die eines anderen Autors. Er kommunizierte, vielleicht saftig und deftig, aber er *kommunizierte*! Das heißt, er erreichte sein Publikum, im Gegensatz zu all den armen Hanswürsten, die sich hinter einer blutleeren Sprache verschanzten. Er sprach in Gleichnissen und Allegorien, deren Ausdruckskraft und Eingängigkeit durchaus mit der Bibel standhalten können, so sehr trafen sie den Punkt. Er griff unvorstellbar geschickt Realitäten aus dem Alltagsleben des Volkes auf und benutzte diese Vertrautheit als Vehikel, um seine *Botschaft* zu transportieren. Keine Sauerei war diesem Luther unappetitlich genug, wenn es ihm nur gelang, seine Rede plastisch zu gestalten. Er war ein unerreichter Meister der bildhaften Sprache. Aufgrund seiner Derbheiten fühlte sich ihm das Volk verbunden, und er schuf Affinität. Darüber hinaus kannte er die Bibel rückwärts und vorwärts, er konnte mit Zitaten seine Gegner besiegen, die niemand so sorgfältig studiert hatte wie er. Er konnte aphoristisch, spitz zugefeilt, kurz, pointiert und treffend formulieren. Er schuf sogar Sprache und erfand Ausdrücke, wenn es notwendig war.

Dabei war dieser Luther nie "ausgewogen", nie vorsichtig oder ängstlich. Im Gegenteil! Er schlug zu, wie mit dem Hammer auf einen Amboss. Er liebte die Provokation, die Dissonanz und die Parteinahme.

Wenn er in die Niederungen des Obszönen hinabstieg, so besaß das den Vorteil, dass ihm zumindest zugehört wurde; außerdem hatte er damit stets die Lacher auf seiner Seite. Jedermann schmunzelte, jedermann fühlte sich bemüßigt, seine Sprüche weiterzuerzählen. Humor, die Eigenschaft der Götter, war sein ureigenstes Metier, wenn es auch ein grober Humor war, ein derber Humor, wo die Fürze besonders intensiv stanken und der Kot in allen denkbaren Farben ausgeschissen wurde. Er brach die heiligsten Tabus und erfand die gotteslästerlichsten Flüche, nur um eine Schockwirkung auszulösen – was eine lupenreine Public-Relations-Technik ist.

Seine Vorliebe für das Präsens (er verabscheute das Perfekt) machte seine Rede direkt, unmittelbar, leichter verständlich, eindrucksvoller und wirkungsvoller. Bestechend waren seine Klarheit, seine Kraft, seine mit Beispielen gewürzten Wortbilder, auffallend seine Prägnanz: "Viel mit wenig Worten fein kurz anzeigen" forderte Luther.

Er formulierte appellativ und einprägsam und vermochte mit einem einzigen Satz, der wie ein Paukenschlag, wie ein Trompetenstoß wirkte, ein Haus zum Einsturz zu bringen. Er war fähig zum Slogan, wie man heute sagen würde, zur gerafften, gebündelten Sentenz, die wie ein Schwert zustößt und einen unauslöschlichen Eindruck hinterlässt.

Immer bemühte er sich um Verständlichkeit, Verstehbarkeit, Deutlichkeit und Einfachheit! Nicht nur, dass sich Luther von dem Lateinischen abwandte war ein Geniestreich, auch dass er deutsche Sprichwörter bemühte und die Leute beim Sprechen belauschte, war hochintelligent. Er riet, der Mutter zu Hause, den Kindern auf den Gassen und dem gewöhnlichen Mann auf dem Markte zuzuhören und seine Sprache zu studieren, eine Formel, die für Schriftsteller pures Gold wert ist.

Die Syntax war klar, nicht kompliziert und geradlinig.
Seine Bilder, seine Vergleiche und seine Gleichnisse wären ein eige-nes Studium wert.

Weiter erschuf er neue Wörter: Blutgeld, Herzenslust, Denkzettel, Feuereifer, Machtwort, Bubenstück, Wortgezänk, Winkelprediger, Sündenbock, Kainsmal (gef. bei Hermann) – all das sind Wortbildungen, die sofort kommunizieren, selbst wenn man sie noch nie gehört hat, was ebenfalls in Richtung Verständlichkeit zielt. Diese Urgewalt musste sich Bahn brechen. Und wenn für seine Botschaft keine Sprache existierte, so musste sie eben erschaffen werden!

Er formte unwillentlich, unwissentlich eine ganze Kultur, denn Tausende Schriftsteller schrieben von ihm später ab und kopierten ihn. Sein eigentliches Geheimnis hinter dem Geheimnis dieser Kommunikationsfähigkeit war der unbedingte Wille, eine Botschaft zu transportieren. Dieser Drang, dieser Trieb, dieser Auftrag (das Wort Gottes zu verbreiten, in vollständiger Reinheit) beflügelte ihn und trug ihn zu höchsten Höhen empor. Er stand hinter all seinen unendlichen Anstrengungen, so wenn er jahrelang in seinem Stübchen übersetzte, schrieb und seinen Federkiel als Dolch benutzte, jederzeit bereit, zuzustechen und seinen Feind literarisch umzubringen. Gleichzeitig war dieser Mann von einem unendlichen Zorn beseelt, einem heiligen Zorn. Dieser Zorn motivierte ihn zu unvorstellbaren Höhenflügen, womit wir bei seinem nächsten Erfolgsgeheimnis sind.

FAKTOR NUMMER 2

Es ist viel gerätselt worden, ob dieser Luther eine schwarze oder weiße Gestalt war, ob er "der Geschichte" oder der "Menschheit" einen Dienst erwies oder nicht. War er der Teufel in Person – oder ein Prophet? Die verschiedenen Konfessionen werden bis ans Ende ihrer Tage eine unterschiedliche Antwort darauf geben, aber eines wird man Luther nie absprechen können:

Dieser Mann kämpfte für eine höhere *Ethik*.

Dies war sein wahrer Ausgangspunkt, sein Urgrund und seine Basis. Und wenn diese "Ethik" auch völlig subjektiv definiert war, so muss man diesem Schreihals, Lärmer und Krakeeler doch zubilligen, dass zumindest er davon völlig überzeugt war, im Recht zu sein und einer höheren Ethik das Wort zu reden. Dieses Wissen spornte ihn an und ließ ihn all seine Ängste vergessen, von denen auch er geplagt war, denn es galt, einen besseren Menschen zu schaffen, galt, den wahren Gott zu verteidigen. Seine Ethik, völlig subjektiv definiert, ein selbstgesetztes Bezugsfeld und ein willkürlich definierter Rahmen, ließ ihn zu schwindelerregenden Höhen emporsteigen. Und so kämpfte er gegen den Sündenpfuhl in Rom, den Ämterverkauf, den Ablassmissbrauch, die Hurerei, die Geldgeilheit und die Verlogenheit seiner Zeit, mit allen ihm zur Verfügung stehenden Mitteln.

Nichts beflügelt einen Menschen jedoch mehr, als wenn er für eine Gerechtigkeit oder eine Wahrheit, so subjektiv sie definiert sein mag, für eine höhere Ehre, für Integrität und für Ethik kämpft.

Luther fühlte sich durchdrungen von diesem seinem *Ziel*, das er verfolgte, es verlieh ihm übermenschliche Kräfte und unerschöpfliche Energien. Er ließ ihn Leiden, Verfolgungen, Schmerzen, Gebrechen und Verrat erdulden, unter denen ein anderer hundertmal zusammengebrochen wäre. Ob diese (subjektive) "Ethik" wirklich allen diente, werden wir später ausführen. Aber an dieser Stelle bleibt festzuhalten, dass sie Luther unendlich motivierte und voranpeitschte.

FAKTOR NUMMER 1

Aber es gibt einen einzigen isolierbaren Faktor, der diesem Dr. Martin Luther seine wahre Stoßkraft verlieh, der himmelhoch über allen anderen Faktoren anzusiedeln ist. Es gibt einen einzigen *Grund*, warum ihm die Herzen nur so zuflogen, warum er Herzen schneller gewann als jeder andere, die Herzen von Königen, Fürsten, Priestern, Mönchen und Bauern.

Eine Ursache zeichnete dafür verantwortlich, dass dieser ursprünglich unbedeutende Prediger eine solch gigantische Wirkung erzielte, über die er selbst manchmal bass erstaunt war.

Dieser Faktor war die *Freiheit*. Nichts beflügelt Menschen mehr, als wenn sie den Geruch der Freiheit wahrnehmen, der religiösen, philosophischen, ökonomischen, finanziellen, politischen oder sozialen Freiheit! Individuelle Freiheit, Freiheit von Bevormundung, Freiheit von Autoritäten – genau diesen Punkt traf Martin Luther zielsicher wie keine Person vor ihm oder nach ihm.

Seine unendliche Wirkung ist nur zu verstehen, wenn man genau dies erkennt: Er brachte den Menschen *Freiheit* von der Bevormundung durch den Papst. Plötzlich war die Schrift wichtiger als jeder Papst, Bischof oder Priester. Der Gläubige konnte *selbst* sehen, was "Gottes Wort" war. Die größte Autorität seiner Zeit, den Papst selbst, wischte Luther mit ein paar Strichen seines Federkiels beiseite, mit ein paar Tintenklecksen. Plötzlich fühlten die Menschen, dass sie jahrhundertelang am Gängelband geführt worden waren. Sie waren einer falschen Autorität aufgesessen, einer angemaßten Autorität, die nicht durch die Bibel selbst zu legitimieren war. Im Zuge dessen konnten sie sogar finanzielle Bande abwerfen. Der Kampf gegen den Ablass traf genau diesen Kern. Die unvorstellbaren Höllenängste, die Furcht, Hunderttausende von Jahren im Fegefeuer zu braten, wo man gesotten, gekocht und geschmort wurde, wischte Luther beiseite, indem er dem Volk verkündete, dass man sich nicht mit Geld freikaufen könne, sondern nur mit Gottvertrauen. *Freiheit* von Unterdrückung, *Freiheit* von ökonomischer Unterdrückung, spiritueller Unterdrückung und hierarchischer Unterdrückung schien auf einmal möglich zu sein. Man lüfte nur ein winziges bisschen den Deckel, der auf dem Topf sitzt, in dem die *Freiheit* gefangen gehalten wird, und das Volk wird einem nachlaufen!

Luther gab den Menschen die Freiheit zurück, wieder eigene Gedanken denken zu dürfen, eine Freiheit, die zwar auf der Bibel beruhte, aber immerhin! Die Fürsten atmeten auf, sie mussten nicht mehr romhörig sein und konnten sich von dem schmarotzenden, erpresserischen Papst lösen. Juristische Bande wurden gelockert, aber auch politische und theologische. Der verführerische Duft der Freiheit wehte durch die Städte und Dörfer Deutschlands und machte alle gleichermaßen trunken.

Selbst die Bauern glaubten eine Weile, dass ein Goldenes Zeitalter mit Luther angebrochen sei, bis sie jäh in die Realität zurückgerissen wurden und erkennen mussten, dass die Freiheit ihre Grenzen besaß.

Genau das waren die Erfolgsgeheimnisse dieses Martin Luther! Das waren die Gründe, warum er seine unerhörten, kaum nachvollziehbaren

Effekte schuf, warum er eine Bewegung in Gang setzte, die die Welt veränderte.

Und so könnte man diesen Martin Luther hochpreisen und rühmen bis ans Ende aller Tage, wenn, ja wenn wir nicht das Wichtigste außer Acht gelassen hätten.

LUTHERS SÜNDEN

Luthers Sünden bestanden *nicht* darin, dass er eine Nonne heiratete oder ein paar sexuelle Phantasien hatte. Er war in dieser Hinsicht zuchtvoller, ehrlicher und gradliniger als nahezu das gesamte Zeitalter, das alles unter der Decke tat, sich nach außen hin aber inquisitorischer als der Papst gebärdete.

Nein, Luthers Sünden waren anderer Natur. Nehmen wir eines der heißesten Themen aufs Korn: die Diskriminierung der Juden.

Im 15. Jahrhundert nahm der religiöse Antisemitismus ganz eigene Ausformungen an. Speziell Martin Luther spielte dabei eine Vorreiterrolle, und mit ihm die "reformierten", die "evangelischen" und die "protestantischen" religiösen Gruppierungen.

Hochinteressant ist in diesem Zusammenhang, dass speziell der alte Luther, wie das die Lutherforschung nennt, am Schluss sich unfehlbarer als der Papst gebärdete. Im Zuge dessen ließ er sich zu grimmigen Hetzreden und wilden Ausbrüchen gegen die Juden hinreißen.[64]

Dabei kann man seine Ausbrüche gegen die Juden nicht nur mit seiner Sorge um das Seelenheil seiner Schäfchen begründen, wie das einige Verteidiger heute gerne tun. Zugegeben, wenn Luther ein paar Seitenhiebe wider die "Jüden" austeilte, so war das manchmal relativ harmlos, so wenn er in seiner *Vorrede auf das Alte Testament* mitteilt, dass "die Jüden irren" und dass sie die biblischen Gesetze nicht richtig verstehen.[65] Oder wenn er behauptet, dass "Jüden" und Heiden alle

Sünder seien.[66] All das würde man ihm ja gerne verzeihen, weil es verstehbar ist in seinem frommen Eifer. Leider fuhr aber der alte Luther zuletzt ganz andere Geschütze auf, wenn es um die Judenfrage ging. Schon in seinen Schriften der dreißiger und vierziger Jahre überhäufte er die Juden mit Schimpf und Schande wegen ihrer "verstockten Blindheit". Spätestens die Abfassung von vier (!) Judenschriften wirft schließlich ein ganz anderes Licht auf sein wahres Verhältnis zu den Juden. Die Titel dieser Schriften lauten:

"Wider die Sabbather an einen guten Freund" (1538),
"Von den Juden und ihren Lügen" (1543),
"Vom Hamphoras und vom Geschlecht Christi" (1543),
"Von den letzten Worten Davids" (1543).

In diesen Schriften warnte der wortgewandte Luther vor der "jüdischen Ansteckungsgefahr", zog gegen "rabbinische Lügen" zu Felde und hielt den Juden die Verzerrung und Missdeutung der Heiligen Schrift vor.[67] Tatsächlich verstieg sich Luther zu regelrechten Hasstiraden. Der "Reformer" im Originalton:

"Es stimmet aber alles mit dem Urteil Christi, daß sie (die Juden) gifftige, bittere, rachgierige, hemische Schlangen, meuchel mörder und Teufels Kinder sind, die heimlich stechen und schaden thun, weil sie es öffentlich nicht vermögen. Ein Christ (hat) nächst dem Teufel keinen gifftigen, bitteren feind, den einen Juden." "Die Juden sollen sich bekehren, wo aber nicht, so sollen wir sie auch bey uns nicht dulden noch leiden!" [68]

Luther zog gegen die "Türken, Heiden, Jüden und Ketzer" zu Felde, dass dem Leser der Protest im Halse stecken bleibt und er sich fragt, ob das wirklich der Luther ist, der seinerzeit gegen das Ketzer-Unwesen der römisch-päpstlichen Kirche so vehement zu Felde zog und der die Ehre des Gewissens verteidigte. Juden, Türken und Päpstliche waren ihm nicht weniger als die "Sturmtruppen der Teufelsarmee."[69] Drei Tage vor seinem Tode schlug er nochmals auf die Juden ein:

"Die Juden sind unsere öffentlichen Feinde, hören nicht auf, unseren Herrn Christum zu lästern, heißen die Jungfrau Maria eine Hure, Christum ein Hurenkind und wenn sie uns konnten alle tödten, so theten sie es gerne. Und thuns auch offt." [70]

Darüber hinaus ist es eine zweifelsfrei geschichtlich belegbare Tatsache (und wurde von allen "Lagern" zugegeben, der katholischen und der evangelischen Seite), dass Luther der Obrigkeit anriet, Synagogen als "Lehrhaus der Lüge" zu verbrennen, die jüdischen Lehrbücher zu konfiszieren und die Juden zu vertreiben.

Geschichtswissenschaftler wissen ferner um seinen Zorn gegen die jüdischen Geldverleiher und seine Abneigung gegen Zinsen. In seinem letzten Lebensjahr verfiel er in antisemitische Raserei und beschuldigte die Juden, ein halsstarriges, ungläubiges, stolzes, verdorbenes und verabscheuungswürdiges Volk zu sein, dessen Schulen und Tempel durch Feuer von der Erde getilgt werden müssen.

"Erstlich, daß man ihre Synagoge mit Feuer verbrenne, und werfe hie zu, wer da kann, Schwefel und Pech; wer auch das höllische Feur künnte zuwerfen, wäre auch gut ... Und solchs soll man thun unserem Herrn und der Christenheit zu Ehren, damit Gott sehe, dass wir Christen seien ... Zum anderen, daß man auch ihre Häuser desgleichen zerbreche und zerstöre ... Zum anderen, daß man ihnen alle ihre Bücher nähme, Betbücher, Talmudisten, auch die ganze Bibel, und nicht ein Blatt ließe ... Zum vierten, daß man ihren Rabbinen bei Leib und Leben verbiete, hinfurt zu lehren ... Zum fünften, daß man den Jüden das Geleit und Trasse ganz und gar aufhebe ... Zum sechsten, daß man ihnen den Wucher verbiete ... und nehme ihnen alle Baarschaft und Kleinod an Silber und Gold, und

lege es beiseit zu verwahren. Will das nicht helfen, so müssen wir sie, wie die tollen Hunde, ausjagen." [71]

Es ist eine Ironie der Geschichte, dass der größte aller Ketzer zuletzt selbst zum fanatischen Ketzerverfolger wurde. Luther rief schließlich zu regelrechten "Kreuzzügen" wider Andersgläubige auf – eben gegen die Juden, aber auch gegen andere Sekten. [72]

Wenn der religiöse Antisemitismus Luthers auch nicht zu vergleichen ist mit dem rassisch begründeten Antisemitismus, so bildet er doch zumindest die Rechtfertigung und Ausgangsbasis für schwere und schwerste Ausschreitungen gegen die Juden im 16., 17., 18. und 19. Jahrhundert im protestantischen Europa.

Aber forschen wir weiter: Zu seinen weiteren Sünden zählt Luthers Haltung gegenüber den Bauern. Es steht fest, dass er den Fürsten das Schwert absegnete, mit dem sie die Bauernaufstände niederschlugen. Er befürwortete die Gewalt, wenn auch zugegebenermaßen nur in Einzelfällen und wenn er auch häufig den Frieden beschwor. Aber Luthers Verhalten bei den Bauernaufständen war alles andere als human oder "christlich". Hier versagte er völlig.

In seinem "heiligen Zorn", wie er selbst das wohl gerechtfertigt hätte, schlug er auf seine zahlreichen Feinde nach allen Seiten hin ein, die gegen *sein* Verständnis von Wahrheit waren. Luther war also nichts als ein fanatischer und fanatisierter Priester, der später genau den Untugenden Vorschub leistete, die er gestern gerade bekämpft hatte.

Und so bleibt ein letztes Fazit zu ziehen über diesen Martin Luther, das dem Historiker wieder einmal bestätigt, dass die Geschichte selbst mit großartigem Humor begabt ist. Wie hat man also endgültig über diesen Martin Luther zu urteilen?

Der belogene Lügner

Nun, Luther war mit allen Fasern auf die HEILIGE SCHRIFT fixiert. Mit ihr verteidigte er fanatisch das herkömmliche Weltbild der Theologie, die da glaubte, dass (zum Beispiel) die Sonne sich um die Erde dreht und nicht umgekehrt.

Weiter war Luther stockkonservativ und altmodisch, ja aufgrund seiner Buchstabengläubigkeit zum Teil unmoderner als viele Theologen seiner Zeit. Seine Ausbildung als Mönch, mit all diesem Beten, Büßen, Fasten, den Kasteiungen, der aufgezwungen Demut und der Furcht vor der Hölle, mag das ihre dazu beigetragen haben, seinen Charakter zu verderben. Besonders Paulus jagte ihm Angst und Schrecken ein mit seinen Höllenvisionen und dem Strafgericht. In gewissem Sinne traf ihn dieser Paulus mitten ins Herz, der (ebenso wie er selbst!) so zornig, so hasserfüllt und so wütend sein konnte. Stets verfolgten Luther Teufelsvisionen, mit dem Satan pflegte er ein geradezu persönliches Verhältnis. Ja, er befreite die Menschen vom Papst, aber fesselte sie dafür an ein Buch. (Durant) Gerade die grausamsten Dogmen dieses Buches ließ er weiter bestehen, womit ein intellektueller, ein humaner Rückschritt einherging. Er war so intolerant wie ein Inquisitor und zeichnete ohne Frage für den (religiös motivierten) Hass verantwortlich, der Deutschland (und andere Länder) jahrhundertelang verzehrte, was zweifellos seine größte Sünde ist. 130.000 Bauern bissen noch zu seinen Lebzeiten ins Gras, was Luther nicht weiter berührte, denn er liebte die Menschen weniger als Gott, nichtwissend, dass man Gott erst dann wirklich liebt, wenn man die Menschen liebt.

Noch einmal: Wie hat man also über Martin Luther zu urteilen? Nun, er war ein Mönch, ein Priester, ein Schwarzrock vom Schei-tel bis zur Sohle. Er konnte in keinen anderen Kategorien denken als in den Kategorien der Bibel, der Hölle und des Paradieses. Er war mit Haut und Haaren einer jener fanatischen Pfaffen, die er selbst so un-flätig beschimpfte, speziell den Oberpfaffen in Rom. Er verhetzte das

Volk. Er sorgte für Aufruhr und Unruhe und wurde stets vorwärtsge-peitscht von seinem ewigen Zorn, der ihn zu jedem gotteslästerlichen Fluch und jeder Obszönität verführte, die denkbar waren.

Er schleuderte speziell gegen das Papsttum seine Flüche, das umge-kehrt auch ihn mit dem Bannstrahl belegte. Er sorgte dafür, dass die Chris-tenheit anfing, ein wenig selbstständiger zu denken, indem er ihnen die Autorität nahm – aber etablierte sich wenig später nur als neue Autori-tät. Die Freiheit etablierte er nicht, nur die *Illusion* der Freiheit! Für die späteren entsetzlichen Glaubenskriege ist er zumindest teilweise mitver-antwortlich, speziell für den barbarischen Dreißigjährigen Krieg, der ein Drittel (!) der gesamten Bevölkerung in Deutschland hinwegraffte! Aber auch an den Ausschreitungen in Frankreich, an den Hugenottenkriegen, den Glaubenskriegen in England, in Nordeuropa und in Osteuropa ist Luther nicht gänzlich unschuldig. Seine Sprache war zu militant, zu markt-schreierisch, zu provokativ. Er peitschte seine Parolen ein, bis das Blut der Menschen in Wallung geriet und sie zu den Waffen griffen.

Wie viele Priester vor ihm und nach ihm segnete er die mörderi-schen Glaubenskriege mit dem Hinweis auf Gott ab.

Ja, es war richtig, den Papst zu entthronen, aber er setzte nur einen anderen Papst an seine Stelle: sich selbst.

Zuletzt gab es einen unfehlbaren Luther. Jeder "Ketzer", der ihm widersprach, ja jeder, der ihm widersprach, einschließlich des im All-gemeinen humanen Erasmus von Rotterdam, wurde früher oder später sein Erzfeind.

Seine ärgsten Fehler waren der Aufruf zur Waffengewalt, seine In-toleranz und die furchtbare Rechthaberei. Sein Zorn entzündete in an-deren den Zorn, er entfachte die haushohen Flammen, die schließlich ganz Europa in Brand steckten.

Die unendliche Ironie seines eigenen Lebens entging ihm dabei völ-lig: Denn sein heiliges Buch, die Bibel, die er ausschließlich gelten las-sen wollte, war selbst nur ein Sammelsurium von Lügen, Gerüchten, Mär-chen, gestohlenen Geschichten, Anekdoten, Gemeindephantasien und zusammengeräubertem Gedankengut aus wenigstens fünf Kulturkreisen.

Luther war ein belogener Lügner, der den alten nur neue Lügen hinzufügte. Er besaß so viel Intelligenz zu erkennen, dass die Päpste und Kirchenväter das Volk jahrhundertelang belogen hatten, nach Strich und Faden, aber zu wenig Intelligenz, um zu erkennen, dass die jahrtausendealten Worte und Geschichten früherer Priester ebenso fragwürdig waren.

Er belog das Volk auf einer Grundlage, die selbst aus Lügen bestand, oder vornehmer ausgedrückt, historisch-kritischen Geschichtswissenschaften nicht standhält und bestimmt nicht als "historische Wahrheit" klassifiziert werden kann. Ist man aber einmal so weit, so entzieht man Luthers Taten die Basis. Wenn man weiß, dass die Zehn Gebote, dass Alte und das Neue Testament zusammengefälscht, abgeändert, neu interpretiert, uminterpretiert, zusammengekleistert, ergänzt, erfunden, erlogen und von fragwürdigen "Erscheinungen" inspiriert sind, bleibt von Luther nicht mehr viel übrig. Dann muss man auch über diesen Priester den Stab brechen, selbst wenn er uns in einigen seiner Talenten sympathisch ist. Aber wenn das Wort der Bibel Gültigkeit hat, dass man einen Menschen an seinen Früchten erkennen kann, so muss man auf die Millionen von Toten verweisen, die all die Glaubenskriege in der Folge mit sich brachten. War dieser Blutzoll, der auch durch Luthers Donnerworte ausgelöst wurde, gerechtfertigt, nur damit hundert andere "Erleuchtete" später die HEILIGE SCHRIFT hernehmen und nach Gutdünken auslegen konnten? Sicherlich nicht! Die Bibel, die wir heute gänzlich anders sehen, argwöhnischer, kritischer und distanzierter, war die Grundlage für all sein Handeln.

Aber wenn diese Grundlage selbst eben nicht GOTTES WORT war, dann, ja dann, sehr verehrter Meister Luther, muss das Urteil über Sie gänzlich anders ausfallen, als es sich die Herren Theologen bisher angelegen sein ließen.

Dann waren Sie nichts als ein fanatisierter Mönch, der die Kutte ablegte, um eine neue Religion zu gründen und bei diesem Versuch Millionen von Menschen mit sich in den Tod riss.

12. KAPITEL

DIE OBJEKTIVE GRÖSSE
PETERS DES GROSSEN

Beinahe unmöglich erscheint es auf den ersten Blick, Peter den Gro-ßen, den berühmtesten Spross aus dem Geschlecht der Romanows, der von 1672 bis 1725 lebte, zu beurteilen, sind die Einschätzungen über ihn doch gar zu unterschiedlich. Der Bischof von Salisbury wies auf die labile Natur und den übermäßigen Alkoholkonsum dieses Zaren hin, der seiner Meinung nach besser einen Schiffszimmermann abge-geben hätte. F. C. Weber lobte ihn als "großen Monarchen" und pries seine "gloriöse Regierung". Kein Geringerer als der große Voltaire nann-te ihn einen Barbaren, der den Krieg liebte, gab aber auch zu, dass Pe-ter Städte gegründet und die Meere durch Kanäle verbunden habe. Sta-lin bemängelte, dass er den leibeigenen Bauern "dreimal das Fell über die Ohren gezogen" habe, aber Jean Jacques Rousseau nannte ihn ein "Genie in Sachen der Nachahmung". Gegner wiesen darauf hin, dass er seinen eigenen Sohn habe auspeitschen und ermorden lassen. Be-wunderer jedoch hörten nicht auf zu betonen, dass Peter I. Kaufleute förderte, eine neue bürgerliche Mittelklasse schuf und Russland aus dem Mittelalter herausführte.

Wie soll man also über den vielleicht größten russischen Zaren ur-teilen, *sine ira et studio*, wie das Tacitus forderte, ohne Zorn und Lei-denschaft, emotionslos, sachlich und objektiv? Und: Warum wurde überhaupt so unterschiedlich über ihn geurteilt? Ein Grund, warum über Peter den Großen so unterschiedlich Aussagen getroffen wurden, besteht darin, dass die Geschichtswissenschaft es bis heute verabsäumt hat, objektive Messlatten zu definieren.

Historiker, die Zeitgenossen Peters waren, krochen vor ihm auf dem Bauche – zu mächtig war der Mann. Spätere Historiker suchten ein wenig objektiver zu urteilen, aber sie schrieben von ihren Vorgängern ab oder zogen Peters eigenen Sichtwinkel und seine schriftlichen Zeugnisse heran, die natürlich gefärbt waren. Wieder andere Historiker blickten nur durch die Brille der Monarchisten, was ihre Urteilskraft ebenfalls trübte.

Und so etablierte sich mit der Zeit ein *Bild* Peters des Großen, es wurde wirklich und wahrhaftig, festgeschrieben durch eifrige Historiker, bis schließlich niemand mehr wagte, neu hinzuschauen, mit frischem, unverstelltem Blick.

Dabei war längst innerhalb der Geschichtswissenschaft ein objektiver Gesichtspunkt etabliert worden, der das Dilemma hätte lösen können. Intelligenz ohnegleichen hatte bereits eine höhere Warte, eine objektive Messlatte, einen festen Punkt im All definiert. Niemand anders als Jeremy Bentham (1748-1832), ein englischer Philosoph und Jurist, hatte im Jahre 1789 die gescheite Forderung aufgestellt, das "Prinzip des größten Glücks der größten Zahl" zur Beurteilung einer Person heranzuziehen.[73]

Damit war ein fabelhaftes, ein neutrales Beurteilungskriterium geschaffen! Wenn man also einen Staatsmann beurteilen und *objektiv* bleiben will, muss man sich mithin nur fragen, ob die *größte Zahl* durch ihn gewann, die Mehrheit der Untertanen eines Landes, die Mehrheit der Menschen! Legt man diesen unparteiischen Gesichtspunkt an, tut man sich leicht in der Beurteilung.

Unternehmen wir also das kühne Experiment, und betrachten wir das damalige Russland mit seinen verschiedenen Ständen und Klassen frisch und unbekümmert aufs Neue, um Peter dem Großen höchstmögliche Objektivität angedeihen zu lassen. Definieren wir der Einfachheit halber folgende Gesellschaftsschichten:

1. Leibeigene und Bauern; sie machten den weitaus größten Teil der Bevölkerung aus
2. Der bürgerliche Mittelstand, dem u. a. die Kaufleute zuzurechnen waren
3. Die Priesterschaft
4. Die Soldaten
5. Der Adel

Um den Charakter Peters des Großen wirklich vollständig zu verstehen, ist es darüber hinaus durchaus legitim, auch seine persönliche Umgebung in Augenschein zu nehmen.

Genug der grauen Theorie! Bevor wir uns an die intellektuell reizvolle Aufgabe machen, Peter den Großen neu zu beurteilen, muss zunächst etwas Fleisch auf die Knochen; sprich wir müssen zumindest in groben Strichen seine konkrete Biographie nachzeichnen. Darüber hinaus gilt es, Fingerspitzengefühl für Russland selbst zu entwickeln. Dazu so viel:

Man kann Russland nicht verstehen, wenn man nicht weiß, dass sich der Fürst in Kiew, Wladimir Swjatoslawitsch, im Jahre 988 taufen ließ und das Kiewer Russenreich zum *Christentum* führte. Man kann Russland weiter nicht verstehen, wenn man nicht weiß, dass Ende des 13. Jahrhunderts Moskau von Tataren regiert wurde, und diese gleichen Tataren (Mongolen) schließlich ganz Russland unter ihre Herrschaft brachten, die ein knappes *Vierteljahrtausend (!)* dauerte. Man kann Russland schließlich nicht verstehen, wenn man nicht an den Fall Konstantinopels erinnert, das von den Türken (und Muslimen also) 1453 erobert wurde, wodurch dort das Christentum hinweggefegt wurde. Moskau, das neue Zentrum des russischen Staates, fühlte sich plötzlich als Erbe Konstantinopels, fühlte sich als Hüter des einzig rechten (christlichen) Glaubens.

Die Großfürsten Iwan III. und Wassilij II. etablierten die Tyrannei, die abgesegnet wurde durch die russisch-orthodoxe Kirche.

Moskau galt nun (Konstantinopel hatte vor der Eroberung durch die Türken als "zweites Rom" gegolten) als drittes Rom. Großfürst Iwan IV. ließ sich zum ersten russischen Zaren krönen, ein Titel, der mit dem griechischen *Kaiser* und dem lateinischen *Caesar* verwandt ist und seine Machtfülle andeutete.

Wiederholen wir: das Wort "Russland" beinhaltete:

1. die brutale tatarische Unterdrückung, die jahrhundertelang anhielt,

2. eine eigenständige russische, christliche "orthodoxe" Kirche,

3. einen Selbstherrscher, einen Zaren, der mit eiserner, unerbittlicher Faust regierte und

4. eine Adelsclique, Grundbesitzer üblicherweise, die nicht bereit war, sich ihre Rechte beschneiden zu lassen.

Weiter müssen wir die erbarmungslose Kälte, die Weiten der russischen Steppen, die kargen Mahlzeiten, den Kampf um das nackte Überleben und die Leibeigenschaft der Bauern mitbedenken, wenn wir das Wort *Russland* hören!

Und doch liebten alle dieses Land abgöttisch, die Erde, den Boden, die Wälder. Ungeheure Emotionen, eine Vaterlandsliebe ohnegleichen, beseelte jeden einzelnen Russen, ein Volk, das an Leidensfähigkeit und Kraft ohne Vergleich ist in der Geschichte.

In dieses Umfeld wird Peter hineingeboren. Schon in jungen Jahren erlebt er, wie man sich um die Thronfolge balgt. Es gibt zwei Hofparteien, die sich misstrauisch beäugen und einander ausstechen wollen. Schließlich einigt man sich auf einen Kompromiss: Iwan V. und Peter I. werden *gleichzeitig* auf den Zarenthron gehoben. Iwan V. jedoch ist körperlich und geistig in elender Verfassung, er ist halbblind und wird früh sterben, während Peter mit bloßen Fäusten einen Metallbecher platt drücken kann. Später wird er über 2,04 Meter messen, er ist ein Hüne, ein Riese von einem Kerl!

Was ihn von Kindesbeinen an interessiert, sind Soldatenspiele. Die militärische Luft facht seine Phantasie an. Darüber hinaus ist er an technischen Details interessiert, besonders, wenn es sich um den Schiffsbau handelt. Aber Soldaten, *Soldaten*, das ist seine wahre Leidenschaft! Selbst sein technisches Interesse wird später diesem seinem stärksten *Motiv*, seiner einzigen großen beständigen Liebe, untergeordnet. Als es zur Zerreißprobe mit der gegnerischen Hofpartei kommt, nutzt ihm diese Liebe. Zwei der besten Moskauer Regimenter stehen ihm zur Verfügung, er kann die Hofpartei Iwans in ihre Schranken verweisen, obwohl die Strelizen[74] auf Seiten Iwans stehen. Einige Widerständler werden gefoltert und geköpft, Peter macht kurzen Prozess.

Dann greift er nach der absoluten Macht, zwei Zaren sind zu viel! Dabei begeht er einen eklatanten politischen Fehler, zumindest in Sachen Public Relations. Kaum allein im Amt organisiert er die berühmtberüchtigten Narren- und Saufkonzile, bei denen geistliche und weltliche Würdenträger auf den Arm genommen werden. Der Alkohol fließt in Strömen, jeder besäuft sich bis an den Stehkragen, während ein Pseudopapst und ein Scherzpatriarch ernannt werden. Eine Scheinsynode wird durchgeführt. Eine gotteslästerliche Prozession, grölend und sturzbetrunken, taumelt hinter Peter und seinen Zechkumpanen durch die Gassen Moskaus. Falsche Kardinäle und ein betrunkener Papst schwenken die Flaschen! Das Volk, die Priester, der Adel – alle sind entsetzt, aber Peter schert sich darum keinen Deut. Kann er sich nicht alles erlauben, ist er nicht der Zar?!

Kurz darauf wendet er sich seiner eigentlichen Leidenschaft zu: dem Krieg. Zunächst verliert er einen kleinen Krieg gegen die Türken. Aber er lernt! Er stampft eine Galeerenflotte aus dem Boden, Boote und Schiffe werden gebaut, wofür sogar die gewerbetreibende Bevölkerung zwangsrekrutiert wird. Und wieder zieht er gegen die Türken. Diesmal gewinnt er und feiert berauscht den Sieg. Peter hat Blut gerochen und an dem Kelch genippt, der da heißt *Ruhm*.

Da er seinen Ruhm mehren und Russland "groß" machen will, beschließt er, in die Schule zu gehen, was den Krieg angeht. Er erkennt, dass Russland weit abgeschlagen hinter den anderen europäischen Ländern hinterherhinkt. Er beneidet glühend die Holländer um ihre Handelsschiffe, die Deutschen um ihre Ingenieure, die Engländer um die Kunst der Navigation und die Venezianer um ihr Know-how in Sachen Schiffsbau.

Zusammen mit einer ausgewählten Crew begibt er sich auf große Reise. Und lernt und lernt. Er lernt, in der Theorie zunächst, Kriege zu gewinnen und Seeschlachten erfolgreich zu schlagen. Während er im Ausland weilt, macht die nimmermüde Oppositionspartei in Moskau jedoch wieder von sich reden. Es kommt zu einer Verschwörung.

Peter kehrt stehenden Fußes zurück nach Russland.[75] Er reagiert unerhört schnell. Geständnisse werden unter der Folter erzwungen, Leute werden mit der Knute ausgepeitscht. Die legendäre *Knute* ist eine ein Meter lange starke Lederpeitsche, die die Haut aufreißt, so dass das Blut spritzt. Manchmal gehen die Schläge bis auf die Knochen. Mehr als 25 Hiebe führen gewöhnlich zum Tod. Viele Moskowiter sterben.

Später lässt Peter eine Leiche, die die Oppositionspartei symbolisiert, ausgraben und auf einem von Schweinen gezogenen Schlitten zu einer Richtstätte schaffen, wo die Leiche mit dem Blut der Gefolterten übergossen wird.

Und so erstickt er jede Opposition im Keim.

Als wäre nichts geschehen, begibt er sich wieder auf die Reise. Wieder erkundet er das Kriegshandwerk. Er lernt alles über Festungen, Pulvermischungen, Kaliber und Ballistik, lernt alles über den Schiffsbau, Flottenmanöver und Taktik. Aber er lernt auch von den Niederländern, wie Reichtum geschaffen wird. Die hochintelligenten Holländer zeichnen sich durch eine immense Handelstätigkeit aus; die Schifffahrt ermöglicht eben diesen Handel. Ferner lernt er in England und er lernt in Schweden, er lernt in Italien und er lernt in Polen. Da erreicht ihn die Nachricht von einem neuerlichen Aufstand.

Unangemeldet kehrt Peter 1698 nach Moskau zurück. Seine Rache ist erneut furchtbar. Er ertränkt seine Feinde buchstäblich im Blut und feiert eine Orgie aus Hass und Rache. Tatsächlich vernichtet er die Strelizen, die Schützen, die frühere militärische Elite Moskaus, vollständig. Er lässt foltern, hängen und morden. Unter der Knute und unter dem Feuer erpresst er alle Geständnisse, die notwendig sind. Der Terror wütet in Moskau. Peter lässt aufknüpfen, exekutieren, hinrichten und köpfen. Er selbst greift zur Axt, um den Henker zu spielen. Er wütet wie ein Dschingis Khan, dessen einzige Technik des Regierens darin bestand, durch Angst und Schrecken, durch unvorstellbare Grausamkeiten jede Gegenwehr schon im Keim zu ersticken.

Als die Gegenpartei mit Stumpf und Stil ausgerottet ist, knöpft er sich die Bojaren vor. Die Bojaren sind die Abkömmlinge jener Fürsten, die einst Teile Russlands regierten, die Enkel mächtiger Adelsgeschlechter mithin. Da er Russland unter allen Umständen konkurrenzfähig machen und "modernisieren" will, befiehlt er kurzerhand, dass man ihnen die Bärte abschneidet! Ein zweiter, phantastischer Fehler in Sachen Public Relations, denn der Bart ist ein geheiligtes Symbol. Er befiehlt außerdem, die weiten Ärmel und die Länge ihrer Gewänder zu kürzen. Die Bevölkerung der Stadt wird überdies dazu angehalten, ungarische bzw. deutsche Tracht zu tragen – eine Zumutung für ein Volk, das so traditionsbewusst ist!

Das Volk beginnt ihn zu hassen, abgrundtief zu hassen. Peter realisiert nicht, dass man Fortschritt nicht dadurch einläutet, indem man eine neue Mode diktiert. Danach wendet er sich wieder seiner Lieblingsbeschäftigung zu: dem Krieg. Zunächst zieht er gegen die Schweden (obwohl offiziell ein Freundschaftsvertrag besteht, den er jedoch kurzerhand bricht). Aber der schwedische König verfügt über eine Armee, die kriegserfahren und in einem ausgezeichneten Zustand ist. Die Heere prallen aufeinander. Peter sieht die unvermeidliche Niederlage kommen und desertiert noch während der Schlacht von seinen eigenen Soldaten! Die Niederlage zerfrisst ihn fast. Also verwandelt er nun das gesamte Land in eine einzige Kriegsmaschinerie. Soldaten

werden allerorten ausgehoben, ein brutales Quotensystem wird eingeführt. Gutsbesitzer müssen ihre Leibeigenen zur Verfügung stellen, aber
auch höfische Beamte, Handwerker und Kaufleute bleiben nicht verschont. Danach nimmt er die Kirche aufs Korn: Glocken werden zu
Kanonenkugeln umgegossen. Und so rüstet Peter und rüstet. Dann
zieht er abermals gegen die verhassten Schweden. 1702 erobert er zunächst Livland und Estland. Grausam hausen die russischen Rotten,
systematisch werden die Länder verheert, russische Soldaten, die den
leisesten Anflug von Feigheit zeigen, werden kurzerhand aufgeknüpft
oder mit der Knute gezüchtigt. Er schlachtet sowohl die feindliche Bevölkerung als auch die eigenen Leute ab. Als der schwedische König
endlich zurückschlägt, findet er nur verbrannte Erde vor. Und so verliert der einst glorreiche Karl XII., König von Schweden, gegen Peter
den I. wichtige Schlachten. Im europäischen Mächtepoker rückt der
Zar an die erste Stelle, obwohl Schweden noch längst nicht niederge-
rungen ist.

Peter, im Siegestaumel, glaubt sich jedoch nun alles erlauben zu
können – und begeht einen weiteren Fehler. Er verlegt die Hauptstadt
Russlands nach Petersburg, das freilich erst gegründet werden muss.
Die Russen protestieren, nicht zuletzt, weil viele gezwungen werden,
fern vom heimatlichen Moskau zu schuften, bis die Knochen brechen.
Petersburg, heute eine prächtige Stadt, das vielleicht wichtigste intellektuelle Zentrum Russlands, wird schier über Nacht aus dem Boden gestampft. Aber zu welchem Preis! Tausende von Arbeitern und Bauern
werden gezwungen, in einem sumpfigem Gebiet eine ganze Stadt zu
errichten. Das Ergebnis: Tausende, ja Zehntausende von Toten! Ruhr
und Sumpffieber wüten und raffen die Russen wie die Fliegen hinweg.
Weiter machen die Überschwemmungen den Handwerkern das Leben
zur Hölle. Mehr als einmal müssen sie auf den Dächern Zuflucht vor
dem Wasser suchen.

Peter kommentiert: "Unterhaltsam war das, die Leute zu beobachten, nicht nur die Bauern, auch ihre Weiber, wie sie auf den Dächern
und in den Bäumen hockten, als sei die Sintflut gekommen."[76]

Der Hass gegen ihn wächst ins Uferlose. Peter Einstellung:

"Ich weiß, die Menschen lieben Sankt Petersburg nicht, anzünden werden sie die Stadt und die Flotte, sobald ich tot bin, aber solange ich lebe, halte ich sie hier fest, sie sollen spüren, ich bin Zar Peter Alexejewitsch." [77]

Kirchen und himmelstürzende Kathedralen entstehen, die Admiralität erhält ein Prachtgebäude. Aber Peter sieht nicht, wie vergänglich Großmachtspläne sind. Er hat Geschichte nie studiert, die Geschichte von hundert Eroberungen, um die heute niemand mehr weiß.

Mitten in seiner Petersburg-Manie wird der Zar überraschend von den Türken angegriffen. Es brodelt am anderen Ende des Reiches. Und so begibt sich das russische Heer, mit Peter an der Spitze, der sich nun für unbesiegbar hält, im Eilmarsch in den Süden.

Aber wieder hat sich der Zar verkalkuliert. Die Türken sind stark, sein Heer entgeht bei dem Zusammenprall im Jahre 1710 nur knapp der Vernichtung. Er kauft sich buchstäblich frei und scheint erst jetzt die Vorzüge der Diplomatie zu entdecken. Nun schmiedet er geschickte Allianzen. Danach wendet er sich wieder dem Norden zu, um das schwedische Reich vollständig zu vernichten. Schließlich, nach einundzwanzig Jahren Krieg (!) mit den Schweden, man muss es sich vorstellen, wird Friede geschlossen, ein Friede zu seinen Bedingungen. Peter lässt sich feiern. Und verleiht sich gleich drei neue Titel:

Jetzt darf man, muss man Peter I. Alexejewitsch, den Zaren, auch *Vater des Vaterlandes, Imperator ganz Russlands* und *Peter den Großen* nennen.

Dabei leidet Russland, leiden die Menschen schlimmer wie Hunde. Niemand ist zufrieden! Bestimmt nicht die Geistlichkeit, ganz bestimmt nicht die Leibeigenen, die Bauern und am wenigsten der Adel. Aber auch die Kaufleute (einen Stand, den er zunächst förderte) werden ausgepresst wie Zitronen.

Alles, alles, muss sich seinen Großmachtsträumen und seinen teuren Kriegen unterordnen. Nichts, nichts ist ihm heilig.

Und so verwundert es nicht, dass schon bald das stöhnende Volk in Opposition zu dem großen Zar tritt, dessen Größe es sich nicht leisten kann.

Sobald Peter auch nur den Geruch einer Opposition spürt, schlägt er wieder erbarmungslos zu. Mehrere Aufstände werden blutig niedergeschlagen. Folter und Exekution sind die bewährten Mittel, um Gehorsam zu erzwingen. Zweihundert Rebellen werden gehenkt und baumeln gut sichtbar im Wind, zur Abschreckung. Die Menschen hassen Peter mittlerweile wie die Pest, weil sie ständig Soldaten spielen und Steuern entrichten müssen. Die gesamten Abgaben fließen in den Schiffsbau und in die Waffenherstellung. Seine Administratoren pressen die Bevölkerung aus und plagen die Menschen wie Insekten bis aufs Blut.

Schon zuvor hatte er eine Steuer auf Bärte erhoben, die nicht abgeschnitten worden waren. Jetzt erhebt er auch auf Nahrungsmittel Steuern. Selbst wer Badestuben benutzt oder einen Toten beerdigen will, muss zahlen. Aber auch wer nur seine Messer zum Schleifen bringt, wird mit einer Steuer belegt. Peter belegt alles, alles mit seinen Steuern.

Steuern, Steuern, Steuern! Dabei hat die Geschichte tausendfach bewiesen, wie kontraproduktiv Steuern sind. Aber schließlich müssen seine Kriege finanziert werden.

Der Hass in der Bevölkerung hindert Peter nicht, weiter seiner Leidenschaft nachzugehen: dem Krieg. Tatsächlich wird seine Bilanz schlussendlich vernichtend sein: Das Volk erlebte während der 35 Jahre seiner Regierung *nur ein einziges Jahr*, in dem Frieden herrschte, obwohl der Frieden doch die Voraussetzung dafür ist, dass ein Land blühen und gedeihen kann!

Der Waffendienst wird jetzt auf *alle* Bevölkerungsschichten und *alle* Stände ausgedehnt. Lebenslänglich dient der Soldat in der russischen Armee, die unvorstellbare Summen verschlingt.

Um noch mehr Geld in seine Kassen zu spülen, wird der Begriff der Leibeigenschaft ausgedehnt. In Manufakturen, die entstehen, dürfen die niederen Schichten jetzt wie Sklaven gehalten werden. Das russische Volk wird ausgebeutet wie nie zuvor. *Ganze Dörfer* dürfen Fabrikanten aufkaufen, weiter dürfen sie *ganze Sippen* versklaven. 240 Manufakturen gibt es zuletzt (1725), mit *Posessionsbauern*, ein Begriff, der für sich selbst spricht. Der Schwerpunkt liegt natürlich auf der Produktion von Waffen und von Kriegsmaterialien. An der althergebrachten Standesgesellschaft hält Peter nicht nur fest, er zementiert sie sogar noch durch eine neue *Rangtabelle*, die er 1722 aufstellen lässt.

Noch mehr Menschen werden jetzt in den militärischen oder zivilen Staatsdienst gepresst. Um die Steuereinnahmen weiter zu erhöhen, führt er nun die so genannte *Kopfsteuer* oder *Seelensteuer* ein, die sogar Säuglinge und Greise entrichten müssen. Ja, er gewährt einigen wenigen Städten gewisse Freiheiten, aber das lässt er sich mit klingender Münze bezahlen.

Ja, er trennt Kirche und Staat, was gut und richtig ist, aber es dient nur seinem eigenen Vorteil.

Und ja, er gründet Schulen, aber man sehe genau hin, denn die Ausbildung wird vor allem in der Mathematik, Navigation, der Chirurgie, Ingenieurkunst und Kartographie vorangetrieben – alles Disziplinen, die kriegswichtig und kriegsentscheidend sind. Und wieder und wieder führt Peter Krieg. Gegen die Perser diesmal. 1722.

Das Bild über Peter, den so genannten Großen, wird immer klarer. Aber wir müssen, wie versprochen, auch sein persönliches Umfeld in Augenschein nehmen, seine privatesten Verhältnisse; denn hierdurch zeigt sich ein Charakter oft besonders deutlich. Wie also hält es Peter mit der Gretchenfrage, wie hält er es mit den Frauen? Wenn wir sachlich bleiben, müssen wir feststellen, dass Peter Frauen vernascht wie Süßigkeiten. Seine Heiraten dienen lediglich dazu, die Thronfolge zu sichern. Die erste Frau wird ihm aufoktroyiert, zugegeben. Sie leidet unter ihm wie ein Tier, ein Leben lang. Schlussendlich hasst sie ihn abgrundtief – und das nicht nur, weil er sie verstößt. Ein gewisser Franz Lefort, ein Genfer Luftikus, ein Bonvivant und Bruder Leichtfuß, führt ihm zahlreiche andere Frauen zu.

Die zweite Ehefrau gebiert Peter den Zarewitsch, den Thronfolger. Trotzdem lässt er sie später als Nonne Helena den Schleier nehmen. Peters Sohn Alexej, der Zarewitsch, ist so empört über die Grausamkeiten seines Vater, dass er sich von ihm zu distanzieren suchte. Er hasst den Krieg, die überhöhten Steuern und sieht das Volk leiden. Einige Russen sehen in ihm deshalb ein Symbol der Hoffnung. Und so wittert Peter erneut Verrat. Trotzdem versucht er zunächst, seinen Sohn zum Kriegsmann zu erziehen, wie er selbst einer ist, was indes misslingt. In der Folge setzt er dem Thronfolger so arg zu, dass der Zarewitsch vor ihm, dem eigenen Vater, flieht! Er flieht an fremde Fürstenhöfe, aber er wird aufgespürt. Peter lässt ihn verfolgen, schmeichelt, lügt und droht gleichzeitig, um ihn zur Rückkehr zu bewegen. Alexej fällt auf die Tücke des Vaters herein und kehrt 1718 an den Hof zurück. Er wird sofort gefangen gesetzt, verhört und gefoltert. Alexej nennt Namen und Menschen. Sie werden hingerichtet, sogar Verwandte. Ein Liebhaber seiner früheren Frau wird gepfählt, die schrecklichste Todesart, die man sich vorstellen kann. Der Zarensohn selbst wird mit der Knute gefoltert, erst 25-mal, dann 15-mal, um weitere "Geständnisse" aus ihm herauszupressen. Schließlich stirbt der Zarewitsch, wahrscheinlich an den Folgen der Folter. Peter I. hat seinen eigenen Sohn umgebracht.

Aber des Spaßes noch nicht genug! Historiker sind sich heute einig, dass Peter darüber hinaus homophile Verhältnisse pflegte. So mit Peter Schafirow und Alexander Menschikow, Figuren, die teilweise das russische Volk bestehlen, was der Zar einem Liebhaber jedoch verzeiht! Darüber hinaus hält sich Peter regelmäßig zeitlebens einige Huren ...

So weit zu den privatesten Verhältnissen Peters des Großen!

Doch solch ein Leben fordert natürlich seinen Tribut. Die ständigen Saufgelage, die Ausschweifungen, die Hurereien, die zahllosen Morde, die ewigen Kriege, all das kann auch an einem Riesen nicht spurlos vorübergehen.

Und so atmet das Volk und seine gesamte Umgebung auf, als Peter der Große am 28. Januar 1725 endlich das Zeitliche segnet.

BILANZ

Das Bild über Peter, den so genannten Großen, wird nach der konkreten Biographie schärfer, ein Urteil lässt sich leichter fällen, die Waage neigt sich deutlich nach einer Seite.

Betrachtet man, wie angekündigt, die einzelnen Stände und Gruppierungen, aus denen sich "der Staat" zusammensetzte, so gelangt man notwendigerweise zu folgendem Urteil:

1. Die Leibeigenen und Bauern waren die großen, die ganz großen Verlierer. Ihr gesellschaftlicher Status wurde nicht nur nicht verändert, er wurde sogar noch festzementiert, eben durch die *Rangtabelle*. In den Manufakturen wurden *Posessionsbauern* wie Sklaven gehalten.

2. Der Mittelstand wurde zweifellos gefördert, Peter brauchte die Kaufleute, um seine Kriege zu finanzieren. Aber zuletzt wurden auch sie ausgenommen, in unvorstellbarem Ausmaß. Man denke nur an die barbarischen Steuern, die alles in den Schatten stellten, was man bislang in Russland kannte.

3. Die Priesterschaft stand auf Kriegsfuß mit Peter.

4. Die Soldaten, das Lieblingsspielzeug des Zaren, waren auf den ersten Blick die Gewinner. Aber nicht auf den zweiten Blick. Waren sie nicht "mutig" genug, wurden sie aufgeknüpft oder bekamen die Knute zu spüren. Zuletzt wurde quasi die allgemeine Wehrpflicht in Russland eingeführt, so dass kein Stand verschont blieb, wenn es galt, Kanonenfutter zur Verfügung zu stellen. Soldaten dienten lebenslänglich, sie wurden verheizt.

5. Der zweite ganz große Verlierer neben den Leibeigenen war der Adel, sowohl der niedere als auch der höhere Adel. Da Peter eifer-

süchtig darüber wachte, dass keine Opposition aufkam, wurde der Adel systematisch in seinen Rechten beschnitten. Und so verloren sie alle, alle, die mit Peter I. in Berührung kamen. Der Rechtfertigungen gab es viele. Schließlich galt es, "Russland zu modernisieren", ein "Fenster zum Westen" aufzustoßen und was der hübschen, verlogenen Formulierungen mehr waren. Letztlich gewann nur einer: Peter selbst, der sich für die Inkarnation Russlands hielt. Selbst seine engste Umgebung verlor, wie wir gesehen haben: Ehefrauen und sein Sohn, der mit dem Leben für das Privileg bezahlte, der Zarewitsch zu sein.

Moderne Geschichtsschreibung hat längst etabliert, wie man einen Staat nach "oben" führt, wie man sicherstellt, dass ein Land blüht und gedeiht.[78]

Es gibt zehn Prinzipien, die ein Goldenes Zeitalter garantierten. Die drei wichtigsten sind:

1. Der Staat muss höchst intensiv die Wirtschaft fördern – wozu in erster Linie niedrige Steuern und ein gut organisiertes, gesundes Finanzsystem gehören. Genau hier versagte die Administration Peters. Die Befehlskanäle waren nicht klar definiert, eine Administration der Spitzenklasse wurde nicht etabliert. Es gab lediglich einen Hauruck-Generalissimus, nicht mehr.

2. Gerechtigkeit ist das zweite Prinzip, das einen Staat groß macht. Dazu gehören: Gleichheit, die Abschaffung drakonischer Strafen und die Menschenrechte. Auch in diesen Punkten versagte Peter.

3. Prinzip Nummer 3 ist indes wirklich enthüllend. Es besagt, dass intensivste Anstrengungen in Richtung Frieden gegeben sein müssen, dass Kriege mit allen Mitteln vermieden werden müssen, wenn ein Land blühen soll. Aber wiederholen wir: Von 35 Regierungsjahren führte Peter 34 Jahre lang Krieg! Russland konnte

sich nie erholen. Peter I. war ein Warlord erster Güte, ein Kriegs-verbrecher, der Verträge missachtete und brach, wie es ihm in dem Kram passte. Er presste das Volk aus, um seine unnützen Kriege zu finanzieren und verheizte seine Soldaten. Und was war das Ergebnis? Ständige Finanzkrisen, ein Volk, das erbärmlich litt, Unterdrückung und Angst. Und der Landgewinn? Nun, spätestens als die Sowjetunion Ende des 2. Jahrtausends zusammen-brach, konnte man sehr schön erneut studieren, was das Ergeb-nis solcher "Landgewinne" ist: Reiche, die durch Kriege hastig zusammengeschustert wurden, Reiche, in denen weite Teile der Bevölkerung mit einer Fremdherrschaft nicht einverstanden sind, brechen früher oder später *immer* auseinander. Mit Blut, Unterdrückung und Sklaverei lässt sich kein Staat machen. Liv-land ist heute genau so selbstständig wie Litauen. Die ehemalige Sowjetunion grub sich selbst das Wasser ab, als sie mit den USA in einen Rüstungswettlauf eintrat. Sie beging den gleichen Feh-ler, den Peter, der angeblich Große, dreihundert Jahre früher be-gangen hatte – und scheiterte ebenso unausweichlich wie alle Großreiche, die nur durch das Schwert zusammengehalten wer-den.

Und so bleibt von Peter, dem Großen, nichts übrig, bestimmt kei-ne Größe. Nimmt man einen übergeordneten Gesichtspunkt ein und betrachtet diesen Zaren noch weiter "von oben", das heißt, bezieht man sogar das Schicksal der umliegenden Staaten mit ein, so bleibt so-gar weniger als nichts. Heute weiß man, dass ein Land nicht blühen und gedeihen kann, wenn es den Nachbarländern schlecht geht. Man kultiviert heute mehr und mehr einen Blickpunkt, der den ganzen Planeten mit einbezieht. Kluge Staatenlenker wie Aschoka, Augustus, Hadrian oder Trajan wussten dies schon vor ein paar Tausend Jahren. Legt man also gar diesen Gesichtspunkt an, so muss man Folgendes konstatieren: Peter zeichnet dafür verantwortlich, dass die Livländer, die Lettländer, die Polen, deren Land verwüstet wurde, ganz zu schweigen von den Schweden, den Türken und den Persern, die Russen *bis heute* hassen! In all diesen Ländern schwelt *bis heute* dieser Zorn, der natürlich irrational ist, weil nicht "die Russen" grausam sind, sondern es nur einige ihrer "Führer" waren. Die Russen selbst sind ein hochintelligentes, großartiges Volk, fast nicht begreifbar in ihrer unendlichen Leidensfähigkeit, mit einer unvorstellbaren Vaterlandsliebe. Die Russen selbst besitzen Elan, Schwung und Kraft ohnegleichen. Aber selbst ein solches Volk kann in die Irre geführt werden, wenn die falschen Männer an der Spitze stehen.

Deshalb distanzieren sich heute mehr und mehr intelligente Russen, die ihre Geschichte kennen, von Ungestalten der Vergangenheit, und es ist im Grunde gleichgültig, ob sie Stalin oder Peter heißen.

Die Nachbarn der Russen verloren in diesem Spiel, das da heißt Leben und Überleben, jedenfalls ebenfalls gewaltig. Und so ist von einem übergeordneten Gesichtspunkt aus gesehen selbst dieses Thema nicht auf der Plusseite der Bilanz des ach so großen Zaren zu verbuchen. In gewissem Sinne ebnete ein Peter I. den späteren Gewaltherrschern und Tyrannen sogar den Weg. Vielleicht wäre der Kommunismus, der mit über 100 Millionen Toten zu Buche schlug, zu vermeiden gewesen, wenn es nicht Gestalten wie Peter I. gegeben hätte: Denn die schreienden Ungerechtigkeiten, die Bauern, Leibeigene und Arbeiter Jahrhunderte lang erduldeten, luden in gewisser Weise dazu ein, über eine neue Politphilosophie nachzudenken. Nichts konnte schrecklicher sein als ein schrecklicher Zar! Und so muss das Urteil über Peter, den angeblich Großen, vernichtend ausfallen. Ihn groß zu nennen, ist eine der größten PR-Lügen unserer Zeit. Sie konnte nur ersonnen werden von Leuten, die durch Vaterlandsliebe blind waren, was vielleicht verständlich und nachvollziehbar ist, korrekt ist es deshalb nicht.

Nein, nein und nochmals nein! Peter, der selbsternannte Große, war ein verachtenswerter Barbar, der alles mit sich in den Untergang riss, was er berührte, der nur an seine eigene Größe glaubte und der in seinem Größenwahn Russland mit der eigenen Person verwechselte. Er war ein tausendfacher Mörder und Henker, er war ein Warlord, Kriegshetzer und Kriegstreiber übelster Sorte. Er nutzte das Heimatgefühl und je und je auch die religiösen Gefühle seines Volkes schamlos aus, um seine verbrecherischen Ziele voranzutreiben. Es gelang ihm, manchmal geschickt ein PR-Mäntelchen über seine Taten auszubreiten, mehr aber auch nicht. Er war ein Schurke, ein eitler Pfau, ein Kriegsverbrecher und ein Kommisskopp. Verglichen mit einer Katharina der Großen, die zumindest in der ersten Hälfte ihrer Regierungszeit unglaublich klug vorging, war er ein vollständiger Versager. Im Grunde seines Herzens war er ein kleiner Soldat, der den Krieg anbetete und seiner eigenen Großmannssucht zum Opfer fiel. Dass er sich je und je für den Schiffsbau als Handwerk interessierte, ist bei Licht betrachtet nur Marginalie und vollständig nebensächlich, denn all diese Tugenden stellte er nur in den Dienst seines wahren Motivs: Krieg zu führen und Ruhm einzuheimsen. Ruhm aber ist der übelste aller Brüder und höchst fragwürdig; wenn er mit Hunderttausenden von Toten bezahlt wird ist er sogar verabscheuungswürdig.

Es ist also an der Zeit, die Geschichtsbücher umzuschreiben und Peter dem Großen seine drei Titel abzuerkennen, die er sich in unendlicher Selbstgefälligkeit einstens selbst verlieh; denn das *Volk* selbst, das *Volk* – hätte ihm den Beinamen *der Große* niemals zuerkannt.

13. KAPITEL

GALILEO GALILEI:
»UND SIE BEWEGT SICH DOCH!«

Bereits der erste, der bekannteste Satz dieses weltberühmten Astronomen und Physikers ist Legende: *"Eppur si muove!"* – *"Und sie bewegt sich doch!"* Diese Worte soll Galileo Galilei voller Trotz vor sich hingemurmelt haben, als er den Inquisitoren in Rom Paroli bot, die von ihm verlangt hatten, die Irrlehre aufzugeben, dass die Erde sich um die Sonne dreht. Die Erde, erinnern wir uns, galt unverbrüchlich als der Mittelpunkt des Weltalls und als unbeweglich! Jeder, der gegen diese "Wahrheit" zu opponieren wagte, bekam es unwiederbringlich mit der "heiligen" Inquisition zu tun, mit Rom, mit den Dominikanern, den Jesuiten und dem Papst, kurz mit der mächtigsten Institution der Welt!

Tatsächlich ist das Leben Galileis eine Paradebeispiel für den Umgang mit der "Wahrheit", der physikalischen, astronomischen und naturwissenschaftlichen Wahrheit, aber ebenso für den Umgang mit historischen und persönlichen Wahrheiten, wie es uns nicht genauer und schärfer präsentiert werden könnte. Man kann aus dem Leben des hochberühmten Naturwissenschaftlers wenigstens drei Erkenntnisse ziehen. Diese drei Einsichten sind von wirklicher Bedeutung. Aber zunächst empfiehlt es sich, vorderhand das Leben des Galileo Galilei zumindest in Stichpunkten nachzuerzählen, bevor wir auf diese drei Erkenntnisse genauer eingehen.

Erinnern wir uns in gebotener Kürze: Ein neues Zeitalter war angebrochen. Nikolaus Kopernikus, Galileo Galilei, Tycho Brahe und Johannes Kepler hatten die damalige Welt gehörig aufgemischt, was den Umgang mit der *Wahrheit* anging. Im Prinzip hatten sie eine neue Wahrheit abseits der Bibel formuliert, die Wahrheit der Beobachtung, die Wahrheit der Zahlen, die Wahrheit der Naturwissenschaft. Aber niemand hatte es genauer auf den Punkt gebracht als Galilei, als er sagte:

"Wer naturwissenschaftliche Fragen ohne Hilfe der Mathematik lösen will, unternimmt Undurchführbares. Man muss messen, was messbar ist, und messbar machen, was es nicht ist." [79]

Plötzlich war die Autorität der Kirche in Frage gestellt, die Autorität der Bibel sowieso. Und das in einem Zeitalter, da "Ketzer" wie Luther, Calvin und Zwingli Rom bis in seine Grundfesten erschüttert hatten. Nun drohte auch noch von den Herren Naturwissenschaftlern der Krieg, der Krieg um die wahre Quelle der Erkenntnis, denn diese Burschen wagten es doch allen Ernstes, ihren eigenen Verstand zu benutzen! Sie wagten es, die Sinneswahrnehmung zur höchsten Instanz zu erheben. Sie beobachteten Dinge durch neu erfundene Fernrohre, sie sahen Erscheinungen am Himmel, die niemand vorher beobachtet hatte und zogen daraus auch noch ihre eigenen Schlüsse. Sie besaßen die unvorstellbare Frechheit zu *denken*! Galilei beispielsweise beobachtete die Pendelbewegungen des Leuchters im Dom zu Pisa und bestaunte, so die Überlieferung, seine Regelmäßigkeit. "Er bemerkte, dass die Schwingungsausschläge nach und nach geringer wurden, die Zeit aber während des Hin- und Herpendelns, gemessen an seinem eigenen Herzschlag, die gleiche blieb." [80]

Er entdeckte kurz gesagt, dass man mit einem Pendel *Zeit* messen kann. Welch eine Intelligenz! Welch eine Meisterleistung in Sachen Beobachtung! Eben dieses Talent war es, das Galileo Galilei vor allen anderen auszeichnete, aber er vermochte auch zu vergleichen, Schlüsse zu ziehen und abstrakt zu denken, er konnte vom Speziellen auf das Allgemeine und vom Allgemeinen auf das Spezielle schließen. Darüber hinaus besaß er die Fähigkeit, auf Überlieferungen zu pfeifen – ein Umstand, der alle großen Geister auszeichnet. Er konnte intellektuell ausbrechen und die Luft der Freiheit atmen, zumindest in Gedanken, was immer die Voraussetzung für ungewöhnliche Geistesleistungen ist. Damit beschritt er einen vollständig neuen Erkenntnisweg, womit er alles, was vorher existierte, einfach vom Tisch fegte.

Als er durch seine Beobachtungen, Messungen und unorthodoxen Schlussfolgerungen die aufsehenerregende Entdeckung machte, dass die Erde sich um die Sonne dreht (und zudem noch um ihre eigene Achse), brach die Hölle los. Dabei hatte schon Kopernikus vor ihm genau dies beobachtet und bewiesen. Erinnern wir uns in aller Kürze: Nikolaus Kopernikus, ein Deutschpole, der in Bologna Mathematik, Physik und Astronomie studiert hatte, hatte sich bereits ein Jahrhundert früher gegen das so genannte Ptolemäische System gestellt. Klaudios Ptolemaios von Alexandrien hatte rund 150 Jahre n. Chr. die so genannte geozentrische Theorie vertreten, sprich er hatte behauptet, dass die Erde im Mittelpunkt der Welt stehe. Aber schon Kopernikus schloss messerscharf, dass dem nicht so sein könne; denn verschiedene Phänomene in der Natur wurden durch das heliozentrische System (helios = Sonne) besser deutbar. Das Ergebnis war ein jahrhundertelanger Streit, wer nun im Mittelpunkt der Welt steht: die Sonne oder die Erde?

Kopernikus schrieb seine Beobachtungen, dass die Sonne im Mittelpunkt stehe, in einem schmalen Büchlein nieder. Ein Auszug:

"Der Mittelpunkt der Erde ist nicht der Mittelpunkt des Universums ..." "Was für Bewegung auch immer im Firmament (oder Sternenhimmel) sichtbar wird, stammt nicht von irgendeiner Bewegung des Firmaments, sondern von der Bewegung der Erde. Die Erde vollführt zusammen mit ihren umgebenden Elementen eine vollständige Umdrehung in einer täglichen Bewegung um sich selbst ..." "Was uns als Bewegung der Sonne vorkommt,

*stammt nicht von ihrer Bewegung, sondern von der Bewegung
der Erde ..., mit der wir uns um die Sonne bewegen.*"[81]

Kopernikus, der dergestalt eine Revolution einleitete, die größer war
als der Aufstand Luthers und aller anderen "Ketzer" zusammengenom-
men, war indes klug genug, zu seinen Lebzeiten darauf hinzuwirken,
dass diese Erkenntnisse erst nach seinem Tode gedruckt wurden. Er
versandte lediglich einige Exemplare an seine Freunde. Sein Büchlein
erschien erst im Jahre 1543 unter dem Titel "Revolutionum liber primus" – "Erstes Buch über die Umdrehungen".

Der Autor, Nicolai Copernici, hielt das erste druckfrische Exemplar
in den Händen, als er bereits auf dem Sterbebett lag. Er lächelte selig,
fühlte, dass sein Lebenswerk getan war und verschied, bevor die Inquisition, die Jesuiten oder andere Häscher des Papstes seiner habhaft werden konnten. Ein kluger Mann!

Dieses Büchlein zirkulierte jedoch wie ein wertvoller Schatz in den
Kreisen der Naturwissenschaftler und gelangte so auch in die Hände
Galileis. Beobachtungen, sein angeborener Scharfsinn und genaue Berechnungen, die er anstellte, überzeugten ihn schon nach kurzer Zeit
davon, dass Kopernikus Recht hatte. Er *wusste* die Wahrheit. Was er
nicht wusste, war die Tatsache, wie man mit unangenehmen Wahrheiten in Rom umzugehen pflegte.

Obwohl die Wahrheit also evident war, obgleich man durch Fernrohre, die jedem wohlbegüterten Manne zugänglich waren und also
auch den Hohepriestern in Rom, die Tatsachen selbst nachvollziehen
konnte und wiewohl man also mit den eigenen Augen *sehen* konnte,
dass sich die Erde um die Sonne drehte, hassten ihn die Pfaffen, die
Priester, die Schwarzröcke in der Folge wie die Pest. Sie glaubten ihre
Autorität in Gefahr, die ohnehin schon auf wackeligen Füßen stand.
Und so entspann sich der unglaublichste, intrigenreichste und interessanteste intellektuelle Krieg, den man sich vorstellen kann.

DIE KONKRETE BIOGRAPHIE

Es sei darauf verzichtet, alle naturwissenschaftlichen Entdeckungen Galileo Galileis fein säuberlich zu wiederholen. Wir wissen alle: Er entdeckte die Hebelgesetze. Er zeichnete als Erfinder einer "hydrostatischen Waage" verantwortlich, mit der man das spezifische Gewicht von Metallen in einer Legierung messen kann. Er experimentierte mit dem Flaschenzug und stellte Versuche mit den schiefen Ebenen an. Er berechnete die Geschwindigkeit fallender Körper und entwickelte das Fernrohr. Er entdeckte mit Hilfe seines Fernrohres neue Sterne, die bislang noch niemand gesehen hatte. Galileo formulierte die Gesetze der Beschleunigung, konstruierte ein Thermometer, entdeckte drei Jupiter-Monde, entdeckte die Phasen der Venus und konzipierte, fast auf dem Sterbebett, das Uhrpendel.

Keine schlechte Ausbeute für ein Leben! Kurz gesagt erweiterte er den Horizont der Menschheit nicht nur um das Tausendfache, sondern um die Unendlichkeit, jedenfalls die astronomische Unendlichkeit.

All das ist bekannt, und wir brauchen darauf nicht näher einzugehen. Aber es sei nicht darauf verzichtet, diesen intellektuellen Krieg im Detail nachzuvollziehen, denn er lehrt uns vieles. Aber wie fing eigentlich alles an?

Nun, die Karriere des Herrn Galilei war für seine Feinde schon beunruhigend genug. Schon 1589, gerade 25 Jahre alt, saß er auf dem Lehrstuhl für Mathematik an der Universität von Pisa. 1592 eroberte er in Padua einen freistehenden Lehrstuhl. Später siedelte er nach Florenz über (1609) und erhielt das stattliche Jahresgehalt von 1000 Fiorini. Er forschte und forschte, machte hundert Entdeckungen, stieg zu dem berühmtesten Astronomen und Physiker seiner Zeit auf, pflegte Umgang mit Fürsten, Prälaten und Päpsten, erhielt 1628 das florentinische Bürgerrecht, wurde von vielen bedeutenden Persönlichkeiten Europas umworben und bereits zu Lebzeiten als Genie apostrophiert.

Kurz, eine atemberaubende, wissenschaftliche Karriere!

Recht früh trat indes der Gegensatz zur Kirche in Erscheinung. Beleuchten wir nun, zumindest stenographisch, diesen intellektuellen Zweikampf.

WISSENSCHAFT UND RELIGION

Galileo Galilei ist schon früh von der Richtigkeit des kopernikanischen Weltsystems überzeugt. Er diskutiert, doziert und lehrt darüber. 1613 macht er in einem Brief seine erste "gefährliche" Aussage, gefährlich für Leib und Leben. Er schreibt:

"Da die Bibel eine Auslegung fordert, welche vom unmittelbaren Sinn der Worte abweicht (so wenn sie von Gottes Zorn, Hass, Reue, Händen und Füßen spricht), scheint sie mir als Autorität in mathematischen Streitfragen wenig Bestand zu haben ..."

Die ersten Priester horchen auf. In geheimen Zirkeln diskutieren sie, ob Galilei die Autorität der Kirche und der Bibel in Frage stellt.

Ein Dominikaner verkündet im Jahre 1614 in einer Predigt, dass das kopernikanische Weltsystem nicht vereinbart sei mit der Bibel. Aber Galilei bleibt bei seinen Behauptungen. Und so denunziert der Dominikaner Lorine Galilei schließlich im Jahre 1615 bei der heiligen Inquisition. Galilei wird nach Rom beordert.

In Rom versucht der Astronom zunächst in persönlichen Gesprächen wichtige kirchliche Würdenträger von seinem Weltbild zu überzeugen. Wo auch immer er in Rom auftritt, trägt er seine Gedanken, Thesen und Ideen vor, die durch konkrete Beobachtungen abgestützt sind. Galilei ist Tagesgespräch in Rom. Dennoch wird Kardinal Bellarmin schließlich von der Inquisition beauftragt, Galilei Einhalt zu gebieten. Bellarmin gibt dem Forscher unmissverständlich zu verstehen, dass seine Theorien ketzerisch sind. Er verlangt von ihm abzuschwören, wenn nicht, werde man ihn einkerkern. Galilei gibt schließlich kund:

"Die Ansicht, die Sonne stehe regungslos im Zentrum des Alls, ist närrisch, philosophisch falsch und völlig ketzerisch, denn sie widerspricht der Heiligen Schrift. Die Ansicht, die Erde sei nicht das Zentrum des Alls und drehe sich sogar einmal am Tag um sich selbst, ist philosophisch falsch und zumindest ein Irrglaube." (Zitiert nach Durant)

Galilei hat seine erste öffentliche Schlappe erlitten. Außerdem hat er das Feuer der Inquisition gerochen, zumindest den Rauch.

Insgeheim jedoch opponiert Galilei. Er ist natürlich *nicht* überzeugt, will sich aber nicht mit der mächtigsten Institution seiner Zeit anlegen. Nur Freunde erfahren, dass er die Theorie Kopernikus' nach wie vor für richtig hält. Aber eine Weile verhält er sich still.

Im Jahre 1632 tritt Galilei erneut publizistisch an die Öffentlichkeit. Er verfasst ein Buch, in welchem er die Ansichten des Papstes und der Inquisition lächerlich macht. Man braucht nicht zwischen den Zeilen lesen zu können, um die Ironie zu erkennen. So schreibt Galilei unter anderem:

"Vor einigen Jahren wurde in Rom ein heilsames Edikt veröffentlicht, das, um den gefährlichen Neigungen unseres Zeitalters vorzubeugen, dem Standpunkt, dass die Erde sich bewege, ein verständliches Schweigen auferlegte. Es gab einige Leute, die schamlos behaupteten, dieses Dekret gründe sich nicht auf vernünftige Untersuchungen, sondern auf nicht allzu gut informierte Leidenschaften ..."

Mit anderen Worten, Galilei versucht einen literarischen Kunstgriff. Er versucht, die Inquisition bloßzustellen und zu übertölpeln. Der Papst und seine Helfershelfer stehen Kopf. Werden sie hier nicht als Dummköpfe, als Einfaltspinsel und als geistige Eunuchen vorgeführt? Im Geiste zünden sie bereits ein kleines Feuer unter Galilei an.

Eines Tages schlagen sie überraschend zu: Der Inquisitor von Florenz tritt auf den Plan und befiehlt, dass Galilei vor der Inquisition in Rom zu erscheinen habe. Galilei erkrankt, macht allerlei Ausflüchte und schiebt die Abreise nach Rom heraus. Daraufhin ordnet der Papst an, Galilei zur Abreise zu *zwingen*.

Galilei reist im Jahre 1639 zähneknirschend nach Rom. Dort wird er von verschiedenen Priestern verhört. Aber er wird nicht nur verhört, unmissverständlich droht man ihm auch die Folter an. Gleichzeitig wird er in den Räumen der heiligen Inquisition regelrecht gefangen gehalten. Schließlich wird er dazu gebracht, *öffentlich* seiner irrigen Meinung abzuschwören. Er tut es, wider besseres Wissen.

Abschriften des Urteils gegen Galilei und sein Widerruf werden in alle Welt versandt. Aber die Schwarzröcke wollen den Irrglauben für alle Zeit ausrotten. Und so darf sich ab dem Jahre 1634 Galilei nicht mehr frei bewegen. Zunächst hält man ihn in Rom fest. Dann darf er zurück in sein Haus, wird aber auch dort eingesperrt. Nach Florenz zu gehen ist ihm nicht mehr erlaubt. Außerdem wird der Astronom nun rund um die Uhr von der Inquisition bespitzelt.

Im Jahre 1638 erblindet Galileo Galilei. Er bittet den Papst und die Inquisition darum, Florenz aufsuchen zu dürfen. Ein Arzt, von der Inquisition bestellt, untersucht Galilei persönlich, um sicherzustellen, dass er nicht simuliert. Man erlaubt ihm den Besuch der Kirche in Florenz und den Besuch eines Arztes seiner Wahl.

In den Folgejahren verliert Galilei das Gehör. Er leidet schließlich an hundert körperlichen Problemen und verfällt mehr und mehr.

Im Jahre 1642 ereilt ihn der Tod.

DREI ERKENNTNISSE

So weit in einigen dürren Stichworten die Fakten. Wie hat man sie zu beurteilen? Unseres Erachtens gibt es drei Erkenntnisse, die man herausdestillieren kann: Die erste besteht darin, zu erkennen, dass es "schwarze Gestalten" gibt, die man nicht belehren kann, was immer man auch anstellt. Wir könnten des Langen und Breiten auf die Sünden der Jesuiten und der Dominikaner eingehen, auf die Sünden der "allerheiligsten Kirche" und der Inquisition insbesondere, aber wichtiger ist: Einige wenige Zeitgenossen *konzentrieren* sich offenbar darauf, andere Menschen fertig zu machen.

Man darf nicht vergessen: Schon in Gedanken konnte man eine Ketzerei begehen. Die Befragungen wurden mit Foltern garniert, so dass der Angeklagte im Zweifel *immer* überführt werden konnte, mit dem Teufel im Bunde zu stehen. Oft ging eine monatelange, ja jahrelange Kerkerhaft voraus – ein probates Mittel, den Willen des Delinquenten zu brechen. Bei Wasser und Brot, inmitten von Schmutz, Ratten und Ungeziefer, wurde der Sünder weich gekocht. Die Foltern waren ausgesucht, denn der Menschengeist ist nicht nur unermesslich in seiner Intelligenz, sondern auch in seiner Bosheit. Mit "Spanischen Stiefeln" wurden die Waden eingepresst, der Leib wurde gedehnt, gereckt und gestreckt, bis die Sehnen rissen. Bei der Wasserfolter wurde das Opfer so lange mit Wasser traktiert, das literweise in den gewaltsam geöffneten Mund gegossen wurde, bis er aufschwemmte und seiner Sinne nicht mehr mächtig war.

Beliebt war besonders das Feuer. Mit glühenden Zangen wurde der Ketzer gezwickt, Teile seines Körpers wurden abgezwackt, Augen ausgestochen oder Nägel ausgerissen, so dass ein Sadist sich vor Vergnügen winden konnte. Die Opfer schrieen wie am Spieß und gaben zuletzt alles zu, was man von ihnen verlangte: Hochzeiten mit dem Teufel, Ritte auf dem Besenstiel mit Hexen oder unzüchtiges Verhalten mit Tieren.

Besonders perfide gestaltete sich das Schauspiel, wenn "sündige Gedanken" ausgeräuchert werden sollten. Der Gefangene wurde verschiedenen Verhören unterzogen, währenddessen man ihm den Schlaf, Speise und Trank verweigerte. Er wurde angebrüllt, angeschrieen oder auch umschmeichelt, was auch immer funktionierte, immer mit dem Ziel, seinen Widerstand zu zerbrechen.

Schon ein (ketzerischer) Gedanke allein (!) konnte Sünde sein und wurde als Sünde definiert. Kurz, was menschliche Bosheit, Grausamkeit und Sadismus sich ersinnen konnte, wurde angewendet. Der Verhörte wurde oft wie ein Tier gehalten, bis er körperlich und geistig zerbrach.

All diesen Vorstellungen, Gedanken und Schrecken sah sich Galileo Galilei gegenüber! Und genau in diesem Zusammenhang steht unsere *erste Erkenntnis*.

Noch einmal: Man muss festhalten, dass man diesem Menschentypus, diesem Menschenschlag, dem Spitzel, dem Verleumder, dem heimlichen Zuträger, dem Heuchler, dem Feind freier Gedanken, dem Kerkermeister und Folterer und mit welch schönen Vokabeln man die Inquisitionsvertreter auch immer belegen will, *immer wieder* begegnet! Er ist keine einmalige Erscheinung! Es ist dieser *Typus*, der die gesamte Geschichte verseucht! Wenn er sich auch gerne im Gewande des Priesters versteckt, so ist er doch keinesfalls nur auf diesen Beruf beschränkt.

Dieser Menschenschlag ist keinerlei Argumentation zugänglich, keiner intellektuellen Kraft. Keine Logik kann ihn überzeugen. Selbst die Sterne direkt vor den eigenen Augen vermögen ihn nicht zur Wahrheit zu bekehren. Er ist nicht an Tatsachen interessiert. Er kennt das Wort "Ethik" nicht, obwohl er es ständig im Munde führt und darauf herumkaut. Es handelt sich, mit einem Wort, um eine bösartige, niedere Sorte von Mensch, die nur allzu begeistert ist, wenn sie sich an einem Dogma festkrallen kann. Das Dogma gibt diesem Typus einen festen Punkt des Denkens, der ihm, sei er auch noch so primitiv und falsch, ein gewisses Maß an Stabilität schenkt. Er foltert für diesen Standpunkt. Er verbrennt. Er mordet. Es ist völlig gleichgültig, ob sich dieser Typus Nazi nennt, Stalinist oder Inquisitor. Es handelt sich immer und ausnahmslos um eine *schwarze Seele*.

Nun ist nichts intellektuell verführerischer, als sich vorzustellen, Geschichte völlig neu zu schreiben. *Was wäre, wenn* Galileo Galilei gänzlich anders gehandelt hätte? *Was wäre, wenn* dieser begnadete Naturwissenschaftler diesen verheuchelten Priestern auf den Grund ihrer schwarzen Seele hätte blicken können? *Was wäre, wenn* Galileo Galilei diese verbogenen, verrenkten Priesterseelen durchschaut hätte?

Fest steht, Galileis Hoffnung auf einen guten Papst, auf einsichtige Kardinäle und auf vernünftige Priester war irrational.

Dieser, der schärfste aller Denker, dachte niemals den Gedanken, dass man diesen Menschenschlag nicht überzeugen *kann*. Er wusste nicht, dass man einem Inquisitor einen neuen, strahlenden, glänzenden Planeten nicht vor Augen führen *konnte*! Der Pfaffe schloss im Zweifel die Augen, schloss sie fest! Er lehnte es ab zu sehen. Bislang ist noch niemals der Versuch unternommen worden, die Fehler *Galileis* schonungslos zu sezieren. Sein erster Fehler bestand ganz einfach darin, dass er diesen Menschenschlag *nicht richtig einschätzte*.

Oh ja! Seine Aufzeichnungen verraten, dass er sehr wohl um den Neid, den Hass und die Intrigen in Rom wusste. Aber er wusste nicht *wirklich*, mit welchen Menschen er es zu tun hatte. Er wusste nicht wirklich, das er es mit reinrassigen Teufeln zu tun hatte, mit Schwarzröcken, unter deren Soutanen der Pferdehuf hervorlugte. Er wusste nicht, dass der Teufel, wenn wir diese Figur für unsere Erkenntnisse einspannen wollen, sich zunächst einmal im Mantel derer verbirgt, die ihn scheinbar bekämpfen: den Priestern! Er wusste nicht, dass es *abgrundtiefe* Bosheit gab. Ständig suchte Galileo Galilei zu überzeugen: Seine Argumente waren doch so klar, sie waren doch von jedermann nachvollziehbar und so leicht einzusehen! NEIN! Dieser Menschenschlag *will* nicht einsehen. Er *will* keine neuen Erkenntnisse. Er scheut die Wahrheit wie die Pest! So weit der erste Fehler.

Der zweite: Galilei hätte seine Bücher, seine Fernrohre und seine Utensilien sehr einfach zusammenpacken und die Flucht ergreifen sollen, als es noch möglich war. Er hätte dieser gesamten Bagage, die den größten Mann des Jahrhunderts verfolgte, quälte, drangsalierte, geistig folterte und ihn schließlich zerbrach, das Hinterteil zukehren müssen. Zu viele Beispiele gibt es in der Geschichte, da große Geister, für die das Wort Genie noch zu klein ist, glaubten, sie könnten den Staatsgewalten oder diesen schwarzen Seelen Paroli bieten! Einer der größten russischen Dichter, Alexander Puschkin (der gegen die Spitzel des Zaren kämpfte), scheiterte an diesem Fehlschluss ebenso wie zahllose andere ehrenwerte Gestalten, die auf dem Scheiterhaufen verbrannten. Edle Seelen im Dritten Reich saßen diesem Trugschluss ebenso auf wie integre Figuren unter Stalin.

Einzig ein Voltaire war weise, klug und gerissen genug, einem unterdrückerischen Frankreich ehemals den Rücken zu kehren. Er setzte sich ab, erst nach England, später nach Preußen, wo er sich aber auch schließlich davonmachte; er bot sogar Friedrich dem Großen die Stirn, verließ eines Tages fluchtartig dessen Hof und ließ sich schließlich in der Schweiz nieder, wo man ihn in Frieden ließ.

Und so lebte der große Voltaire ein erfülltes Leben. Er zeigte allen allmächtigen Herrschern eine lange Nase und lebte wie die Made im Speck, in intellektueller und finanzieller Hinsicht. Er endete stinkreich, von der ganzen Welt besungen und gelobt, weil er klug genug war, sein Bündel rechtzeitig zu schnüren und Reißaus zu nehmen!

Oh ja, er hatte in jungen Jahren die Freuden der Bastille kennen gelernt. Aber er hatte daraus seine Schlüsse gezogen! Was für ein Mann!

Voltaire war ein kluger, ein verwegener, ein schlauer Mann, der deshalb jedoch nicht einen Millimeter nachgab, was seine ethischen Postulate anging! Er genoss die Früchte seiner Arbeit noch zu Lebzeiten und erfreute sich schlussendlich sogar der Hochachtung von Königen, Kaisern und Päpsten!

Wiederholen wir: Seine richtige Aktion war *die Flucht!*

Mein Gott, wie viele ehrenwerte Gestalten der Geschichte, über die man heute heiße Tränen vergießt, hätten ein ungleich größeres Werk zustande bringen können, wenn sie ihre Zeit nicht mit diesen Dummköpfen vergeudet hätten! Mit diesen fanatischen, kapuzentragenden, bigotten Mönchen, den Kardinälen mit ihren pompösen roten Röcken und violetten Schärpen, den Päpsten mit ihren hohen, spitzen Kopfbedeckungen, der Tiara, die zu nichts anderem dient, als durch ihre Höhe zu zeigen, dass der Träger über andere Menschen hinausgehoben ist, und die ursprünglich, nebenbei bemerkt, von den altpersischen Königen geklaut wurde. Wie viele Genies könnten heute im buchstäblichen Sinne gerettet werden, wenn sie wüssten, dass es einen bestimmten Menschenschlag gibt, gegen den Beelzebub ein gutmütiger Geselle ist? Wenn sie wüssten, dass man, wenn die Armeen des Teufels übermächtig sind, so schnell wie möglich die Flucht ergreifen muss?

Es gibt, wie Geschichte in Tausenden von Beispielen bewiesen hat, nur eine einzige Methode, mit diesem Menschenschlag umzugehen: die Flucht! Man zieht in ein anderes Land, wo man frei denken kann!

Genau dies hätte Galilei tun sollen! Erinnern wir uns: Schon in Venedig, das ihm sogar einen Lehrstuhl angeboten hatte, atmete der Geist der Freiheit. In Venedig liebte man den religiösen Fanatismus nicht. Erst recht wären die protestantischen Länder eine Alternative gewesen, England allen voran.

Galileo Galilei hatte genügend Angebote, aber er schlug sie alle, alle aus.

Kommen wir zu Fehler Nummer 3. Tatsächlich gibt es eine letzte Erkenntnis, die in ihrer Bedeutung kaum überschätzt werden kann!

Tauchen wir dazu noch einmal in die Geschichte ein. Erinnern wir uns: Zuletzt, in der Stunde seiner Niederlage, schwor Galilei ab. Er bekannte öffentlich, sich geirrt und häretisches Gedankengut verbreitet zu haben. Er sagte die Unwahrheit. Er leistete einen Meineid, um sein Leben zu retten.

"Ich, Galileo, Sohn des Vinzenz Galilei aus Florenz, siebzig Jahre alt, stand persönlich vor Gericht, und ich knie vor Euch Eminenzen, die Ihr in der ganzen Christenheit die Inquisitoren gegen die ketzerische Verworfenheit seid. Ich habe vor mir die heiligen

Evangelien, berühre sie mit der Hand und schwöre, dass ich immer geglaubt habe, auch jetzt glaube und mit Gottes Hilfe auch in Zukunft glauben werde, alles was die heilige katholische und apostolische Kirche für wahr hält, predigt und lehrt. Es war mir von diesem Heiligen Offizium von Rechts wegen die Vorschrift auferlegt worden, dass ich völlig die falsche Meinung aufgeben müsse, dass die Sonne der Mittelpunkt der Welt ist, und dass sie sich nicht bewegt, und dass die Erde nicht der Mittelpunkt der Welt ist, und dass sie sich bewegt. Es war mir weiter befohlen worden, dass ich diese falsche Lehre nicht vertreten dürfe, sie nicht verteidigen dürfe und dass ich sie in keiner Weise lehren dürfe, weder in Wort noch in Schrift. Es war mir auch erklärt worden, dass jene Lehre der Heiligen Schrift zuwider sei. Trotzdem habe ich ein Buch geschrieben und zum Druck gebracht, in dem ich jene bereits verurteilte Lehre behandele und in dem ich mit viel Geschick Gründe zugunsten derselben beibringe, ohne jedoch zu irgendeiner Entscheidung zu gelangen. Daher bin ich der Ketzerei in hohem Maße verdächtig befunden worden, darin bestehend, dass ich die Meinung vertreten und geglaubt habe, dass die Sonne Mittelpunkt der Welt und unbeweglich ist, und dass die Erde nicht Mittelpunkt ist und sich bewegt. Ich möchte mich nun vor Euren Eminenzen und vor jedem gläubigen Christen von jenem schweren Verdacht, den ich gerade näher bezeichnete, reinigen. Daher schwöre ich mit aufrichtigem Sinn und ohne Heuchelei ab, verwünsche und verfluche jene Irrtümer und Ketzereien und darüber hinaus ganz allgemein jeden irgendwie gearteten Irrtum, Ketzerei oder Sektiererei, die der Heiligen Kirche entgegen ist. Ich schwöre, dass ich in Zukunft weder in Wort noch in Schrift etwas verkünden werde, das mich in einen solchen Verdacht bringen könnte. Wenn ich aber einen Ketzer kenne oder jemanden der Ketzerei verdächtig weiß, so werde ich ihn diesem Heiligen Offizium anzeigen oder ihn dem Inquisitor oder der kirchlichen Behörde meines Aufenthaltsortes angeben.

Ich schwöre auch, dass ich alle Bußen, die mir das Heilige Offizium auferlegt hat oder noch auferlegen wird, genauestens beachten und erfüllen werde. Sollte ich irgendeinem meiner Versprechen und Eide, was Gott verhüten möge, zuwiderhandeln, so unterwerfe ich mich allen Strafen und Züchtigungen, die das kanonische Recht und andere allgemeine und besondere einschlägige Bestimmungen gegen solche Sünder festsetzen und verkünden. Dass Gott mir helfe und seine heiligen Evangelien, die ich mit den Händen berühre.

Ich, Galileo Galilei, habe abgeschworen, geschworen, versprochen und mich verpflichtet, wie ich eben näher ausführte. Zum Zeugnis der Wahrheit habe ich diese Urkunde meines Abschwörens eigenhändig unterschrieben und sie Wort für Wort verlesen, in Rom im Kloster der Minerva am 22. Juni 1633. Ich, Galileo Galilei, habe abgeschworen und eigenhändig unterzeichnet." [82]

Was ist hierzu zu kommentieren?

Nun, Galilei war danach ein gebrochener Mann! Nach diesem Bekenntnis, das in alle Welt verschickt wurde, *starb er innerlich.* Obwohl er sich noch einmal aufraffte und heimlich einige ausländische Verleger gewann, die seine Ideen druckten, war er zerstört. Er erblindete, langsam aber sicher. Er verlor das Gehör. Er hatte zahllose Beschwerden, die wir nicht alle aufführen wollen. Er litt unter den elendsten Schmerzen, die man sich vorstellen kann. Er war mit einem Wort vernichtet.

Warum?

Galileo Galilei hatte seine Integrität verloren!

Ja, er hatte sein Leben gerettet. Aber hätte er etwa freudig in den Flammentod gehen sollen? War es nicht klüger, auf diese Weise mit den Schwarzkitteln umzugehen? Nein! Tatsächlich war er am Schluss ein Gefangener. Er wurde bespitzelt, durfte sich nicht vom Platz bewegen und war gebrandmarkt. All das hätte er verkraften können. Was sich ein Mensch jedoch *nicht* vergibt, ist der Bruch der eigenen Integrität.

Wir sagen nicht: Galileo Galilei hätte sich mit frömmelnd nach oben verdrehten Augen verbrennen lassen sollen, wie so viele vor ihm. Keinesfalls!

Wir sagen: Er hätte die Flucht ergreifen sollen, sein Bündel schnüren und den Inquisitoren sein nacktes Hinterteil zeigen sollen. Aber als er seine Integrität begrub, begrub er sich selbst. Denn Integrität ist die einzige Konstante, mit der man nicht spaßen kann. Man verzeiht *sich selbst* nicht. Und daran sehen wir, dass der grausamste, der erbarmungsloseste und der härteste Richter wir selbst sind! Wir richten uns aktiv selbst zugrunde, wenn wir dieses kostbare Gut, die Integrität, aufgeben.

Als Galilei seine Integrität an den Nagel gehängt hatte, wie einen alten, abgetragenen Kittel, war es mit ihm vorbei. Erst jetzt wurde er krank. Erst jetzt fühlte er sich als "Verlierer"! Dass man ihm seine Bewegungsfreiheit raubte, war nicht von Bedeutung. Aber dass man seinen Willen gebrochen und seine Integrität gestohlen hatte, ließ ihn als Wrack zurück.

Wir argumentieren hier wohlgemerkt nicht in der Kategorie von "Schuld". "Schuld", wenn man schon in dieser zweifelhaften Kategorie denken will, waren die Inquisitoren. Aber "Schuld" ist keine brauchbare Denkkategorie. Es ist eine veraltete, religiöse, verhurte, missbrauchte und geschändete Messlatte.

NICHTS ALS DIE WAHRHEIT

Wie steht es nun um die geschichtliche Wahrheit? Wurde sie nicht immer wieder verdreht, verfälscht und zurechtgebogen, was Galilei angeht? Ja, natürlich! "Und sie bewegt sich doch!" Dieser Ausspruch legte ihm die Legende später in den Mund - und noch sehr viel mehr. Dieser Satz allein wurde millionenfach wiederholt, bis er geradezu zur "Wahrheit" wurde.

Die Inquisitoren versuchten in der Folge, sich von allen Sünden reinzuwaschen. So schlimm sei es nicht gewesen, hörte man. Schließlich habe man Galilei nicht dem Feuertode überantwortet, immerhin nicht gefoltert. Mein Gott, er durfte sogar Besuche empfangen, übertreibt ihr nicht, ihr Nichtchristen?

Die Inquisitoren wuschen ihre Hände in Unschuld. Erst im Jahre 1992 wurde Galileo von Papst Johannes Paul II. rehabilitiert. Das Ganze wurde, man stelle es sich vor, dreieinhalb Jahrhunderte später (!) als kirchlicher Irrtum anerkannt, nachdem man sich nicht mehr herauswinden konnte. Nachdem alle Rechtfertigungsversuche abgeschmettert waren und nachdem man zugeben musste, dass die Erde sich sehr wohl um die Sonne dreht. Nachdem also drei Jahrhunderte vergangen waren, rehabilitierte Rom Galileo Galilei offiziell.

Aber verweilen wir noch einen Augenblick bei dem hochbrisanten Thema der historischen Wahrheit. Wenn es um geschichtliche Wahrheit geht, so muss man festhalten, dass sie von keiner Institution so sehr verdreht wurde, wie von der Kirche, von den Priestern, Mönchen, Päpsten und christlichen Geschichtsschreibern. Natürlich alles "zum Lobe Gottes"! Die Kirche verstand es, Geschichte nahezu vollständig umzuschreiben. Und wenn wir heute unsere Geschichtsbücher aufschlagen und von frommen Kaisern lesen (von Konstantin I. oder von Karl dem Großen etwa), ganz ohne Zweifel Blutsauger, Schlächter, Massenmörder und Barbaren ersten Ranges, so wird diesen alles verziehen, waren sie doch "Christen". Wenn man also dem Glauben anhängt, Geschichte beschreibe, "wie es wirklich gewesen" sei, so ist man ein naiver Narr. Sieger schreiben Geschichte. Und Sieger waren Jahrhunderte lang die Pfaffen. Die deutsche Geschichtsschreibung, die italienische, die mexikanische oder die spanische ist also alles andere als "wahr". Sie wurde verdreht, geschönt und geglättet, von Seiten der "alleinseligmachenden Kirche". Und so geschah es auch mit dem Leben Galileo Galileis.

Die "wahre" Geschichte des großen Galileo Galilei wurde völlig verdreht, bis heute! Der erste Lügner: Er selbst! Immer wieder betonte er, dass er ein Gläubiger und wahrer Sohn der Kirche gewesen sei. Dann bemächtige sich die Legende seiner. Dann die Herren Inquisitoren. Dann die Ideologen. Von Galileo blieb nur das übrig, was jeder in seiner Biographie sehen wollte.

Aber was, kann man schlussendlich fragen, blieb von seinen neu entdeckten Wahrheiten?

Nun, der Streit war um die Frage entbrannt, wer sich hier um wen drehe. Galilei hatte die Meinung verfochten, die Sonne stehe still, und die Erde drehe sich um die Sonne.

Mittlerweile weiß man längst, dass die Sonne selbst eben *nicht* still steht. Das ganze Planetensystem dreht sich und rotiert, ja alle Galaxien bewegen sich um unsichtbare Achsen. *Nichts* steht still in diesem Universum.

Immerhin: Galilei hatte eine *relative Wahrheit* entdeckt, eine relative astronomische und naturwissenschaftliche Wahrheit. Er war der Wahrheit ein Stückchen näher gerückt – und hatte dabei die größere Wahrheit außer Acht gelassen: die Wahrheit sich selbst gegenüber, die sternenhoch über allen anderen so genannten "objektiven" Wahrheiten angesiedelt ist.

14. KAPITEL

DES KAISERS NEUE KLEIDER: NAPOLEON BONAPARTE

Auf den ersten Blick lässt sich dieser Mann nicht fassen, zu groß sind seine Taten, zu umwälzend seine Änderungen, die er in die Wege leitete, zu unverständlich sein Charakter.

Er kodifizierte ein neues Recht, initiierte Modernisierungen in fast allen Gebieten, half der Industrie, unterstützte Unternehmen, verbesserte die Administration und förderte die Wissenschaft. Geradezu völlig unbegreifbar ist sein militärisches Genie. Niemand kam einem Napoleon gleich, wenn es darum ging, Schlachten zu schlagen und Schlachten zu gewinnen. Schon im Anfang seiner erstaunlichen Karriere, die ihn von ganz unten nach ganz oben führte, die aus einem Nichts einen Kaiser machte, besiegte er in Italien die Österreicher, mit einem winzigen Aufgebot von Soldaten, von denen gerade 30.000 voll einsatzfähig waren; ihm gegenüber stand eine Übermacht von 260.000 Soldaten. Er kam, sah und siegte, wie Cäsar, er jagte seine Mannen in unvorstellbarer Geschwindigkeit von einem Ort zum anderen, er erspähte Gelegenheiten, Chancen und Möglichkeiten schneller, schärfer und genauer als jeder andere, siegte selbst in ausweglosen Situationen, besaß einen beispiellosen Mut, setzte sich selbst dem Kugelregen aus, wenn er an der Spitze seiner Soldaten in die Schlacht ritt und wurde seltsamerweise nie verwundet. Ein Mysterium! Ein Phänomen! Ein

Wunder! Gleichzeitig verfügte er über einen unüberbietbaren Charme, der die Menschen in seiner Umgebung schier schmelzen ließ. Sein Charmepotenzial war tausendmal größer als das jedes normalen Menschen, seiner Ausstrahlung, seinem Charisma, erlagen sie alle, alle, die größten Dichter und die mächtigsten Männer seiner Zeit, Frauen ohnehin. Auf der anderen Seite hinterließ er eine Erde, die rot von Blut war, wenn ein Napoleon über sie geritten war.

Wie also sollte man urteilen, wie diesem Phänomen Napoleon, über den bis heute die Meinungen weit auseinander gehen, wirklich gerecht werden?

Und es ist richtig: Es gibt so etwas wie ein Rätsel Napoleon! Es gibt eine Frage, die bis heute nicht hinreichend beantwortet worden ist: *Wer war Napoleon wirklich?*

Betrachten wir diesen hochinteressanten Mann etwas genauer.

NAPOLEON, DER MILITÄR

Wenn wir Napoleon wirklich beurteilen wollen, kommen wir nicht umhin, seine Vita zumindest in Grundzügen nachzuerzählen. Es ist ein Leben voll gepackt mit "Action", es ist ereignisreich, wild, ohne Beispiel und mitreißend!

Napoleon kommt im Jahre 1769 in Korsika zur Welt, als es in Frankreich brodelt, genau zwanzig Jahre vor der Französischen Revolution, die später das verrottete Königtum und den faulen Adel hinwegfegen, das Land in Blut tauchen, aber auch Ideale wie Freiheit, Gleichheit und Brüderlichkeit auf den Thron heben wird. Aber noch ist es nicht soweit. Napoleons Vater ist Advokat. Zu Hause gibt es einen ganzen Stall von Kindern, Napoleon wird später seine Geschwister auf die Königsthrone Europas heben. Aber zunächst muss er sich selbst an die Spitze der Welt setzen. Der Vater sorgt dafür, dass er, zehnjährig, ein staatliches Stipendium erhält, später wechselt er auf eine königliche Militärschule in

Frankreich über. Als die gesamte Familie aufgrund politischer Wirren
Korsika verlassen muss, siedeln die Bonapartes mit Sack und Pack
nach Frankreich um, zunächst nach Toulon. Die ewig feindlichen
Engländer besetzen jedoch Toulon, aber Napoleon, mittlerweile ein
junger Artillerieoffizier, entwirft einen Plan, wie man die Engländer
schlagen, verjagen und vertreiben kann. Sein Plan gelingt, Toulon
wird befreit. Napoleon wird, gerade 24 Jahre alt, zum Brigadegeneral
ernannt.

Welch eine Karriere! Bereits jetzt äugt er nach Paris, der Hauptstadt
der damaligen Welt. Die Französische Revolution hat inzwischen das
alte Regime hinweggefegt, übrig geblieben sind ein paar Revolutionäre,
aber auch Danton, Marat und Robespierre erwischt es schließlich, die
von ihnen so favorisiere Guillotine macht viele von ihnen selbst einen
Kopf kürzer.

Napoleon wittert Morgenluft. Er ist nicht nur ein begnadeter Mili-
tärstratege, sondern auch ein homo politicus durch und durch.

Mit dem Instinkt des geborenen Machtmenschen sieht er das Macht-
vakuum, das entstanden ist. Die Menschen sehnen sich nach Sicherheit, Ordnung und Stabilität. Er fraternisiert mit Barres, dem neuen
starken Mann in Frankreich, dem er sich andient und für den er einen
royalistischen Aufstand niederschlägt.

Zum Dank wird er in den Rang eines Divisionsgeneral erhoben und
erhält das Kommando über die französische Italienarmee.

Welch ein Sprung nach oben!

In Italien suchen die Österreicher fette Beute. Mit nur 63.000 Soldaten, von denen knapp die Hälfte funktionsfähig und gut ausgerüstet
ist, schlägt Napoleon schlussendlich 260.000 Soldaten des Gegners!
Sein Ruhm überstrahlt alles, die Legende Napoleon beginnt.

Das Naturtalent in Sachen Krieg diktiert Österreich schließlich den
Frieden, wie ein Herrscher.

Napoleon sonnt sich eine Weile auf der Höhe seines Ruhmes, bis
er mit einer neuen Aufgabe betraut wird: Er soll in Ägypten den Ver-
bindungsweg zwischen England, dem ewigen Feind Frankreichs, und

dessen Kolonie Indien abschneiden. Mit nur 36.000 Soldaten segelt er los, an Bord ein paar hundert berühmte Wissenschaftler.

Auch in Ägypten siegt er, gegen alle Widerstände und Wahrscheinlichkeiten, bis ihn Nachrichten aus Frankreich ereilen: Österreich muckt erneut auf, in Paris ist die Hölle los. Flugs übergibt er das Oberkommando seinem General Kléber, eilt nach Frankreich zurück und versucht, das Feuer in Paris zu löschen.

Gleichzeitig erkennt er seine welthistorische Chance. Kühn, frech und draufgängerisch greift er im Jahre 1799 nach der Macht. Aber es erhebt sich Widerstand. Er gerät bei einer Rede vor den Parlamentariern ins Stottern und kann nur mit Mühe von seinen Soldaten gerettet werden: Die Schergen der Parlamentarier treiben ihn mit Bajonetten aus dem Saal.

Aber Soldaten sind ein starkes Überzeugungsmittel. Erneut schafft Napoleon Ordnung im Hexenkessel Paris, so dass ihn eine Volksabstimmung schließlich im Jahre 1800 als Ersten Konsul bestätigt. Er initiiert ein Reformprogramm, schlägt wie nebenbei erneut die aufmüpfigen Österreicher, bewegt England zum Frieden und schafft auf diese Weise Frankreich die beiden ärgsten Feinde vom Hals. Die Franzosen jubeln ihm zu.

Geschickt nutzt Napoleon die Stimmung: Die Jakobiner, die ewig aufrührerischen Revolutionäre, die ihm das Süppchen versalzen könnten, werden kaltgestellt. Gleichzeitig kümmert er sich mit unbändiger Energie um die Wirtschaft. Ein neues Zahlungsmittel erblickt das Licht der Welt, das Steuersystem wird reformiert, das Staatsdefizit abgebaut, ein Beschäftigungsprogramm entwickelt, die Arbeitslosigkeit heruntergefahren, ein Straßennetz entworfen sowie Kanäle und neue Häfen gebaut. Napoleon kümmert sich zudem um die Landwirtschaft und die Textilindustrie. Die Wirtschaft gesundet. Ruhe und Ordnung kehren ein. Das Volk beginnt, diesen Napoleon zu lieben.

Wieder nutzt der General die Stimmung. Er setzt auf eine Volksabstimmung und lässt sich auf *Lebenszeit* zum Konsul wählen.

Der Coup gelingt. Napoleon ist jetzt unbestritten der stärkste Mann Frankreichs. Er sitzt sicher im Sattel. Eilig reformiert er das Gesetzbuch, der Code Civil entsteht, später Code Napoléon genannt. Der kleine Korse schäumt vor Energie. Heimlich bereitet er seinen zweiten Staatsstreich vor. Alles ist geschickt eingefädelt. 1804 lässt er sich tatsächlich zum Kaiser krönen! Wie hoch kann man steigen!

Aber das Gewitter am Horizont zieht schon auf. Der ewige Feind, England, hat inzwischen eine Koalition gegen Frankreich geschmiedet. Die Briten, die Österreicher, die Russen und die Schweden wollen die Franzosen in ihre Schranken weisen.

Zunächst erklärt Österreich den Krieg. Napoleon wirft alle Truppen den Österreichern entgegen. Das Ergebnis? Die österreichisch-russische Armee wird bei Austerlitz 1805 vernichtend geschlagen.

Da deutsche Fürstentümer an der Seite der Franzosen gekämpft haben, wertet er sie auf. Bayern und Württemberg werden Königtümer, Baden ein Großherzogtum. Der "Rheinbund" entsteht. Deutsche Fürsten scheiden aus dem alten Reichsverband aus. Seine Brüder werden Könige von Neapel, Holland und Westfalen. Ein Familienclan beginnt, die Welt zu regieren.

Aber noch gibt es dieses Preußen, das zwischen England und Frankreich hin- und herschwankt. Schließlich stellt es sich gegen Napoleon. Der Korse reagiert. Das Fazit? Die Preußen erleben eine vernichtende Niederlage bei Jena und Auerstedt im Jahre 1806.

Napoleon scheint unbesiegbar zu sein. Er wird zum Kriegsgott. Erneut besiegt er die Russen, die wieder an der Seite Preußens kämpfen. Er schlägt wenig später einen Aufstand in Hessen nieder und wendet sich danach Spanien zu, wo die Briten, sozusagen durch die Hintertür, Fuß in Europa fassen wollen. Das Resultat? Napoleon siegt auch in Spanien. Er siegt an allen Fronten, die Legende überschlägt sich. Wenig später ringt er erneut die Österreicher nieder und heiratet schließlich sogar Marie Louise, die Tochter des österreichischen Kaisers, um eine legitime Fürstendynastie aus der Taufe zu heben. Napoleon scheint alle seine Feinde vernichtet oder in der Tasche zu haben. Ein Sohn entspringt der neuen Verbindung, der noch vor der Geburt zum "König von Rom" gekürt wird.

Napoleon ist bis nach ganz, ganz oben gestiegen. Frankreich befindet sich im Freudentaumel, seine Anhänger jubeln, er ist der stärkste Mann Europas. Welch ein Leben! Napoleon kann längst nicht mehr mit menschlichen Maßstäben gemessen werden!

Damit aber setzt die Wende ein.

Napoleon sieht sich plötzlich über jedes Maß hinausgehoben.

Immer gieriger, immer brutaler, immer rücksichtsloser packt die Faust des Machtmenschen zu. Er engagiert sich erneut unnötigerweise in Spanien, mit Hunderttausenden von Soldaten, ja er lässt selbst den Papst verhaften, der die französische Oberhoheit im Kirchenstaat nicht akzeptieren will und annektiert Herzogtümer und Städte in Deutschland. Gleichzeitig bereitet er einen Feldzug gegen Russland vor, womit er jedes Augenmaß verliert.

Mit 650.000 Soldaten marschiert im Jahre 1812 eine Vielvölkerarmee gen Osten. Napoleon verliert wichtige Schlachten, besetzt jedoch Moskau, das aber von den Russen niedergebrannt wird. Er muss sich auf einen schmählichen Rückzug begeben. Seine Armee kommt auf dem strapaziösen Rückmarsch fast um, nur ein Drittel erreicht wieder Frankreich.

Sofort stampft er eine neue Armee aus dem Boden. Er besiegt 1813 eine russisch-preußische Armee, verliert jedoch andere wichtige Schlachten. Ganz Europa hat sich inzwischen gegen ihn verschworen: Österreich, Schweden, Spanien, Preußen, Russland und England sowieso.

Die Völkerschlacht bei Leipzig 1813 bringt endgültig die Wende: 120.000 französische Soldaten stehen 350.000 Alliierten gegenüber. Napoleon verliert den Krieg. Die Alliierten besetzen sogar Paris. 1814 unterzeichnet Napoleon die bedingungslose Kapitulation.

Elba wird sein Verbannungsort. Es gelingt ihm im Jahre 1815 zu fliehen. Erneut schart er seine Soldaten um sich, aber die Preußen und die Engländer sind ihm himmelweit überlegen. Napoleon wird ein letztes Mal geschlagen, diesmal endgültig. Napoleon dankt ein zweites Mal ab und wird nach Sankt Helena verbannt. 1821 stirbt er, vielleicht an Gift, vielleicht an einem Magengeschwür.

DAS PHÄNOMEN

So weit die Stationen, die sattsam bekannt sind. Über Napoleons Leben, hier verkürzt dargestellt, erschienen immerhin bis heute rund 500.000 Bücher oder Traktate, man muss es sich vor Augen halten: 500.000! Eine eigenartige Faszination ging von diesem Manne aus, dem die oberflächliche Biographie nicht gerecht zu werden scheint, die sich so simpel liest: Geburt in Korsika, Ausbildung zum Militär, Artillerieoffizier, Divisionsgeneral, spektakuläre Siege in Italien und Ägypten. Putsch und Griff nach der Macht in Frankreich. Konsul, Konsul auf Lebenszeit, Kaiser. Ewige Kämpfe gegen England, das hinter allen seinen Kriegen steckt, Kampf gegen Österreich, Kampf gegen Russland, Schweden und Preußen. Er erhebt seine Familie, Freunde und Verbündete zu Königen, schlägt Aufstände nieder, schlägt Österreich erneut, heiratet eine österreichische Kaisertochter, begeht die Dummheit, nach Russland zu ziehen, verliert, verliert in einer weiteren entscheidenden Schlacht gegen die Alliierten, wird auf Elba gefangen gesetzt, das Licht flackert noch einmal kurz auf, er entflieht, kämpft erneut, scheitert erneut, verliert die letzte große Schlacht bei Waterloo, verkümmert auf Helena, stirbt.

Noch kürzer: Ein kleiner Korse, zum Militär ausgebildet, erringt einige unmögliche Siege, reißt die Macht im nachrevolutionären Frankreich an sich, schwindelt sich bis zum Kaiser hinauf, besiegt anfänglich all seine Feinde, übernimmt sich schließlich strategisch, indem er gegen Spanien und Russland zieht, verliert wichtige Schlachten, wird verbannt, stirbt.

Aber natürlich erzählen die nackten Handlungsstränge nicht einmal ein Hundertstel der wahren Geschichte.

Tatsächlich bleiben tausend Fragen offen. Die nackte Geschichte verbirgt mehr, als dass sie berichtet. Denn die Frage aller Fragen ist doch, wie dieser kleine korsische General mit der Schmalzlocke, dieser Dreikäsehoch aus einem fremden Land die Macht überhaupt an sich reißen konnte!

Die Frage ist, welche *Techniken*, welche *Methoden* er benutzte, um alle und alles hinwegzufegen! Das wirkliche Problem, die tatsächliche intellektuelle Herausforderung, besteht doch darin, zu *verstehen*, WARUM und vor allem WIE es Napoleon, diesem frechen, dreisten, anmaßenden Emporkömmling, gelingen konnte, Europa durchzuschütteln, es mit der ganzen Welt aufzunehmen und sich zum Kaiser zu machen?

Was war sein *wirkliches* Know-how?

Denn fest steht, seine militärischen Geniestreiche wurden buchstäblich jahrhundertelang überschätzt.

Ja, er siegte spektakulär in Italien und Ägypten, aber das ägyptische Abenteuer brachte er nicht ruhmreich zu Ende, er desertierte sogar zum Schluss. Ja, er schlug die Österreicher wieder und wieder vernichtend und gewann viele aufsehenerregende Schlachten, die ihm den Nimbus des Unbesiegbaren einbrachten, aber Historiker haben auch darauf aufmerksam gemacht, dass er entscheidende militärische Fehler beging:

- Er kümmerte sich nicht genügend um die Flotte, die maritime Überlegenheit Englands brach ihm schließlich das Genick.

- Er kämpfte an zu vielen Fronten, etwas, was man in der ersten Klasse der Militärakademie zu vermeiden lernt.

- Gegen Spanien zu ziehen, gegen Russland gar, waren militärische Fehler, die ein Anfänger hätte vermeiden können.

- Er kümmerte sich nicht um militärische Neuerungen. England war weitaus fortschrittlicher und entwickelte neue Waffen, über die Napoleon lachte, bis ihm das Lachen im Halse stecken blieb.

- Er unterschätzte seine Gegner völlig und schlug mehr als einmal den Frieden aus, zu seinem eigenen Nachteil.

Ja, er war zweifellos ein begabter Mann auf dem Felde, aber seine Fehler waren zahlreicher als seine Talente. Sein militärisches Genie war bedeutend kleiner, als seine Anhänger das wahrhaben wollten.

Er war nicht annähernd so klug in militärischen Belangen wie viele seiner Konkurrenten, wie Wellington, Nelson oder Blücher. Aber er besaß ein Talent, in dem er alle überragte. In einer einzigen Disziplin war er allen haushoch überlegen: in der Disziplin der *Public Relations*.

Das war seine wahre Stärke, das war sein wahres Talent. In Sachen PR war er außerordentlich begabt. Und erst wenn wir seine PR-Winkelzüge wirklich verstehen, fällt es uns wie Schuppen von den Augen, was es mit diesem Wicht wirklich auf sich hatte! Gehen wir ins Detail, und kommen wir auf seine wirklichen Geheimnisse zu sprechen.

NAPOLEON, DAS PR-GENIE

Oh, dieser Bursche verstand es, andere maßlos zu beeindrucken. Als er später seine Memoiren schrieb, vergaß er nie zu betonen, welches Wunder es war, dass er, der Sohn eines unbedeutenden korsischen Advokaten, so hoch steigen konnte.

Aus dem Nichts hob ihn das Schicksal in schwindelerregende Höhen empor.

Napoleon begründete sein eigenes Märchen und seine eigene Legende! Kaum hatte die Literatur von seiner Figur Besitz ergriffen, schmückte sie seine Kindheit mit allen möglichen Übertreibungen, Lügen und außerordentlichen Begebenheiten aus.

Aber er selbst war zunächst sein bester Herold. Allein sein militärisches Abenteuer in Ägypten ist es wert, einmal unter PR-Gesichtspunkten sorgfältig ausgeleuchtet zu werden:

Zunächst war die Tatsache, dass er 300 Wissenschaftler in seinem Gefolge hatte, ein PR-Coup erster Güte. Er umgab sich damit mit dem Mantel des kultivierten Forschers und gewann damit die gesamte wissenschaftliche Welt. Wichtiger aber war: Ägypten war das Land des Zaubers, ein Land voller Geheimnisse, ein Land voller Magie, mit seinen Pyramiden und Pharaonen. Schon Alexander und Cäsar (die Napoleon als seine Vorbilder betrachtete!) hatten hier unendlichen Ruhm eingeheimst und ihre Legende begründet. Napoleon, der Fuchs, folgte ihrem Beispiel. Weiter war er schlau, gerissen und abgefeimt genug, mit dem Koran in der Hand vor die mohammedanische Öffentlichkeit zu treten! Er war so durchtrieben wie Alexander, der die ägyptischen Orakelpriester ehemals dazu benutzt hatte, ihn zu vergöttlichen! Auch Napoleon benutzte die Religion, eine fremde Religion, der Schachzug war genau geplant! Wie Alexander versprach er, das Volk und die Religion zu schützen. Wie Alexander versprach er, die fremden Heiligtümer nicht anzutasten. Und wie Kolumbus, der einst in Priestertracht vor dem spanischen Königshaus aufgetreten war, kleidete sich Napoleon in Ägypten je und je in die Tracht des Landes!

Gleichzeitig ließ er über die Bevölkerung seine Propaganda niederregnen, wie es nie zuvor ein Feldherr getan hatte. Kaum bekannt ist folgender Umstand: Noch in Frankreich hatte er Druckerpressen auf seine Schiffe laden lassen, mit denen er auf Arabisch, Lateinisch und Griechisch seine Schriften nun in Windeseile verbreiten konnte. Napoleon wusste, dass man einen Krieg auch und vor allem *mental* gewinnen muss, *propagandistisch*! Flugblätter, Schriften und Traktate aus seiner Feder übergossen nun die "Feinde". Natürlich würzte er seine eigenen Schriften mit hinreichend Zucker. Ein wahres Gewitter von Propaganda ergoss sich über die Ägypter. Aber er streute auch seinen eigenen Leuten Sand in die Augen: Wenn seine Soldaten wie die Fliegen hinwegstarben (die Beulenpest wütete), verabsäumte es Napoleon selten, persönlich an das Lager eines sterbenden Soldaten zu treten, achtete aber darauf, dass es alle erfuhren! Alles, alles nutzte er, um den Eindruck der Unverletzlichkeit zu erwecken, so wenn er einen (Pest-)Kranken publikumswirksam berührte. Wichtig war, dass solche Taten kolportiert wurden und viele Zeugen anwesend waren! So rückte er sich geschickt in den Mittelpunkt und sorgte dafür, dass er ständig Tagesgespräch blieb. Man musste über seine *Magie* reden, er musste *Zauber* verbreiten.

Früh verbreitete er das Märchen, keine Kugel könne ihn verletzen und keine Krankheit ihm etwas anhaben, wodurch sich die Legende verdichtete. Er schürte diese Legende, indem er log, dass sich die Balken bogen: Wenn er krank war, leugnete er dies. Als eines Tages eine Kugel seinen Fuß verletzte, verbarg er die Verletzung geschickt. Alles musste dem falschen Schein geopfert werden! Aber verweilen wir noch einen Augenblick in Ägypten, das für ein weiteres Kabinettstückchen in Sachen Public Relations gut war:

Napoleon nutzte selbst die Kleidung und Farbenpracht der Mamelucken (seiner Gegner), um einen unendlichen Eindruck zu schinden! Konkret ließ er eine Truppe gefangener Mamelucken zu seiner persönlichen Garde erheben, weil ihm die Kleidung so gefiel! Er nutzte diese Garde sogar später in Frankreich, nur um aufzufallen, nur um Eindruck zu schinden. Als ihm die Mamelucken ausgingen, verkleidete er Franzosen als Mamelucken. Niemandem fiel der Betrug auf. Napoleon musste glänzen und nochmals glänzen, aber er wusste, wie man die Menge gewann.

Mit dem Schein! Mit bunter Kleidung! Mit Exotik!

Einen Menschenschlag gab es, den er besonders beeindrucken musste, nämlich seine eigenen SOLDATEN. Und hier entwickelte dieser Napoleon ein ganzes Repertoire von PR-Techniken:

Wieder und wieder wurde auf seine anfeuernden Reden aufmerksam gemacht. Tatsächlich suggerierte er seinen Soldaten, dass die Gloire, der Ruhm höher als alles andere zu setzen sei. Natürlich versprach er ihnen reiche Beute, Gold und Frauen, wie alle Heerführer vor und nach ihm, aber er wusste seine Soldaten in einen Himmel des Ruhms zu heben! Er schmeichelte ihnen, wie nie zuvor ein Feldherr seinen Soldaten geschmeichelt hatte. Er appellierte an ihren einzigartigen Mut, beschwor immer wieder die Besonderheit der französischen Nation, kurz er motivierte sie mit allen zur Verfügung stehenden, rhetorischen Mitteln. Er versetzte seine Mannen in einen Taumel, eine patriotische

Raserei. Er war der begnadetste Redner seiner Zeit. Seine Soldaten hörten ihm mit glänzenden Augen zu. Willig marschierten sie für ihn in den Tod, denn dieser Mann hatte sie hypnotisiert. Legenden wurden verbreitet und die Wahrheit verdreht, wie dass er zum Beispiel in Schlachten mutig wie ein Löwe die Fahne ergriffen hätte, als ihr Träger gerade zu Tode getroffen niedergestürzt war. Oder dass Napoleon unerschrocken vorangestürmt sei, während die Kugeln rechts und links um seine Ohren pfiffen, aber keine Kugel hätte ihm etwas anhaben können. Märchen, Märchen, Märchen, die aber alle Dienste taten!

Napoleon tat alles, um seine Gestalt über das normale menschliche Maß hinaus zu erhöhen.

Seine Soldaten schworen auf ihn. Die schönsten Uniformen, die farbigsten Jacken und die auffallendsten Auszeichnungen besaßen in ganz Europa damals die französischen Soldaten! Niemand war so herausgeputzt wie seine Franzosen, denen alle Blicke folgten. Auch das war Methode, Berechnung, Technik, PR-Know-how! Napoleon seifte seine eigenen Soldaten ein, mit Pomp, Kleidung und goldenem Flitter.

"Die Uniformen der Offiziere, Generäle und Marschälle kosteten ein kleines Vermögen, denn sie waren mit kunstvollen Stickereien in Gold und Silber versehen; dazu (kamen) die kostbaren Pelzjacken der Husaren, die eleganten Stulpenstiefel aus gelben, rotem oder grünem Saffianleder, die Schabracken aus Tiger- oder Leopardenfell." [83]

Überall blitzten die Nationalfarben blau, rot und weiß. Man stellte sich dazu die orientalischen farbenprächtigen Mamelucken vor. Welch ein Fest für das Auge, welch eine Pracht! Die Gardeoffiziere waren hochgewachsen, ein Trick, den schon die Preußen benutzt hatten, um Aufmerksamkeit zu erhalten. Die Garde war mit Bärenmützen geschmückt, die Armeeschneider hatten unter Napoleon eine gute Zeit.

Sogar Phantasieuniformen wurden entworfen! Alles glitzerte und glänzte und betörte das Auge – während Napoleon selbst, inmitten all seiner schmuckvollen Soldaten, sich absichtlich bescheiden kleidete, was ihn natürlich über alle hinaushob! Was ein gerissener Fuchs in Sachen Show und Bühne!

Heute kennt man außerdem die Raffinesse von Motivationstechniken. Es ist inzwischen schick, Leute auszuzeichnen, mit billigen Anstecknadeln und anderem Tand. Napoleon wusste das dreihundert Jahre früher. Besonders begehrt war der bronzene Adler auf der Spitze der Fahnenstange. Weiter zeichnete er einzelne Soldaten gerne *persönlich* aus. Hier bediente er sich des infamsten Tricks, den man sich vorstellen konnte: Er lernte (heimlich!) Namen auswendig, so dass er den einfachsten Grenadier persönlich ansprechen konnte:

"François, du warst doch in der Schlacht in Italien dabei ... Warum bist du nicht befördert worden?"

Der einfache Soldat fühlte sich unendlich geschmeichelt. Sein Feldherr kannte ihn persönlich! Er sprach ihn mit dem Namen an! Napoleon gab vor, alle seine Soldaten zu kennen, alles Hinterlist, Tücke und Schauspielerei! Aber die Soldaten fielen darauf herein! Napoleon wurde verklärt, *pour l'Empereur* wurde das Leben gelassen und gestorben, ohne mit der Wimper zu zucken.

Die Soldaten fühlten sich ausgezeichnet, sie glaubten, sie seien etwas Besonderes. Außerdem bezahlte sie Napoleon gut, die französischen Soldaten waren besser bezahlt als die Soldaten anderer Heere.

Darüber hinaus verfügte er über ein weiteres Mittel, um sie zu verführen: die Musik. Niemand hat je in der Geschichte mit solcher Schamlosigkeit die Macht der Musik dazu missbraucht, um Soldaten in den Tod zu treiben. Eigene Märsche wurden komponiert, manchmal Erkennungslieder - nur für ein einziges Regiment! Musik aber umgeht den Verstand, senkt sich direkt in das Gefühl und schaltet das Denken aus. Genau das brauchte Napoleon. Die begabtesten, die teuersten Komponisten wurden angeheuert, nur um seine Soldaten im Gleichschritt marschieren zu lassen, im Gleichschritt in den tausendfachen Tod.

Keiner verdiente so gut wie die Militärmusiker. Die edelsten Empfindungen der menschlichen Seele, die Ästhetik selbst, korrumpierte dieser Napoleon, wenn es nur seinem Ziel diente! "Allein die Kapelle der Garde-Infanterie zählte 48 Musiker unter der Leitung von Michel-Joseph Gebauer, der für Napoleons Armee mehr als 200 Märsche komponierte, ehe er im Dezember 1812 den Strapazen des Russland-feldzuges erlag." [84]

Ganze Opern wurden komponiert, man muss es sich vorstellen! Nur um seine Feldzüge abzusegnen!

Napoleon setzte diese Musik ein, um regelmäßig Paraden abzuhalten, Schauparaden. Tausende, ja Zehntausende Schaulustige säumten die Straßen, denn Napoleons Heer war es wert, dass man ihm nachgaffte. Bei vielen wurde so der Wunsch geweckt, "dabei zu sein", "mitzumachen"! Das festliche Gepränge und die Mädchen, die sich den aufgemotzten Soldaten an den Hals warfen, waren Legende. Welche Frau hätte je einem geschniegelten Offizier widerstanden oder einer schmucken Uniform? Und so liefen Napoleon die Soldaten in Scharen zu. Hunderttausende rekrutierte der Korse wieder und immer wieder, es war ihm ein Leichtes. Während der Gegner, der Feind, noch immer mit Peitschen hinter seinen Soldaten stand, verstand es dieser Fuchs, aus einem Bauern einen Helden zu machen und aus einem Tagedieb einen Offizier.

Wer wäre ihm nicht gefolgt?

Aber alles war Methode, war die kaltschnäuzige Berechnung eines Massenmörders. Die farbenprächtigen Paraden waren die großen Shows des 18. Jahrhunderts, die Soldaten waren die Schauspieler, Napoleon war der Regisseur. Es handelte sich um nichts als um ein riesiges Theaterspektakel! Wenn man all diese Raffinesse, die Technik nicht sieht, versteht man Napoleon nicht, diesen genialen Bühnenmann. Er war Produzent, Regisseur und Hauptdarsteller in einem, und er inszenierte dieses Schmierenstück, diesen Theatercoup so vollkommen, dass alle applaudierten. Die KAISERKRÖNUNG war freilich sein frechster Coup. Sie wurde so sorgfältig inszeniert wie es heute vielleicht nur bei den ganz großen Filmen der Fall ist. Zunächst einmal nannte er sich *Kaiser*, nicht König, denn das hätte Erinnerungen an den französischen König geweckt, den man doch gerade erst geköpft hatte. Das Wort Kaiser aber erinnerte an Karl den Großen oder Cäsar, Napoleon kaufte sozusagen vergangene PR mit diesem Titel ein. Das Merowingersymbol, die Biene, wurde adaptiert, die auch schon ägyptischen Pharaonen gute Dienste geleistet hatte; sie wurde anstelle der Lilie das neue Symbol. Der Streich aller Streiche war jedoch der Umstand, dass Napoleon eigens den Papst aus Rom nach Paris befahl. Der alte, gebeugte Oberpriester reiste dienst-eifrig an, Napoleon brauchte die höhere Weihe, er brauchte das "Got-tesgnadentum"! Oh, er wusste sehr wohl, was die Menschen namenlos beeindruckte!

Aber das Ganze wurde noch getoppt, indem er bei der eigentlichen Krönung dem Papst die Krone aus der Hand nahm und sie *sich selbst* aufsetzte. Niemand hatte DAS je gewagt! Und die Botschaft war ein-deutig: Napoleon krönte sich selbst. Der ganze Pomp der Kaiserkrö-nung, das Hofzeremoniell, die Etikette wurde bis ins Detail eingeübt. Er wusste, es würde die Massen in einen Rausch versetzen, die Krö-nung musste ein unvergessliches Erlebnis bleiben, fest verankert in den Hirnen seiner Franzosen.

Damit das PR-Spektakel der Nachwelt überliefert wurde, heuerte er die besten, die teuersten Maler an: Jacques-Louis David, der Hofmaler, verklärte nachträglich das "übernatürliche" Ereignis für die unweltliche Summe von 77.000 Franc. Ein Komponist musste eine eigene Krö-nungsmusik schreiben. Giovanni Paisiello, 400 Sänger und 300 Instru-mentalisten waren mit von der Partie.

Musiker, Maler, Schriftsteller – alle, alle wurden sie eingespannt, um die Legende Napoleon weiter auszuwalzen, denn dieser politische In-stinktmensch wusste, dass niemand besser Emotionen zaubern kann als Künstler. Selbst der Geheimrat von Goethe ging ihm auf den Leim. Der Dichterfürst von Weimar hätte eigentlich das ganze Spektakel und den ganzen Humbug durchschauen müssen, aber selbst der ansonsten so blitzgescheite Mann verfiel dem unendlichen Charme des kleinen Korsen, der ihn mit einem einzigen Kompliment einseifte, mit dem man jeden Schriftsteller um den Finger wickeln kann: Er lobte seine Bücher! Den "Werther" habe er siebenmal gelesen, log er, und Goe-thes Herz war korrumpiert. (Goethe im Originalton: "Sein Leben war das Schreiten eines Halbgottes von Schlacht zu Schlacht und von Sieg zu Sieg.") Er verlieh anderen Poeten das Kreuz der Ehrenlegion, debattierte scheinheilig mit ihnen, aber immer von der Höhe der Macht aus! Bis die Schreiberlinge in ihm den belesenen, leutseligen, verständigen und hochkultivierten Mann sahen. Sie verfielen seinem Charme wie ein Bauerntölpel einer schönen Frau, sie sahen den Wolf im Schafspelz nicht. Zahlreiche Schriftsteller wurden auf diese Weise gewonnen, sie waren Teil von Napoleons propagandistischer Tätigkeit, Teil seines Planes.

Zudem ließ er die Bühnen überwachen. In Paris durften nur die Stücke gespielt werden, die Napoleon genehm waren. Er wusste, die Macht der Feder war beträchtlich, das musste man einem alten Hasen, der von allen Hunden gehetzt worden war, nicht erst beibringen.

Oh, was eine Show! Welch ein Schmierenstück führte er auf, um andere zu gewinnen! Er heuchelte Zuneigung, Liebe, Affinität und Mitleid, wie etwa im Falle der Begnadigung des Fürsten Hatzfeld 1806 in Berlin, die er bildlich darstellen ließ! "Der großherzige Kaiser, der einem Spion vergibt, weil dessen hochschwangere Frau, vor Napoleon kniend, um sein Leben bittet."[85] Der springende Punkt ist natürlich die *bildliche Darstellung*! *Die Öffentlichkeit*! Ohne sie wäre der PR-Effekt verpufft!

Alles Komödie und Tragödie zugleich, überhöht durch die Kunst, vermittelt durch die Künste, geschickt hinmanipuliert!

Selbst als sein Sturz nicht mehr aufzuhalten war, verzichtete ein Napoleon nicht auf das Gepränge, den Tand und die Täuschung: Die Abschiedszeremonie (bevor er nach Elba verbannt wurde) gestaltete sich wie ein letzter Akt in einem Rührstück. Er richtete herzergreifende Worte der Erinnerung an seine Soldaten (die er verheizt hatte wie Brennholz), küsste den General – und seine Gefährten "weinten wie die Kinder". (Kleßmann)

Als er aus Elba mit ein paar Schiffen zurückkehrte, benutzte er die gesamte Palette der Public Relations erneut. Er verteilte, kaum in Frankreich gelandet, Proklamationen (wieder befand sich eine Druckerpresse in seinen Händen!) und gewann mit den üblichen Sprüchen erneut das Herz der Franzosen. Die kleine Schar von Anhängern, die Richtung

Paris marschierte, wurde immer größer "Vive l'Empereur!" schallte es
ihm entgegen, von allen Seiten. Ganze Regimenter liefen zu ihm über,
Soldaten weigerten sich, auf ihn zu schießen. "Der Kaiser!", raunte man.
Die Soldaten brachen in Tränen aus, man umarmte ihn und hob ihn
auf die Schulter. Er war wieder da! Städte ergaben sich ohne einen einzigen Schuss, die Flagge der Bourbonen wurde eingeholt. Paris jubelte, die Menschen taumelten vor Freude. Napoleon hielt seine einzigartigen, aufpeitschenden, von Gefühl durchtränkten Reden und das Volk
verfiel diesem einzigartigen Verführer ein zweites Mal. Natürlich nutzte das alles nichts, die Feinde waren zu stark. Napoleon verlor die entscheidende Schlacht, wir haben es bereits erwähnt.

St. Helena war sein endgültiges Schicksal. Aber selbst hier hörte er
nicht auf, an seiner Legende zu stricken. Er empfand keine Reue, sein
übergroßes Ego verbot es ihm, andere Menschen überhaupt auch nur
wahrzunehmen, der Mord an ganzen Völkern berührte ihn nicht weiter.
Er bedauerte lediglich einige militärische Fehler, als er seine Memoiren
schrieb.

Wieder wurde Geschichte gefälscht, erneut die alte Legende namens
Napoleon aufpoliert. Der alte Schlachtengott konnte nicht aus seiner
Haut heraus. Er überhöhte sich, besang sich, im Mittelpunkt der Welt
stand nur eine einzige Person: Napoleon, für die keiner mehr Superla-
tive erfand als er selbst.

PR, PR, PR

Kaum unter der Erde, geht es erst richtig los: Die *Legende Napoleon* macht sich selbstständig. Die ganzen Märchen, Fabeln und Geschichten, von ihm selbst gesponnen und erfunden, besser als es die
Gebrüder Grimm gekonnt hätten, besser als Goethes Romane, leben
wieder auf. Er wird jetzt, man muss es sich vor Augen halten, mit Christus verglichen und als Heiland apostrophiert. Die Bibel wird auf ihn

bezogen und Prophezeiungen auf ihn gemünzt – ein Trick, den schon die Jesus-Schreiberlinge, die Jesus-Erfinder, in Szene gesetzt hatten.

Selbst Heinrich Heine verfällt dem Charme, den Lügen und den Übertreibungen eines Mannes, der doch Millionen von Toten auf dem Gewissen hat. Das Märchen von dem "einzigartigen Gehirn" entsteht, die geistigen intellektuellen Fähigkeiten Napoleons werden schamlos übertrieben. Er wird als einzigartig vorausschauend und überdimensional klug bezeichnet. Erst jetzt erblickt die überhöhte Legende das Licht der Welt, unterfüttert durch seine eigenen Lügen.

Napoleon ist der auferstehende Christus, alles wird verklärt, die Kindheit, die Jugend und die Siege.

In den Jahren 1821 bis 1840 überfluten geheimnisvolle Traktätchen Europa, die berichten, Napoleon sei gar nicht tot, er weile noch immer unter den Lebenden. (Später wird man ähnliche Lügen über andere Tyrannen erfinden.)

1840 exhumiert man den Leichnam, der wie durch ein Wunder (natürlich!) nicht verwest ist, und bringt ihn nach Paris, wo er im Invalidendom beigesetzt wird. Ein neuer Napoleon-Kult setzt ein, nicht zuletzt deshalb, weil die Bourbonen, die wieder auf dem Thron sitzen, die alte Politik fortsetzen und alles andere als beliebt sind. Schließlich putscht sich Napoleon III. auf Frankreichs Thron, ein Kaiserneffe, in einem blutigen Staatsstreich. Natürlich fördert er die Legende Napoleon weiter. Das Geschäft boomt. 1840, 1850 gibt es Porzellan mit Napoleonbildern und Suppenlöffel mit seinem Konterfei. Auf "Flakons, Kalendern, Korkenziehern, Ladenschildern, Petschaften, Schuhlöffeln, Tabakdosen, Taschenmessern, Thermometern, Tintenfässern, Tischklingen, Uhren" erscheint sein Bildnis (Kleßmann). Es gibt Napoleon-Camembert, Napoleon-Schokolade, St.-Helena-Zigarren!

1930 wird ein Napoleon-Stück auf der Bühne aufgeführt, der Verfasser ist niemand geringerer als Benito Mussolini, der Erzfaschist. Das Stück feiert fröhlich Urständ' in Italien, Deutschland, Frankreich, England, Österreich und Ungarn, es erlebt zahlreiche Aufführungen. Der Film bemächtigt sich des Phänomens Napoleons, eine ganze Filmographie wird um Napoleon herum geschrieben. Rund 500.000 Bücher, Traktate, Schriften und Essays schmieren eifrige Griffel nieder. Napoleon hat eine PR-Lawine losgetreten, und jetzt überrollt sie erneut das gesamte Europa, besonders natürlich Frankreich, wo viele bis heute an den "großen Sohn" glauben und jeden einen Verräter nennen, der Napoleon nicht liebt. Aber die Wahrheit und nichts als die Wahrheit ist, dass dieser Napoleon nichts als ein kaltschnäuziger, gewissenloser, blutgieriger und größenwahnsinniger Massenmörder war, der alles mit sich in den Untergang riss, womit er in Berührung kam. Womit wir bei der Aufrechnung seiner Taten sind und dem *tatsächlichen* Napoleon, entkleidet allen PR-Blätterwerks. Denn wer war Napoleon *wirklich*?

Des Kaisers neue Kleider

Buchstäblich 200 Jahre lang wurde gerätselt, wer oder was hinter dieser Maske steckte, die sich *Napoleon* nannte. Wer war dieser Mann wirklich?

Dabei gab und gibt es genügend hieb- und stichfeste Fakten. Augenzeugen (zur Zeit seiner Jugend und seines frühen Mannesalters, da er die Militärschule besuchte) berichteten von einem verschlossenen, düsteren und unzugänglichen Charakter. Darüber hinaus verbreitete Napoleon in seinem unmittelbaren Umfeld gerne ANGST. Seine Untergebenen fürchteten ihn (und es gab nur Untergebene, Gleichrangige ließ Napoleon nie gelten). General Vandamme bekannte, dass er weder Gott noch den Teufel fürchtete, aber wie ein Kind anfing zu zittern in Napoleons Gegenwart. Andere trugen eine Brille, um seinem hypnotischen Blick nicht ausgesetzt zu sein.[86] Selbst seine Sekretäre fürchteten ihn, jedenfalls war es nicht angenehm, für ihn zu arbeiten, sie mussten Tag und Nacht für ihn bereitstehen. Er selbst gab zu, dass der glücklich sei, der sich vor ihm in den Provinzen verbergen könne!

Darüber hinaus besaß Napoleon keine Freunde. Die Intimität der Freundschaft war undenkbar für ihn. Napoleon über Napoleon: "Freundschaft ist nichts als ein Name. Ich liebe niemanden. Ich liebe nicht einmal meine Brüder ... Überlasst die Empfindsamkeit den Frauen; es ist ihr Geschäft." [87] Mit der Kaiserkrönung verschwand endgültig jeder persönliche Kontakt und jede Nähe zu "normalen" Menschen, sogar zu alten Kampfgefährten bewahrte er jetzt Distanz. Er benutzte die Etikette, um sich jedermann vom Leib zu halten.

Schließlich besaß Napoleon sadistische Züge. Er riss Menschen gern an den Ohren, manchmal bis das Blut strömte. Immer wieder wird darüber hinaus von seinen völlig unberechenbaren Wutanfällen berichtet. Einem seiner Generäle rammte er den Kopf gegen die Wand. Als er sich im Jahre 1807, in Polen, auf sein Pferd schwingen wollte, fiel er auf der anderen Seite wieder herab, weil er, entgegen allen PR-Lügen, allen seichten, heroischen Gemälden zum Trotz, ein miserabler Reiter war. Da es vor aller Augen geschah, schäumte Napoleon und schlug dem Pagen, der sein Pferd gehalten hatte, mit der Reitpeitsche über das Gesicht. [88]

Erhellend ist bei der Beurteilung eines Menschen jedoch stets auch der Umgang mit dem anderen Geschlecht, nichts ist verräterischer. Schauen wir also auch kurz durch das Schlüsselloch seines Schlafgemaches. Wie hielt es Napoleon mit seinen FRAUEN?

Als er in Ägypten die Frau eines Leutnants verführte, sorgte er dafür, dass er sich deren Ehemann mit einem entsprechenden Befehl schnell vom Hals schaffte. Weiter schlief er in völliger Skrupellosigkeit jedem Weibsbild bei, dessen er habhaft werden konnte. Napoleon kannte keine Romantik. Sein Geschlechtsakt war kurz, emotionslos, kalt, fast geschäftsmäßig, jedenfalls phantasielos. Das Wort "Liebe" kannte er nur aus dem Wörterbuch. Als er verheiratet war, betrog er seine Frau ununterbrochen mit Schauspielerinnen, Tänzerinnen und Sängerinnen. Er hatte einen unehelichen Sohn mit einer Polin und einen ehelichen mit der österreichischen Kaisertochter, was ihn jedoch allenfalls unter politischen Gesichtspunkten interessierte. Sein allgemeines Verhältnis

zu Frauen war despektierlich: Sie waren nur zweitklassige, drittrangige
Kreaturen, keinesfalls dem Manne ebenbürtig, eine Art Untermensch.
"Wir behandeln sie zu gut", sagte er und: "Wir haben alles falsch gemacht. Es war falsch, sie auf unsere Stufe, bis zu unserer Stufe hoch-
zuziehen."[89] Frauen, Untermenschen, dienten ihm zur kurzen Triebbe-
friedigung; danach warf er sie weg. Wenn er gut gelaunt war, warf er
ihnen ein paar Franc hinterher, wie einer Hure. Der berühmten Jose-
phine, mit der er angeblich eine ergreifende Liebesbeziehung pflegte
(rührselige, verlogene Schmonzette, nichts als eine verkitschte Verdrehung der Tatsachen!), bediente er sich ebenso skrupellos wie anderer
Frauen, mit denen er in Berührung kam. Als abgelegte Geliebte von
Barres (dem letzten Kopf der Französischen Revolution) mag sie ihm
gewisse Einblicke in dass Machtgefüge gegeben haben, sie war außerdem nicht beziehungslos. Josephines eigene amouröse Eskapaden waren darüber hinaus europaweit bekannt. Beide konnten nicht treu sein.
Liebe? Bestimmt nicht!

Betrachten wir nun seinen Charakter, wie er im politischen Umfeld
sichtbar wird. Als er noch nicht fest im Sattel saß, ließ er kaltblütig
Jakobiner und Aristokraten umbringen, indem er ihnen einfach Verrat
unterstellte. Gegner wurden vergiftet, gemeuchelt oder hingerichtet. In
Santo Domingo, der zu Frankreich gehörenden Kolonie, führte er bedenkenlos die Sklaverei wieder ein, die dort gerade abgeschafft worden
war. Spanien lockte er zunächst mit einem Bündnis, bis seine eigenen
Truppen in Spanien standen, woraufhin er den spanischen Herrscher
absetzte. Er brach jeden Vertrag, wenn es ihm passte und wenn
es nützlich war, getreu den Ratschlägen eines Machiavelli, dessen "Prince"
("Der Fürst") er ständig bei sich führte.

"Deutschland", das ihm teilweise beträchtliche Sympathien entge-
genbrachte, weil es von den eigenen Fürsten unterdrückt wurde, köder-
te er mit wolkigen Versprechungen. Aber als es zur Nagelprobe kam,
verriet er die deutschen Kaufleute und die deutschen Hoffnungen, so
dass sich später die Deutschen wieder von ihm abwandten.

Nicht anders behandelte er die Polen.

Napoleon war also, wiederholen wir es, nichts als ein sadistischer kleiner Schurke, der überall ANGST verbreitete, keine Freunde besaß, keine Nähe duldete, seine Umgebung marterte, Frauen nach Belieben vernaschte, minderwertige Wesen seiner Meinung nach, und bedenkenlos potenzielle Gegner tötete, selbst wenn es keine Beweise gab. Er brach nach Belieben Verträge und war ein skrupelloser Dieb und Räuber. Er war, nur am Rande, der größte Kunsträuber seiner Zeit.

Das aber ist tatsächlich alles nichts im Vergleich zu der Tyrannei, die er errichtete! Denn weithin unter den Teppich gekehrt wird bis heute die Tatsache, dass er ein Spitzelsystem ohnegleichen errichtete. Dienlich war ihm dazu eine Kreatur, die man in ihrer Scheußlichkeit allenfalls mit den Geheimdienstchefs des 20. Jahrhunderts vergleichen kann, war ihm ein gewisser Joseph Fouché. Keine Feder ist schmutzig genug, diesen Ausbund von Heuchelei, Gemeinheit und Intrigantentum wirklich zu beschreiben. Es handelte sich um einen Wendehals, der erst den Bourbonen, dann der Revolution, schließlich dem Kaiser Napoleon und danach wieder den Bourbonen diente, ein Mann also ohne jede Prinzipien. Aber er war ein hochbegabter Spitzel. In den finstersten Ecken sammelte er Huren, Diebe, Kleinkriminelle und Mörder. Das waren seine Zuträger, die ihn mit Nachrichten versorgten. In jedem Bordell und in jedem Gefängnis hatte Fouché seine Spione sitzen, die ihm alles zutrugen und ihm eine unverhältnismäßige Macht gaben - ein Grund, warum sich Napoleon seiner bediente. Fouché verfügte über ein Heer von Spähern, das jetzt ausgebaut und in den Dienst des großen Kaisers gestellt wurde. Napoleon war über diesen Steigbügelhalter beglückt; hier trafen sich zwei schwarze Seelen, die in ihrer Intriganz einander übertrafen. Fouché spitzelte alles für ihn aus: Er spähte in das Schlafzimmer Josephines und wusste über die intimsten Details in den Betten seiner Feinde Bescheid. Die Affären seiner eigenen Brüder berichtete ihm Fouché ebenso wie er die Liebesbeziehungen Talleyrands, seines Außenministers, hinterbrachte, den er "Dreck in Seidenstrümpfen" nannte. Keine Angelegenheit war ihm zu schmutzig, als dass sie ihm dieser Fouché, dieser Wurm, nicht hinterbracht hätte. Dafür wurde Fouché belohnt, hoch belohnt, mit Millionen und dem Titel eines Herzogs von Otranto. Für Stefan Zweig war Fouché ein Intrigant, eine "glatte Reptiliennatur, gewerbsmäßiger Überläufer, niedrige Polizeiseele, erbärmlicher Immoralist".[90] - Aber damit untertrieb Zweig noch.

Ein Schleicher, ein Flüsterer, eine Giftspritze, ein vielfacher Mörder, ja ein Massenmörder (in Lyon) war Fouché. Er war korrupt und korrumpierte andere, er war eine Bestie und ein elender Schlüssellochgucker, der ganz Frankreich mit seinen Spitzeln wie mit einem Spinnennetz überzog.

Napoleon brauchte diesen Fouché, er brauchte ihn geradezu verzweifelt. Denn Napoleon führte im Jahre 1800 die Pressezensur wieder ein. Eine Zeitung nach der anderen musste dichtmachen. 60 von 73 wurden verboten - natürlich just jene, die die Wahrheit über Napoleon sagten. Übrig blieben nur 13 Zeitungen, die darüber hinaus noch streng kontrolliert wurden. Mit Argusaugen wurden sie gelesen, von Fouché und seinen Zensoren. Abweichende Meinungen wurden nicht geduldet. Fouché war der dienstbare Geist, der Mephistoles hinter Napoleon, der perfekte Diener des Satans. Private Post wurde geöffnet, zweifelhafte Passagen abgeschrieben, die Briefe wieder versiegelt und ihren Empfängern zugestellt. Das gesamte schmutzige Handwerkszeug, das Geheimdienste bis heute beherrschen, war das Metier dieses Fouché. Kritische Stimmen wurden zuerst ausspioniert, dann überführt und schließlich aus dem Weg geräumt. Frankreich zitterte vor Angst. Schlussendlich durfte man nur noch das Loblied auf Napoleon singen! Fouché ließ sogar die Erscheinungen auf dem Buchmarkt überwachen, die spitze Feder der Herren Schriftsteller fürchtete er. Und zu Recht! Schriftsteller hatten in der Vergangenheit zu oft die Wahrheit gesagt, sie waren gefährlich - also wurden Bücher zensiert, Bücher verboten und Bücher eingestampft. Selbst in die Theaterspielpläne griff Napoleon ein, indem er sich dieser schleimigen, kriechenden Figur Fouchés bediente. Nur noch bestimmte Theaterstücke durften aufgeführt werden, ebenso nur bestimmte Opern. Alles, alles wurde in diesem neuen

Frankreich unter den "Geschmack" (in Wirklichkeit war es politische Kontrolle) dieses Napoleon gezwungen. Die meisten literarischen Salons mussten schließen, einst Perlen der Kultur, jedenfalls wenn sie nicht vor Bonaparte katzbuckelten.

Die Angst kontrolliert die öffentliche Meinung. Ein Schaustück, das die Monarchie kritisierte, war schon politisch verdächtig. Was für ein elender, kleiner, mieser, erbärmlicher Unterdrücker, dieser Monsieur Napoleon, der sich zum Kaiser emporgeschwindelt hatte! Jeder Drucker musste zuletzt seine Druckerzeugnisse absegnen lassen. Ohne Fouché, den Handlanger Napoleons, lief nichts mehr. Ganze Buchmagazine wurden vernichtet. Das geistige Leben in Frankreich erstarb. Seine ärgste Feindin war die mutige Madame de Staël, die bekannteste Schriftstellerin ihres Zeitalters, die sich einem Napoleon entgegenstemmte, aber fliehen musste, schlussendlich durch ganz Europa. Ihr Salon wurde von Napoleon geschlossen, sie fand sehr viel später heraus, dass Napoleon ihr sogar Agenten hinterher gejagt und ihre Diener bestochen hatte, nur um sie weiter bespitzeln zu können.

Der Schrecken kroch in die Hütten Frankreichs, aber auch Italiens, Preußens, Hollands, Spaniens, überall wo Napoleon wütete. Sein Spitzelheer war zuletzt das beste der Welt. Alles wurde ihm hinterbracht, alles berichtet und alles gnadenlos zertreten, was nicht seiner Meinung war. Detektive, Spione und Polizei ergriffen die Macht. Ein Polizeistaat war im Entstehen begriffen. Neue Bastillen und neue Gefängnisse wurden errichtet, um Abweichler einzukerkern. Ein einziges falsches Wort konnte schon jahrelange Haft bedeuten. Europa begann, vor diesem Tyrannen zu zittern. Als Madame de Staëls Werk "De l'Allemagne" erschien, ließ es Napoleon sofort einstampfen.

Spätestens hier zeigte Napoleon sein wahres Gesicht. Das PR-Mäntelchen, dass er sich so gekonnt umgehängt hatte, weht ihm damit von den Schultern herunter. Wir sehen den Tyrannen in Reinkultur, der jede Freiheit blutig unterdrückt, der Künstler gängelt, ihre Werke vernichtet und ihnen nicht die Luft zum Atmen lässt.

Und das ist noch nicht einmal ein Zehntel der Wahrheit über diesen Napoleon, über den wir eigentlich inzwischen getrost den Stab brechen können. Aber seine wirklichen Sünden sind nur in welthistorischem Maßstab zu messen. Napoleon hat, einer vorsichtigen Schätzung nach, rund 3 Millionen Tote auf dem Gewissen. Er verheizte während seiner Regierungszeit rund 1 Million französische Soldaten und etwa 2 Millionen Soldaten des "Feindes" (in Preußen, Holland, Spanien, Italien, Polen, Dänemark, Norwegen, Österreich, Russland, in den Kolonien usw.). Überall pflasterten Leichen seinen Weg. Wie viele Verletzte und Verkrüppelte auf sein Konto gehen, kann man nur schätzen. Fünf Millionen? Sechs Millionen?

Am ekelhaftesten war die wahre Einstellung Napoleons seinen eigenen Soldaten gegenüber:

"Ich schere mich einen Dreck um das Leben von einer Million Menschen!", tönte er. Frankreich betrachtete er nur als einen großen Teich, aus dem er nach Belieben Soldaten ziehen konnte, wie Fische. Aber auch die anderen Franzosen litten: die französischen Bauern zum Beispiel, die ihm zu unmöglichen Bedingungen Vieh und Getreide stellen mussten, wenn es galt, sein Heer quasi kostenlos oder jedenfalls zu lächerlichen Preisen zu versorgen. Jeder verlor durch diesen Napoleon, der seine Soldaten in diesen farbigen, gutgeschnittenen Uniformen aufmarschieren ließ, wofür sie sich willig totschießen ließen.

"Truppen werden geschaffen, damit sie getötet werden können!",[91] prahlte er. Von den 2.613.000 französischen Soldaten starben, wiederholen wir es, allein eine Million! Später, im Russlandfeldzug, bestand sein Heer auch aus den Truppen "verbündeter" Länder. Hier starben die Soldaten erst recht, wie die Fliegen gingen sie ein. Wiederholen wir: Nur ein Drittel aller Soldaten kehrte zurück.

Und damit haben wir endlich, endlich das Geheimnis Napoleon gelöst.

Denn wie kann man, wie muss man über einen solchen Menschen urteilen, wenn man nur alle fünf Sinne beisammen hat?

NAPOLEON, DAS RÄTSEL

Nichts ist intellektuell verwerflicher, als ein "ausgewogenes Bild" eines Menschen zu zeichnen, der doch so offensichtlich unterdrückerische Züge besitzt. Napoleon war ein Schlächter und ein Bluttrinker erster Güteklasse, nicht einen Deut besser als Alexander oder Cäsar. Er war ein millionenfacher Mörder, an dieser Statistik kann man nicht rütteln. Was zählt dagegen die Tatsache, dass er einige galante Briefe schrieb, einige hübsche Frauen um den Finger wickelte und einige Künstler seiner Zeit einseifte, die nicht bemerkten, dass sie nur benutzt wurden?

Was zählt angesichts der tatsächlichen Fakten all das PR-Getöse, die bunten Wimpel, die bronzenen Adler, die "prächtigen" Uniformen der Soldaten in den Nationalfarben, die Marschmusik, die jedoch, wir haben es bereits gehört, nur dem Zweck diente, seine Soldaten effizienter in die Schlacht zu treiben!

Es ist unseres Erachtens geradezu kriminell, ein "ausgewogenes Bild" über diesen Massenmörder zu zeichnen und sich von seinen PR-Mätzchen blenden zu lassen. Es zeugt von ungeheurer Dummheit, "die Zeit" für seine Vergehen verantwortlich zu machen. "Die Zeit" ist niemals der Schuldige. Gestalten wie Alexander, Cäsar, Napoleon, Stalin und Hitler gab es zu allen Zeiten, ebenso wie es die edelsten Gestalten zu allen Zeiten gab, Sokrates, Platon, Cicero, Shakespeare, Jefferson, Puschkin, Erhardt, Gandhi oder Mandela. "Die Zeit" ist nie verantwortlich! Wann lernen Historiker endlich, den PR-Spektakel, das Public-Relations-Brimborium, den Kladderadatsch zu missachten, die Show zu durchschauen und dieses, das faulste aller Argumente, "die Zeitumstände" bei der Beurteilung einer Person über Bord zu werfen?

Aber auch andere Rechtfertigungen, Argumente und Einreden stechen nicht. Napoleon als ein Produkt der Massen charakterisieren zu wollen[92], als ein "notwendiges" geschichtliches Ereignis, ist ebenso töricht. Es verführt zu einer völligen Fehlanalyse, und, wichtiger, hilft nicht, den Blick zu schärfen, so dass ähnliche Gestalten in Zukunft im Vorfeld vermieden werden können.

Nein, nein und nochmals nein! Napoleon war, und das sind Fakten, ein egomanischer, düsterer Bursche, der überall Angst und Schrecken verbreitete, überall eine breite Blutspur hinter sich zurückließ, ein Kerl mit sadistischen Zügen, manisch promiskuitiv, ein Mann, der Frauen für Menschen zweiter Klasse hielt, ein kaltblütiger Mörder, ein Kerl, der Verträge brach, die Sklaverei wieder einführte, Polen und Deutschland Versprechungen machte, die er nicht einhielt, ein Kunsträuber, ein Wicht, der mit Hilfe dieses schleimigen Mörders Fouché das größte Spitzelsystem Europas errichtete, der die Meinungsfreiheit zerstörte, Zeitungen und Bücher einstampfen ließ, Autoren behinderte, Schriftsteller verfolgte, die Zensur einführte, das Theater und die Oper dieser Zensur unterwarf, das geistige Leben zerstörte und mit Haft ein falsches Wort bestrafte. Was seine "vielgeliebten" Soldaten anging, so verheizte er sie gewissenlos, eine Millionen Franzosen allein, wahrscheinlich zwei weitere Millionen anderer Völkerschaften, ganz zu schweigen von all den Millionen Verletzten, Verkrüppelten, Waisen und Witwen.

Gleichzeitig war dieser Napoleon ein Genie in Sachen Öffentlichkeitsarbeit. Dabei war er mit einem gefährlichen Charme begabt, einem hypnotischen Charme, der bis heute den Blick auf den wahren Charakter dieses Mannes verstellt. Er seifte ein ganzes Zeitalter ein, erst sein eigenes und über den Tod hinaus noch ein paar weitere Jahrhunderte, und das nur, weil seine PR-Techniken nie schonungslos aufgearbeitet wurden.

Große französische Historiker (Michelet, Lanfrey, Taine, Lefèvre) nannten ihn zwar manchmal einen Usurpator und einen Tyrannen und deutsche Historiker (Kleßmann) bezichtigten ihn "überdurchschnittlicher krimineller Energie", immerhin, aber das alles traf nicht wirklich den Sachverhalt. Denn stets verzichteten all diese Historiker nie darauf, seine "gute Seite" zu betonen, nach dem Motto: Goebbels spielte doch auch die Geige! Oder: Hitler liebte Schäferhunde und baute Autobahnen!

Nein, nein, nein! Napoleon war ein Massenmörder, Unterdrücker, Zensor, Kulturzerstörer, Spitzel, Sexbessener, Frauenverächter und Soldatenkiller. Das sind die Fakten, an denen es nichts zu deuten gibt.

Der Rest ist Augenwischerei.

15. KAPITEL

UNTER DEM VERGRÖSSERUNGSGLAS: FÜRST OTTO VON BISMARCK

Wagen wir uns nun ein wenig näher an die Gegenwart heran und untersuchen wir eine der interessantesten Figuren der deutschen Geschichte: Fürst Otto von Bismarck, der Mann, der einst als der Gründer des Deutschen Reiches besungen wurde, dem man am Ende seines ereignisreichen Lebens allenthalben mit Ehrfurcht begegnete und dem man Hunderte von Statuen in Deutschland errichtete.

Tatsächlich entstand ein regelrechter Bismarck-Kult nach seinem Tod, Bismarck genoss ein unendliches Ansehen im In- und Ausland, Bismarck geriet zur Legende, denn er hatte die Sehnsüchte der Deutschen erfüllt, hatte ein Deutsches Reich aus dem Boden gestampft und hatte den Erzfeind Frankreich geschlagen. Er war zweifellos der wichtigste Mann des 19. Jahrhunderts. Er führte erst Preußen zum Triumph, schuf daraufhin ein neues "deutsches" Reich, entwickelte den Sozialstaat und war geehrt, umjubelt und berühmt, wie kein zweiter Mann seiner Zeit, einschließlich des deutschen Kaisers selbst, der einmal den Ausspruch von sich gab: "Es ist nicht leicht, unter Bismarck Kaiser zu sein!"

Er selbst urteilte über sich:

"Aber besiegt habe ich sie alle! Alle!"

Dabei waren die Hindernisse am Anfang schier unüberwindlich:

Da war zum ersten der König selbst, der spätere Kaiser, dem er mit Einflüsterungen, Vorhaltungen und Schmeicheleien zu Leibe rücken musste, um ihn immer wieder von dem richtigen Weg zu überzeugen. Der Kaiser sträubte sich oft mit Haut und Haaren, wenn es um die richtige Politik ging, desgleichen die Kamarilla, die unmittelbare Umgebung des Kaisers, die einflussreiche Ehefrau oder der besserwisserische Sohn. Bismarck musste die gesamte Kaiserfamilie und selbsternannten Berater in Schach halten, gegeneinander ausspielen und manipulieren. Daneben hatte er mit einem erstarkenden Parlament zu kämpfen, dass ihm mehr als einen Stein in den Weg warf, ihn verhöhnte, beschimpfte und herabsetzte, kurz alles versuchte, um ihn zu stürzen und sein Ansehen zu untergraben. Und schließlich kämpfte Bismarck gegen die größten Mächte seiner Zeit, gegen Österreich, Frankreich, England und Russland, Weltmächte mithin. Er musste ein gefährliches Kräftegleichgewicht in Balance halten, damit Preußen anfangs, später das Deutsche Reich, nicht zermalmt wurde. Dabei gab es "Deutschland" anfangs noch nicht. Es gab kein Deutsches Reich, es gab Preußen auf der einen Seite als deutsche Großmacht – und Österreich auf der anderen Seite. Dazwischen existierten zahlreiche deutsche Kleinstaaten, die Landkarte war zersplittert, es existierte Bayern und Württemberg, Schleswig und Holstein (auf die Dänemark Anspruch erhob), sowie viele Fürstentümer, "Deutschland" aber gab es nicht, alles war ein einziges Chaos.

Die Widerstände waren so enorm, dass ein schwächerer Mann daran zerbrochen wäre. Österreich bestand darauf, die erste deutsche Großmacht zu sein. Frankreich war brandgefährlich und seit den Napoleonischen Kriegen der Erzfeind. England beherrschte die Meere. Und der russische Bär schielte gierig auf Kontinentaleuropa, um hier ein paar Brocken abzuschnappen.

Gleichzeitig war das Parlament in Aufruhr. Der liberale Geist war seit der Französischen Revolution nicht mehr aufzuhalten. In Frankreich selbst hatte sich zwar ein Neffe Napoleons (als Napoleon III.) auf den Thron geschwungen, doch das sollte ein Intermezzo bleiben, ein Zwischenspiel bloß, denn die Ideale der Freiheit und Gleichheit ließen sich so leicht nicht wieder vom Tisch wischen. England besaß das stärkste freiheitliche Moment. Aber auch in Österreich gärte es, in Preußen ebenso. Die Bürger, die Arbeiter und dass Volk wollten sich mit einem Königtum von "Gottes Gnaden" nicht mehr zufrieden geben.

Bismarck besaß also zahlreiche Feinde im Inneren wie im Äußeren. Doch schussendlich konnte er sagen:

"Aber besiegt habe ich sie alle! Alle!"

Er, der unbedeutende pommersche Landjunker.

Aber wie bewerkstelligte er seine Siege?

BISMARCK, DIE BIOGRAPHIE

Suchen wir also dieses prallvolle Leben geschwind zu erhaschen, ehe es an uns vorüberrauscht und bevor wir eine Auswertung wagen. Suchen wir, dem "Größten aller Deutschen" in seiner Raffinesse auf die Schliche zu kommen.

Bismarck stammt aus einer alten aristokratischen Familie Brandenburgs. Im Jahre 1815 erblickt er das Licht der Welt. Er besucht ein Berliner Internat, danach ein Gymnasium, macht Abitur, studiert in Göttingen und Berlin Jura, 1835 macht er Examen. Für den Beruf des Juristen interessiert er sich wenig. Mit 24 Jahren wird er Verwalter seiner eigenen Güter und heiratet eine Johanna Puttkamer. So weit so gut, nichts Besonderes! Im Jahre 1849 wird er ins preußische Abgeordnetenhaus gewählt, später (1851) ist er Bundestagsgesandter in Frankfurt.

1861 gelangt Wilhelm I. auf den preußischen Königsthron, der Bismarck nach St. Petersburg versetzt. Später dient er in Paris als Diplomat. So weit immer noch nichts Besonderes! Doch plötzlich schlägt seine große Stunde.

Das Parlament steht wider den König auf. Die Liberalen verfügen hier nach den Wahlen über eine satte Dreiviertelmehrheit. Das Parlament verlangt, die Ausgaben zu kontrollieren und verlangt damit nach realer Macht. Der König tobt.

In dieser Stunde höchster Gefahr beruft Wilhelm I. Bismarck zum Ministerpräsidenten, der sich als erzkonservativer, königstreuer Eisenfresser einen gewissen Ruf gemacht hat. Er soll den Kampf mit den Liberalen ausfechten.

Bismarck setzt nun das raffinierteste Kabinettstückchen in Szene, das die deutsche Politik je gesehen hat. Er schmettert zuerst ein paar gewaltige Reden gegen das Parlament. Der Mann aus "Blut und Eisen", wie er schon bald genannt wird, lässt dann das Parlament links liegen, schließt später sogar den Landtag – und lenkt die Aufmerksamkeit mit unfehlbarem politischem Instinkt auf ein anderes Thema: Er beschwört die deutsche Einheit (die sich die Liberalen ebenfalls auf die Fahnen geschrieben haben), lenkt auf diese Weise das Parlament und das Volk von den eigentlichen Problemen ab und bricht einen Krieg vom Zaun!

Plötzlich spricht niemand mehr von den Rechten des Parlaments. Jeder spricht nur von Schleswig und Holstein, um das sich die Dänen und die Deutschen seit Jahrhunderten balgen. Bismarck gewinnt in geheimen Verhandlungen Österreich. Im Jahre 1864 marschieren die preußischen und österreichischen Truppen in Holstein ein. Preußen siegt mit seinem Verbündeten in spektakulären Schlachten. Dänemark verzichtet auf alle Rechte in Schleswig und Holstein. Die nationale Begeisterung schlägt turmhohe Wellen in Preußen. Bismarck ist der Mann des Tages.

Von einem Tag auf den anderen ist der verhasste Bismarck ein gefeierter Kriegsheld. Seinem König kann er ins Ohr flüstern, dass er, der König, mit diesem Streich in die Ahnengalerie der größten preußischen Könige aufgenommen worden ist. Der König dankt ihm für diese Schmeichelei mit einem Grafentitel und einer Truhe voll Geld. Aber Bismarck steht erst am Anfang, Bismarck hat Blut gerochen. Als Nächstes pokert der preußische Ministerpräsident Österreich aus, das seine Rechte in Schleswig und Holstein nun einzuklagen gedenkt. Aber

Bismarck spielt mit gezinkten Karten. 1866 schließt er hurtig mit Italien ein Kriegsbündnis und schlägt gegen die Österreicher los.

Er besiegt außerdem wie nebenbei bayerische, württembergische und badische Truppen, und er schlägt die Österreicher vernichtend bei Königgrätz. Bismarck ist erneut der Held des Tages. Die preußischen Blitzsiege verdammen Österreich dazu, sich vollständig aus Deutschland zurückzuziehen. Preußen beansprucht nun Schleswig-Holstein allein sowie das Königreich Hannover, Frankfurt am Main, Kurhessen und Nassau.

Preußen ist nun unbestritten die erste deutsche Großmacht, Österreich steht hintenan. Der zweite Coup ist geglückt.

Bismarck wird mit 400.000 Talern von seinem Kaiser belohnt (heute rund 4 Millionen Euro) und zum General ehrenhalber befördert. Er triumphiert erneut und kann wieder von sich sagen: "Aber besiegt habe ich sie alle! Alle!"

Eine Verfassung für den "Norddeutschen Bund", der hurtig gegründet wird, wird ausgearbeitet, die süddeutschen Staaten werden durch einen "Zollverein" (und also wirtschaftliche Vorteile) geködert und außerdem mit einem geheimen Militärabkommen bei der Stange gehalten. Altehrwürdige Fürstentümer, ja Königshäuser, werden mit einem Federstrich ausradiert, wie Hannover etwa. Preußen erhält ein unermessliches Gewicht im Mächtepoker Europas. Begabte Administratoren schaffen ein gemeinsames Recht, gemeinsame Verordnungen, Gewichte, Maße und eine gemeinsame Währung.

Aber noch ist "Deutschland" nicht wirklich geeint. Gleichzeitig beäugt Frankreich argwöhnisch die neue Großmacht in Europa, die stärker ist als Österreich. Als sich im spanischen Thronfolgestreit eine Möglichkeit zur deutschen Einigung bietet, schlägt Bismarck erneut zu. Den Anlass bildet die Tatsache, dass Spanien einen Hohenzollern auf dem spanischen Thron heben will, der vakant geworden ist. Preußen jubelt (Wilhelm I. ist Hohenzoller), Frankreich ist empört. Die wechselseitigen diplomatischen Spielchen eskalieren, schließlich fühlt sich Frankreich provoziert und erklärt den Krieg. Der ist Bismarck nur allzu recht.

Flugs marschiert er gegen den verhassten Erbfeind. Das Ergebnis? Deutschland siegt und siegt und siegt. Kaiser Napoleon III. gerät in Gefangenschaft; in Paris wird die Regierung gestürzt und die Republik ausgerufen. Aber wichtiger ist: Die militärische Glanzleistung der Deutschen, der Preußen und vor allem dieses Bismarcks, dieses Teufelskerls, ist in aller Munde.

Deutschland ist siegestrunken. Als über Nacht das neue Frankreich weitere Truppen aus dem Boden stampft, siegt Bismarck - Preußen - Deutschland erneut. Schlussendlich muss Frankreich sogar Elsass-Lothringen abtreten, mehr ist der Erbfeind nie gedemütigt worden. Das übermächtige Frankreich, man stelle es sich vor! Frankreich muss außerdem 5 Milliarden Franc Kriegsentschädigung zahlen, eine unvorstellbare Summe. Deutschland befindet sich im Freudentaumel.

Bismarck schlägt vor, König Wilhelm zum Kaiser zu erheben! Das Volk johlt und jubelt! Wilhelm stimmt schließlich zu, er wird zum Kaiser gekrönt, der neue deutsche Nationalstaat erblickt das Licht der Welt. Die Glocken läuten, die Menschen tanzen auf den Straßen. Die Deutschen besaufen sich zwei Wochen lang und feiern. Eine Reichsverfassung wird ausgearbeitet, Eisenbahn, Marine, Finanzen, alles, alles wird geordnet. Bismarck wird zum Herzog erhoben und vom Kaiser mit Millionen von Talern überschüttet.

"Aber besiegt habe ich sie alle. Alle!", denkt er.

Keiner kann sich mehr mit diesem Bismarck messen. Er hat Schleswig und Holstein heim ins Reich geholt. Er hat die Österreicher geschlagen und ihnen gezeigt, was eine Harke ist. Er hat das übermächtige Frankreich besiegt, gedemütigt und Gebietsabtretungen durchgesetzt. Und er ist zum Herzog aufgestiegen. Sein Bankier Bleichenröder kauft jetzt heimlich Aktien in großem Stil für ihn ein, und da Bismarck die Politik kennt wie seine Westentasche, können seine Insider-Informationen, wie man heute sagen würde, in klingende Münze verwandelt werden. Er steigt auf zu einem der größten Grundbesitzer, er ist der neue starke Mann.

In der Folge setzt Bismarck die geschickteste Bündnispolitik in Szene, die Europa je gesehen hat. Er jongliert zwischen Russland, England,

Österreich und Frankreich geradezu nach Belieben. Er schließt Verträge, geheime Abkommen, "Rückversicherungsverträge", ein Dreikaiserabkommen (zwischen dem russischen, dem österreichischen und dem jetzigen deutschen Kaiser), schafft einen Zweierbund (mit Österreich-Ungarn) und einen Dreierbund (Italien kommt hinzu). Inmitten all dieses geheimen Pokers befindet sich immer Bismarck.

Er führt sogar die *Rente* ein, man muss es sich vorstellen, selbst die Arbeiter sind zufrieden!

Aber ach! Alles ist auf dieses vielschichtige Beziehungsgeflecht zwischen dem Kanzler und dem Kaiser gegründet. Als Wilhelm I. 1888 stirbt, besteigt Wilhelm II. wenig später den Thron. Bismarck gerät mit ihm aneinander, der neue Kaiser entlässt ihn 1890. Er wird noch rasch in den Rang eines Feldmarschalls katapultiert, wird scheinbar geehrt, in Wahrheit weggelobt. Aber die gesamte öffentliche Meinung ist auf seiner Seite. Dieser Mann ist zu groß und hat zu viel für Deutschland erreicht! Heerscharen von Bewunderern pilgern zu ihm, die Presse überschlägt sich in Lob. Und so kann er selbst noch auf seinem Sterbebett, 1898, flüstern:

"Aber besiegt habe ich sie alle! Alle!"

DER GANZ ANDERE BISMARCK

So könnte man, sehr oberflächlich, das Leben dieses Mannes beschreiben. Und tatsächlich ist es so und nicht anders tausendfach beschrieben worden. Nach außen hin nahm sich dieses Leben so groß, so majestätisch und so gewaltig aus, dass man geneigt ist, das Knie vor Ehrfurcht zu beugen. Hat er nicht die Träume jedes Deutschen erfüllt? Hat er nicht Deutschland großgemacht und zurückgeführt in den Rang einer Weltmacht? Hat er nicht alle Widerstände beiseite gefegt, das Parlament, die anderen europäischen Großmächte und den Kaiser selbst?

Oh, es ist nicht einmal ein Hundertstel der Wahrheit. Die *Wahrheit* über diesen Bismarck wurde bis heute weitgehend verschwiegen.

Nach außen hin nimmt sich alles so schön, so bestrickend, so verführerisch und so glitzernd und glänzend aus. Aber erzählen wir die Geschichte einmal wirklich.

PORTRÄT

Bismarck, der seine Mutter abgrundtief hasste, und sie, nach eigenem Zeugnis, "hinterging mit Falschheit und Erfolg"[93], tat sich in seinen Studienjahren besonders dadurch hervor, dass er soff wie ein Loch, spielte, faulenzte, unmäßige Schulden machte und ständig in Händel und Raufereien verstrickt war. Weiter ist seine frühere Abscheu gegenüber Juden und Franzosen von Jugend an genau dokumentiert. Der ausgezeichnete Biograph Krockow urteilt über ihn:

> *"Bismarck konnte abgründig hassen; die Menschen, die ihm im Weg waren, hat er unerbittlich angegriffen, beiseite geschoben und niedergetreten." (S.49)*

In sexueller Hinsicht zeichnete er sich durch eine "brutale Sinnlichkeit" aus, wie er einmal selbst bekannte. Seine wirkliche Liebe gehörte riesigen Hunden, Doggen vorzugsweise, und alten Bäumen. Er hatte eine ausgeprägte Abneigung gegen Frauen, die selbstständig denken konnten oder sich gar anmaßten, eine eigene politische Meinung zu haben. Aber er hasste auch die Sozialdemokraten und die Katholiken wie die Pest.

Bismarck war also von einem erstaunlichen Hass von frühester Jugend an beseelt. Er liebte dagegen die großkotzige, aggressive Formulierung, den Krieg, das Militär, die Gewalt und die Macht, die er anbetete und vergötterte und die ihm das Non-Plus-Ultra aller politischer Intelligenz zu sein schien.

Kaum hatte er die politische Arena betreten, machte er sich durch seine brutalen, polternden Reden einen schlechten Namen. Nur weil er sich geschickt dem König andiente, ging er nicht sofort unter und konnte politisch überleben. Aber selbst der König notierte sich als Charakterzeichnung über den jungen Bismarck: "Nur zu gebrauchen, wo das Bajonett schrankenlos waltet."

Bismarck war also ein Militarist durch und durch und von Hass zerfressen. Er liebte den Zwist und die Prügelei sowie das soldatische Großkotzgehabe. Er war von Haus aus ein Kommisskopp und zudem einer, der alles besser wusste. Das sind beileibe keine Übertreibungen! Diese Fakten haben Historiker inzwischen sorgfältig dokumentiert. Historiker, nebenbei bemerkt, hasste Bismarck ebenfalls abgrundtief. Weiter aß er unmäßig, trank zu viel und war ein latenter Alkoholiker. Der Schaden übermäßigen Alkoholgenusses auf das Gemüt und die Intelligenz ist heute nicht mehr umstritten.

Einer seiner Sekretäre (in St. Petersburg, da er dort in diplomatischer Mission tätig war) urteilte über ihn:

"Mein neuer Chef ist ein Mann, der keine Rücksichten kennt, ein Gewaltmensch, der nach Theatercoups hascht, der imponieren will, der alles kennt, ohne es gesehen zu haben, alles weiß, obwohl er sehr vieles nicht weiß."   (Zitiert nach Krockow)

Als das Parlament übermächtig wurde und den König selbst herausforderte, schlug indes Bismarcks große Stunde. Der König, der einen Eisenfresser brauchte, schickte ihn ins Rennen. Bismarck wusste mit unumstößlicher Gewissheit, dass er nur diese einzige Chance besaß: Er wusste weiterhin, dass er zunächst das Parlament ruhigstellen musste.

Gelang es ihm nicht, würde er sang- und klanglos von der politischen Bildfläche wieder verschwinden. Auf der einen Seite standen also Menschen, die für mehr Demokratie, Gerechtigkeit und Freiheit kämpften - und auf der anderen Seite stand ein Königtum" von Gottes

Gnaden", das an alten Zöpfen festhielt und das die zerbröckelnde Macht verzweifelt retten und das Rad der Geschichte zurückdrehen wollte.

Nun ging Bismarck mit unglaublichem politischem Instinkt vor: Er erkannte, dass "das Volk" eine *Achillesferse* besaß. Diese Achillesferse war der Traum von der nationalen Einheit, der Traum von einem starken Volk, der Großmachtstraum! Dieser Traum wurde sogar im Kreis der Liberalen und Demokraten geträumt. Mit untrüglichem Gespür setzte Bismarck genau auf diese unerfüllten Hoffnungen, brach einen Krieg vom Zaun – und gewann haushoch.

Die wichtigeren Ziele (Freiheit, Chancengleichheit, Gerechtigkeit) wurden angesichts der alten Träume und der Herausforderungen des Krieges unter den Teppich gekehrt. Die Aufmerksamkeit wurde, wie bei einem schlechten Zaubertrick, geschickt auf den falschen Punkt gelenkt. Indem er zunächst gegen Schleswig und Holstein (genauer gesagt gegen Dänemark und später Österreich) mobil machte, manipulierte er die gesamte Stimmung. Das Hurrageschrei übertönte jede Kritik, der demokratische Prozess wurde brutal zerstört, die Aufmerksamkeit wandte sich fasziniert, erschrocken, entsetzt und wohlig zugleich dem neuen Thema zu: dem Krieg!

Bismarck war das Unmögliche gelungen. Er hatte eine alte, verzopfte Monarchie wieder salonfähig gemacht.

Die Kriege, die Bismarck führte, gegen Dänemark, gegen Österreich und später gegen Frankreich, führte der Kanzler mit absoluter Skrupellosigkeit. Auch gegen Polen, das er auf seine politische Agenda gesetzt hatte, machte er mobil. Hier urteilte er so:

"Haut doch die Polen, dass sie am Leben verzagen! ... wir können, wenn wir bestehen wollen, nichts anderes tun, als sie ausrotten; der Wolf kann auch nichts dafür, dass er von Gott geschaffen ist ..."[94]

Es gab keine Hasstirade, für die sich dieser Bismarck zu schade gewesen wäre, keine bösartige, aufhetzerische Rede, die er nicht vom

Stapel gelassen hätte, wenn es nur seinem kurzfristigen Ziel diente: die Monarchie mit allen Mitteln zu retten und die Demokratie auszuheben. Der ganze außenpolitische Zirkus war Spiegelfechterei, war das geschickte Ausnützen von latenten Strömungen, von verborgenen Sehnsüchten und von alten, halb vergessenen Germanenträumen von Macht, Ehre und Ansehen, war das raffinierte Erinnern an die Taten Friedrichs des Großen (der immerhin, alles zusammengerechnet, rund 1 Million Tote auf dem Gewissen hatte), war ein Spiel auf dem Klavier der Emotionen, wie sie gerissener und demagogischer nicht ins Szene gesetzt werden konnten.

Bismarck war ein Bluthund.

Er schloss den Landtag, wenn es ihm passte, regierte mit Notverordnungen, ließ die Presse kontrollieren und führte die Zensur wieder ein, wenn es darum ging, seinen "Kurs" durchzusetzen. Auf der Strecke blieb jedoch die Freiheit. So ließ er nicht wenige Zeitungen beschlagnahmen und verbieten. Das als "Erfolg" zu werten, ist indes reiner Hohn.

Die Rechtsbrüche, die außenpolitisch seinen Weg säumten, sind ebenfalls zahlreich: Die Dänen schob er beiseite und bezwang sie durch nackte Gewalt, die Österreicher ebenso. Fürstentümer löschte er mit einem Federstrich aus. Er nutzte dazu die Methoden der List, der Intrige und des Vertragsbruches. Österreich (vor dem Krieg gegen Schleswig und Holstein mit Preußen verbündet) wurde zunächst eingeseift, nach allen Regeln der Kunst. Dann wurde die Gemeinschaft aufgekündigt, Verträge wurden kurzerhand gebrochen und Österreich wurde in den Hintern getreten. Wieder später wurde das "Brudervolk" mit Krieg überzogen. Der Kriegstreiber war niemand anderes als Bismarck. Selbst Wilhelm I. zögerte, Österreich anzugreifen. Bismarck musste "jeden Morgen den Uhrmacher spielen, der die abgelaufene Uhr wieder aufzieht" (Krockow, Seite 189), prahlte er in seinen Memoiren.

Er war der Kriegstreiber, der Kriegshetzer hinter der Bühne. Das Wirtschaftsleben kam zeitweilig zum Erliegen, als die Kriegsfurcht um sich griff. Als es wirklich gegen Österreich ging, das mit Ungarn seine

Mühe und Last hatte, bildete er insgeheim mit ungarischen Revolutionären eine Allianz und versorgte sie mit Geld, um dort einen Aufstand anzuzetteln, obwohl er doch angeblich gegen Revolutionäre, die gegen die Monarchie mobil machten, eingestellt war.

Er verkaufte seine Gesinnung augenblicklich, wenn es um "Erfolg" ging, "Erfolg", wie jedoch nur er ihn definiert hatte, "Erfolg", der unter dem Strich rund 200.000 Menschenleben einforderte. Das ist die traurige, wirkliche Bilanz seines Lebens. Rechnet man weitere 200.000 Verkrüppelte hinzu, so sieht man sehr schnell das wirkliche Resultat. Bismarck war ein Massenmörder.

Am törichtsten war seine Vorgehensweise in Bezug auf Frankreich. Welch eine unvorstellbare Kurzsichtigkeit, sich mit diesem mächtigen Lande zu verfeinden! Die Franzosen mit weit über Hunderttausend Toten, 3 Milliarden Franc Reparaturleistung und dem Verlust von Elsass-Lothringen schworen am Tag ihrer Niederlage ewige Rache. Der Erste Weltkrieg stand damit am Horizont, jedenfalls begründete dieser Krieg, dass Frankreich auf Jahrzehnte der "Erzfeind" blieb, was äußerst dumm war, ja lebensgefährlich, speziell angesichts der Lage die Preußen in Kontinentaleuropa hatte.

Aber Bismarck hasste diese Franzosen so abgrundtief, wie man nur hassen konnte. Und also wurde der Krieg inszeniert.

Die Kaiserkrönung, die auf den gewonnenen Krieg hin folgte, war ein Akt des Pomps und der Show, wobei viele bis heute nicht wissen, wie wirklich hinter den Kulissen die Drähte gezogen wurden. Relativ unbekannt ist, dass Wilhelm *selbst* weder den Krieg gegen Frankreich wünschte noch die Kaiserwürde!

Also machte sich dieser Bismarck, diese rabenschwarze Seele, auf die Socken. Er bestach Ludwig II. von Bayern, offiziell Wilhelm die Kaiserwürde anzutragen. Der Preis: Hinter dem Rücken aller wurden Ludwig II. fünf Millionen Goldmark gezahlt. Der Bayernkönig, ewig in Geldnöten, ließ sich nicht zweimal bitten. Eine Königbestechung führte also zu dem Kaisertum, nichts anders. Die Kaiserkrönung selbst war eine Farce, eine Posse, große Posse, nicht unähnlich der des

Napoleon Bonaparte, war eine Show, um namenlos zu beeindrucken, war Flitter, Glanz und Glorie, die später, unter Wilhelm II., geradewegs in den Ersten Weltkrieg führte. Nichts Übleres hätte Deutschland passieren können, als dieses Ganovenstückchen der Öffentlichkeitsarbeit. Ein Titel, sonst nichts, führte dazu, dass Wilhelm schließlich an seine eigene Größe zu glauben begann. Die Kaiserkrönung, die nur durch Königsbestechung möglich wurde, schmeichelte Wilhelm I. derart, dass spätestens sein Nachfolger, Wilhelm II., jedes Augenmass verlor.

Bismarck aber konnte seinen Kampf nun um so bissiger, giftiger und galliger im Inneren fortsetzen. Denn der Glanz und Flitter überstrahlte alles. Ab 1872 hatte er das Zentrum (ein Vorläufer der CDU, wenn man so will) massiv im Visier, er verfolgte es mit unerbittlichem Hass. Es hagelte Gesetze gegen die katholische Kirche von allen Seiten. Bismarck unterdrückte die Religion, wie nie jemand vorher in Deutschland die Religion unterdrückt hatte.

Die toleranten Worte des Alten Fritz, dass gefälligst jeder nach seiner eigenen Fasson selig werden sollte, die Preußen einst einen ungeahnten Aufschwung beschert hatten, eine der klügsten Regierungsrichtlinien, wurde achtlos beiseite geschoben und hochmütig ignoriert. Bismarck bedrohte Geistliche und Priester, die ein Wort gegen ihn zu äußern wagten, verbot den Jesuitenorden, verabschiedete das "Brotkorbgesetz" (das den Lebensunterhalt der Priester an politisches Wohlverhalten knüpfte) und ließ 1875 das Klostergesetz erscheinen, woraufhin die meisten Klostergemeinschaften per Dekret aufgelöst wurden. Bischöfe und Geistliche wurden abgesetzt, Existenzen vernichtet, es hagelte Geld- und Gefängnisstrafen.

DAS war Bismarck. Es war ein elender Unterdrücker der Freiheit, der Religion und der Glaubensansichten! "Zeitweilig waren alle preußischen Bistümer und rund ein Viertel der Pfarrstellen verwaist."[95]

Der Sozialdemokratie erging es nicht anders. Bismarck, das war jemand, der zwanghaft Feinde brauchte, wie in seiner Jugend musste er sich immer prügeln. Als zwei Attentate auf den Kaiser verübt wurden, funktionierte Bismarck, dieser Schurke, das Ganze zu einer Aktion der Linken um, sprich er schob es den Sozialdemokraten in die Schuhe. Er log. 1878 verabschiedete der neu gewählte Reichstag ein Gesetz gegen die "gemeingefährlichen Bestrebungen" der Sozialdemokraten. Systematisch schürte er die Hysterie. Emotionen wurden hochgekocht und Ängste geweckt. Versammlungen wurden von der Polizei aufgelöst, Bücher, Zeitungen und Geld der Sozialdemokraten beschlagnahmt, Verhaftungen und Ausweisungen waren an der Tagesordnung.

Bismarck war ein Diktator, nichts anderes, der nach oben schleimte und nach unten trat. "Die rote Gefahr" wurde zum Schlagwort, die Sozialisten wurden ebenso verfolgt wie die katholische Kirche, alle, alle hatte Bismarck im Visier. Die Anzahl seiner bösartigen Bemerkungen auch nur zu wiederholen, würde Bände füllen. Die Sozialdemokraten verhöhnte er noch 1897, fast auf dem Sterbebett: "Sie sind die Ratten im Lande und sollten vertilgt werden." Und: "Die soziale Frage hätte einst durch Polizeimittel gelöst werden können, jetzt wird man die militärische anwenden müssen."

Hass, Hass, Hass, wohin man auch blickt.

Auch die angeblich soziale Gesetzgebung war nur ein Schurkenstück, ein Witz, wie wir gleich sehen werden, sie war kaltblütige Berechnung und Kalkül.

Jedenfalls spielte er die Arbeiterbewegungen völlig an die Wand. Die Sozialisten (die Vorläufer der SPD) hasste er besonders. Er nannte sie "Reichsfeinde" und "vaterlandslose Gesellen", beschimpfte sie wie ein Rohrspatz und machte sie des Hochverrats in seinen Reden schuldig, wenn sie eine andere Meinung vertraten. Auch seine später oft als "Meisterleistungen der Diplomatie" gefeierten Verträge sind bei Licht betrachtet ein vollständiger Fehlschlag. Zunächst einmal hinterging Bismarck jeden Verbündeten durch seine "Geheimverträge". Als diese jedoch schließlich das Tageslicht erblickten, war die Empörung überall groß. Bismarck war kein verlässlicher Bündnispartner, sondern eine falsche Schlange, die sogar die eigenen "Verbündeten" ständig belog und betrog! Wer mochte einen solchen Staatsmann zum Freund haben?

Die "Meisterleistung der Diplomatie" war ein Schuss, der eines Tages nach hinten losging.

Sie waren auf Dauer politischer Selbstmord, denn sie brachten nahezu *alle* Länder schließlich in Opposition zu Deutschland.

So kann man Bismarck also auch lesen, und das ist die gerechtere Leseart, die der geschichtlichen Wahrheit näher kommt.

Aber es ist fast immer fatal, nur in großen Zügen über Geschichte zu berichten. Der Teufel steckt oft im Detail. Und so wollen wir zwei der größten "Heldentaten" dieses Herrn Bismarck noch einmal genauer unter dem Vergrößerungsglas betrachten, die scheinbar seinen ewigen Ruhm begründeten.

Berichten wir als Erstes über die Entstehung der Rente.

DIE RENTENLÜGE

"Jeder weiß", dass unter Bismarck die Rente und verschiedene Versicherungen das Licht der Welt erblickten und der "Sozialstaat" eingeläutet wurde. Richtig? Nun, nicht ganz falsch! Aber die Wahrheit liest sich wie folgt:

Im Jahre 1863 stand Bismarck vor dem (innenpolitischen) Problem, die Arbeiterbewegung im Zaum zu halten. Der Arbeiterführer Ferdinand Lasalle hatte 1863 den "allgemeinen deutschen Arbeiterverein" gegründet und forderte im Rahmen dieser Bewegung politische Macht für den Arbeiterstand. 1869 bezeichnete man sich im Parlament als "Sozialdemokratische Arbeiterpartei". Die deutsche Sozialdemokratie forderte in ihrem Programm, "die heutigen politischen und sozialen Zustände mit aller Energie" zu bekämpfen.

Der Kanzler reagierte wie ein Krimineller. Zunächst legte er der Sozialdemokratischen Arbeiterpartei unbedenklich zwei Attentate gegen den Kaiser zur Last, *obwohl er wusste, dass das nicht stimmte.* Seine Absicht: ein Ausnahmegesetz "gegen die gemeingefährlichen

Bestrebungen der Sozialdemokratie" im Reichstag durchzusetzen. Die Intrige gelang! Das Gesetz machte die Sozialdemokraten rechtlos, zerschlug ihre Organisationen und vertrieb die Parteifunktionäre durch die Polizei von ihren Wohnsitzen.

Aber dieses Gesetz gegen die Sozialisten erwies sich schließlich als Fehlschlag. Es radikalisierte die Arbeiter und schuf Märtyrer. Die Arbeiter begannen, den Staat zu hassen. Gleichzeitig erhielten die Sozialdemokraten mehr und mehr Zulauf. Bismarck fühlte sich zum Handeln gezwungen. Die Stimmung kochte hoch. Der Kanzler musste irgendwie mit den Arbeitern fertig werden. An diesem Punkt angelangt, machte Bismarck eine radikale Kehrtwendung. Intrigant und berechnend tüftelte er aus, dass man den Arbeitern nur *soziale Hilfe* angedeihen lassen müsste - und schon könnte man sie auf diese Weise entpolitisieren. Er kalkulierte, dass der, der genug Brot hat, auch das Maul hält. Das Streben nach politischer Gleichberechtigung galt es jedenfalls mit allen Mitteln zu unterbinden! Die Arbeiter mussten mundtot gemacht werden.

Und so wurden im Jahre 1881 die Arbeiter vollständig überrascht. Eine "kaiserliche Botschaft" kündigte *staatliche Schutz- und Fürsorgemaßnahmen gegen Unfall, Krankheit, Alter und Invalidität* an. Mit anderen Worten: Bismarck versuchte, die Arbeiter zu *kaufen*. Er suggerierte ihnen, dass der Staat in Zukunft für sie sorgen würde. "Wendet euch ab von den Sozialdemokraten! Wendet euch ab von euren sozialdemokratischen Führern. Glaubt nicht mehr an Marx, Lasalle, Bebel und Liebknecht! Glaubt an den Staat! Glaubt an den Kaiser! Denn wir, wir sorgen für euch!"

Welch ein Coup!

Im März 1884 sagte Bismarck wörtlich:

"Da wird er (der Arbeiter), wo er es finden mag, immer wieder zu dem sozialistischen Wunderdoktor laufen, und ohne großes Nachdenken sich von ihm Dinge versprechen lassen, die nicht gehalten werden. Deshalb glaube ich, dass die Unfallversicherung,

*mit der wir vorgehen, sobald sie namentlich ihre volle Ausdeh-
nung bekommt, auf die gesamte Landwirtschaft, auf die Bauge-
werbe und vor allem, auf alle Gewerke, wie wir das erstreben,
doch mildernd auf die Besorgnis und auf die Verstimmung der
arbeitenden Klasse wirken wird. Ganz heilbar ist die Krankheit
nicht ...*"

Und im Mai 1884 kommentierte Bismarck bissig:

*"Geben Sie dem Arbeiter das Recht auf Arbeit, solange er ge-
sund ist, sichern Sie ihm Pflege, wenn er krank ist, sichern Sie
ihm Versorgung, wenn er alt ist – wenn Sie das tun und die Opfer nicht scheuen und nicht über Staatssozialismus schreien, sobald jemand das Wort 'Altersversorgung' ausspricht, wenn der
Staat etwas mehr christliche Fürsorge für den Arbeiter zeigt, dann
glaube ich, dass die Herren (die Sozialisten) ihre Lockpfeife
vergebens blasen werden, dass der Zulauf zu ihnen sich mehr
vermindern wird ...*"

Das war seine Einstellung! Und so erblickte das *Krankenversiche-
rungsgesetz* das Leben. Als Träger der Versicherungen wurden die Krankenkassen bestimmt, in die in der Folge die Unternehmer ein Drittel
und die Arbeiter zwei Drittel der Beiträge einzahlten. Die Krankenkassen verwalteten sich selbst, Mindestleistungen von Krankengeldern
waren vom Staat vorgeschrieben.

Weiter erblickte 1884 das *Unfallversicherungsgesetz* das Licht der
Welt. Hier wurden nur die Unternehmer zur Kasse gebeten. Gezahlt
wurden die Kosten des Heilverfahrens und eine RENTE für die Dauer
der Erwerbsunfähigkeit. 1889 schuf man schließlich das *Alters- und In-
validitätsgesetz*. Zu der entsprechenden Versicherung leistete der Staat
Zuschüsse.

Die sozialdemokratische Partei durchschaute natürlich das Spiel. Sie
bezeichnete die staatliche Hilfe als ein erbärmliches Almosen, das die

Arbeiter nicht von den Gedanken des Klassenkampfes ablenken dürfe. Tatsächlich erreichte Bismarck auf Dauer sein Ziel nicht, die Arbeiter blieben dem Staat skeptisch, ja feindlich gesinnt. Aber wie auch immer, fest steht, ein gnadenloser, politischer *Machtkampf* war der Grund, warum die RENTE das Licht der Welt erblickte! Wiederholen wir: 1883 wurden die Krankenkassen geschaffen. 1884 die Unfallversicherungen (unter Friedrich III.). Und 1889 (unter Wilhelm II.) die Gesetze über die Alters- und Invalidenversorgung, die 1891 in Kraft traten. Im *Gebhard*, dem renommierten "Handbuch der Deutschen Geschichte", liest sich das Ganze sehr brav und unspektakulär:

> *"Das Krankenversicherungsgesetz, im Laufe der Zeit durch mehrere Novellen ausgebaut und 1911 mit den anderen Versicherungsgesetzen zur Reichsversicherungsordnung zusammengefasst, sicherte den Arbeitern in der Kassenform der Ortskrankenkasse den weitesten Spielraum innerhalb aller Selbstverwaltungseinrichtungen. Auf genossenschaftlichen Prinzipien fußend bestand ihre Generalversammlung zu 2/3 aus Arbeitnehmern und 1/3 aus Arbeitgebern, so dass die Verwaltung vornehmlich in den Händen der Arbeitervertreter, insbesondere der freien Gewerkschaften lag. Diese sozialdemokratische Vorherrschaft in den Ortskrankenkassen, in denen 1907 mehr als 50% aller Versicherungspflichtigen waren, führte zum Vorwurf, die Ortskrankenkassen seien Nebenorganisationen der SPD."*[96]

Die RENTE war geboren. Dass *dahinter* jedoch ein brutaler Machtkampf stand, dass die Rente Bismarck abgerungen wurde und dass er nur die Arbeiter den "Sozialisten" entfremden wollte, ist damit *nicht* gesagt!

Um die Geschichte abzurunden: Sozusagen aus einer politischen Berechnung heraus, als politischer Coup, erblickte die RENTE das Licht der Welt, sie wurde *widerwillig* zugestanden. Der Coup misslang indes vollständig. Der Staat, von Obrigkeitsdenken geprägt, konnte die Arbeiterschaft nicht mit ein paar Almosen ruhig stellen. Insofern scheiterte Bismarck mit seiner raffinierten Berechnung auf lange Sicht gesehen.

DIE KRIEGSLÜGE

Wie ist es nun um den zweiten großen Coup dieses angeblichen großen Reichskanzlers bestellt?

Graben wir auch hier ein wenig tiefer.

Noch einmal: Schreiberlinge, die den Griffel geschickt führen können, berichten auf atemberaubend spannende Weise vom deutsch-französischen Krieg und schwärmen davon, wie unter der Führung Bismarcks (beziehungsweise seines Heerführers Moltke) das französische Heer schließlich eingeschlossen wurde und am 2. September 1870 kapitulierte. Speziell militärisch interessierte Historiker erfreuen sich daran, genau nachzuzeichnen, wie der damalige Kaiser der Franzosen, Napoleon III., von Bismarck und seinen Getreuen gefangen gesetzt wurde.

Dennoch wollte Frankreich damals "keinen Zollbreit Landes abtreten". Frankreich beschloss deshalb die Fortführung des Krieges "bis aufs Messer". Seine neuen Führer organisierten flugs eine Massenerhebung. Ein nationaler Verteidigungskrieg nahm damit Gestalt an und stellte das deutsche Heer zunächst vor eine schier unlösbare Aufgabe. Die zweite heiße Phase des Krieges begann. Und wieder verweisen die gleichen begeisterten, deutschen Historiker auf das Genie Bismarcks. Der Reichskanzler forderte eine schnelle Beschießung der belagerten französischen Hauptstadt, um rasch das Ende des Krieges herbeizuführen. Frankreich wehrte sich mit allen Mitteln. Aber Frankreichs Anstrengungen blieben vergeblich. Alle Versuche, Paris zu befreien, scheiterten. Als am 27. Dezember die Beschießung begann, herrschte in der Stadt bereits Hungersnot. Am 28. Januar 1871 musste sich Paris ergeben. Der Waffenstillstand folgte auf dem Fuß. Am 10. Mai 1871 wurde der Frieden von Frankreich geschlossen. Deutschland hatte gesiegt!

Als Kriegsentschädigung mussten 5 Milliarden Franc gezahlt werden, weiter musste Frankreich Elsass/Lothringen mit der Festung Metz abtreten, wir haben es bereits berichtet.

Die Konsequenzen waren beträchtlich: Kurz nach dem deutsch-französischen Krieg wurde das *Deutsche Reich* per Staatsvertrag geschaffen. *Gemeinsam* hatte man gesiegt. Und also war die Stimmung himmelhochjauchzend. Der geniale Bismarck verhandelte. Mit Baden und Hessen war mal schnell einig. Bayern und Württemberg waren etwas schwieriger zu gewinnen. Sie erhielten spezielle Rechte im Militär-, Steuer-, Verkehrs- und Postwesen. Bayern musste man sogar noch ein geheimes Zugeständnis machen, das erst 1917 bekannt wurde. Bei künftigen Friedensschlüssen mussten bayrische Vertreter hinzugezogen werden. Am wichtigstem aber war: Der ehemalige preußische König wurde zum Kaiser eben dieses Deutschen Reiches erhoben. Die Kaiserproklamation fand am 18. Januar 1871 in Versailles statt. Man schwärmte, dass damit endlich "Deutschland" geschaffen worden war.

Aber was war die Wahrheit? Die Wahrheit war, dass Bismarck vorher ein Schurkenstück inszeniert hatte!

Betrachten wir dazu den ach so großen Sieg Deutschlands über Frankreich 1870/71 noch einmal. Erinnern wir uns in aller Kürze. Das Problem zwischen Frankreich und Deutschland eskalierte, als in Spanien die Krone feilgeboten wurde. 1868 waren dort die Bourbonen durch eine Revolution vertrieben worden. Die Spanier boten nun die Krone dem Gemahl einer portugiesischen Prinzessin an, nämlich Leopold von Hohenzollern-Sigmaringen. Einem Hohenzollern! (Wilhelm I. war ebenfalls ein Hohenzoller!) Man muss sich hierzu Folgendes vor Augen halten: Wäre die spanische Krone an das Haus Hohenzollern gegangen, hätte das die Autorität Napoleons III. in Frankreich vollständig erschüttert. Frankreich wäre in eine Klammer zwischen Spanien und Deutschland geraten. Bismarck setzte aber alles daran, um Napoleon III. in genau diese auswegslose Lage zu bringen. Dazu operierte er unter dem Mäntelchen der Verschwiegenheit, um Frankreich vor vollendete Tatsachen zu stellen. Aber der geplante Coup gelangte vorzeitig an die Öffentlichkeit. Das Ergebnis: Napoleon III. verlor die Nerven. Er war entschlossen, die Kandidatur eines Hohenzollern in Spanien nicht hinzunehmen. Ja, die französische Regierung verkündete, "dass sie ihrer Pflicht ohne Zaudern und ohne Schwäche" nachgehen werde. Wilhelm verlor die Nerven und machte einen Rückzieher. Bismarck schäumte. Wiederholen wir: Wilhelm, der preußische König, wollte den Krieg gegen Frankreich *nicht!*

Bismarck musste den König regelrecht *beschwatzen!* Er schmeichelte ihm. Beschrieb ihm in den glühendsten Farben, welche Ehre, welchen Ruhm er einheimsen würde. Er erinnerte an Kaiser Karl V., der einmal fast die ganze Welt beherrscht hatte. Er erinnerte daran, dass die Hohenzollern, im Gegensatz zu der Dynastie der Habsburger, zu lange die zweite Geige in Europa und der Welt gespielt hatten. Er machte darauf aufmerksam, wie begeistert das deutsche Volk jubeln würde. Er beschwor ihn so lange, bis Wilhelm völlig eingeseift war.

Bismarck erzählte dem König von handelspolitischen Vorteilen und immer wieder von der neuen Weltgeltung des Hauses Hohenzollern. Die Feinde Deutschlands würden nach diesem Krieg im Boden versinken und die Deutschen die Führungsrolle der Monarchie anerkennen. Sogar Frankreich (Geniestreich der Lüge!) würde ruhiggestellt sein, letztendlich, und Deutschland sicherer vor seinen Nachbarn.

Bismarck wollte diesen Krieg! *Bismarck* war der Kriegstreiber!

Wie ging das Schurkenstück weiter?

Wilhelm beschwichtigte schließlich Napoleon III., aber dieser brauchte einen PR-Erfolg. Also ließ er Deutschland (beziehungsweise den preußischen König Wilhelm) durch seinen Botschafter Benedetti in Bad Ems mitteilen, dass er eine Garantie fordere: In Zukunft dürfe kein Mitglied des Hauses Hohenzollern die Krone Spaniens annehmen. Und nun wird es wirklich spannend: Wilhelm lehnte ab, verweigerte eine nochmalige Unterredung und ließ Bismarck telegrafisch in der so genannten "Emser Depesche" mitteilen, eine entsprechende Veröffentlichung "in geeigneter Form" zu unternehmen. Was tat der Reichskanzler? Nun, Bismarck kürzte die "Emser Depesche", verschärfte den Inhalt, entwarf eine beleidigende Antwort in Richtung Frankreich und stellte sie am gleichen Abend der Presse zur Verfügung. Damit stellte er die Regierung Napoleons III. völlig bloß, wohlwissend, dass Frankreich nur eine einzige Antwort bleiben *konnte*: Krieg!

Die Demütigung vor aller Welt konnte Napoleon III. nicht hinnehmen.

Umgehend, am 19. Juli 1870, erklärte Frankreich den Krieg. Frankreich war in aller Augen der Welt sogar noch der Aggressor, OBWOHL *Bismarck* die spanische Thronfolgefrage geschürt hatte und OBWOHL *er* die Depesche verändert und der Öffentlichkeit zugänglich gemacht hatte.

Wir haben dieses Beispiel deswegen so deutlich beschrieben, um den Charakter Bismarcks ein wenig zu illustrieren. Es war ihm an diesem Krieg *gelegen*, er kam ihm gerade recht. Er besaß durchaus *nicht* unbedingt das Einverständnis seines Königs, sondern er veränderte *absichtlich* dessen Intention und Kommunikation zum Schlechten hin. Hochinteressant! Wenn man so will, freute sich Bismarck auf den Krieg, er provozierte ihn.

Er war ein Kriegshetzer, ein Kriegstreiber übelster Sorte!

Noch einmal: Obwohl der Krieg gegen Frankreich in der Folge gewonnen wurde, darf man nicht vergessen, dass damit ein ewiger Stachel im Fleisch der Franzosen blieb. Für sie war es unannehmbar, dass Elsass-Lothringen abgetreten werden musste, für sie war die Niederlage eine nationale Schande. Wenn man behaupten würde, dass der Krieg von 1870/71 in gerader Linie zu dem unseligen 1. Weltkrieg führte, der später in den 2. Weltkrieg einmündete, so wäre man von der Wahrheit nicht allzu weit entfernt. Man kann also Bismarck mit Fug und Recht die Mitschuld an einigen verheerenden Kriegen zusprechen.

So weit in aller Kürze und trotzdem in relativer Ausführlichkeit zwei "Meisterleistungen" dieses großen Herrn Bismarck! Noch einmal: Er verfolgte, belog und betrog die Sozialisten bis aufs Messer und führte die Rente nur höchst widerwillig ein, zähneknirschend, als politisches Kalkül. Weiter spitzte er gezielt die politische Großwetterlage zu, bis sie in den Krieg zwischen Frankreich und Deutschland 1870/71 einmündete.

DIE LEGENDE

Nun sind diese Fakten, wiewohl Historikern bekannt, bis heute in den Geschichtsbüchern nicht so glasklar dargestellt, dass man leicht daraus seine Schlüsse ziehen könnte. Immer ist man um ein "ausgewogenes Urteil" bemüht, wobei "Ausgewogenheit" der gefährlichste intellektuelle Fehler sein kann, jedenfalls wenn man darauf verzichtet, eine schwarze Seele eine schwarze Seele zu nennen. Noch immer geistert dieser Herr Bismarck in deutschen Geschichtsbüchern herum als ein Mann, der, ja zugegeben, seine Fehler hatte, aber der auf der anderen Seite auch das "Deutsche Reich schuf", die "Rente einführte" usw. Kurz und gut, so schlecht kann dieser "interessante Mann" angeblich nicht gewesen sein, argumentiert man.

Unmittelbar zu seiner Zeit, aber auch 1890, 1900, 1910, urteilte man ungemein positiv über Bismarck, trotz seiner offensichtlichen Schandtaten.

Wie konnte es dazu kommen?

Die Frage ist hochinteressant. Die Antworten eröffnen uns einen intimen Einblick in das Repertoire der Public Relations:

• Zunächst einmal war Bismarck zu seiner Zeit der Diktator der öffentlichen Meinung. Er verfügte über alle Kanäle der Kommunikation und herrschte über die Presse. Was nicht passte, wir haben es gehört, wurde unterdrückt. Und so finden wir in den *Quellen der Zeit* nicht einmal ein Zehntel der Wahrheit. Leute, die aufmuckten, wie Priester oder Sozialdemokraten, wurden bis aufs Messer bekämpft, zensiert, mit einem Maulkorb versehen, gedemütigt und ins Gefängnis gesteckt. Mit anderen Worten: Die Opposition wurde mundtot gemacht. Übrig blieben die großtuerischen

Prahlereien dieses Kanzlers. Die öffentliche Meinung wurde weitgehend manipuliert und zensiert. Wie also kann man "Wahrheit" erwarten, wenn man die offiziellen Quellen konsultiert?

- Am stärksten aber setzte die Legendenbildung ein, als Bismarck von seinem Posten gejagt wurde, und das ist nun wirklich bemerkenswert. Bismarck zog sich nicht etwa gemütlich ins Privatleben zurück, sondern schlug nun auf seine Nachfolger mit einer Bosheit und Gehässigkeit ein, die ohnegleichen in der Geschichte ist. Er verbündete sich geschickt mit der Presse, die für eine gute Schmährede immer zu haben ist, und schimpfte und wetterte gegen alles und jeden, selbst gegen ehemalige vertraute Mitarbeiter. Tatsächlich baute er ein "förmliches Propagandanetz" auf. Er beschäftigte eine Reihe PR-Mitarbeiter (Moritz Busch, Heinrich von Poschinger, Horst Kohl) und "fütterte ... die Öffentlichkeit unununterbrochen mit politischen Stellungnahmen, historischen Rückblicken und vor allem mit einer Art Hofberichterstattung."[97] Diese unermüdliche propagandistische Tätigkeit verfolgte den Zweck, im Gespräch zu bleiben, die eigene Politik hochzuloben, abweichende Meinungen beiseite zu wischen und Gegner zu verunglimpfen.

Was folgte war ein Phänomen: Ein ständig anschwellender Strom von Bewunderern, Verehrern, Besuchern pilgerte zu dem "Alten aus dem Sachsenwald", wie ihn die beginnende Legende jetzt nannte, um demütig zu seinen Füßen zu sitzen und seinen Weisheiten zu lauschen. Der Kaiser (Wilhelm II.) erwog zeitweilig ernsthaft, ihn wegen Hochverrats ins Gefängnis zu stecken! Aber der große, grobe, böse, alte Mann war nicht zum Schweigen zu bringen. Er wusste alles, und er wusste grundsätzlich alles besser. Journalisten und nach einiger Zeit sogar renommierte Historiker ließen sich von diesem nicht enden wollenden Sturm von Schmähungen, Eigenlob, politischen Ergüssen und reaktionären Absichten überschwemmen, ließen sich um den Finger wickeln, ohne die Taten aufzurechnen und ohne die Behauptungen zu hinterfragen. Bismarck ließ sich eines Tages sogar von einem nationalliberalen Wahlkomitee als Kandidat aufstellen, gewann knapp, nahm aber sein Mandat nie wahr. Immerhin! Damit hatte er alle seine früheren Überzeugungen verraten, plötzlich war das Parlament offenbar doch noch zu etwas gut, nachdem ihm der Kaiser persönlich einen Fußtritt gegeben hatte, der ihn jetzt einen "Rattenkönig der Intrige" nannte. Denn Bismarck hörte von Stund' an nicht mehr auf zu lästern, zu poltern und zu schimpfen, wie der letzte aller Stallknechte.

Er wetterte unflätig gegen den Kaiser, immer noch auch gegen die Sozialdemokraten ("raub- und mordsüchtige Feinde"), hemmungslos und brutal. Die Sozialdemokraten waren "die Ratten im Lande und sollten vertilgt werden", tobte er, noch 1893. Aber auch das Zentrum blieb ihm immer "ein Reichsfeind", ein "Zerstörer". Mit all diesen Schmähreden, an Bösartigkeit und Hass nicht zu übertreffen, feilte er weiter an seiner Legende, denn seine eigenen Taten wurden umgekehrt in den Himmel gelobt.

- Gleichzeitig arbeitete Bismarck an seinen Lebenserinnerungen. Kaum war das größte Lästermaul Deutschlands tot, erschienen die ersten beiden Bände. Sie zeitigten eine ungeheure Resonanz und gerieten zum größten Bucherfolg des Jahrhunderts, 300.000 Exemplare wurden allein in den ersten beiden Monaten verkauft, bis heute sind sie millionenfach gelesen worden.

Natürlich sprühte es erneut von Bosheiten, falschen Darstellungen, Anklagen und Verunglimpfungen. Viele Nadelstiche waren geschickt verpackt, Bismarck erwies sich jetzt erst recht als Meister der Intrige, der Anspielung und der Hinterlist. Seine Lebenserinnerungen offenbaren mehr über seinen eigenen Charakter als über die angeblich große Politik. Der ausgezeichnete Biograph Gall urteilt, dass seine Erinnerungen "in keiner Weise geeignet (sind), den Zugang zu einem historisch gerechten Urteil zu eröffnen." (S. 839)

ABER: Bismarck feilte damit weiter an seiner Legende und an einer Verdrehung der geschichtlichen Wahrheit, noch über seinen Tod hinaus! Journalisten, die er grundsätzlich ebenfalls hasste wie die Pest (wen hasste er nicht?) und für die er früher sogar einen eigenen "Reptilienfonds" hatte einrichten lassen (Journalisten = Reptilien, denen man mit Geld das Maul stopfen kann, so Bismarck) griffen begierig seine "großen Einsichten" auf und trugen sie weiter, ebenso wie einige Historiker, die das ohnehin verdrehte Geschichtsbild über Bismarck weitergaben.

- Schließlich und endlich darf man nicht vergessen, dass bis zum Jahre 1918 ein Kaiser auf dem Thron saß. Die reaktionären Ansichten Bismarcks, auch wenn er je und je gegen Wilhelm II. wütete, kamen dem "Zeitgeist" gerade recht. Obwohl Wilhelm II. diesen Bismarck gründlich verachten gelernt hatte, so diente er insgesamt doch immer noch ganz gut dazu, das royalistische Phantasiegebäude, die Monarchie, zu legitimieren. Er war ihr begabtester Hofberichterstatter, trotz seiner Schmähungen, denn die Feinde der Monarchie beschimpfte er noch lauter.
Skrupellos bediente man sich also dieses Bismarcks, der inzwischen kultische Verehrung genoss und dem man allenthalben Statuen errichtete, einige hundert!

- Als das Kaisertum mit Wilhelm II. in den unseligen I. Weltkrieg stolperte er, der danach abdanken musste, war die Legende Bismarcks längst festgeschrieben.
Aber selbst in der Weimarer Republik (1918 bis 1933) gab es genug Verfechter der Monarchie, es gab es vor allem genug Militaristen. Und sie alle, alle erblickten in diesem Bismarck ihren Urvater. Und so wagte es niemand, seine Statuen umzustürzen.

- Das "Tausendjährige Reich" (1933 bis 1945) läutete ebenfalls nicht den (PR-) Tod Bismarcks ein. Zu augenfällig waren die Gemeinsamkeiten. Hier wie dort gab es großtuerisches, prahlerisches Gerede. Die Vokabeln waren erstaunlich ähnlich ("Eisen und Blut"). Die politische Argumentation verlief teilweise verdächtig parallel. Die gleichen Lügen, ähnliche Lügen, die Großmannsucht, das martialische Gepränge waren augenfällig. Bismarck wurde erneut nicht von seinem Thron gestoßen.

• Nach 1945 hatte man in Deutschland alles andere zu tun, als sich um ein genaueres Geschichtsbild zu kümmern. Langsam, betulich nur, wandelte sich das Bismarck-Bild. Aber die Legende war bereits so festgezimmert, dass sie in sich selbst ein eigenes Momentum bildete. Niemand hinterfragte, frisch, neu, unverstellt und gnadenlos, was die Ergebnisse dieses Kriegshetzers und Militärfanatikers gewesen waren. Die Geschichtsschreibung hatte sich längst auf ein "Bild" festlegen lassen. Wie üblich schrieb man eifrig voneinander ab. All das sind die Gründe, warum das Phänomen Bismarck bis heute nicht wirklich sauber aufgearbeitet wurde. Fragen wir uns also noch einmal, ein letztes Mal: Wer war dieser Bismarck wirklich?

NETTOERGEBNIS

Halten wir noch einmal sehr nüchtern die Resultate fest: Bismarck hebelte jede innenpolitische Opposition aus, verfolgte die Sozialdemokraten und das Zentrum und war gegen Freiheit, Chancengleichheit und Gerechtigkeit.

Unter einem anderen Manne hätten die Deutschen die Demokratie systematisch erlernen können (wie in US-Amerika, Frankreich oder England). So erhielt man den Untertanengeist in Preußen-Deutschland stramm aufrecht. Opposition wurde brutal unterdrückt. Das zarte Pflänzlein der Freiheit, das hie und da auch in Deutschland emporgewachsen war, wurde niedergetreten, was Deutschland letztlich um mindestens ein Jahrhundert zurückwarf.

Außenpolitisch gesehen brach Bismarck den Krieg in Schleswig, Holstein, Österreich und Frankreich vom Zaun. Frankreich hatte allein 139.000 Tote zu beklagen, Deutschland 49.000. Die gesamten Kriege kosteten ca. 200.000 bis 250.000 Menschen das Leben, von den Verkrüppelten ganz zu schweigen. Das ist seine wahre Bilanz. Frankreich wurde auf fast ein Jahrhundert zum Erzfeind. England und Russland standen von Stund' an diesem Deutschland mit äußerstem Misstrauen gegenüber. Sein ganzes angeblich so fein und intelligent gestricktes Geflecht von diplomatischen Beziehungen hielt nicht einmal ein einziges Jahrzehnt. Sein gesamtes Werk zerfiel schon kurz nach seinem Tod, was nicht verwunderlich ist, war dieses Netz doch auf Lügen, Intrigen, Bündnissen und "Rückversicherungsverträgen" aufgebaut, die nur eines bewiesen: die Unzuverlässigkeit dieses neuen Deutschlands und die Intriganz seines Reichskanzlers Bismarck.

Bismarck scheiterte vollständig, innenpolitisch und außenpolitisch.

Sein Scheitern hätte nicht größer sein können, der vorgespielte "Erfolg" war nur kurzfristiger Natur. Sein "Reich" wurde hinweggespült von der Geschichte, sein politisches Erbe vergessen, seine geschickt gesponnenen Fäden zerrissen.

Immer wieder wurde später indes die Frage gestellt, ob Bismarck ein Wegbereiter des I. Weltkrieges war und also indirekt auch Adolf Hitler den Weg ebnete. Die Antwort muss eindeutig "ja" lauten. Seine markigen Worte und sein Gerede von der Großmacht Deutschlands verleiteten einen nicht übermäßig intelligenten Wilhelm II. dazu, in einen verhängnisvollen Rüstungswettlauf mit England einzutreten. Wilhelm wollte die größere, die bessere Flotte. England, das seit Jahrhunderten die Meere beherrscht hatte, ließ das selbstverständlich nicht zu. Das Ergebnis: der I. Weltkrieg. Das "neue Denken", das Bismarck geschürt hatte, trug seine ersten bösen Früchte. Und wenn er auch nicht direkt verantwortlich zu machen ist (Bismarck hatte England stets gefürchtet), so ist doch die Art seines Denkens, die Methode seiner politischen

Argumentation, die grundsätzliche Einstellung und der neue Größenwahn Bismarckscher Natur. Er trägt eine Mitschuld. Historia non facit saltus, Geschichte macht keinen Sprung.

Ebenso sind Parallelen zu Hitler vorhanden. Natürlich liegen Welten zwischen beiden, Hitler war eine schwärzere Seele, aber dieses martialische Getöse, das zum Teil erstaunlich ähnliche Vokabular, das Großkotzige, das Besserwisserische, der unendliche Hass gegen die Juden, Hass gegen Frankreich, Hass gegen Andersdenkende, die Herabstufung der Frau zu einem Menschen zweiter Klasse, die Verehrung des Militaristischen, die bösartigen Lügen und Intrigen, die doppelbödige Diplomatie, der eiskalte Machiavellismus, die Methode, die öffentliche Lüge im politischen Tagesgeschäft zur Richtlinie zu erheben, die Vertragsbrüche – allein das sind erstaunliche Parallelen, die man nicht beiseite fegen kann.

In einem gewissen Sinne, ungesehen von vielen, führte Bismarck gradlinig zum I. Weltkrieg, der in der Folge mit einer gewissen logischen, halblogischen Konsequenz in den II. Weltkrieg einmündete, den barbarischsten aller Kriege, mit 60 Millionen Toten. Deutschland wäre ohne einen Bismarck all dies vielleicht erspart geblieben, wenn die Kräfte der Freiheit hartnäckiger ihren Platz verteidigt hätten und wenn dem autoritären Regime und dem autoritären Denken frühzeitig das Wasser abgegraben worden wäre.

So aber blieb Deutschland lange, zu lange diesem Untertanengeist verhaftet, der von Heinrich Mann so genau beschrieben wurde. Zu Hilfe kam Bismarck die preußische Tradition, die Vergötterung Friedrich des Großen, bei Licht besehen ebenfalls ein Kapitel, das neu geschrieben werden muss, denn 1 Million Tote war der Preis, den Preußen zahlte, um zur "Großmacht" aufzusteigen. Bismarck fußte also seinerseits auf einer Legende, eben der preußischen Legende, aber das entschuldigt ihn nicht. Wenn der Maßstab das größtmögliche Glück für die Mehrzahl der Bürger ist, den wir anlegen müssen, was Frieden, Freiheit, Chancengleichheit und juristische Gleichheit beinhaltet, und wenn man den Krieg sieht, als das, was er wirklich ist: die schlimmste Geisel der

Menschheit, dann fällt es leicht, ein endgültiges Urteil über den Herrn Bismarck zu fällen.

Er war einer dieser Ewiggestrigen, die das Rad der Geschichte zurückdrehen wollten, zurück zur Monarchie, zurück zur autoritären Struktur. Es gelang ihm nur, indem er den Krieg verklärte und mit dem Krieg ablenkte. Kriege aber werden gemacht. Geschürt. In Szene gesetzt. Weiter werden Kriege mit allen möglichen Mäntelchen versehen, mit Ästhetik kaschiert, mit Militärmusik, Paraden, Uniformen, Hurrageschrei und Glockenläuten verkauft. PR, PR, PR! Man muss das hässliche Gesicht verstecken, dass der Krieg in Wahrheit besitzt. Genau diese PR-Methoden benutzte Bismarck. Er schob, wie das gewöhnlich geschieht, patriotische Ziele vor, schürte religiöse, rassistische und nationale Vorurteile und schürte Hass, systematisch; nur so waren seine Kriege möglich.

Es ist immer die *Einzelpersönlichkeit*, die einen Krieg befürwortet, heraufbeschwört und in Szene setzt, natürlich unterstützt von ein paar Haudegen, Kriegstreibern, Militaristen und Großverdienern. Aber er war der Trommler und der Intrigant hinter der Kulisse, der Strippenzieher. Er versteckte sich hinter markigsten Formulierungen, um seinen Hass logisch erscheinen zu lassen, aber Hass ist nie logisch! Bismarck war einer der herausragendsten Vertreter dieser ewigen Kriegstreiber, womit er zu der elendsten Mischpoke gehört, die es auf dem politischen Parkett gibt. Die Anzahl der Toten und die innenpolitisch beispiellose Unterdrückung lassen eigentlich nur ein einziges Urteil zu. Wagt man sogar noch einen Blick nach vorn, in die weitere Geschichte Deutschlands, muss das Urteil über ihn endgültig vernichtend ausfallen.

Es ist an der Zeit, dass wir lernen umzudenken.

SCHLUSSWORT

Aufgrund all der in diesem Buch vorgestellten Biographien könnte man zu der Meinung gelangen, dass Geschichtsschreibung nichts als ein gigantischer Betrug ist, bei dem der gewinnt, der am lautesten die Trommel für sich rühren kann. Henry Ford, der US-Industrielle, nannte deshalb Geschichte "nichts als Geschwätz". Voltaire, der große französische Philosoph, bezeichnete Geschichte als einen "Mississippi von Lügen". Und Will Durant, der US-amerikanische Geschichtsprofessor, fürchtete, dass Geschichte nur daraus besteht, worauf "man sich schließlich einige." Andere qualifizierten Geschichte als eine Fabel ab. Kein Geschichtsphilosoph verzichtete darauf, zu betonen, dass Historiographie immer unvollständig und ungenau ist, immer bestochen durch die eigenen Neigungen, gewöhnlich gefärbt durch patriotische, religiöse und philosophische Voreingenommenheiten.[98]

Aber selbst der Historiker, der da glaubt, sich über Parteiungen, Vaterland und Religion erheben zu können, verficht eine Meinung, einen *Standpunkt.* Allein die Auswahl des Materials, wir haben es mehrmals vorexerziert, verführt bereits zu einem Urteil. Man kann allein durch die Tatsache, dass man bestimmte Fakten übermäßig betont, einem Vorurteil Vorschub leisten. Man kann Gerüchte zitieren – oder auch nicht. Man kann Fakten auslassen, Fakten hinzufügen und vermag durch die Anordnung von Fakten allein den Leser zu einem Schluss zu verführen, denn der Leser wird den letzten Seiten, den letzten Sätzen immer am meisten Glauben schenken.

Selbst ein einzelner Satz kann zur Manipulation dienen. "Napoleon war ein hochintelligenter Administrator, aber auch ein Kriegstreiber!" hört sich anders an, als wenn man schreibt: "Napoleon war zwar ein Kriegstreiber, aber gleichzeitig auch ein hochintelligenter Administrator!" – Die Technik: das Ende eines Satzes bleibt immer intensiver im Gedächtnis haften als der Anfang!

Die subtile Auswahl eines Adjektivs kann Manipulation bedeuten. Die verschiedenen Methoden, Spannung zu erzeugen, können Sachverhalte zu Gunsten oder Ungunsten einer Person verbiegen. Wir dürfen nie vergessen, Historienschreiber sind gewöhnlich auch Schriftsteller. Und Schriftsteller bedienen sich immer eines ganzen Repertoires von Methoden. Sie können Emotionen anzünden, können ein vernichtendes Urteil aussprechen und können in den Himmel loben, ganz wie es ihnen beliebt.

Parteinahme geschieht in erster Linie dadurch, dass man einen *Gesichtspunkt* favorisiert und von einem *Standpunkt* aus schreibt. Erzählt man zum Beispiel das Leben Bismarcks durch die Brille des deutschtümelnden Patrioten, wird man ihn notwendigerweise loben müssen. Versucht man, über den Wassern zu schweben und künftige historische Entwicklungen, sprich mögliche Fehlentwicklungen, einzubeziehen, wird man zu einer gänzlich anderen Meinung über diesen Bismarck kommen, ebenso wie wenn man Geschichte durch die Brille der Partei der Arbeiterbewegung dieser Zeit wahrnimmt. Der *Gesichtspunkt*, der *Standpunkt* ist der große Verführer.

Die Fähigkeit des Historikers, möglichst das Wohl aller Parteien und Parteiungen im Auge zu behalten und möglichst viele Standpunkte gelten zu lassen, ist vielleicht die wichtigste Voraussetzung, Geschichte so objektiv wie möglich zu betrachten.

DER FESTE PUNKT IM ALL

In diesem Sinne gibt es einen einzigen Blickpunkt, der allgemeinver-bindlich ist und der sozusagen über Raum und Zeit steht. Er besteht darin, die *Taten* eines Menschen zu sehen. Inwieweit waren sie für die Umgebung, für die Umwelt und für alle Parteiungen von Vorteil oder nicht? Ist man aber einmal so weit, muss man auch ein Urteil wagen! Insofern geht es nicht an, Massenmörder der Geschichte davonkommen zu lassen. Man darf sie nicht weiter besingen, sie weiter verehren und ih-nen Standbilder errichten, nur weil es so schwierig ist, "objektiv" zu sein. Sie geben das Vorbild ab für weitere Diktatoren und Massenmörder der Zukunft! Genau diese Verantwortung sollte man sich als Historiker stets vor Augen halten. Es ist grundfalsch, einen so genannten "wissenschaft-lichen Standpunkt" einzunehmen, der *keine* Wertung vornimmt. Es ist falsch, nicht zu "moralisieren" und sich eines Urteils zu enthalten. Es gibt *keine* Geschichte ohne Wertung. Selbst die "Objektivität" ist eine Wertung, indem sie sich eben der Wertung enthält, was nur eine andere Form der Wertung ist. Aber ganz davon abgesehen, dass dieser "wert-neutrale" Standpunkt auch intellektuell widerlegt werden könnte, ist es ungleich bedeutsamer, zu betonen, wie *wichtig* Wertungen sind. Denn was passiert, wenn man Cäsar einen Massenmörder nennt? Nun, man verhindert natürlich in der Zukunft weitere Massenmörder!

Deshalb sind all die bezahlten Hymnenschreiber und die schrift-stellernden Stiefellecker nichts wert. Ja mehr: sie machen sich mit-schuldig an den Verbrechen von morgen, wenn sie die Verbrechen von gestern nicht Verbrechen nennen. Wer Cäsar "groß" nennt, macht sich mitschuldig an weiteren Morden in der Zukunft. Wenn Histori-ker einen Alexander, einen Cäsar, einen Peter den Großen, einen Na-poleon, mithin Gangster, Hochstapler, Lügner und Massenmörder, davonkommen lassen, wenn sie ihnen sogar noch einen Glorienschein verpassen, klebt Blut an ihren Händen!

Die einstmals geforderte "Objektivität" der Wissenschaft, ursprüng-lich ein hochintelligentes, gutes Postulat, besitzt also ihre Grenze. Die

Grenze muss dort gezogen werden, wo Menschenleben auf dem Spiel stehen, wo Verbesserungen möglich werden, wo ein klügeres, überlebensfreundlicheres Staatswesen geschaffen und wo die Gerechtigkeit, die Unbestechlichkeit und der Anstand gefördert werden können.

Betreibt man auf diese Art und Weise "Geschichtswissenschaft", so kann sie zu der Königin aller Wissenschaften aufsteigen.

Der *feste Punkt im All* kann also nur das größte Wohl für die größte Anzahl aller Betroffenen sein, was *Ethik* neu definiert und einen neuen Maßstab setzt.

Der intellektuelle Abgrund, der in der Behauptung besteht, es gebe keine Objektivität, kann hierdurch überwunden werden. Es kann also durchaus so etwas wie Neutralität erreicht werden, zumindest eine Annäherung.

POSTULATE

Wir haben in diesem Sinne im Laufe dieses Buches versucht, einige neue Forderungen aufzustellen, wie eine neue, objektivere, neutralere Geschichtswissenschaft aussehen müsste.

Die wichtigste Forderung besteht zweifellos darin, all diesen PR-Lärm beiseite zu schieben, denn die Meister der Verdrehung und der Lüge waren stets auch Meister darin, eben diese Lügen mit viel Getöse zuzudecken.

Die Methoden der "Öffentlichkeitsarbeit" aufzuarbeiten und als "Waffenarsenal" und beinhartes Know-how zu begreifen, ist also die erste Bürgerpflicht des Historikers. Wenn er nicht den äußeren Schein von den Fakten, den Ergebnissen und Früchten unterscheiden kann, taugt er nichts.

Aufgrund der Tatsache, dass Historie heute sehr viel sorgfältiger dokumentiert ist, sind die Chancen groß, dass sich die Geschichtsschreibung in die richtige Richtung bewegt. Aber selbst die moderne

Historiographie, die sich der Gegenwart annimmt, ist zumindest gehandicapt durch die Tatsache, dass "Wahrheit" gewöhnlich erst 50 Jahre später das Licht der Welt erblickt. Heute machen zu einem erstaunlichen Grad Geheimdienste Geschichte. Der CIA etwa hat ehemals ganze Kriege eigenständig angezettelt, der ehemalige KGB Revolutionen in anderen Ländern unter der Decke geschürt, während die Wahrheit, dass eben diese genannte Organisation hinter den Kriegen und Revolutionen stand, erst 50 Jahre später durchsickerte!

Allein die Aufarbeitung des Hitlerregimes nahm rund 50 Jahre in Anspruch, viele Quellen wurden relativ spät ausgewertet. Die Tatsache, dass Psychiater etwa die NS-Konzentrationslager leiteten, erblickte rund 50 Jahre später erst das Licht der Welt.

Dass Helmut Kohl, der ehemalige deutsche Bundeskanzler, auf der Gehaltsliste eines Leo Kirch stand, des größten Medienmoguls seiner Zeit in Deutschland, wurde erst nach der Kanzlerschaft Kohls publik. Dass Herbert Wehner, der einflussreiche Vorsitzende der SPD-Bundestagsfraktion, mit der ehemaligen UdSSR unter einer Decke steckte, wurde, wiewohl vermutet, erst nach seinem Tod zugegeben.

"Wahrheit" in der Politik kommt erst mit einer gewissen Verzögerung an den Tag. Die Wahrheit ist eine Schnecke, was die Historie angeht.

Immerhin! Sie erblickt inzwischen zumindest das Tageslicht, und selbst wenn heute die vollständige Wahrheit über einen Stalin zum Beispiel erst spät bekannt wird, so wird sie doch zumindest bekannt.

Was die relative Gegenwart, das letzte Jahrhundert angeht, sind wir es also inzwischen gewohnt, dass unser Geschichtsbild je und je zurechtgerückt wird. Aber was die weiter entfernte Vergangenheit angeht, so stehen uns hier noch einige Überraschungen ins Haus.

Ein bescheidener Anfangspunkt wurde versucht, mit diesem Buch zu setzen.

In Sachen Religion

Gräuel bleiben Gräuel, und Mord bleibt Mord, ob er vor 3000 Jahren stattfand oder heute stattfindet. Das aber führt uns zu der interessanten Frage, ob *Religion* an sich zu verdammen, zu verabscheuen und zu verwerfen ist, denn immerhin verdanken wir ihr einen Großteil der populären Lügen heute, wie wir gesehen haben.

Nun, es soll nichts zurückgenommen werden, was wir an prominenten Lügen aufgedeckt haben. Die Wahrheit ist, dass von Religionen die barbarischsten Grausamkeiten gerechtfertigt, ja abgesegnet und initiiert wurden. Erinnern wir nur an die verheerenden Kreuzzüge. Erinnern wir an die Inquisition, die eine so blutige, schmutzige Rolle spielte. Erinnern wir an die Judenverfolgungen und die Verfolgung Andersgläubiger überhaupt. Erinnern wir auch noch einmal an den Dreißigjährigen Krieg in Deutschland und die endlosen Kämpfe zwischen Katholiken und Protestanten.

Grundsätzlich verlor das Christentum und damit Religion überhaupt in den letzten Jahrhunderten systematisch an Boden. Die Glaubwürdigkeit wurde natürlich auch durch einen Galileo Galilei erschüttert. Menschen begannen erstmals an der Göttlichkeit des Wortes zu zweifeln. Luther untergrub die Autorität der Kirche weiter. Scharen von neuen Religionen, Sekten und Glaubensrichtungen entstanden, was das "Wort" weiter aushöhlte. Jede Religion, jede Sekte bestand darauf, im Besitz der alleinseligmachenden Wahrheit zu sein. Die höhere Bibelkritik, die wir im Rahmen unseres Jesusporträts ansatzweise nachgezeichnet haben, war ein weiterer Meilenstein, der dem Christentum einen schweren Schlag versetzte. Im Islam und im Judentum wurden ähnliche kritische Stimmen laut. Als Menschen speziell mit fernöstlichen Religionen in Kontakt kamen, erschütterte das die Glaubwürdigkeit weiter. Plötzlich sahen die Menschen die historischen Zusammenhänge, die Gemeinsamkeiten und die PR. Zusätzlich konnten viele "übernatürliche Ereignisse" auf einmal auf ganz gewöhnliche Tatsachen reduziert werden, sofern sie nicht ohnehin Erfindung waren.

Auch die Wunder waren plötzlich nicht mehr einzigartig, denn Wunder kennen fast alle Religionen. Die Mythen ähneln sich in erstaunlicher Weise. Hinzu kamen viele weitere skeptische Stimmen. Philosophen traten auf den Plan, es gab Spinoza, es gab einen Voltaire und Diderot und es gab die Französische Revolution. Es gab weitere Entdeckungen in den Wissenschaften und mehr als eine Person versuchte, dem Christentum den letzten Gnadenstoß zu versetzen, ja der Religion überhaupt. Ist also Religion überflüssig, falsch, verlogen und unnütz, ein Relikt aus vorhistorischen, abergläubischen Zeiten? Stehen wir an einer Wende? Wird Religion eines Tages vom Erdboden verschwunden sein? Ist Religion endgültig enttarnt als ein raffiniertes PR-Instrument ausgekochter Priester?

Wir glauben nicht.

Man darf bei aller Kritik nie vergessen, dass Religionen auch unendlich viel Positives geleistet haben. Der Buddhismus hatte einstmals halb Asien zivilisiert, das Christentum den Westen. Religionen gaben Menschen Gründe, nach einem besseren Leben zu streben, "Sünden" zu vermeiden und gute Taten zu tun. Die Anstrengungen vieler Mönche im Mittelalter zu ignorieren oder auch die Anstrengungen der Jesuiten, hieße die Geschichte nicht zu kennen. Das gesamte Erziehungssystem ruhte einst nahezu vollständig auf den Schultern von Mönchen und Priestern, wir dürfen auch diese Tatsachen nicht unter den Teppich kehren. Das Gebot der Nächstenliebe führte dazu, dass sich zahllose Menschen engagierten und an allen Ecken und Enden halfen. Religion hat, bei den vielen seltsamen Blüten, die sie hervorgebracht hat, auch unzählige gute Taten initiiert, alles andere entspräche nicht der Wahrheit.

Die höchsten Weisheiten und edelsten Erkenntnisse wurden zuerst im Rahmen von Religionen formuliert. Religionen haben die Armen und Schwachen getröstet, ihre Vertreter haben für Witwen und Waisen gesorgt, Reinlichkeit promoted und Milliarden von Seelen geholfen.

Napoleon sagte, dass Religionen die Armen davon abhalte, die Reichen zu ermorden, ein zynisches Statement, wie nicht anders von ihm zu erwarten. Aber besser, fairer formuliert kann man sagen, dass Religion Morde verhindert hat. Eltern half die Religion, ihre Kinder besser zu erziehen. Und wer kann schon wirklich die Vorbildfunktion messen und ermessen, die von vielen Heiligen ausgegangen ist? Selbst die so vielfach angegriffene römisch-katholische Kirche arbeitete zeitweise hart daran, die Sklaverei abzuschaffen, das Los der Armen zu erleichtern und Frieden zu stiften. Johannes Paul II. war ein politischer Papst. Der Kommunismus in Polen wäre nie gefallen ohne diesen Kirchenfürsten, der die Gewerkschaft Solidarnosc materiell und ideell unterstützte. Barbarische Strafen wurden von religiösen Führern abgemildert und abgeschafft, und wie man auf der einen Seite über einige Lügen und Schlächtereien nur den Kopf schütteln kann, so kann man auf der anderen Seite die geschichtliche Wahrheit nicht verdrehen, die darin besteht, dass Religion auch zahllosen Menschen geholfen hat.

Das vorliegende Buch sollte also nicht dazu verführen, Religionen in Bausch und Bogen abzuqualifizieren, nichts könnte weiter von unserer Intention entfernt sein. Grundsätzliches Gebot muss die Toleranz bleiben, gegenüber *allen* Religionen. Wenn man überhaupt eine Lehre aus der Geschichte ziehen kann, so ist dies das Gebot der *Toleranz*.

Vergangenheit und Zukunft

Das bedeutet jedoch keineswegs, dass wir ein Jota von unseren historischen Erkenntnisse zurücknehmen müssten. Es bedeutet nicht, dass man die "heiligen Schriften" bedingungslos "glauben" sollte. Ein Moses, ein St. Paulus, die Priester, die Jesus erfanden, ein Mohammed, ein Luther - sie alle, alle sind mit Vorsicht zu genießen, genauer gesagt ihre Nachfolger, ihre Promoter und ihre Trompeter. Nicht alles, was geschrieben steht, ist deshalb auch wahr, im Gegenteil!

Desgleichen ist es an der Zeit, Gestalten wie Alexander den Großen, Cäsar, Peter den Großen, Napoleon und Bismarck ihrer Lorbeerblätter zu entkleiden. Zu viel wurde hier verdreht, zurechtgebogen und schön gelogen. Wir können es uns auf Dauer nicht leisten, 2000 Jahre unserer Vergangenheit auf Lügen aufzubauen.

Aber auch ein Kolumbus, ein Machiavelli und ein Galileo Galilei können gänzlich anders betrachtet werden, wie wir gesehen haben. Die Verdrehung der Wahrheit kann unermesslichen Schaden anrichten, denn sie versorgt uns mit *falschen Informationen*, die wir auf die Zukunft projizieren!

Vergangenheit beeinflusst immer auch Zukunft. Unbewusst oder bewusst wenden wir Lehren der Vergangenheit auf die Zukunft an und projizieren Einsichten von gestern auf das Morgen. Deshalb ist es so wichtig, über die Vergangenheit ehrlicher, aufrichtiger, wahrer, objektiver und neutraler zu urteilen.

Denn das ist doch das *wirkliche* Ziel einer vernünftigen Geschichtsschreibung: korrekte, nützliche Daten und Fakten zusammenzutragen, so dass wir letztendlich die Zukunft besser gestalten können.

Wozu wäre Geschichte sonst gut?

AUSGEWÄHLTE BIBLIOGRAPHIE

Canfora, Luciano, *Cäsar, der demokratische Diktator*, München, 2001

Deschner, Karlheinz, *Kriminalgeschichte des Christentums*, Band 1-5, Reinbek bei Hamburg, 1996-1997

Dor-Ner, Zvi, *Columbus and the Age of Discovery*, New York, 1991

Durant, Will, *Das frühe Mittelalter*, Frankfurt, 1981

Durant, Will, *Glanz und Zerfall der italienischen Renaissance*, Frankfurt, 1981

Durant, Will, *Das Zeitalter der Reformation*, Frankfurt, 1982

Durant, Will, *Der Ferne Osten und der Aufstieg Griechenlands*, Frankfurt, 1981

Durant, Will, *Gegenreformation und Elisabethanisches Zeitalter*, Frankfurt, 1982

Durant, Will, *The Age of Napoleon*, New York, 1975

Durant, Will, *Weltreiche des Glaubens*, Frankfurt, Berlin, Wien, 1981

Fauvelet de Bourienne, Louis-Antoine, *Memoirs of Napoleon Bonaparte*, New York, 1890

Gall, Lothar, *Bismarck*, München, 2002

Gebhard, Bruno, *Handbuch der Deutschen Geschichte*, Stuttgart, 1970

Giebel, Marion, *Cicero*, Reinbek bei Hamburg, 2000

Hemleben, Johannes, *Galileo Galilei*, Reinbek bei Hamburg, 2002

Herrmann, Horst, *Martin Luther*, Berlin, 2003

Kersting, Wolfgang, *Niccolò Machiavelli*, München, 1998[2]

Kleßmann, Eckart, *Napoleon*, München, 2002

Levebre, George, *Napoleon*, Stuttgart, 2003

Lütgehetman, Walter, *Paulus für Einsteiger*, Paderborn, 1998

Luther, D. Martin, *Die gantze Heilige Schrift*, Band I-III, Wittenberg 1545 (München, 1974)

Mehler, Ha. A., J. Mrkos, *Spitzenleistungen der Regierungskunst*, Malters, 1997

Neher, Andre, *Moses*, Reinbek bei Hamburg, 1997

Neumann-Hoditz, Reinhold, *Peter der Große*, Reinbek bei Hamburg, 2000

Oberman, Heiko A., *Wurzeln des Antisemitismus*, Berlin 1981

Sale, Kirkpatrick, *The Conquest of a Paradise*, New York, 1990

Sanders, E. P., *Paulus*, Stuttgart, 1995

Spengler, Oswald, *Der Untergang des Abendlandes*, München, 1988

Toynbee, Arnold, *Studie zur Weltgeschichte, Wachstum und Zerfall der Zivilisationen*, Wien, 1949

Wassermann, Jakob, *Christoph Kolumbus, eine Biographie*, München, 1992

Williams, John Alden, *Der Islam*, Stuttgart, 1972

Wirth, Gerhard, *Alexander der Große*, Reinbek bei Hamburg, 2002

Zweig, Stefan, *Menschen und Schicksale*, Frankfurt, 1998

ANMERKUNGEN

1) Z. B. Charles R. Swindoll, The Man of Selfless Dedication, Moses, Nashville, 1971

2) Exodus 19, 16-19, zitiert nach Andre Neher, Moses, Reinbek bei Hamburg, 1997[4], S. 84f

3) Vgl. Mathias Schreiber, in: Der Spiegel 16/2006, S. 162

4) Zitiert nach: Die Bibel, Stuttgart 1985, S. 5
Es gibt aufgrund der vielen christlichen Konfessionen und Sekten zahllose Versionen. Hier handelt es sich um eine neue vierte Fassung der Lutherbibel. Die Lutherbibel selbst wurde wenigstens um ein Drittel später vollständig redigiert, das heißt, von anderen Fachleuten "überarbeitet", allenfalls zwei Drittel der ursprünglichen Lutherbibel überlebten.

5) Will Durant, Der Ferne Osten und der Aufstieg Griechenlands, München 1981, S. 189

6) Wir wollen dem Leser, zu seiner und unserer Erleichterung, all die verschiedenen Stationen der Textkritik ersparen. Spinoza schon äußerte seine Zweifel, Richard Simon und Jean Struc, Historiker, Exegeten, Theologen in reicher Zahl, Schriftsteller, Textkritiker und Wissenschaftler. Selbstredend setzte ein unendlicher Streit ein, der von den Gläubigen bis heute gänzlich anders beantwortet wird als von Wissenschaftlern. Aber selbst im Lager der Gläubigen mehren sich die kritischen Stimmen, denn exakten Analysen über das Alter bestimmter Texte kann man sich nicht entziehen.

7) Karlheinz Deschner, Kriminalgeschichte des Christentums, Bd. 3, Reinbek bei Hamburg, 1996, S. 32 ff.

8) Vgl. Gerhard Wirth, Alexander der Große, Reinbek bei Hamburg, 2002, S. 132

9) Thrakien, ein Gebiet, gelegen westlich des Schwarzen Meeres und nördlich des Ägäischen Meeres.

10) Vgl. Hans-Joachim Gehrke, Alexander der Große, München, 2000, S. 49

11) Zitiert nach Plutarch, gefunden bei: Luciano Canfora, Cäsar, der demokratische Diktator, München, 2001, S. 323

12) Canfora, S. 44

13) Vgl. Marion Giebel, Cicero, Reinbek bei Hamburg 2000[13], S. 34

14) Stefan Zweig, Menschen und Schicksale, Frankfurt, 1998[3], S. 365

15) Vgl. W. Scheemelcher, Neutestamentliche Apokryphen in deutscher Übersetzung, Bd. 2, S. 216. Zitiert nach Walter Lütgehetman, Paulus für Einsteiger, Paderborn 1998, S. 48

16) Lütgehetman, a. a. O., S. 58

17) Zitiert nach Lütgehetman, a. a. O., S. 73, der aus den Paulusbriefen zitiert.

18) E. P. Sanders, Paulus, Stuttgart 1995, S. 24

19) Vgl. Karlheinz Deschner, Kriminalgeschichte des Christentums, Die Frühzeit, Reinbek bei Hamburg, 1999[20], S. 126

20) Vgl. Karlheinz Deschner, a. a. O., S. 125

21) Gefunden bei Deschner, a. a. O., S. 148

22) Vgl. Lütgehetmann, a. a. O., S. 17

23) Passah: achttägiges, im März gefeiertes jüdisches Fest, ursprünglich ein altes Hirtenfest, an dem man dem Mondgott die Erstgeburten der Tiere darbrachte, später umgedeutet zum Andenken an den Auszug der Juden aus Ägypten.

24) Die vier edlen Wahrheiten, Texte des ursprünglichen Buddhismus, Augsburg, 2000, S. 257

25) Will Durant, Der Ferne Osten und der Aufstieg Griechenlands, Frankfurt, Berlin, Wien, 1981, S. 319

26) Stoa, griech.: eine mit Bildern geschmückte Säulenhalle im antiken Athen, wo sich die Philosophen und ihre Schüler versammelten.

27) Vgl. Durant S. 455

28) Vgl. Durant, S. 461

29) Karlheinz Deschner, Kriminalgeschichte des Christentums, Reinbek bei Hamburg, 1996, S. 197

30) Vgl. Durant, S. 139

31) Hippokrates, griech. Arzt, 460-377 v. Chr., der Begründer der Medizin und ärztlichen Ethik

32) kanonisch: als echt anerkannt (griech. kanos = Richtschnur, Regel, Vorschrift)

33) apokryph: unecht, später hinzugefügt (griech: apokryphos = untergeschoben)

34) Propaganda: werbende Tätigkeit (lat. propagare: weiter ausbreiten)

35) Apologetik: Verteidigung eines Bekenntnisses (griech. apologesthai: sich mit Worten verteidigen)

36) Ersparen wir es uns an dieser Stelle, auf die vielfältigen Probleme der Bibelforschung aufmerksam zu machen. Aber immerhin so viel: Es gibt tatsächlich kein einziges originales Manuskript eines Neuen Testamentes. Es existieren lediglich Fragmente von früheren Kopien von Teilen! Ein Markus-Fragment wurde 2 1/2 Jahrhunderte nach Christus entdeckt. Ein Fragment, kein vollständiger Bericht! 2 1/2 Jahrhunderte nach den tatsächlichen Ereignissen! Im 3. Jahrhundert stoppelten Priester mehr recht als schlecht einige Schriften zusammen, die indes erneut ständig Veränderungen erfuhren, bis Kaiser Konstantin wie gesagt mit der Faust auf den Tisch schlug und im 4. Jahrhundert verlangte, dass nur ein einziger Text existieren dürfe! Eilfertig machten sich Schriftgelehrte, Priester und Theologen daran, erst jetzt ein Neues Testament niederzuschreiben, das Allgemeingültigkeit besitzen sollte. Aus theologischen und politischen Gründen schob man bestimmte Überlieferungen kurzerhand beiseite (die nicht ins Bild passten und tagespolitisch nicht genehm waren), kürzte, strich, verbesserte was übrig war - und so erblickte ein allgemein akzeptiertes Neues Testament schließlich das Licht der Welt. (Wir verschweigen, dass selbst dieses Neue Testament später noch erhebliche Veränderungen erfuhr, bis ins 6. Jahrhundert hinein). Zweifelhafter und fragwürdiger kann eine Quellenlage nicht sein! Noch einmal: Strömungen, die nicht ins Bild passten (wie die Gnostiker, die u. a. an die Wiedergeburt glaubten) wurden kurzerhand als Ketzer gebrandmarkt. Man brauchte eine Version! Später wurden die Schriften aus dem Griechischen ins Lateinische übertragen (Hieronymus). Wieder wurden ausgelassen und hinzugefügt, interpretiert und geglättet. Luther traf ein paar Jahrhunderte später mit seiner Lutherbibel erneut eine (ihm genehme) Auswahl. Andere Priester, Übersetzer, "Heilige" trieben das Spiel weiter ... und weiter ... und weiter ... Heute existieren 250.000 Textversionen der Bibel!

37) Die Petrusbriefe, falls Petrus ihr Verfasser sein sollte, schweigen sich über Details aus dem Leben Jesus Christus' interessanterweise beharrlich aus.

38) Emile Dermenghem, Reinbek bei Hamburg, 2002⁹, S. 28, 29 ff. (Zitat ins Präsens gesetzt)

39) John Alden Williams, Der Islam, Stuttgart, 1972, S. 91 (ins Präsens gesetzt)

40) Will Durant, Weltreiche des Glaubens, Frankfurt, Berlin, Wien, 1981, S. 424

41) Will Durant, a. a. O., S. 465

42) gefunden bei: Jakob Wassermann, Christoph Kolumbus, eine Biographie, München 1992³, S. 41

43) Vgl. Wassermann, a. a. O.

44) Vgl. Will Durant, Das Zeitalter der Reformation, Frankfurt, Berlin, Wien, 1982, Band 9, S. 276

45) Will Durant, a. a. O., S. 276

46) Vgl. Kirkpatrick Sale, The Conquest of a Paradise, New York, 1990, S. 221

47) Kirkpatrick Sale, S. 137 f

48) Vgl. Zvi Dor-Ner, Columbus and the Age of Discovery, New York 1991, S. 1

49) Zvi Dor-Ner, a. a. O., S. 337

50) Lao-Tse: wörtlich: "alter Meister"

51) Tao-Tê-King: wörtlich: "Das Heilige Buch vom Weg und von der Tugend"

52) Tao-Tê-King, Stuttgart, 1966

53) Arnold Toynbee, Studie zur Weltgeschichte, Wachstum und Zerfall der Zivilisationen, Wien, 1949

54) Oswald Spengler, Der Untergang des Abendlandes, München, 1988⁹

55) Will Durant, Glanz und Zerfall der italienischen Renaissance, München, 1981, S. 116

56) Wolfgang Kersting, Niccolò Machiavelli, München 1998²

57) Will Durant, Das Zeitalter der Reformation, München 18, 1981, S. 353

58) Will Durant, Das Zeitalter der Reformation, München 1981, S. 32

59) Vgl. Will Durant, Das frühe Mittelalter, Frankfurt 1981, S. 212 ff. Vgl. auch Will Durant, Glanz und Zerfall der italienischen Renaissance, Frankfurt 1981, S. 172

60) Karlheinz Deschner, Kriminalgeschichte des Christentums, Band 7, Reinbek bei Hamburg, 2003, S.383

61) Horst Herrmann, Martin Luther, Berlin 2003, S. 196

62) Die 95 Thesen sind in lateinischer Sprache verfasst. Der Titel der Schrift lautet: Disputatio pro declaratione virtutis indulgentiarum (Abhandlung zur Klarstellung der Wirkung der Ablässe).

63) Vgl. H. Hermann, a. a. O., S. 340

64) Neben Luther gab es selbstredend auch noch andere Gestalten. Zu nennen sind hier Josef Pfefferkorn, Erasmus von Rotterdam und Johannes Reuchling. Pfefferkorn veröffentlichte 1507 in Nürnberg und Köln seinen Judenspiegel in deutscher und lateinischer Sprache. Traktate folgten, wie etwa Der Judenfeind (1509), worin schlimme antisemitische Ausfälle zu finden sind. Erasmus von Rotterdam wiederum stellte z. B. in einem Brief (um 1515) fest, dass Frankreich der "reinste und blühendste Teil der Christenheit sei, weil einzig Frankreich nicht mit Ketzern, böhmischen Schismatikern, mit Juden und halbjüdischen Marranos infiziert ist." Nach ihm wird selbst ein getaufter Jude nie ein ganzer Christ, er bleibt ein halber Jude.

65) D. Martin Luther, Die gantze Heilige Schrift, Bad I, Wittenberg 1545 (München 1974), S. 13

66) D. Martin Luther, Die gantze Heilige Schrift, Bad III. S. 2261

67) Vgl. Heiko A. Oberman, Wurzeln des Antisemitismus, Berlin 1981, S. 136

68) Zitat nach Heiko A. Oberman, Wurzeln des Antisemitismus, a. a. O., S. 150

69) H. A. Oberman, a. a. O., S. 155

70) Zitiert nach H. A. Oberman, a. a. O., S. 160

71) Zitat nach Will Durant, Das Zeitalter der Reformation, Frankfurt, Berlin, Wien, 1982, S. 433

72) 1525 setzte Luther die Zensur ein, in Sachsen und Brandenburg, um die Sekten der Täufer und Zwinglianer zu unterdrücken. Er empfahl sogar die Todesstrafe. Vgl. Will Durant, u. u. a. O., S. 434

73) Der Fairness halber muss man auch andere Philosophen nennen, so William Godwin (1756-1836), der gefordert hatte, dass "unser Verhalten (so sein solle, dass es) am meisten zum Wohle aller beiträgt". Frühere Quellen für solche Ansichten sind zu finden bei Joseph Priestley ("Essay on the first principles of government" - 1768), bei Francis Hutcheson ("Enquirery concerning more good and evil" - 1725), der den "guten Bürger definiert hatte als einen Zeitgenossen, der den größten Nutzen für die größte Zahl" bewirkt und bei Beccariastratta del Delittie Dellepne ("La massima felicita divisa nel maggior numero.")

74) Strelizen bedeutet wörtlich: Schützen. Sie waren eine von Iwan IV. gegründete Elitetruppe.

75) Vgl. Reinhold Neumann-Hoditz, Peter der Große, Reinbek bei Hamburg, 2000[5], S. 45

76) Neumann-Hoditz, a. a. O., S. 81

77) Bericht des englischen Residenten James Jefferyes, zitiert nach Reinhold Neumann-Hoditz, a. a. O., S. 81

78) Vgl. Ha. A. Mehler, B. J. Mrkos, Spitzenleistungen der Rerierungskunst, Malters, 1997

79) Gerhard Szcesny, Das Leben des Galilei und der Fall Bertolt Brecht, zitiert nach Johannes Hemleben, Galileo Galilei, Reinbek bei Hamburg, 2002[17], S. 27

80) Johannes Hemleben, Galileo Galilei, Reinbek bei Hamburg, 2002[17], S.22

81) Zitiert nach Will Durant, Gegenreformation und Elisabethanisches Zeitalter, Frankfurt, 1982, S. 233

82) Ludwig Bieberbach, Galilei und die Inquisition, gefunden bei: Johannes Hemleben, a. a. O., S. 7f

83) Eckart Kleßmann, Napoleon, München, 2002, S. 38

84) Kleßmann, S. 90

85) Kleßmann, S. 46

86) Vgl. Will Durant, The Age of Napoleon, New York, 1975, S. 237

87) Louis-Antoine Fauvelet de Bourienne, Memoirs of Napoleon Bonaparte, New York, 1890 (I, 317), zitiert nach Durant.

88) Vgl. Kleßmann, S. 88

89) Will Durant, a. a. O., S. 255

90) Stefan Zweig, Joseph Fouché, Bildnis eines politischen Menschen, Frankfurt 2000[40], S. 9

91) Zitiert nach Will Durant, a. a. O., S. 247

92) Vgl. Gorge Levebre, Napoleon, Stuttgart, 200[32]

93) Zitiert nach Christian Graf von Krockow, München 2003, S. 23

94) Krockow, S. 101

95) Krockow, S. 289

96) Gebhard, Handbuch der Deutschen Geschichte, Stuttgart 1970, Band 4, Seite 529

97) Lothar Gall, Bismarck, München 2002, S. 824

98) Vgl. Will Durant, The Lesson of History, New York, 1968

DANKSAGUNG

Theoretisch müsste man buchstäblich Hunderten von Historikern Dank sagen, die alle, direkt oder indirekt, zu diesem Buch beigetragen haben. Kein einziger Geschichtswissenschaftler kann von sich behaupten, nicht auf vielen Schultern zu stehen.

Besonders danken möchte ich Will Durant und Karlheinz Deschner, die mich mehr als einmal inspirierten. Sie trugen maßgeblich dazu bei, dass sich meine Ansicht über "Wahrheit" in der Geschichte grundlegend wandelte.

Noch im Jahre 1995 verfasste ich ein glühendes Bewunderungstraktat über Christoph Kolumbus, bis mir später weitere Quellen zugänglich wurden, die meine Einschätzung veränderten. Ähnlich erging es mir mit anderen Persönlichkeiten, die in diesem Buch vorgestellt wurden. Vor allem das intensive Studium von PR-Techniken führte zu vollständigen Neubewertungen. Unterstützt wurde ich in meiner Arbeit besonders von Ernst Haberland sowie Catalina Gil, beider Beiträge waren unschätzbar.

Allen, die geholfen haben, aus einem mittelmäßigen Manuskript ein besseres Manuskript zu machen, sei ebenfalls Dank gesagt.

Frank Fabian studierte Germanistik, Geschichte und Philosophie an den Universitäten Würzburg und Frankfurt. Nach seinem Staatsexamen arbeitete er als Fernsehjournalist für das ZDF und erstellte rund 200 Filmbeiträge. Fabian ist insgesamt in neun Ländern publiziert und mit bislang 25 (Geschichts-)Büchern Bestsellerautor.